北京大学考古学丛书

沈睿文　著

墓葬中的禮與俗

上海古籍出版社

目 录

壹

堪舆、礼俗与墓葬

1

吕才与《阴阳书》

唐宋时代的墓葬形制和埋葬习俗，除了政府规定的制度程式之外，在很多地方都是根据当时堪舆家所规定的制度来安排的，特别是在葬式、随葬明器、墓地的选择和墓区的地面建筑等方面，与堪舆术的关系极为密切。[1] 因此，研究堪舆是进一步了解古代社会丧葬行为，乃至借以触摸社会各阶层思想观念的重要手段。

中国历史上两次大规模的官修地理(堪舆)书籍的行为便发生在唐宋时期。其一是唐贞观年间，吕才编订《阴阳书》。其二是北宋初期，王洙等编修《图解校正地理新书》，典籍亦流传至今。[2] 毋庸多言，二者皆是讨论唐宋时期堪舆术的重要典籍。惜因受第二次官修地理的冲击，吕才《阴阳书》早已亡佚。这里掇拾成篇，欲对该书成一印象，并略申所涉唐代堪舆术及其运用。

吕才，博州清平人，少好学，善阴阳方伎之书。此学养该与重阴阳谶纬之说的河北经学传统有关。吕才在其《阴阳书·叙〈葬书〉》中，明确指出当时《葬书》一术，乃有百二十家，各说吉凶，拘而多忌"今之丧葬吉凶，皆依五姓便利"。[3] 鉴于阴阳术如此冗杂，唐太宗才诏令吕才编订《阴阳书》。《旧唐书》卷七九《吕才传》云：

> 太宗以"阴阳书"近代以来渐至讹伪，穿凿既甚，拘忌亦多，遂命〔吕〕才与

---

[1] 徐苹芳《唐宋墓葬中的"明器神煞"与"墓仪"制度——读〈大汉原陵秘葬经〉札记》，《考古》1963 年第 2 期，页 87；后收入所撰《中国历史考古学论丛》，台北：允晨文化实业有限公司，1995 年，页 277；又收入所撰《中国历史考古学论集》，上海：上海古籍出版社，2012 年，页 180~215。

[2] 案，《地理新书》今存有北京国家图书馆藏清影金钞本"瞿本"和"杨本"两种、北京大学图书馆藏木樨轩李氏旧藏元复金本("李本")以及台北图书馆藏清影写金钞本("张本")及翁同龢家藏金刊本("翁本")等 5 个版本。详沈睿文《〈地理新书〉的成书及版本流传》，北京大学中国考古学研究中心《古代文明》第 8 卷，北京：文物出版社，2010 年，页 313~336。

[3]《旧唐书》，页 2723~2724、2725。

学者十余人共加刊正,削其浅俗,存其可用者。勒成五十三卷,并旧书四十七卷,〔贞观〕十五年[1]书成,诏颁行之。[2]

又《阴阳书·卜宅篇》云:

> 近世乃有五姓,谓宫也,商也,角也,徵也,羽也。以为天下万物悉配属之,以处吉凶。然言皆不类,如张王为商,武庚为羽,是以音相谐附。至柳为宫,赵为角,则又不然。其间一姓而两属,复姓数字不得所归,是直野人巫师说尔。[3]

从这段记载可知初唐时纳音调姓的泛滥,以及吕才对此反对的态度。现在可以确定的是至迟从西汉开始,便已有了依照五音定名归属的行为,当时五音图宅术已经盛行。[4] 东汉五音姓利说的盛行该是此风的延续。隋唐时期,则承其流绪更为流行。

《五行大义》卷一《第四论纳音数》云:

> 纳音数者,谓人本命所属之音也。音即宫、商、角、徵、羽也。纳者,取此音以调姓所属也。[5]

又《直斋书录解题》卷八《谱牒类》云:

---

[1] 此据《资治通鉴》卷一九六"上以近世阴阳杂书"条补,页6165~6167。

[2] 《旧唐书》,页2720页;《新唐书》,页4062。

[3] 〔唐〕吕才撰,〔清〕马国翰辑《阴阳书》,《玉函山房辑佚书》,册3,上海:上海古籍出版社,1990年,页2861上栏~页2864下栏;又《旧唐书》卷七九《吕才传》,页2720~2721;《新唐书》卷一〇七《吕才传》,页4063。

[4] 详沈睿文《西汉帝陵陵地秩序》,《文博》2001年第3期,页17~23;此据所撰《唐陵的布局:空间与秩序》,北京:文物出版社,2021年,页109~146。

[5] 〔隋〕萧吉著,钱杭点校《五行大义》,上海:上海古籍出版社,2001年,页15。

《天下郡望氏族谱》一卷,唐李林甫等天宝八载(749)所纂,并附五音于后。[1]

此上说明纳音调姓确是当时的社会时尚之一。揆诸《隋书》卷三四《经籍志》著录有:《五音相动法二卷》、《五音相动法》一卷^{梁有《风角五音占》五卷,京房撰,亡。};《风角五音图》二卷、《风角杂占五音图》五卷^{异氏撰。梁十三卷,京房撰。异奉撰。};《五姓岁月禁忌》一卷;《五姓登坛图》一卷;《五姓墓图》一卷^{梁有《冢书》《黄帝葬山图》各四卷;《五音相墓书》五卷;《五音图墓书》九十一卷;《五姓图山龙》及《科墓葬不传》各一卷;《杂相墓书》四十五卷,亡。}。[2] 又《旧唐书》卷四七《经籍志下》著录有:《五姓宅经》二卷;《五姓墓图要诀》五卷^{孙氏撰。};《玄女弹五音法相冢经》一卷^{胡君撰。}等。[3]《新唐书》卷五九《艺文志》著录有:萧吉《五行记》一卷,又《五姓宅经》二十卷;郭氏《五姓墓图要诀》五卷;《胡君玄女弹五音法相冢经》一卷;僧一行《五音地理经》十五卷等。[4] 另外,敦煌文书也给我们展示了唐代冗杂的堪舆典籍。

宋王应麟(1223~1296)曾总结唐代的阴阳五行家。王氏所撰《玉海》卷五《唐六十家五行》云:

志:五行类,六十家一百六十部六百四十七卷,始于史苏《沈思经》,终于吕才《地理经》。若《焦氏易林》《京氏四时飞候》及《错卦逆刺杂占》《参同契》《筮占集林》《新林》《洞林》《连山》之属,易占之书也。若郑玄注《行棋经》及《太一大游历》《元鉴枢》,会赋之属,九宫太一之书也。翼奉《风角要候》、王琛《六情诀》及《遁甲开山图》《囊中经》《九星历》《八门三奇三元》,九甲之属,风角遁甲之书也。式经有六壬、雷公、太一之殊,堪舆有历注、四序、地节之异;以历名则《黄帝斗历》《大史公万岁》《张衡飞鸟》《吕才百忌》,以占书名则《师旷》《东方朔》各一卷,龟经则柳彦、询、世隆至孙思邈六家,阴阳书则王璨、吕

[1] 陈振孙《直斋书录解题》,《丛书集成初编》排印聚珍版丛书本,长沙:商务印务馆,1937年,册0045,页223。

[2]《隋书》卷三四《经籍志》,页1027、1036、1037、1039。

[3]《旧唐书》卷四七《经籍志》,页2044。

[4]《新唐书》卷五九《艺文志》,页1556~1558。

才二家。他如七政历、白泽图、黄帝集、灵武王,须史、淮南、万毕、周宣占梦,咸著于篇。[1]

综上可见,当时阴阳术极为流行且颇混乱,故唐太宗才有此统一制订颁行《阴阳书》之举。《唐会要》卷三六"修撰"条小字注云:

太宗以"阴阳书"行之日久,近代以来,渐至讹伪,穿凿既甚,拘忌亦多,遂命有司总令修撰。[2]

对此,两《唐书·吕才传》有更为详细的记载。[3]

从考古材料上看,这一时期,我国西北地区所谓坟院式茔域,坟院的方向和祖穴的方位多不相同,没有一定的规律。这种现象很有可能是按照姓氏的五音来决定坟院的方向和祖穴的方位的。[4] 既然当时纳音调姓之风如此之盛,可是为什么统治者却偏偏没有附合、取用这种堪舆术,而采用反对此风的吕才编订《阴阳书》并颁行全国? 这究竟是何缘故呢? 这可能还是统治者调整门阀制度的结果,跟当时社会权力结构的变化是密切相关的。

门阀士族制度规定的血统到初唐时已经不合时宜。尽管东魏、北齐以来的山东旧族在政治、经济上已经衰落,但是他们在社会门望上的影响却仍旧。新兴的关陇贵族则历世显贵,掌握朝纲,但其血统地位却不高。在这种情况下提高后者的社会声望就显得极为必要了。李义府所谓"上林多许树,不借一枝栖",[5] 便表达了出生寒门的庶族地主要求参与国家政权的强烈愿望。此为盛唐以前唐政府锐意变

---

[1] 〔宋〕王应麟《玉海》,南京:江苏古籍出版社/上海:上海书店,1990 年,页 110 下栏。

[2] 〔宋〕王溥撰《唐会要》,上海:上海古籍出版社,1991 年,页 760。

[3] 《旧唐书》卷七九《吕才传》,页 2720、2725;《新唐书》卷一〇七《吕才传》,页 4063、4066。

[4] 徐苹芳《中国秦汉魏晋南北朝时代的陵园和茔域》,《考古》1981 年第 6 期,页 526～527;后以《秦汉魏晋南北朝时代的陵园和茔域》为名收入所撰《中国历史考古学论丛》,页 271～272。

[5] 〔唐〕刘餗撰,程毅中点校《隋唐嘉话》卷中,《隋唐嘉话·朝野金载》,北京:中华书局,1979 年,页 19。

革门阀制度的内在动机。

李唐一方面对此制度不满,故唐高祖李渊一即位就与道教主老子李耳攀亲,以提高自己的地位。同时,另一方面也不得不暂且利用该制度来压抑旧有的士族并提高自己的威望。于是,李唐先后于太宗、高宗朝二度调整门阀制度,这两次调整大意是"贞观中,高士廉、韦挺、岑文本、令狐德棻修《氏族志》。凡升降,天下允其议,于是州藏副本以为长式。时许敬宗以不载武后本望,义府亦耻先世不见叙,更奏删正。委孔志约、杨仁卿、史玄道、吕才等定其书,以仕唐官至五品皆升士流。于是兵卒以军功进者,悉入书限,更号《姓氏录》"。[1] 从中可以注意到阴阳家吕才对此工作的参与。当然,在施行《姓氏录》的同时,武则天还实行了其他相应的措施。

唐太宗制定《氏族志》的目的是"今定氏族者,诚欲崇树今朝冠冕。(中略)。不论数代已前,止取今日官品、人才作等级。宜一量定,用为永则"。[2] 他为《氏族志》规定的原则是"参考史传,检正真伪,进忠贤,退悖恶,先宗室,后外戚,退新门,进旧望,右膏粱,左寒畯",[3] 并要求修撰者辨其昭穆,第其甲乙。后又加以干涉,以皇姓为首,外戚次之,崔幹为第三等。[4] 唐太宗在这方面的改革正是利用了当时人们尚存在的比较强烈的门阀观念来实现的,也就是说利用了这种观念提高己方新生力量的社会地位,而压抑打击了原先的社会阶层。接着,唐高宗于显庆四年九月五日(659 年 9 月 26 日)下诏改《氏族志》为《姓氏录》,并委托礼部侍郎孔志约、太常卿吕才等 12 人参与撰定《姓氏录》。最后撰定的结果是:皇后四家、一品官吏为第一等;文武二品及知政事三品为第二等;其他按当时在职官品高低,以此类推,止于五品。如此,遂从制度上彻底压制了原有士族势力。《姓氏录》制定后出现了唐代中后期的"富商豪贾,尽居缨冕之流"的历史现象。[5] 同时,原先的士族势力日臻衰落。在唐代还显赫一时的山东崔、卢、李、郑

---

[1]《新唐书》卷二二三《李义府传》,页 6341。

[2]〔唐〕吴兢《贞观政要》卷七《礼乐第二十九》,上海:上海古籍出版社,1978 年,页 226~227。

[3]《新唐书》卷九五《高俭传》,页 3841。

[4]《唐会要》卷三六"氏族"条,页 775。

[5]《旧唐书》卷一〇一《辛替否传》,页 3155。

诸大姓,在宋代已是绝无闻人。[1]

　　门阀是与门第姓氏紧密联系的,纳音调姓的阴阳术自然让人感受到对门第姓氏的兴味。唐政府反对原有的门阀,反对纳音调姓的吕才自然被政府起用参与修撰《姓氏录》。对唐代社会结构变化的敏感和对当权者意图的及时跟进,应该是吕才参与撰定《姓氏录》和得以负责编订《阴阳书》的主要原因。也正是在这种背景之下,面对纷纭的阴阳术,吕才阴阳术才有脱颖而出被统治者御定为地理官书的可能。[2]实际上,《氏族志》和《阴阳书》应该是唐王朝在“生”与“死”两个领域里配套整饬原有世家大族的政治行为,亦即是针对山东旧族的重大举措。魏晋以降,门阀世族盛行。他们在行为处事等各个方面都独自高标,以为门阀之标榜。这在他们的家族墓葬上也得到如实的反映,从考古材料来看,这阶段发现的门阀士族墓地情况存在两个显明的特征。其一,各个士族墓地的形制以及排列原则都是不同的。这无疑表明墓葬也成为世族标榜门阀的一个媒介。其二,世家大族的墓葬形制跟中央皇权规定的墓葬等级制度不同,即不在后者规定的秩序之中,这显示了门阀政治与皇权抗衡,乃至不受制约而游离于皇权之外的政治状态。同样,这些家族墓葬的各异直接导致了所执阴阳术的不统一,同时更是对中央皇权的藐视和削弱。隋唐以前长年的战乱,更给此风以滋长的土壤,而这一切都是一个新生的统一的中央王朝所不能容忍的。恐怕这才是唐太宗委任反对纳音调姓的吕才整顿阴阳术的主要动机吧。若纳音调姓,无疑不得不跟这些世家大族联系起来,实现不了用统一的法则彻底摧毁原有世家大族优越性的效果。故而,吕才阴阳术的颁行益发凸显纳音调姓阴阳术的泛滥。

　　不管唐代的堪舆术如何众说纷纭,从总体上来说,可以分成重纳音调姓(即五姓堪舆法)与非纳音调姓两大类。其中影响较大的堪舆派别主要有三家,即吕才、一行和由吾公裕等,直至赵宋,影响犹在。按照上述的分类原则,这三家可以分成

---

[1]〔宋〕王明清《挥麈录》前录·卷之二,云:“唐朝崔、卢、李、郑及城南韦、杜二家,蝉联珪组,世为显著。至本朝绝无闻人。”上海:上海书店出版社,2001年,页15。

[2]案,这种历史背景反映到唐陵陪葬墓地上,便是陪葬墓地成员的变化。即从盛唐以前以功臣密戚为主渐次成为功臣与皇族对等,盛唐以后已全为皇族陪葬。

两大类。一行、由吾两派为一类,吕才一派为一类。其中最大的区别便在于前二者主张纳音调姓,而吕才一派则不主张这种做法。下面重点介绍吕才、一行之堪舆术。

前引《旧唐书》卷七九《吕才传》云:

> 太宗以"阴阳书"近代以来渐至讹伪,穿凿既甚,拘忌亦多,遂命〔吕〕才与学者十余人共加刊正,削其浅俗,存其可用者。勒成五十三卷,并旧书四十七卷,〔贞观〕十五年书成,诏颁行之。

又《新唐书》卷一〇七《吕才传》云:

> 帝(太宗)病阴阳家所传书多谬伪浅恶,世益拘畏,命〔吕〕才与宿学老师删落烦讹,掇可用者为五十三篇,合旧书四十七,凡百篇,诏颁天下。[1]

参照上面的记载,可有四个判断:

第一,此"阴阳书"非专指后来吕才编订之《阴阳书》,乃当时社会上各派阴阳家传承之典籍的泛称,也即吕才所称之"诸'阴阳书'",《旧唐书》卷七九《吕才传》云:

> 验于经典,本无斯说,诸"阴阳书",亦无此语,直是野俗口传,竟无所出之处。[2]

查稽《新唐书》卷五九《艺文志》便同时载"王璨《新撰阴阳书》三十卷"和"吕才《阴

---

[1]《新唐书》卷一〇七《吕才传》,页4063、4066。
[2]《旧唐书》卷七九《吕才传》,页2721。

阳书》五十三卷",[1]《旧唐书》卷四七《经籍志》亦如是。[2] 前引王应麟《玉海》卷五《唐六十家五行志》以为唐代《阴阳书》有王璨、吕才二家,从《新撰阴阳书》之"新撰"二字,可知王璨之书当在吕才之后。

第二,《旧唐书·经籍志》载《阴阳书》五十卷,[3]与该书《吕才传》所载"五十三卷"不同。这是《旧唐书》本身自相矛盾的地方。《新唐书·艺文志》亦载《阴阳书》五十三卷。[4] 参照前引两《唐书·吕才传》的记录,吕才《阴阳书》成书后当为一百卷,而非《旧唐书·经籍志》所言之五十卷。《图解校正地理新书·地理新书序》称:"唐贞观,中太常博士吕才奉诏撰《阴阳书》五十篇,其八篇《地理》也。"[5] 这里的"篇"恐是"上、下卷"的意思。吕才《阴阳书》八篇地理是《地理新书》的基础之一。综合《新唐书·吕才传》的记载,或可推断《地理新书序》所言吕才《阴阳书》五十篇,实有百卷。此恐为北宋王洙所见吕书之状况。换言之,两《唐书》及《地理新书》的相关记载存在不同,或为版本流传之异所致。

第三,吕才《阴阳书》编订成于贞观十五年(641),是在原有的某《阴阳书》四十七卷旧文的基础上,增加了从其他"阴阳书"中采编的五十三卷。至于其卷数的记载之所以出现说法不一的局面,则恐与后世渐以"吕才《阴阳书》"特指此五十三卷有莫大关系。

第四,吕才《阴阳书》颁行天下后,不管是否占据了整个社会的阴阳书市场,这一点从考古材料上得不到证明,但它至少是盛行于当时的统治者或统治阶层的,代表着合法以及官方的正统。正是由于这一点,才有假托吕才的《阴阳书》面世。

吕才《阴阳书》现在可以看到的是两《唐书·吕才传》、《资治通鉴》卷一九六"上以近世阴阳杂书"条、宋王应麟《玉海》卷五"唐阴阳书"条。[6] 但皆是从两《唐书·吕才传》中辑录、衍变而来的。从中可进一步确定吕才《阴阳书》的一个重

---

[1]《新唐书》,页 1556、1557。
[2]《旧唐书》,页 2044。"王璨",《旧唐书》作"王粲"。
[3]《旧唐书》,页 2044。
[4]《新唐书》,页 1557。
[5]〔宋〕王洙等《图解校正地理新书》,台北:集文书局据"张本"影印,1985 年,页 10~11。
[6]《玉海》,页 111 下栏~页 112 上栏。

要特征便是反对纳音调姓的做法。此外,《图解校正地理新书》中也有关于吕才《阴阳书》的若干记载。如《图解校正地理新书·地理新书序》便有关于吕才《阴阳书》若干内容的记载;又如同书卷一五"吕才论宅经葬书之弊"条,所记与两《唐书·吕才传》大同。[1] 又同卷"孙季邕奏废伪书名件"条:"孙季邕撰《葬范》引吕才《葬书》所论伪滥者一百二十家,奏请停废其《力牧》等,一二可用之说已行编用外,亦无传者。"[2] 下列 118 家而非 120 家,其中第一家即为《黄帝五姓葬经》。这又进一步证明了吕才是反对姓墓葬法的。《新唐书》卷五九《艺文志》载"孙季邕《葬范》三卷",[3] 可见孙季邕也为唐朝人,或与吕才同时,或晚于吕才,应该是熟谙吕才《阴阳书》大旨的。其所撰《葬范》宗旨或与吕才《阴阳书》同。从《崇文总目》卷四《五行类》的记载,可知孙季邕《葬范》此时仍流传于世,《地理新书》的转载应该不误。由《图解校正地理新书·地理新书序》,可知吕才《阴阳书》所记"地理"部分的内容、写法以及与《图解校正地理新书》的渊源关系。《地理新书序》,略云:

> 唐贞观中,太常博士吕才奉诏撰《阴阳书》五十篇,其八篇《地理》也。唐太宗贞观年中为"阴阳书"近代以来渐致讹伪,拘忌亦多,遂命太常博士吕才删修,至十五年书成,诏颁天下,遂乃行之。至先朝更命,言宋太祖为先朝,更新天命,传下也。司天监史序等分门总辑为《乾坤宝典》四百五十篇,其三十篇《地理》也。司天大监史序与其官属,将吕才旧书分作门类,再总括编集目为《乾坤宝典》内《地理门》有三十篇也。书既成,高丽国王上表请于有司,诏给以写本。高丽,东奏国名也。其王遣使上表诣朝廷,奏来诏赐以写本。然序之书丛杂猥近,无所归诣,学者抉其讹谬,凡三千五百。言史序编成其书,尚末精当,丛杂不一,猥俗浅近,不能取验,无所归著。后学之人,见其如此,遂挑抉出伪误者三千五百字也。景祐初,仁宗景祐元年甲戌。司天监丞王承用又指摘阙误一千九百,始诏太子中允集贤校理秘颖冬官正张逊、大(太)卜署令秦,并与承用覆校同异,五年而毕。先有精于术学者,抉其讹谬,次又王承用指出阙少摘去错误,缘已奏闻,方始诏下,委差儒臣集贤校理秘颖与冬官正张逊、太卜署令秦卜秦年、司天监丞王承用四人又反复精审校勘所试义理同与不同,至五年而毕。诏付太常命司天少监杨惟德与二宅官三十七人详其可否,惟德洎逊斟酌新历,修正舛盭,言诏送付太常寺,再命司天少监杨惟德等详度其中可否,惟德及张逊见行新历,天道删修改正,舛错谬整也。别成三十篇,赐名曰《地理新书》。将旧书修正,专取地理为首,作三十篇进呈奉敕,赐名为《地理新书》。言"新书"者,是新其古文也。复诏钩核重复,言此《地理新书》虽赐名讫,又奉下诏,恐有重复,则钩去其重,核考其实也。

---

[1]《图解校正地理新书》,页 489~492。

[2]《图解校正地理新书》,页 492。

[3]《新唐书》,页 1558。

至皇祐三年(1051)，集贤校理曾公定领其事，奏以浅澽疏略，无益于世。自景祐五年戊寅王承用等再校毕，至今皇祐二(三)年辛卯，凡一十三年。又集贤校理曾公定提领修撰，奏其书浅遽瀚漫，理不深幽，疏而不实，略而不备，无利益于世也。有诏臣淏、臣禹锡、臣羲叟，洎公定置局删修，以司天监主簿亢翼改正其旧，才有所长，业有所专，故以司天监官将阴阳旧书错者改之，墓者正之。观文殿学士丁度典领焉，度薨，臣淏实掌其属。自丁度薨后，王淏乃实掌管其僚属。于是，具阅三馆所藏，备检阅馆阁所藏之书。及古今占术验忌，占家信验，避忌之术。披其奥突，诘其苞柢，管以体要，区以轻重，而各从摊部，先后可寻。此言编修之法，先营宅、定事体要当；次分别开吉凶、轻重，立作门类，张于篇部，则先后次第，易为检寻耳。自吕才成书名以地理，而专记冢墓，颇淆以室舍吉凶同条，非著书之法。地理之书，自吕才名之，专记冢墓善恶，复于其中颇有杂录[1]室舍宜忌之文。又吉凶不别，同在一门，此非著作文书之法。

这些是直接了解吕才《阴阳书》的文献，加之上文概括之四点可为进一步了解吕才《阴阳书》的基础。

吕才《阴阳书》有《卜宅篇》《禄命篇》《葬篇》三篇，其要义得以在两《唐书·吕才传》中转述。其内容是反对姓墓；反对禄命；主张葬有定期，不择年月、日、时；认为葬无吉凶，葬用五姓不可信；荣辱升降，事关诸人而不由于葬；诡致礼俗不可以法。换言之，吕才是主张根据礼法，反对纳音调姓，反对将年月日时、丧葬、人事吉凶相关联。这些都颇有些唯物主义的意味。

《新唐书》卷五九《艺文志》载："吕才《阴阳书》五十三卷，《广济阴阳百忌历》一卷，《大唐地理经》十卷。贞观中上。"[2]根据《地理新书序》的记载，吕才《阴阳书》有八篇关于"地理"，看来吕才的另书《大唐地理经》十卷便是此八篇"地理"全面的阐扬和论证。《宋史》卷二〇六《艺文志》又载："吕才《阴阳书》一卷。"[3]不过同书同卷又云："《唐删定阴阳葬经》二卷，《唐书地理经》十卷。"[4]唐代文献只有吕才奉诏编订《阴阳书》的记载，此处所言《唐删定阴阳葬经》当即吕才编订之《阴阳书》，此时仅余其中二卷有关埋葬的堪舆术。由此看来，《宋史·艺文志》的记载出现了

————————

[1]《图解校正地理新书·地理新书序》，页10~13。注：引文略去原文双行夹注中有关文字的注释部分。

[2]《新唐书》，页1557。

[3]《宋史》卷二〇六《艺文志》，页5262。

[4]《宋史》卷二〇六《艺文志》，页5261。

混乱的局面。这种情况的出现应跟宋时吕氏《阴阳书》的散佚密不可分。参校郑樵《通志》卷六八《艺文略》仍载有"《大唐地理经》十卷，吕才撰"，可知《唐书地理经》很可能便是吕才所撰《大唐地理经》的另名，此时仍存有完整的十卷。从宋代的目录学著作可知，吕才《阴阳书》在北宋史序等人将其重新分门总辑为《乾坤宝典》后，便逐渐亡佚了，吕氏著作只有《大唐地理经》流传于世，并在社会上产生影响。后来《大唐地理经》及《乾坤宝典》也都亡佚，代之而起的是王洙等撰《地理新书》。王应麟《玉海》卷一五"《皇祐地理新书》《唐地理经》"条，云：

> 隋庚季才撰《地形志》八十七卷；《唐志·五行类》：吕才《大唐地理经》十卷；贞观中上一行《五音地理经》十五卷。《书目》云《地里经》。初真宗朝，史序等撰《乾坤宝典》四百五十篇，其三十篇地里（理）也，其书丛谬。景祐三年（1036）六月己酉，命嵇颖、胡宿重校《阴阳地理书》，〔景祐〕五年而毕。司天少监杨惟德等别修成三十篇，赐今名。皇祐五年（1053），《书目》云"三年"。正月癸亥，一本"甲成"。复命知制诰王洙提举修纂《地理图书》，直集贤院掌禹锡著作，刘羲叟删修，嘉祐元年（1056）十一月书成三十卷上之，赐名《地理新书》，赐洙等器币。
>
> 《书目·形法类》：凡三十卷，首以城邑、营垒、府寺、邮传、市宅、衢弄为《地事》二十篇，次以冢、穴、埏、门、道、陌、顷、亩为《葬事》十篇，《地图》一篇，《目录》一卷，成三十二篇。《图》一篇今不存。《汉志》：形法六家，百二十二卷，有[1]《宫宅地形》二十卷，大举九州岛之势以立城郭宝舍。

《崇文总目》卷四《五行类下》云：

> 《葬范》三卷，孙季邕撰。（中略）。
>
> 《乾坤宝典葬书》三十卷，原释：以下俱阙。见天一阁钞本。
>
> 《大唐地理政经》十卷，吕才撰；

---

[1]《玉海》，页294下栏。《隋书》卷三四《经籍志》（页1039）载有"《地形志》八十卷；庚季才撰。《宅吉凶论》三卷；《相宅图》八卷"，此与《玉海》所载"八十七卷"异。

　　　　锡鬯按，《通志略》无"政"字。

　　《五行地理经》十五卷，释一行撰；

　　　　锡鬯按，《宋志》无"五行"二字、十二卷。[1]

《崇文总目》的编撰始于宋仁宗景祐元年（1034），成书于庆历元年十二月己丑（1042 年 1 月 8 日），是在四馆藏书的基础上，仿《开元四部录》，约国史艺文志，编修政府藏书目。前后历经七年，完成六十卷，叙录一卷，编成有序有提要的目录，对宋代以及宋代以后的公私藏书目影响巨大，成为书目编撰的典范。王洙参与了编目工作，《崇文总目》卷四《五行类》应在其工作内容之中。因此，上文应该准确地反映了当时的四馆藏书情况。《地理新书序》中言及史序根据吕才《阴阳书》八篇《地理》整理成《乾坤宝典》中的三十篇《地理》。颇疑《乾坤宝典葬书》便是此三十篇《地理》的单独成册。而《大唐地理政经》十卷或为吕才《大唐地理经》之别名。《五行地理经》当即《五音地理经》之义。此时四馆中仅存二书书目而已。

　　《崇文总目》在南宋时还没有阙佚，郑樵（1103～1162）曾对《崇文总目》的提要发表意见，谓其泛释无义，文繁无用。《四库全书总目提要》称郑樵《通志校雠略》全为攻击此书而作。《通志》卷六八《艺文略》"葬书"条，云：

　　《大唐地理经》十卷，吕才撰《五音地理经》十五卷，一行撰《地理三宝经》九卷；《地理新书》三十卷。[2]

但是，《通志·艺文略》所著录之书，自汉至宋，略于汉晋而详于宋代。据此又难以确定 1056 年《地理新书》颁行天下后，吕才《大唐地理经》及一行《五音地理经》仍行于世。《地理新书》卷一四《阡陌顷亩篇》幽穴浅深法便记录了由吾、一行、吕才

---

[1]〔宋〕王尧臣（1001～1056）等编次，〔清〕钱东垣等辑释《崇文总目》卷四，《丛书集成初编》据《粤雅堂丛书》本排印，北京：中华书局，1985 年，册 0023，页 259、261。

[2]〔宋〕郑樵《通志》卷六八《艺文略》，北京：中华书局，1987 年，页 807 上栏。

的葬式，[1]可见王洙确曾目睹一行《地理经》。从下文亦可知，北宋在讨论帝后陵寝时参考了一行、由吾的葬经。也就是说，北宋皇家是能接触到一行的葬经的。可为何称一行《地理经》未见于北宋皇家藏书？显然是故意为之。颇疑王洙此举跟欲图树立《地理新书》的权威地位有关。换言之，在王洙等人编修《崇文总目》时，北宋皇家藏书中必有吕才《大唐地理经》及一行《五音地理经》。

　　总之，宋代"吕才《阴阳书》"式微，由此可见《阴阳书》的不合时宜。从姓墓的做法一直流行于世来看，吕才《阴阳书》在民间不合时宜的症结便在于反对纳音调姓，在敦煌文书中发现主张姓墓的"吕才《阴阳书》"便是很好的例证。这大概是为了继续实行姓墓的做法，民间假借政府所倡导的"吕才《阴阳书》"一名为掩护的泛滥吧。唐代社会使用姓墓葬式的情况，吕才在其《阴阳书·卜宅篇》描写道"近世乃有五姓，谓宫也，商也，角也，徵也，羽也。以为天下万物悉配属之，以处吉凶"，[2]由此可见一斑。这可从敦煌吐鲁番文书以及墓志资料得到印证。前者如晚唐S. 2263《葬录》便是"葬用五姓"的阴阳书籍，后者如出土于江苏省江都县的徐府君刘夫人合祔铭。其铭云：

　　……其墓园内祖墓壹穴肆方」
　　各壹拾叁步丙首壬穴……[3]

徐府君葬于唐大和九年十月二十八日（835 年 11 月 22 日）。徐姓在五音中可属商姓，徐府君墓园便是依照商姓大利向来安排家族墓地的。但是，吕才《阴阳书》的编订颁行是有深刻的政治背景的。这在前文已有讨论。总之，随着唐代政权的日微和远去，原本民众基础薄弱的吕才《阴阳书》逐渐失去了政权的支持，日益不符合发展中的占卜术的需要，到唐后期就分化成各种不同的占卜书了。[4]

---

[1]《图解校正地理新书》，页439~440。考证详冯继仁　同上揭文，页65~66。

[2]《新唐书》卷一〇七《吕才传》，页4063。

[3] 王思礼、印志华、徐良玉、赖非、萧梦龙主编《隋唐五代墓志汇编·江苏山东卷》，天津：天津古籍出版社，1991 年，页85。

[4] 黄正建《日本保存的唐代占卜典籍》，载所撰《敦煌占卜文书与唐五代占卜研究》，北京：学苑出版社，2001 年，页242。

管见所及,唐代文献中有关"阴阳书"的记载有:

《贞观政要》卷六《仁恻第二十》,云:

> 贞观七年(633),襄州都督张公谨卒,太宗闻而嗟悼,出次发哀。有司奏言"准《阴阳书》云:'日在辰,不可哭泣。'此亦流俗所忌。"太宗曰:"君臣之义,同于父子,情发于中,安避辰日?"遂哭之。[1]

《朝野佥载》卷六,云:

> 永徽(650~655)中,张鷟筑马槽厂宅,正北掘一坑丈余。时《阴阳书》云"子地穿,必有堕井死"。鷟有奴名永进,淘井土崩压而死。又鷟故宅有一桑,高四五丈,无故枯死,寻而祖亡殁。后有明阴阳云"乔木先枯,众子必孤",此其验也。[2]

《唐会要》卷六六"将作监"条,云:

> 建中元年(780)九月,将作监上言:"宣政内廊有摧坏者,今当修之,准《阴阳书》,谓是岁孟冬为魁罡,不利修作,请卜他时。"上曰:"《春秋》之义,启塞从时。若修毁完败,何时之择。诡妄之书勿征。"乃修。[3]

贞观七年,吕才《阴阳书》尚未编订颁行天下,故可知上揭《贞观政要》文中所言"阴阳书"断非吕氏之书,是否作为吕书的一个来源也已无从判断了。而张鷟与将作监则属于政府官员,均约束于官僚体制,特别是将作监其所参《阴阳书》亦当在政府的管束之中。换言之,此二者跟吕书发生关联的可能性较大。下文将继续讨论其他相关的文献。

---

[1]《贞观政要》,页194。《旧唐书》卷六八《张公谨》所载与此同,详页2507。

[2]〔唐〕张鷟撰,赵守俨点校《朝野佥载》,《隋唐嘉话·朝野佥载》,页145。

[3]《唐会要》,页1367。

敦煌唐末五代遗书 P. 3865《宅经》云：

> 《皇帝二宅经》《地典宅势三□宅经》《孔子宅经》《宅锦宅桄》《文王宅经》《王澈宅经》《王敢宅经》《淮南王子宅经》《刘根宅经》《玄女宅经》《司马天师宅经》《刘晋平宅经》《张子二宅经□》《九宫宅经》《八卦宅经》《五兆宅经》《玄悟宅经》《六十四卦宅经》《左盘韵□宅经》《李淳风宅经》《五姓宅经》《吕才宅经》《飞阴乱伏宅经》。已上诸家宅经其皆大同不异。

据 P. 3865《宅经》所载诸家宅经可见当时阴阳术的盛行。出土文书中颇有之，此不枚举。此外，文书所载《吕才宅经》是否跟吕才编订的《阴阳书》之间有着某种渊源关系？如前所言，吕才是反对姓墓的做法的，该文书认为《五姓宅经》与《吕才宅经》大同小异，纳音调姓当为其大同者。因此可知《吕才宅经》为假托之作，实非吕才所撰。同样的道理，虽 P. 2615a、P. 3492a《诸杂推五姓阴阳等宅图经》亦为假托"朝散大夫太常卿博士吕才"之作。

敦煌文书 P. 2534 号首残尾全，尾标"阴阳书卷第十三　葬事"字样，是敦煌文书中唯一明确表明"阴阳书"的卷子。本卷先逐月讲葬事的吉凶，特别标出了"金鸡鸣、玉狗吠"日和五姓行用的吉凶，然后有"立成法第十二"是灭门大祸日岁月的推算表格，最后是"灭门大祸日立成法第十三"，是灭门大祸日日子的推算表格，[1] 其末尾称：

> 凡葬及殡埋斩草日值灭门日者，妨害深重，不」
>
> 可用；若值大祸日者，被劫盗。日音与姓相克，害」
>
> 深。」[2]

可见，这件文书并非吕才编订的《阴阳书》之一部分，因为文书的内容主要讲"葬及

---

[１] 岁月日的推算用表格表示，即所谓"立成法"，是当时的习惯速查法，其方法及名称都为后代继承下来。

[２] 案，P. 2534 录文可参金身佳编著《敦煌写本宅经葬书校注》，北京：民族出版社，2007 年，页 302～309。

殡埋斩草"和起土日的吉凶,并与五姓相联系,而吕才是反对纳音调姓以及反对将年月日时、丧葬、人事吉凶相关联的。此《阴阳书》表明,"五姓"在葬日选择中占有非常重要的位置:同是吉日,会因五姓的不同而由吉变凶。使用"五姓",是唐代占卜术中一个非常重要的特点。[1] 而同样的日子,因为"五姓"的不同或"年命"的不同,"权殡"择日(时)的吉凶也不同,所以先要定"五姓"和"年命"。P. 3647 便记录了具体的操作程序。[2]

此前已论,初唐时阴阳术极为流行且颇为混乱,故唐太宗才有此统一制订颁行之举。不过,唐太宗的举措对民间的影响看来收效甚微。吕才是唐太宗这次活动的主要负责人之一,从前文所引《阴阳书·卜宅篇》,可知吕才是坚决反对纳音调姓的。可是,纳音调姓的风尚却一直延续到宋代,如《地理新书》便自称"五音所属"录自唐《元和姓纂》。不过,如前所言,吕才一派的观点在某个时期内(唐玄宗以前)还是曾经在社会的某些阶层占有主导地位的,至少在唐朝最高统治阶层里是这样。代表唐代上层社会堪舆观念的吕才《阴阳书》,势必对帝陵的营建产生影响。《旧唐书》卷一九一《严善思传》云:

> 则天崩,将合葬乾陵。〔严〕善思奏议曰:"谨按《天元房录葬法》云:'尊者先葬,卑者不合于后开入。'则天太后卑于天皇大帝,今欲开乾陵合葬,即是以卑动尊,事既不经,恐非安稳。臣又闻乾陵玄阙,其门以石闭塞,其石缝隙,铸铁以固其中,今若开陵,必须镌凿。"[3]

最终,不管严善思如何坚持,武后依旧合葬乾陵,[4]其建议还是未被采纳。从中可

---

[1] 黄正建《试论唐人的丧葬择日——以敦煌文书为中心》,载刘进宝、高田时雄《转型期的敦煌学》,上海:上海古籍出版社,2007 年,页 243。
[2] 黄正建《试论唐人的丧葬择日——以敦煌文书为中心》,页 249。
[3]《旧唐书》,页 5102;亦见于《唐会要》卷二〇"陵议"条,页 458~459。
[4] 在唐朝,合葬于帝陵应有身份尊崇的意味。如,唐武宗即位后,随即为生母穆宗妃韦氏采取了一系列提高地位的措施,即追谥宣懿皇太后、祔于太庙、修崇福陵;又试图合葬韦氏于穆宗光陵,未果,便对旧坟进行增筑,并名曰"福陵"。详《旧唐书》卷一八上《武宗本纪》,页 584~585。

以获知《天元房录葬法》也应该是唐代最高统治者参考、使用的堪舆术。正因为《天元房录葬法》与吕才《阴阳书》同为唐代高级阶层葬法，由此或可进一步推测《天元房录葬法》与吕才这一堪舆派别有着不可或分的关系，至少在王朝统治者眼中是与吕才《阴阳书》并行不悖的堪舆术。在丧葬制度中杂糅多种阴阳术的情况也是存在的，此可见于北宋陵墓营造。《文献通考》卷一二六《王礼考二十一》"山陵"条载："景德三年（1006），皇太后李氏崩。四月，司天监言：'奉诏集众官，以诸家葬书选定园陵年、月。'"[1]结合考古材料，也可知巩县宋八陵的营建实际上至少斟酌了一行、由吾、吕才三家之说。[2]

　　此外，日本宽平年间（889~897）根据当时实有图书编写的《日本国见在书目录》明确记有"《大唐阴阳书》五十一卷、《新撰阴阳书》五十、吕才撰"。其中的《大唐阴阳书》保存到现在有七个本子，这些本子都不是唐代写本，并都源自嘉祥元年（848）历博士大春日真野麻吕的一个抄本；也都不是全本，而只存有卷三十二和三十三。黄正建认为唐代编纂的《阴阳书》最迟在天平十八年（746）已经传到日本，《大唐阴阳书》确是抄自唐代的《阴阳书》。[3] 若将京都大学图书馆所藏《〈大唐阴阳书〉三十三卷下》[4]与前述敦煌文书 P. 2534 比较，则可发现尽管二者都讲历日吉凶，在表达形式上亦接近，但《大唐阴阳书》却不再将历日吉凶与五姓相关联。这可以说是它们最本质的区别，也正是这个差异，使得《大唐阴阳书》与吕才编订《阴阳书》发生关系成为可能之事。换言之，《大唐阴阳书》与吕才《阴阳书》至少是同在反对纳音调姓这一系统中的阴阳书籍。虽尚不能断言，但称《大唐阴阳书》是研究吕书的重要资料却不为过。[5]

[1]　〔元〕马端临《文献通考》卷一二六"山陵"条，北京：中华书局，1986 年，页考 1130 上栏。

[2]　冯继仁　同上揭文，页 66。

[3]　黄正建　同上揭文，页 242~243。

[4]　承陈昊博士提供京都大学图书馆所藏《〈大唐阴阳书〉三十三卷下》电子文本，谨致谢忱！案，日本所见七种《大唐阴阳书》的写本只是略有不同而已。

[5]　有关研究可参〔日〕中村璋八《〈大唐阴阳书〉考》，载所撰《日本阴阳道书研究（增补版）》，东京：汲古书院，2000 年，页 568~591；〔日〕小林春树编《东アジアの天文・历学に关する多角的研究》4-2，东京：大东文化大学东洋研究所，2001 年；〔日〕山下克明《阴阳道关连史料の传存状况》，《东洋研究》第 169 号，2006 年，页 69~116。此承陈昊博士见告，谨致谢忱！〔日〕大谷（转下页）

至于五姓堪舆法,从敦煌文书提供的文献资料,可以了解此术之大概。[1] 关中西汉陵地[2]以及巩县北宋八陵的布局[3]更给我们展示了考古学上的证据。《新唐书》卷五九《艺文志》著录有"由吾公裕《葬经》三卷",[4]可能便是由吾一派的堪舆经典。同书同卷又著录有僧一行"《五音地理经》十五卷"。[5]《宋史》卷二〇六《艺文志》云"僧一行《地理经》十二卷",[6]同书同卷又称"《僧一行地理经》十五卷"。[7] 上述记载有相互矛盾的地方,但是,从文献多记载为"十五卷"看,后者当是。《佛祖历代通载》卷一三,云:

〔一行〕著《易论》十二卷。《大衍论》二十卷。(中略)。《五音地里经》十五卷。宰相李吉甫奉诏撰《一行传》一卷。并见《唐艺文志》。[8]

此可为辅证。宿白曾用较大的篇幅考辨了一行、由吾的堪舆术,全文迻录如次:

(接上页)光男《日本古代の具注历と大唐阴阳书》,《二松学舍大学东洋学研究所集刊》22集,1992年,页1~17;同作者《麟德具注历(正仓院)と宣明具注历(敦煌):各断简(残历)间の历注について》,《二松学舍大学东洋学研究所集刊》31集,2001年,页1~18;同作者《贞享历法の具注历(阴阳书)について》,《东洋研究》第155号,2005年,页33~97。此承北京大学历史系荣新江教授见告,谨致谢忱!

[1] 茅甘(Marole Morgan)、高田时雄、邱博舜及蔡明志等学者先后梳理了五姓说在敦煌文书中的情况。详茅甘《敦煌写本中的"五姓堪舆"法》,载〔法〕谢和耐等著,耿升译《法国学者敦煌学论文选萃》,北京:中华书局,1993年,页249~256。高田时雄《五姓を说く敦煌资料》,《国立民族学博物馆研究报告别册》14号,1991年,页249~268;此据钟翀译文《五姓说之敦煌资料》,载所撰《敦煌·民族·语言》(钟翀等译),北京:中华书局,2005年,页328~358。另可参看高田时雄《五姓说在敦煌藏族》,载中国敦煌吐鲁番学会编《敦煌吐鲁番学研究论文集》,上海:汉语大词典出版社,1990年,页756~767;邱博舜、蔡明志《敦煌阳宅风水文献初探》,《文资学报》第1期,2005年1月,页109~158。

[2] 详沈睿文《西汉帝陵陵地秩序》,《唐陵的布局:空间与秩序》,页109~146。

[3] 冯继仁　同上揭文,页55~68。

[4] 《新唐书》,页1558。

[5] 《新唐书》,页1558。

[6] 《宋史》卷二〇六《艺文志》,页5253。

[7] 《宋史》卷二〇六《艺文志》,页5258。

[8] 〔元〕释念常《佛祖历代通载》卷一三,高楠顺次郎、渡边海旭纂修,日本大正新修大藏经刊行会《大正新修大藏经》(修订版),台北:新文丰出版公司,1983年,册49,No. 2036,页592上栏。

查晁公武《昭德先生读书后志》卷二《五行类》云："《五音地理新书》三十卷，右唐僧一行撰。以（按"以"字原文阙，此系据《文献通考》卷二百二十经籍志四十七引晁志补）人姓五音验八山三十八将吉凶之方，其学今世不行。"一行《五音地理新书》，宋以后佚，其内容就晁志所记，知与王洙等《地理新书》相似。按一行之说于《地理新书》编纂之前极为流行，北宋皇室曾一再根据其说选择陵地，《宋会要辑稿》礼三七云："（乾兴元年二月）二十二日（1022 年 3 月26 日）命宰臣丁谓为山陵（真宗永定陵）使，……（六月）十六日（1022 年 7 月 6日）王曾等上言得司天监主簿侯道宁状，按由吾《葬经》皇堂下深九十尺，下通三泉。又一行《葬经》皇堂下深八十一尺，合九九之数，今请用一行之说……"又同书礼三七云："（真宗景德元年）五月二十五日（1004 年 6 月 15 日）按行使刘承圭言得司天监史序状：'（明德皇太后）园陵宜在元德皇太后陵西安葬……其地西稍高，地势不平，按一行《地里经》地有庞不平，拥塞风水，宜平治之，正在永熙陵（按即太宗陵）壬地，如贯鱼之行，从之。……'"永熙陵选壬地如贯鱼之形亦正与《地理新书》所记角姓葬壬、河南行贯鱼葬之说完全相同。由此可知，仁宗时王洙等人奉敕编纂之书，必曾因袭一行之说，或就一行书有所增删，故彼此内容、立论相似，且沿其书名而不改也。至于〔169〕~〔171〕[1]所记敦煌所出《相阴阳宅书》和张思贤《葬录》二书，颇疑亦源于一行书，故能与《地理新书》极为吻合。[2]

从上文可知，一行的《五音地理新书》又称为《地里经》，即《地理经》。宋王洙《地理新书》为因袭、增删一行《地理经》而成，不仅沿其书名而不改，而且二者内容、立论相似。如，《地理新书》卷五"筮兆域"条便是根据《一行地理》及《天门子十八章》参定的。

综上，根据现有的材料不难发现，除了纳音调姓这个重要区别之外，关于"地

---

［1］案：此指《白沙宋墓》文后的注释。

［2］宿白《白沙宋墓》注〔179〕，北京：文物出版社，1957 年，页 86~87。

理"方面的论述,吕才《阴阳书》与一行《五音地理新书》有共通之处,且都被巧妙地吸收到《地理新书》中。但同为地理官书,王洙《地理新书》与吕才《阴阳书》最大的不同便是前者重新恢复并认可了五音姓利说在官方的合法地位。这不仅反映了长期以来五音姓利说普遍而深厚的民间基础,而且也愈益凸显唐政府官修《阴阳书》的政治动机及其严重脱离民间现实的状况。实也正是这种脱离加剧了唐代阴阳书在官方与民间之间的分野。

《汉书》卷三〇《艺文志》明确记载的西汉时期堪舆书籍有《堪舆金匮》十四卷、《宫宅地形》二十卷,[1]从堪舆术发展的内在理路来讲,或许它们跟王充所记《图宅术》会有千丝万缕的联系,遗憾的是其具体内容今天已经不得而知了。但是,汉代存在"五音图宅术"是没有问题的,由此似可断定一行的《五音地理新书》及吕才《阴阳书》之地理部分与西汉时期的此类葬经存在某种关系。

上文已经论及唐宋时代的墓葬形制和埋葬习俗,与堪舆术的关系极为密切。不过,唐宋时人堪舆术又各有宗派授受,自立门户,不相通用。因此,在参考葬经的时候,必须充分认识到它们的派别和地区上的局限性。宋元时代流传至今的阴阳地理书除了王洙等的《图解校正地理新书》之外,尚有张景文《大汉原陵秘葬经》[2]以及北京国家图书馆所藏元刻本《茔原总录》等。《大汉原陵秘葬经》的成书年代是在金元时期,但其制度可以追溯至唐五代。[3] 唐至元代时期,山西、河北、陕西、河南、四川等地的墓葬中还或多或少地保存着其中的内容。

(本文原载樊英峰主编《乾陵文化研究》第 3 辑,西安:三秦出版社,2007 年,页296~311。此次重刊略有修订。)

---

[1]《汉书》,页 1768、1774。

[2]《大汉原陵秘葬经》,《永乐大典》卷八一九九,十九庚、陵字内,北京:中华书局,1986 年,页 3816~3832。

[3] 徐苹芳《唐宋墓葬中的"明器神煞"与"墓仪"制度——读〈大汉原陵秘葬经〉札记》,《考古》1963 年第 2 期,页 102~103;后收入所撰《中国历史考古学论丛》,页 277~280;又收入所撰《中国历史考古学论集》,上海:上海古籍出版社,2012 年,页 180~215。

2

《地理新书》的成书及版本流传

在唐宋社会,堪舆术被政府成功地吸纳为等级制度的重要内容。吕才《阴阳书》和王洙《地理新书》分别是唐宋时期两次官修地理的成果,成为我们研究当时墓葬所用堪舆术和民间信仰的重要文献。作为第一次官修的地理书籍,贞观十五年(641),吕才刊正《阴阳书》成,唐太宗诏颁行之。惜书已亡佚。[1] 因此,流传至今的《地理新书》对丧葬习俗和堪舆术等方面的考古学研究尤有重要的参考价值,近年来也开始被学界所重视,日渐成为、并已经成为考古学界和敦煌学界关注的一个焦点。[2] 但有关该书的研究却稍嫌不足,[3] 尤其是《地理新书》的编修历时弥

---

[1] 相关讨论可参:沈睿文《吕才与〈阴阳书〉》,载樊英峰主编《乾陵文化研究》第3辑,西安:三秦出版社,2007年,页296~311。

[2] 目前更多的是利用《地理新书》来研究古代墓葬材料。在考古学研究中的运用,则肇始于宿白对白沙宋墓的研究。后来,在汉、唐、宋帝陵及其他墓葬中也得到运用。在敦煌吐鲁番文书的研究中,茅甘(Marole Morgan)、高田时雄、邱博舜及蔡明志等学者先后梳理了五姓说在敦煌文书中的情况。详茅甘《敦煌写本中的"五姓堪舆"法》,载〔法〕谢和耐等著,耿升译《法国学者敦煌学论文选萃》,北京:中华书局,1993年,页249~256。高田时雄《五姓を说く敦煌资料》,《国立民族学博物馆研究报告别册》14号,1991年,页249~268;此据钟翀译文《五姓说之敦煌资料》,载所撰《敦煌·民族·语言》(钟翀等译),北京:中华书局,2005年,页328~358。另可参看高田时雄《五姓说在敦煌藏族》,载中国敦煌吐鲁番学会编《敦煌吐鲁番学研究论文集》,上海:汉语大词典出版社,1990年,页756~767;韩森《宋代的买地券》,邓广铭、漆侠主编《国际宋史研讨会论文选集》,石家庄:河北大学出版社,1992年,页133~149;Valerie Hansen, *Negotiating Daily Life in Traditional China: How Ordinary People Used Contracts*, 600 – 1400. Yale University Press, 1995; Valerie Hansen, "Why Bury Contracts in Tombs?", *Cahiers d' Extrême-Asie*, Vol.8, 1995, pp.59~66;韩森《为什么将契约埋在坟墓里》,朱雷主编《唐代的历史与社会》,武汉:武汉大学出版社,1997年,页540~547;余欣《神道人心——唐宋之际敦煌民生宗教社会史研究》,北京:中华书局,2006年,页106~114;邱博舜、蔡明志《敦煌阳宅风水文献初探》,《文资学报》第1期,2005年,页109~158;刘屹《上博本〈曹元深祭神文〉的几个问题》,《敦煌学国际研讨会论文集》,北京:北京图书馆出版社,2005年,页150~161,等等。他们都运用《地理新书》来揭示墓葬和文书所蕴含的思想世界。

[3] 对该书的专门研究有宫崎顺子《宋代の风水思想:〈地理新书〉を中心に》,《关西大学中 (转下页)

久,史载亦较零散,致使我们对其成书时间多有误解,成书经过亦不得厘清。加之
《地理新书》多为历代藏家珍藏,致使其版本流传也成为一个问题。

本文拾掇成篇,意在探讨王洙《地理新书》的成书过程,通过所征引书籍来分
析它与前代堪舆术的关系。同时,根据现存版本所钤印鉴及历代书目著录情
况,[1]重新梳理其版本流传及相关问题。不妥之处,敬请方家赐教。

一、《地理新书》的成书

《宋史》卷二〇六《艺文志》云:

> 王洙《地理新书》三十卷。[2]

王洙(997~1057),[3]字原叔,应天宋城(河南商丘)人。《宋史》本传云:

> [王]洙泛览传记,至图纬、方技、阴阳、五行、算数、音律、诂训、篆隶之学,
> 无所不通。及卒,赐谥曰文,御史吴中复言官不应得谥,乃止。预修《集韵》
> 《祖宗故事》《三朝经武圣略》《乡兵制度》,著《易传》十卷、杂文千有余篇。[4]

并没有言及王洙编修《地理新书》一事。《宋史》提到《地理新书》编修事宜,仅见于
该书卷二九四《掌禹锡传》云:

(接上页)国文学会纪要》24 号,2003 年,页 49~71。

[1] 宫崎顺子曾简略记录了《地理新书》在目录学著作中的著录情况,但仍远不足以复原该书的流传历
史。详宫崎顺子　同上揭文,页 54~55。

[2] 《宋史》,页 5259 上栏。

[3] 王洙生卒年据王德毅、昌彼得《宋人传记数据索引》,北京:中华书局,1988 年,页 134~135。

[4] 《宋史》卷二九四《王洙传》,页 9816。有关王洙的研究可参:张丽娟《北宋学者王洙及其著述》,
《文献》2000 年第 3 期,页 92~103;梁永宣《王洙发现〈金匮要略〉的若干佐证》,《北京中医药大学
学报》2005 年第 5 期,页 31~33;伊广谦《王洙与〈金匮要略〉的发现》,《中医文献杂志》1995 年第 3
期,页 14~15。等等。

〔掌〕禹锡矜慎畏法，居家勤俭，至自举几案。尝预修《皇祐方域图志》《地理新书》，奏对帝前，王洙推其稽考有劳，赐三品服。[1]

亦未言及王洙参与编修《地理新书》之事。

王洙与《地理新书》的关系因该书序言而明确，而关于《地理新书》的制订，也以该序言最为详尽。《地理新书序》，略云：

唐贞观中，太常博士吕才奉诏撰《阴阳书》五十篇，其八篇《地理》也。^{唐太宗贞观年中为}"阴阳书"近代以来渐致讹伪，拘忌亦多，遂命太常博士吕才删修，至十五年书成，诏颁天下，遂乃行之。至先朝更命，^{言宋太祖为先朝，更新命，得天下也。}司天监史序等分门总辑为《乾坤宝典》四百五十篇，其三十篇《地理》也。^{司天大监史序与其官属，将吕才旧书分门总类，再总括编集目为《乾坤宝典》内《地理门》有三十篇也。}书既成，高丽国王上表请于有司，诏给以写本。^{高丽，东夷国名也。其王建使上表来诣朝廷，奏请诏赐以写本。}然序之书丛杂猥近，无所归诣，学者抉其讹谬，凡三千五百。^{言史序编成其书，尚未精当，丛杂不一，猥俗浅近，不能取验，无所归诣。后学之人，见其如此，遂挑出伪误谬三千五百字。}景祐初，^{仁宗景祐元年甲戌。}司天监丞王承用又指摘阙误一千九百，始诏太子中允集贤校理嵇颖冬官正张逊、大（太）卜署令秦，并与承用覆校同异，五年而毕。^{先有精于术学者，抉其讹谬，次王承用指出阙少捕去错误，缘已奏闻，方始诏下，委差儒臣集贤校理嵇颖与冬官正张逊、太卜署令秦率、司天监丞王承用四人，又复精审校勘所说义理同与不同，至五年而毕。}诏付太常命司天少监杨惟德与二宅官三十七人详其可否，惟德洮逊斟酌新历，修正舛盭。^{言奉诏送付太常寺，再命司天少监杨惟德等详度其中可否，惟德及张逊见行新历，天道删修改正，舛错谬整也。}别成三十篇，赐名曰《地理新书》。^{将旧书修正，专取地理为首，作三十篇进呈奉敕，赐名为《地理新书》。言"新书"者，是新书其古文也。}复诏钩核重复，^{言此《地理新书》既赐名讫，又再下诏，恐有重复，则钩去其重，核考其实也。}至皇祐三年（1051），集贤校理曾公定领其事，奏以浅渍疏略，无益于世。^{自景祐五年戊寅王承用等再校毕，至今皇祐二（三）年辛卯，凡一十三年。又集贤校理曾公定提领修撰，奏其书浅渍瀹漫，理不深幽，疏而不实，略而不备，无利益于世也。}有诏臣洙、臣禹锡、臣义叟，洎公定置局删修，以司天监主簿亢翼改正其旧，^{才有所长，业有所专，故以司天监官将阴阳旧书错谬者改之，差者正之。}观文殿学士丁度典领焉，度薨，臣洙实掌其属。^{自丁度薨后，王洙乃实掌管其佐属。}于是，具阅三馆所藏^{备检阅馆阁所藏之书。}及古今占术验忌，^{占家信验，避忌之术。}披其奥突，诘其苞柢，管以体要，区以轻重，而各从摅部，先后可寻。^{此言编撰之法，先掌束、定事度要当；次分别开部，则先后次序，易为检寻耳。}自吕才成书名以地理，而专记冢墓，颇淆以室舍吉凶同条，非著书之法。^{地理之书，自吕才名之，专记冢墓善恶，复于其中颇有杂宅舍宜忌之文。又吉凶不刌，同在一门，此非著作文书之法。}今首以城邑、营垒、寺署、邮传、市宅、衢

[1]《宋史》，页9808。

> 弄，则左阴右阳，刑祸福德所相也。今编此新书，次序首先以城郭、都邑、军营、壁垒、宫寺、衙署、邮亭、马驿、传舍、市井、宅舍、街衢、巷陌，则以所向立左阴右阳，有刑祸福德之地所，相助其事也。辨之以四方，叙之以五行，商之以五姓，宪之以九星，媲之以八卦，参之以八变，为地事凡二十篇，皆以山水形势，用数法定吉凶，故为地事也。终以冢穴、埏道、门陌、顷亩，则开三闭九，山垄水泉所相也。任之以八将，齐之以六对，董之以三鉴，傃之以六道，为葬事凡十篇。冢穴已下为葬事法。若乃冈原利害则绘之以易民用，为《地图》一篇，冈原所设吉凶，恐难省解，故画作《地图》一篇使人易用。种次有汇则总之，以便看读。为《目录》一篇，勒成三十二篇，阌之以经义，辨凿空也。质之以史传，信休咎也。广之以异闻，求成败也。巫史所传则存其可据者，不颛新见也。辞质而易晓，便于俗也。伏惟　皇帝陛下以圣人制作之德，广祖宗爱民之心，将使斯民去夭伤刑害而远不善，则兹书之所以作也。自有诏校正距今二十一年，自仁宗皇祐三年(1051)辛卯奉诏校正，至六年甲午春改，至和三年(1056)丙申秋改，嘉祐八年(1063)癸卯仁宗崩，甲辰英宗改，治平四年(1067)丁未神宗戊申改熙宁，今四年(1071)辛亥，中间相去二十一年。臣洙等以庸浅而黾勉于下，旷日弥月，然后能就，若乃成而名之皆陛下也。[1]

序文较为详细地记叙了北宋早期历次官修堪舆书籍的情况。需要指出的一点是，据《续资治通鉴长编》卷一八六所云：

> 翰林侍读学士、兼侍讲学士、吏部郎中王洙，被病逾月，上(仁宗)遣使问病少间否，能起侍经席乎？〔嘉祐二年，1057〕九月甲戌朔，洙卒，赐谥曰文。御史吴中复言洙官不应得谥，乃止。[2]

则王洙卒于1057年九月间，序文末尾“自有诏校正距今二十一年”下双行加注有误。那这二十一年的间距该是始于何年呢？是否应即是序文前面所言之“景祐初”呢？

若参校其他相关记载，则可进一步获得更为完整的信息。王应麟(1223~1296)《玉海》卷一五“《皇祐地理新书》《唐地理经》”条：

---

[1]〔宋〕王洙等《图解校正地理新书·地理新书序》，台北：集文书局影印金明昌钞本(“张本”)，1985年，页10~13。按：引文略去原文双行夹注中有关文字的注释部分。

[2]〔宋〕李焘《续资治通鉴长编》卷一八六“翰林侍读学士、兼侍讲学士、吏部郎中王洙”条，页4490。王洙生卒年又可参王德毅、昌彼得　同上揭书，页134~135。

隋庾季才撰《地形志》八十七卷;《唐志·五行类》:吕才《大唐地理经》十卷;^{贞观中}一行《五音地理经》十五卷。^{《书目》云《地}初真宗朝,史序等撰《乾坤宝典》四百五十篇,其三十篇地里(理)也,其书丛谬。景祐三年(1036)六月己酉,命嵇颖、胡宿重校《阴阳地理书》,〔景祐〕五年而毕。司天少监杨惟德等别修成三十篇,赐今名。皇祐五年(1053),^{《书目》云}正月癸亥,^{一本"甲}复命知制诰王洙提举修纂《地理图书》,直集贤院掌禹锡著作,刘义叟删修,嘉祐元年(1056)十一月书成三十卷上之,赐名《地理新书》,赐洙等器币。

《书目·形法类》:凡三十卷,首以城邑、营垒、府寺、邮传、市宅、衢弄为《地事》二十篇,次以冢、穴、埏、门、道、陌、顷、亩为《葬事》十篇,《地图》一篇,《目录》一卷,成三十二篇。^{《图》一篇今不存。《汉志》:形法六家,百二十二卷,有}[1]^{《宫宅地形》二十卷,大举九州岛之势以立城郭室舍。}

则王洙《地理新书》终于嘉祐元年(1056)十一月,《地理新书序》所言"距今二十一年"应是始于景祐三年(1036)。

又《玉海》卷三二"景德乾坤宝典序"载:

景德二年(1005)五月,司天少监史序上四百一十七卷,上(真宗)作序。[2]

《群书考索》卷一七"乾坤宝典"条载:

真宗景德二年五月,上(真宗)作《乾坤宝典叙》。以天文、地理、阴阳、历数之书,率多舛误,乃命司天监史序等修撰,撷其精要,类分之,成四百十七卷。逾年始就,上为制名及序,藏于秘阁。[3]

---

[1]〔宋〕王应麟《玉海》,南京:江苏古籍出版社/上海:上海书店,1990年,页294下栏。《隋书》卷三四《经籍志》载有"《地形志》八十卷;庾季才撰《宅吉凶论》三卷;《相宅图》八卷"(《隋书》,页1039),此与《玉海》所载"八十七卷"异。

[2]《玉海》,页616上栏。

[3]〔宋〕章如愚《群书考索》,京都:株式会社中文出版社,1982年,页142下栏。

综合上述四则文献,对王洙《地理新书》的成书过程可以形成如下认识。

先是,因吕才《阴阳书》的编纂体例有问题,即该书虽"名以地理而专记冢墓,颇骰以室舍吉凶同条",于是在宋太祖时期,司天监史序根据唐吕书重新分门别类而成《乾坤宝典》四百五十篇,其中将吕书之"地理"八篇增衍为"地理"三十篇。景德二年(1005)五月《乾坤宝典》成,宋真宗亲自作《乾坤宝典叙(序)》,并典藏于秘阁。

景祐初,司天监王承用指摘其中阙误一千九百字。这可能是发生在景祐元年(1034)的事情。景祐三年,宋仁宗因之责成嵇颖、张逊、秦弁、胡宿与王承用覆校同异,欲将《乾坤宝典》三十篇地理整理成另书。《阴阳地理书》应该是书籍整理过程中的暂名。景祐五年(1038)完成该项工作。诏付司天少监杨惟德等 37 人根据新的历法加以订正后,宋仁宗方赐名《地理新书》。

但见其中文句多有重复,仁宗又下诏对此加以钩删。皇祐三年(1051),因曾公定奏其浅漏疏略,仁宗复诏令王洙、掌禹锡、刘羲叟、曾公定置局删修、修纂《地理图书》,亦即在修订《阴阳地理书》之外,新增《地理新书序》中所言《地图》一篇,以便民用。此次以司天监主簿亢翼改正其旧,丁度典领。丁度亡后,才由王洙负责该项工作。此次工作终于宋仁宗嘉祐元年(1056)十一月。同样地,此书成后宋仁宗复赐名《地理新书》,恐意在以王洙之书取代景祐五年之书。而后者亦被称为《景祐地理新书》以示区别。据《玉海》卷三"国朝天文书"条所言"《地理新书》一十册",[1] 则知宋时《地理新书》三十篇,共十册。

从历次都有司天监的参与,可知与日躔星度阴阳历数不符合也是一再修订《地理新书》的重要原因。如,该书卷一一便用较大的篇幅叙述日躔星度。至于历数的变更是否跟王朝帝王意在进行法统建设有关,有待进一步研究。

宋真宗所做景德《乾坤宝典序》详文已经不清,今知有杨亿撰《代中书谢赐圣制〈乾坤宝典序〉状》。其中言及"臣等数日前被召穆清,获睹册府。幸睹圣人之述作,实为后世之楷模。辄祈副本,以颁宣庶。遂洗心而披绎,敢谓俯从人欲,曲允下

---

[1]《玉海》,页 62 下栏~页 63 上栏。

情。卿云发祥,已窃窥于凡目;玉牒不秘,更传宝于私门"。[1] 但从后来对它的屡次删修来看,《乾坤宝典》并没有得到推广。事实上,宋时其卷数已经有不同的说法。如《宋史》卷二〇六《艺文志》:"史序《乾坤宝典》四百五十五卷。"[2]《通志》卷六八《艺文略》云:"《乾坤宝典》四百十七卷,宋朝判司天监史序撰。"[3] 而《地理新书序》及前揭《玉海》卷一五"《皇祐地理新书》"条则皆言《乾坤宝典》有四百五十篇。

《崇文总目》卷四《五行类下》云:

> 《葬范》三卷,孙季邕撰。(中略)。
>
> 《乾坤宝典葬书》三十卷,原释:以下俱阙。见天一阁钞本。
>
> 《大唐地理政经》十卷,吕才撰;
>
>   锡鬯按,《通志略》无"政"字。
>
> 《五行地理经》十五卷,释一行撰;
>
>   锡鬯按,《宋志》无"五行"二字、十二卷。[4]

前已叙及《崇文总目》的编撰对宋代以及宋代以后的公私藏书目影响巨大,[5] 成为书目编撰的典范。王洙参与了编目工作,《崇文总目》卷四《五行类下》应在其工作内容之中。因此,上文应该是准确地反应了当时的四馆藏书情况。《地理新书序》中言及史序根据吕才《阴阳书》八篇《地理》整理成《乾坤宝典》中的三十篇《地理》。颇疑《乾坤宝典葬书》便是此三十篇《地理》的单独成册。[6] 若此,则该书无

[1] 〔宋〕杨亿(974~1020)著,徐德明、余奎元、邱文彬点校《武夷新集》卷一八《代中书谢赐圣制〈乾坤宝典序〉状》,福建省文史研究馆编,〔宋〕杨亿著,〔元〕杨载(1271~1323)著《武夷新集·杨仲宏集》,福州:福建人民出版社,2007 年,页 279~280。

[2] 《宋史》,页 5250 上栏。

[3] 〔宋〕郑樵《通志》卷六八《艺文略》,北京:中华书局,1987 年,页志 805 上栏。

[4] 〔宋〕王尧臣(1001~1056)等编次,〔清〕钱东垣等辑释《崇文总目》卷四,《丛书集成初编》据《粤雅堂丛书》本排印,北京:中华书局,1985 年,册 0023,页 259、261。

[5] 参见本书页 14。

[6] 《大唐地理政经》十卷或为吕才《大唐地理经》之别名,《五行地理经》当即《五音地理经》之义。此时四馆中仅存二书书目而已。

疑是整理景祐五年《地理新书》的底本。

据《地理新书序》所言，《乾坤宝典》前后被指摘阙误凡五千四百处。《乾坤宝典葬书》的单独刊行，该是造成讹谬本多的《乾坤宝典》最后阙失的原因。《乾坤宝典》今有零散片断存于《地理新书》、清代《御定星历考原》和《御制协纪辩方书》等书，如《地理新书》卷一五《开故祔新法》云："此篇《新书》诸本唯存其目而遗其文，今检到《乾坤宝典》内得卯一法，其说详备，因书补于后，且《乾坤宝典》者，乃《地理新书》之始名也。"遗憾的是，其详仍不得而知。

《地理新书》颁布后，在丧葬制度中杂糅多种阴阳术的情况仍然存在，即便是在帝王之家也不例外。此可见于北宋陵墓营造。如《文献通考》卷一二六《王礼考二十一》"山陵"条载："景德三年（1006），皇太后李氏崩。四月，司天监言：奉诏集众官，以诸家葬书选定园陵年、月。"[1]就目前掌握的史料，北宋巩县陵区后陵地宫埋深都是采用吕才之说而定的。结合考古材料，也可知巩县宋八陵的营建实际上至少斟酌了一行、由吾、吕才三家之说。[2]

二、《地理新书》的征引书籍

《地理新书》，除了卷九《史传事验》记载了 72 件相关史载，不作统计之外，今从《地理新书》得其阴阳堪舆书目及阴阳家征引情况，详表 2−1。

表 2−1　《地理新书》所见征引阴阳堪舆书目及阴阳家

卷数	征引阴阳堪舆书目及阴阳家（阿拉伯数字表示出现的次数）	种类
卷一	《拔地经》1、《五音经》1、《郭氏经》1、《婚书》1、《阴阳书》2、《李筌韵语》1、《刘启明说》2、官书 2	8
	郭氏（璞）2、吕才 3、曾阳一 5、丘延翰 4、李筌 4、刘启明 2、左慈 1	7
卷二	《照幽记》5、《二宅书》3、《风水说（诀?）》1、《杜阳子》1、《旧书》（景祐《地理新书?》）1、《刘启明说》4、官书 3	7
	刘启明 4、丘延翰 1	2

［1］［元］马端临《文献通考》卷一二六"山陵"条，北京：中华书局，1986 年，页考 1130 上栏。
［2］冯继仁《论阴阳勘（堪）舆对北宋皇陵的全面影响》，《文物》1984 年第 8 期，页 66。

（续表）

卷数	征引阴阳堪舆书目及阴阳家（阿拉伯数字表示出现的次数）	种类
卷三	《照幽记》7、《杜阳子》2、《五音地理经》1、官书7	4
	杜阳子2、一行1	2
卷四	《刘启明说》2、《照幽记》4、官书4	3
	刘启明2	1
卷五	《杜陵贲颂》3、《天门子十八章》4、《易鉴》2、《括地林》2、《周易辘轳关》3、《周易元悟髓》3、《一行地理》1、《周易枯骨经》2、《内外宅占》1、官书2	10
	一行1、郭璞1	2
卷六	《龟经》1、《龟髓正经》1、《六壬金匮经》1、《白鹤望山经》1、《师旷地理》1、官书3	6
	孙季邕3、萧吉2、李淳风1、吕才1、师旷2	5
卷七	官书1	1
	无	0
卷八	《京房地理经》1、《五姓合诸家风水地理书》1、《白鹤望山经》1、《徐怀玉地理经》1、官书1	5
	徐怀玉2、泓师1、京房氏1、孙季邕4、一行2、吕才2	6
卷一〇	《葬法》1、《六壬式》10、《冢记》5、《青乌子》2、《龙首经》2、《葬经》3、《黄帝四序经》1、《葬记》1、《周公七分明堂经》1、《力牧经》2、《常阳经》1、《主人避忌法》3、官书1	13
	司马季主1、吕才1、孙季邕1	3
卷一一	《六壬式》2、《阴阳别录竹简漆书》1、《杂忌》1、官书2	4
	孙季邕2、陈乐产1、萧氏（吉）1、由吾氏（公裕）2	4
卷一二	《冢记》2、《葬经》2、《力牧经》2、官书1	4
	孙季邕2、由吾公裕3、东方朔3、司马季主5	4
卷一三	《冢记》2、《葬范》1、官书1	3
	郭氏（璞）3、郑康成1、孙季邕2、章玄子1、阐幽1、由吾公裕1	6
卷一四	《徐怀玉地理经》1、《遁甲经》1、《鬼律》1、官书2	4
	吕才2、司马季主1、徐怀玉1、泓师1、京房氏1	5
卷一五	《金车诀》16、《醒疑经》12、《葬律》1、《地甲经》1、《杂忌》2、《五行论》1、《葬范》2、《乾坤宝典》2、《师旷要述》1、《力牧经》1、《旧书》（景佑《地理新书》？）1、官书3	12
	焦介1、东方朔1、孙季邕6、由吾公裕7、司马季主1、吕才1	6

（续表）

卷数	征引阴阳堪舆书目及阴阳家（阿拉伯数字表示出现的次数）	种类
备注	《地理新书》卷一四《阡陌顷亩》篇·幽穴浅深法尚有由吾葬经和一行葬经。[1] 另，该书卷一五有《吕才论宅经葬书之弊》篇，而该卷《孙季邕奏废伪书名件》篇列有 120 种堪舆书籍。	

可知，《地理新书》主要参考了吕才、一行、由吾公裕、丘延翰、刘启明、孙季邕、司马季主、李筌、曾阳一、郭璞、徐怀玉、左慈、杜阳子、李淳风、师旷、泓师、京房氏、陈乐产、萧吉、郑康成、章玄子、阐幽、焦介、东方朔等 24 人的观点。这些阴阳家在《地理新书》中出现的次数依次为：

孙季邕 20、由吾公裕 13、吕才 9、司马季主 8、刘启明 8、郭璞 6、丘延翰 5、曾阳一 5、一行 4、李筌 4、东方朔 4、泓师 3、萧吉 3、徐怀玉 3、杜阳子 2、京房氏 2、师旷 2、李淳风 1、阐幽 1、陈乐产 1、焦介 1、章玄子 1、郑康成 1、左慈 1。

若单从前列阴阳家的征引次数来看，《地理新书》主要参考了唐宋时期的阴阳家，即孙季邕、由吾公裕、吕才、刘启明、丘延翰、曾阳一、一行等人的观点。其中该书卷一五更分别以一篇——即《吕才论宅经葬书之弊》篇和《孙季邕奏废伪书名件》篇——叙述吕才《阴阳书》宗旨与片段，而对一行、由吾公裕、刘启明以及丘延翰等人观点长篇累牍地征引，足见编修《地理新书》时对吕才、孙季邕、一行、由吾公裕、刘启明以及丘延翰等 6 人观点的重视程度。

《地理新书》征引的书籍有《照幽记》、《阴阳书》、《刘启明说》、《一行地理》、《五音地理经》、由吾葬经、《葬范》、《金车诀》、《李筌韵语》、《京房地理经》、《徐怀玉地理经》、《杜阳子》、《二宅书》、《风水说（诀?）》、《拔地经》、《白鹤望山经》、《常阳经》、《地甲经》、《杜陵贲颂》、《遁甲经》、《龟经》、《龟髓正经》、《鬼律》、《郭氏经》、《黄帝四序经》、《婚书》、《旧书》（景佑《地理新书》?）、《括地林》、《力牧经》、

---

[1] 冯继仁　同上揭文，页 65~66。

《六壬金匮经》、《六壬式》、《龙首经》、《内外宅占》、《乾坤宝典》、《青乌子》、《师旷地理》、《师旷要述》、《天门子十八章》、《五行论》、《五姓合诸家风水地理书》、《五音经》、《醒疑经》、《易鉴》、《阴阳别录竹简漆书》、《杂忌》、《葬法》、《葬记》、《葬经》、《葬律》、《冢记》、《周公七分明堂经》、《周易枯骨经》、《周易辘轳关》、《周易元悟髓》、《主人避忌法》、官书等 56 种。此外，书末尚列有《孙季邕奏废伪书名件》120 种。其书籍的征引次数如下：

> 　官书 33、《金车诀》16、《照幽记》16、《醒疑经》12、《六壬式》12、《冢记》9、《刘启明说》8、《力牧经》6、《葬经》5、《天门子十八章》4、《杜阳子》3、《二宅书》3、《葬范》3、《杂忌》3、《杜陵贡颂》3、《周易辘轳关》3、《周易元悟髓》3、《主人避忌法》3、《旧书》(景祐《地理新书》?)2、《易鉴》2、《徐怀玉地理经》2、《阴阳书》2、《龙首经》2、《括地林》2、《青乌子》2、《白鹤望山经》2、《周易枯骨经》2、《乾坤宝典》2、《五音地理经》1、《一行地理》1、由吾葬经 1、《风水说(诀?)》1、《遁甲经》1、《龟经》1、《龟髓正经》1、《鬼律》1、《郭氏经》1、《黄帝四序经》1、《婚书》1、《京房地理经》1、《李筌韵语》1、《六壬金匮经》1、《内外宅占》1、《师旷地理》1、《师旷要述》1、《五行论》1、《五姓合诸家风水地理书》1、《五音经》1、《阴阳别录竹简漆书》1、《葬法》1、《葬记》1、《葬律》1、《拔地经》1、《常阳经》1、《地甲经》1、《周公七分明堂经》1。

可见，《地理新书》在所谓官书的基础上，其参考面相当广。上引书籍中，《金车诀》《醒疑经》集中于卷一五《三奸六伏及诸避忌方位》篇中。尽管出现的频率很高，但是参考所涉及的范围仅此一项。从征引的篇幅来看，比较多的是《阴阳书》《照幽记》《六壬式》《冢记》《刘启明说》《杜阳子》《五音地理经》《一行地理》《徐怀玉地理经》等堪舆书籍。如，《地理新书》卷五"筮兆域"条便是根据《一行地理》及《天门子十八章》参定的。宿白便认为"仁宗时王洙等人奉敕编纂之书(指《地理新书》)，必曾因袭一行之说，或就一行书有所增删，故彼此内容、立论相似，且沿其书名而不改也"。[1]

综上,可知北宋太祖、仁宗、真宗三朝持续地属意官修地理书籍的工作,历时弥久,而最后王洙《地理新书》的编修工作应始于景祐三年(1036),先后经由稽颖、丁度、王洙等人典领,其内容最终勘定于嘉祐元年(1056)十一月。王洙《地理新书》以所谓官书为基础,参以唐宋时期堪舆术的主要典籍,旁及唐宋时期其他堪舆书籍。可以说,它基本沿袭了唐代以来堪舆术的主要脉络。这表现在对唐宋时代吕才、孙季邕、一行、由吾公裕、刘启明以及丘延翰等葬经的重点参考与汲取,且颇有汇编之意味。王洙《地理新书》的编修堪称北宋早期政府对堪舆术的一次全面总结,可谓名实相符。也正因如此,才使得《地理新书》日益受到学界的重视。

三、《地理新书》的版本流传

《地理新书》现存有五个版本,它们是北京大学图书馆藏木犀轩元刊本[2](简称"李本")、北京国家图书馆藏清影金钞本"瞿本"和"杨本"两种、台北图书馆藏影抄金明昌三年(1192)本(简称"张本")[3]和翁同龢家藏金明昌三年刊本(简称"翁本")。除了国家图书馆所藏"瞿本""杨本"为全四册外,余者皆为全六册。

表2-2　台北图书馆藏《地理新书》("张本",登记号:005453)所见藏书印鉴

卷　数	卷　首	卷　末
卷七	"国立图书馆藏"	
卷一五		"菦圃收藏"

"张本"卷一五卷末钤"菦圃收藏"印(表2-2),知原为张乃熊(1891~1942)收藏,后转入台北图书馆收藏。张乃熊,字菦伯,与其父张均衡、其侄张珩三代均为知名藏书家。张珩(1915~1963),字葱玉,号希逸,室名韫辉斋。但从该本所钤印鉴

[1] 宿白《白沙宋墓》注[179],北京:文物出版社,1957年,页86~87。其考证见本书页21。
[2] 李盛铎著,张玉范整理《木樨轩藏书题记及书录》,北京:北京大学出版社,1985年,页179~180。
[3] 此版本台北集文书局1985年3月影印出版。

来看,不知张乃熊得自何处。张乃熊《莈圃善本书目》卷五下《钞稿本下·手稿本·景宋景元本》,载:

> 《地理新书》十五卷。宋毕履堂("道"之误)校正,金张谦重校(本)正。
> 景金钞本,六册。[1]

便是此本。

常熟"翁本",据卷一五卷末有清光绪二十五年十一月十九日(1899 年 12 月 21 日)翁同龢(1830~1904)手书题记,全文逐录如下:

> 01. 是书椠于金明昌壬子张谦所补完。盖因宋景祐两次」
> 02. 敕修之本,及大定时,毕履道图解而复合。官书俗用参订」
> 03. 而成者也。金椠书籍最称难得此书。」
> 04. 四库未经著录,藏书家亦罕觏。虽其论次,不免前后抵牾,」
> 05. 巫史杂用,然犹见唐、宋相承旧说,较近世凿空妄谈者」
> 06. 为有根椐(据)。道光丁未,」
> 07. 先文端公得此于邑陈氏稽瑞楼,　先五兄玉甫服膺研究,」
> 08. 遂通其学,鸽峯(峰)先卜之兆,　兄所定也。今兄之曾孙(翁)之缮敬守弗替,」
> 09. 洵足为吾家传世秘笈矣。粤东丁雨生中丞亦藏一本,与」
> 10. 此正同。恐海内遂无弟(第)三本。彼本乃士礼居旧物也。」
> 11. 光绪二十五年岁次己亥冬至前一日松禅翁同龢记。」

末钤"同龢"印。可知该书为其父翁心存(文端公,字二铭,号遂庵,别号千日醉道人)(1791~1862)于道光丁未(1847)得自陈揆(1780~1825)的稽瑞楼藏书。陈揆

---

[1] 张乃熊《莈圃善本书目》,台北:广文书局影印,1969 年,页 148。

《稽瑞楼书目》载有："《地理新书》十五卷。_{金刻本。"}[1]陈揆将它归入"小橱丛书"中，贮于稽瑞楼西楼后书室。

潘景郑所撰《著砚楼书跋》"金刻《重校正地理新书》"条称：

> 此外所见(《地理新书》)，惟陈氏《稽瑞楼书目》著录一本，后归常熟翁氏。顷翁氏书散，流在市廛，估人居奇，索巨值，度力不能得，即携归展阅一过。卷末有光绪己亥翁文恭公跋语，称："其论次，不免前后抵牾，巫史杂用，然犹见唐、宋相承旧说，较近世凿空妄谈者有根椽(据)也。"又云："道光丁未，先文端公得此于邑陈氏稽瑞楼，先五兄玉甫服膺研究，遂通其学，鸽峯(峰)先卜之兆，兄所定也。"盖翁氏世治地理之学，富贵卿相，颇极一时之盛。论者或以此相及，今于是书跋语，可互证矣。(中略)。乙亥十二月五日(1935 年 11 月 30 日)。[2]

从潘氏所录翁同龢跋语与前录翁同龢手书题记全文同，可知确为翁本。从翁本所钤藏书印鉴(表 2-3)可知，翁本从翁氏常熟老家藏书散佚[3]后，为蒋汝藻密韵楼所藏。

表 2-3　台北图书馆藏《地理新书》("翁本",294.1/1035)所见藏书印鉴

卷　　数	卷　　首	卷　　末
目录	"稽瑞楼"、"知止阁"、翁心存"遂庵珍藏"、翁同爵"常熟翁玉甫珍藏"、"翁之缮所收精品图籍"、"臣心存印"、"龢"、"祖诒审定"、"张珩私印"	
毕履道序	"稽瑞楼""密韵楼""海虞翁氏阮华馆图书印"	
张谦序	"希逸"、另一个不清	

[1] 〔清〕陈揆《稽瑞楼书目》，《丛书集成初编》据《滂喜斋丛书》本排印，上海：商务印书馆，1939 年，册 0039，页 138。
[2] 潘景郑《著砚楼书跋》，上海：古典文学出版社，1957 年，页 175~176。
[3] 李烨《常熟翁氏藏书述略》，《四川图书馆学报》2001 年第 4 期，页 78。

（续表）

卷　数	卷　首	卷　末
王洙序	"稽瑞楼""韫辉斋""善""之善（缮）审定""国立图书馆收藏""知止阁"	
卷一	"稽瑞楼""海虞翁氏阮华馆图书印"	"稽瑞楼""遂庵珍藏""海虞翁氏阮华馆图书印"
卷二	"稽瑞楼""海虞翁氏阮华馆图书印"	
卷三	"常熟翁之善（缮）藏本""希逸""国立图书馆收藏"	
卷四		"稽瑞楼""海虞翁氏阮华馆图书印"
卷五	"稽瑞楼""海虞翁氏阮华馆图书印"	"善"
卷六	"希逸"	
卷七		"稽瑞楼""海虞翁氏阮华馆图书印"
卷八	"稽瑞楼""海虞翁氏阮华馆图书印"	
卷九	"常熟翁之善（缮）藏本""希逸""国立图书馆收藏"	
卷一一		"稽瑞楼""海虞翁氏阮华馆图书印"
卷一二	"稽瑞楼""海虞翁氏阮华馆图书印""国立图书馆收藏"	
卷一三		"稽瑞楼"、"海虞翁氏阮华馆图书印"、翁之缮"鬲盦秘笈"
卷一四	"稽瑞楼""海虞翁氏阮华馆图书印""国立中央图书馆收藏"	"海虞翁氏阮华馆图书印""鬲盦秘笈"
卷一五	"稽瑞楼"	翁同龢手书题记、"同龢"

近人傅增湘（1872～1949）曾目睹两种《地理新书》。所撰《藏园群书经眼录》卷七《子部一·术数类》载：

> 《重校正地理新书》十五卷，宋王珠（洙）等撰。
>
> 金刊本，半叶十七行，行三十字。前大定二十四年（1184）平阳毕履道题，又明昌壬子岁（1192）古戴褐夫张谦谨启。又翰林侍读学士王珠（洙）等序。（癸丑。）
>
> 《监本补完地理新书》十五卷，序称《图解校正地理新书》。

影写金刊本，十七行三十字。有大定岁在阏逢执徐（1184），平阳毕履道前序。（辛酉二月朔见于蒋孟苹家。）[1]

今所见诸本中，惟"李本"序将"王洙"误作"王珠"，故傅氏癸丑年（1913）所睹可能即是"李本"，[2]辛酉年（1921）所睹为蒋汝藻（1877～1954）的藏书，即今之"翁本"。据此亦可知"翁本"复从蒋家散出当在1921年之后。由此，1935年，潘景郑所见市廛之翁本并非由翁家散出，而是从蒋汝藻家藏所散。蒋汝藻子，蒋祖诒（1902～1973），一名祖贻，字谷孙，亦为知名收藏家。从该本所钤"祖诒审定"以及"张珩私印""希逸""韫辉斋"等印，可知从蒋祖诒手中流出后，1935年后入藏张珩韫辉斋。要之，台北图书馆所藏《地理新书》"张本""翁本"两种，最后分别得自张乃熊、张珩叔侄所藏。

在手书题记中，翁同龢尚言及粤东丁日昌（1823～1882）藏有得自黄丕烈士礼居（1763～1825）的一本。丁日昌《持静斋书目》卷三《子部术数类》，云：

《地理新书》十五卷。金明昌刊本，黄丕烈、汪士钟均藏，有汪阆原（源）、士礼居诸印。

宋官撰。宋因唐吕才叔《阴阳书》中《地理》八篇，增辑为《乾坤宝典》。景祐初命修正衅戾，别成三十篇，赐名《地理新书》。皇祐三年，诏王洙等勾管删修，事具洙进书序。金世宗大定甲辰，平阳毕履道校正，为之图解。章宗明昌壬子，古戴郓夫张谦复为精校刊行。《四库》未收，各

家书目未见著录，亦术数家古冣仅存矣。[3]

---

[1] 傅增湘《藏园群书经眼录》，北京：中华书局，1983年，页610。

[2] 傅增湘在所撰《藏园居士六十自述》中记述了他壬子年后搜书的概况："遂敢放意搜求，迨壬子（1912）三月衷聚千有余册，连匮北归。乙盦为诗赠行有：传侯岷山精嗜书，剧食色倾野马群。空下鞲鹰眼疾年。少诚不廉雄成遽无匹。是为余收书之始。京师新定，又遭兵祸，世族中落，减直求沽盛伯羲、室孝劼、端忠敏诸家所藏，倾箱入市。余节衣缩食，或选取一二。嗣得端氏百衲本《通鉴》，合之祖遗兴文署本，因以'双鉴'名楼。复缘连岁游览南中。自建业吴门，淮阳钱唐（塘），四明越中，已至偏州下里，踪迹殆遍。值范氏天一阁、卢氏抱经楼、丁氏持静斋、缪氏艺风堂、莫氏郘亭，更相继而散。由是杖履所致，兼致寻求觏，既多取类渐广，古刊之外，浸淫及及旧钞名校矣。迩来争战不休，民生凋敝，如临清徐氏、长沙叶氏、满洲凤氏，并为贾人捆载而出。即炫赫一世之杨氏海源阁亦被戎马蹂践之害，散轶四方，悬价高奇，莫能多致。断编小帙，聊为尝鼎一脔耳。总计入目之书，凡宋辽金本为卷三千八百有奇，元本为卷二千五百有奇。益以明刊钞校约三万余卷，而外库通行习览之本又逾十万。"该书成于辛末八月十一日（1932年9月22日）。详傅增湘《藏园居士六十自述》，叶十三正面～十十四正面，北京大学图书馆藏民国二十年（1931）石印本。

[3]〔清〕丁日昌《持静斋书目》卷三《子部术数类》，北京大学图书馆藏清同治光绪间（1862～（转下页）

据此，潘景郑认为黄氏士礼居所藏《地理新书》，后归汪氏艺芸精舍，丁氏得诸汪氏，即《持静斋书目》所著录者也。[1] 今稽黄丕烈《百宋一廛书录》未见载所藏《地理新书》一目。而汪士钟《艺芸书舍宋元刊本书目》之《子部·相宅墓_类》所载"金板《五音地理新书》十五卷"[2]当即后归丁日昌者。

"李本"所钤藏书印详下表（表2-4），从其中所钤"士礼居藏""曾藏汪阆源家"可知，该本便是丁日昌《持静斋书目》所著录者。而"李本"卷二卷末所遗留的郁松年（1799~1865）"田耕堂"印，又揭示了丁氏得自郁松年田耕堂的事实。在上揭《持静斋书目》文中，丁氏故意不提田耕堂，今"李本"又不见钤丁氏藏书印鉴，恐丁氏意在掩盖从田耕堂豪夺宋元旧椠、名校精抄的事实。遗憾的是，"李本"所钤藏书印鉴却把这一切又原原本本地告诉了后人。

表2-4　北京大学图书馆藏《地理新书》（"李本"，SB/8890）所见藏书印鉴

卷　数	卷　首	卷　末
毕履道序	"曾藏汪阆源家""木犀轩藏书""李盛铎印""木斋""北京大学藏"	
王洙序	"北京大学藏"	
卷一	"木犀轩藏书""李盛铎印""木斋"	"木斋审定""北京大学藏"
卷二	"木斋审定善本""木犀轩藏书""北京大学藏"	"田耕堂藏"
卷三	"曾藏汪阆源家"	
卷四		"北京大学藏"
卷五	"德化李氏凡将阁珍藏""北京大学藏"	
卷六	"曾藏汪阆源家"	
卷八		"北京大学藏"

（接上页）1908）聚珍版本，册3，叶廿一背面。又《丰顺丁氏持静斋宋元校抄本书目》宋本子部亦载："《地理新书》十五卷，金明昌刊本黄、汪均藏，有汪阆源、士礼居诸印。"详〔清〕江标编《丰顺丁氏持静斋宋元校抄本书目》，清光绪二十一年江标刻本，收入《宋元版书目题跋辑刊》，北京：北京图书馆出版社，2003年，册2，页60。

[1] 潘景郑　同上揭书，页175。

[2] 〔清〕汪士钟《艺芸书舍宋元刊本书目》，清宣统元年刻《晨风阁丛书》本，收入《宋元版书目题跋辑刊》，册2，页325。

（续表）

卷　数	卷　　　首	卷　　末
卷九	"木斋审定""麋嘉馆""北京大学藏"	
卷一一	"曾藏汪阆源家"	"北京大学藏"
卷一二	"木斋真赏""庐山李氏山房""北京大学藏"	
卷一三	"曾藏汪阆源家"	"北京大学藏"
卷一四	"麋嘉馆印""木斋秘玩""北京大学藏"	
卷一五		"士礼居藏""李滂""少微""北京大学藏"

综上，梳理"李本"所钤藏书印鉴可知，黄氏士礼居所藏《地理新书》，后归汪氏艺芸精舍，复入藏郁松年田耕堂，丁氏得诸郁氏田耕堂，后辗转入藏李盛铎（1859～1934）木犀轩。1939 年，临时政府以四十万元整体收购木犀轩藏书，交由北京大学图书馆收藏。因而，"李本"随之入藏北京大学。

国家图书馆所藏"杨本"所钤藏书印鉴详下表[1]（表 2－5）。据之，可确知此本原为聊城杨氏海源阁藏书。

表 2－5　国家图书馆藏《地理新书》（"杨本"，5217/2203）所见藏书印鉴

卷　数	卷　　　首	卷　　末
毕履道序	"宋存书室""杨绍和字彦合一字念微号协卿又号筠岩""北京图书馆藏""储端华重"	
王洙序	"杨氏海源阁藏"	
目录	"以增之印""杨氏伯子""东郡杨二""绍和筠岩""关西节度系关西"	
卷一	"彦合珍玩"	
卷三		"彦合珍存""保彝""杨""杨保彝珍赏章""光绪乙酉十月手装"
卷四	"宋存书室""杨绍和审定""彦合珍玩"	

---

[1] 海源阁藏书印的情况可参马明霞《杨氏海源阁藏书印考略》，《山东图书馆季刊》2007 年第 3 期，页108～111。

（续表）

卷　数	卷　首	卷　末
卷八		"海源阁"
卷九	"宋存书室""瀛海仙班""东郡杨绍和彦合珍藏"	
卷一二		"海源阁藏"
卷一三	"宋存书室""绍和协卿""世德雀环子孙洁白"	
卷一五		"爱日精庐藏书""杨绍和印""协卿""聊城杨承训珍藏书画印""北京图书馆藏"

　　杨绍和(1830~1875)所撰《海源阁藏书目》便著录有此书。《海源阁藏书目·子部·钞本》云：

　　　　影宋精钞本《三历撮要》，一册。

　　　　影金精钞本《重校正地理新书》十五卷，四册。

　　　　影宋钞(本)《六帖补》，二十卷，六册。

　　　　精钞本《石药尔雅》，二卷，一册。

　　　　以上四种已编入《楹书隅录初编》。[1]

　　《宋存书室宋元秘本书目》所载与此同。[2]　查杨绍和《楹书隅录》卷三"影金精钞本《重校正地理新书》"条，云：

　　　　影金精钞本《重校正地理新书》，十五卷，四册。

　　　　每半叶十七行，行三十字。（中略）。考《秘阁书目》《国史经籍志》《菉竹堂书目》，均载有《地理新书》，疑即此本。而近来收藏者，则绝少著录，亦术数

［1］〔清〕杨绍和撰，王绍曾、杜泽逊校订《海源阁藏书目》，收入王绍曾、崔国光等整理订补《订补海源阁书目五种》，济南：齐鲁书社，2002 年，上册，页 651。

［2］〔清〕杨绍和撰，杜泽逊迻录，王绍曾校订《宋存书室宋元秘本书目》子部《钞本》，收入王绍曾、崔国光等整理订补《订补海源阁书目五种》，上册，页 609。

家之枕中秘矣。卷末有"爱日精庐藏书"一印,即著《(爱日精庐)藏书志》之昭文张君金吾也。[1]

从今"杨本"卷一五卷末所钤之"爱日精庐藏书"印,知杨绍和《楹书隅录》所言应不误,则海源阁所藏曾为昭文(江苏常熟市)张金吾(1787~1829)的爱日精庐藏书。但是此书却未见载于张金吾《爱日精庐藏书志》卷二三《子部·术数类》[2]中,张金吾在该卷中尚载有"《三历撮要》一卷。影写宋刊本。",[3]可知前引《海源阁藏书目》所载"影宋精钞本《三历撮要》,一册"很可能也源自爱日精庐藏书。张金吾在其藏书志中为何遗漏了《地理新书》?似乎于情理不符。同样收藏有《三历撮要》和《地理新书》的黄丕烈,在所撰《百宋一廛书录》中同样仅载所藏《三历撮要》,[4]亦未见载《地理新书》一目。张氏、黄氏如此处理,难道是为了秘不示人,抑或出于什么考虑?

道光六年(1826)七月,张金吾爱日精庐的全部藏书,被从子张承涣豪夺十万四千卷去偿债。估计"杨本"正夹杂其中散出,辗转终被杨以增(1787~1856)所收。

另,"杨本"在"毕履道序"篇首所钤"储端华重"印(阳文方印),为海源阁第二代主人杨绍和(1830~1875)藏书印。杨氏曾任翰林院侍读,赏三品衔升用侍讲学士,故有此藏书印文。杨氏另有一方"日讲起居注官"印(阳文方印),可为佐证。[5]

[1]〔清〕杨绍和撰,王绍曾、崔国光等整理订补《楹书隅录》,收入王绍曾、崔国光等整理订补《订补海源阁书目五种》,上册,页179~180。

[2]〔清〕张金吾《爱日精庐藏书志》,《续修四库全书》据华东师范大学图书馆藏清光绪十三年吴县灵芬阁集字版校印本影印,上海:上海古籍出版社,2002年,页433上栏~页435下栏。

[3]张金吾　同上揭书,页435下栏。

[4]〔清〕黄丕烈《百宋一廛书录》,民国二年(1913)乌程张均衡刻《适园丛书》本,收入《宋版书考录》,北京:北京图书馆出版社,2003年,页57~58。黄丕烈《百宋一廛书录》载:"《三历撮要》。书见于《直斋书录解题》,云:'一卷,无名氏。'今观此书悉悉相合,当是陈氏所见本。余尝携示钱辛楣先生。先生云所引《万通百忌万年具注》《集圣》《广圣》诸书,皆选择家言,司天监据以铺注颁朔者也。刘德成、方操仲、汪德昭、倪和甫,盖当时术数之士,今无能举其姓名者矣。书中引沈存中笔谈,当是南宋所刊。余得此书于郡,故家外间绝无传本。亦可为阴阳家之枕中秘矣。"

[5]"储端华重"阳文方印为海源阁杨绍和藏书印。2016年11月28日,于沪上承张长虹教授指教,谨致谢忱。

该本卷三卷末在所钤上述杨保彝的三枚印章之下,尚墨书"光绪乙酉十月手装"八字,又知光绪乙酉(1885)十月杨保彝曾重新装帧。

要之,此本初为张金吾爱日精庐所藏。道光六年之后,归端华怡府乐善堂。咸丰末年辛酉政变后,为杨绍和所得。入藏海源阁后,历经杨绍和、杨保彝,其间杨保彝于光绪乙酉十月重新装帧。在杨保彝所撰《海源阁宋元秘本书目·子部·钞本》中仍载有"影宋精钞本《重校正地理新书》,十五卷,四册一函"。[1] 至其第四代杨敬夫时散出,辗转为国家图书馆藏书。

国家图书馆所藏"瞿本",从所钤印鉴(表2-6)知确为瞿镛"铁琴铜剑楼"旧藏。见载于瞿氏《铁琴铜剑楼藏书目录》卷一五《子部·术数类》:

《地里(理)新书》十五卷,影钞金本。

题:"王洙奉敕删修。"此宅经、葬书之最详备者。自唐迄宋皆编辑颁行,增加图解。晁氏《(郡斋)读书志》题僧一行撰,作三十卷。此本乃毕履道校补阙遗,考核无讹,以成善本。刊于金明昌间。前有履道及张谦、王洙三序。洙序又注,征引颇博,且序末附音义,疑皆履道所撰也。书分三十七门,其中五姓所属一门,于司商协民性之旨,颇能推阐无遗。履道自序云:"发挥经义,注释礼文,岁余方毕,以俟同道之能者。"其非妄作可知矣。旧本流传,影写甚精,为近时各家书目所未载。[2]

僧一行亦撰有《五音地理经》,其与王洙《地理新书》之关系,已另文辨证。[3] 瞿氏恐错将此二者混淆。

[1] 〔清〕杨保彝撰,王献唐校订,王绍曾订补《海源阁宋元秘本书目》,收入王绍曾、崔国光等整理订补《订补海源阁书目五种》,上册,页713。
[2] 〔清〕瞿镛编纂,瞿果行标点,瞿凤起覆校《铁琴铜剑楼藏书目录》,上海:上海古籍出版社,2000年,页383~384。
[3] 沈睿文《吕才与〈阴阳书〉》,页69~83。

表 2-6　国家图书馆藏《地理新书》("瞿本",SB/6847)所见藏书印鉴

卷　数	卷　　首	卷　　末
毕履道序	"北京图书馆藏"	
卷一	"铁琴铜剑楼"	
卷一五		"铁琴铜剑楼""北京图书馆藏"

又,王国维《五代两宋监本考》考证宋版"《地理新书》,三十二卷"。[1] 惜其详已难窥知。

四、《类说》所见《地理新书》版本

综上,现存最早的版本是金刊本,其宋朝版本情况已经难窥。所幸宋人的著述留下了一点蛛丝马迹。

《类说》卷四九"地理新书"条记载了《地理新书》的若干内容,[2] 曾慥概括为:青龙白虎、宅高下、宅不居处、宅有水路、树木向背、光泽者吉、形势、葬各有宜、出入处、地有五不可、水出入吉凶、水名有九、白虎登墙、树木吉凶、贵山等 15 个内容(表2-7)。为能更好地突出今存诸本与《类说》所引的区别,表 2-7 将《地理新书》诸本的不同都做了胪列,以全面展示各个版本的不同。

表 2-7　《类说》所记《地理新书》文与《地理新书》原文比较

	《类说》卷四九"地理新书"条	《地理新书》	异　　同
青龙白虎	宅欲左有流水,谓之青龙;右有长道,谓之白虎;前有污池,谓之朱雀;后有邱陵,谓之玄武,为最贵地。若无此相,凶。不然,种树:东种桃柳,南种梅枣,西种栀榆,北种杏。	卷二《宅居地形》:宅,欲得左有流水谓之青龙,右有长道谓之白虎,前有污 音乌,水不流也。池谓之朱雀,后有丘陵,冈原谓之玄武,为最贵地。若无此相,凶!不然,种树:东种桃、柳,南梅、枣,西栀、榆,北榛、杏。	

---

[1] 王国维《五代两宋监本考》,1940 年商务印书馆《海宁王静安先生遗书》本,收入《宋版书考录》,页635~639。1919 年至 1923 年 5 月前后四年间,王国维曾被蒋汝藻延聘编撰《传书堂藏书志》,为蒋汝藻检校群书,得睹蒋家所藏今之"翁本"。

[2] 〔宋〕曾慥(?~1155)编纂,王汝涛等校注《类说》,福州:福建人民出版社,1996 年,页 1450~1452。

（续表）

	《类说》卷四九"地理新书"条	《地理新书》	异 同
宅高下	凡宅东下西高,富贵雄豪。前高后下,绝无门户;后高前下,多走牛马。凡宅地欲平坦,名曰梁土;后高前下,名曰晋土;居之并吉。西高东下,名曰鲁土,居之富贵,当走贤人;前高后下,名曰楚土,居之凶。四面高,中央下,名曰卫土,居之先富后贫。	卷二《宅居地形》:凡宅东下西高,富贵雄豪;前高后下,绝无门户;后高前下,多足牛马。[1]凡宅地欲平坦名曰梁土,[2]居之大吉。后高前下名曰晋土,居之亦大吉,多牛马。西高东下名曰鲁土,居之亦富贵,当出贤人。前高后下,名曰楚土,居之凶且出盲聋。四面高中央下[3]名曰卫土,居之先富后贫。	多走/多足
宅不居处	凡宅不居当街口处,不居古寺庙及祠社、炉冶处,不居草木不生处,不居故军营战地,不居正当水流处,不居山脊冲处,不居大城门口处,不居对狱门处,不居百川口处。	卷二《宅居地形》:凡宅不居当冲口处,不居三交道、中央处,不居寺庙及祠、社、炉、冶处,不居草木不生处,不居故军营战地,不居正当水流处,不居山脊冲处,不居古城门口处,不居对狱门处,不居百川口处。	街口/冲口
宅有水路	凡宅东有流水达江海,吉;东有大路,贫;北有大路,凶;南有大路,富贵。	卷二《宅居地形》:凡宅东有流水达江海,吉;东有大路,贫;北有大路,凶;南有大路,富贵,子孙聪明,吉。	
树木向背	凡树木皆欲向宅,吉;背宅,凶。凡宅地形,卯酉不足,居之自如;子午不足,居之大凶;子丑不足,居之口舌。南北长,东西狭,吉;东西长,南北狭,初凶后吉。	卷二《宅居地形》:凡树木皆欲向宅,吉;背[4]宅,凶;有背[5]枝者,去其背枝。凡宅形卯酉皆不足,居之自如。子午皆不足,居之大凶。刘启明云:丰财,多争讼。……子位不足,居之口舌。……南北长,东西狭,吉,富贵宜子孙。东西长,南北狭,居之初凶,后吉,不益子孙。[6]	宅地形/宅形;子丑不足,居之口舌/子位不足,居之口舌
光泽者吉	凡人居,洪润光泽、阳气者,吉;干燥、无润泽者,凶。	卷二《宅居地形》:凡人宅居,欲得郁郁洪润、有光泽阳气者,吉。干燥、无润泽者,凶。	

[1]足牛马,翁本不清。

[2]梁土,翁本误作"梁上"。

[3]下,翁本作"丁"。

[4]背,张本、翁本误作"皆"。

[5]背,翁本误作"皆"。

[6]翁本作"南北长,东西狭,吉,富贵宜子孙。东西长,南北狭,居之初凶,后吉,不益子孙。……凡宅形卯酉皆不足,居之自如。子午皆不足,居之大凶。刘启明云:丰财,多争讼。……子位不足,居之口舌。……"错页。

（续表）

	《类说》卷四九"地理新书"条	《地理新书》	异　同
形势	宅地冈垄，形势须抱，左右相掩，首尾相就，左盼右顾，如龙如虎。又曰：后有走马塘，前有饮马塘；白虎缘山，青龙入泉，朱雀鼓翼，玄武登天，大吉。	卷二《地形吉凶》：凡内、外宅地冈垄，形势皆须左抱右掩，盘回斜曲，首尾相就，左盼右顾，如龙如虎视望，鞅鞅掌掌若大浪将发，袅袅娜娜如生蛇渡水，如群羊散漫或如龙游戏，隐隐轸轸或如奔牛起伏，其气泛泛如酥如酪，骨肉相附如脂膏，傍无缺败远水不来，大吉。又曰：后有走马冈，前有饮马塘，冈阜形势小顿大起，延连百里不断者，为上吉。又曰：白虎缘山，青龙入泉，朱雀鼓翼，真武登天，大吉。	玄武登天/真武登天
葬各有宜	古者诸侯葬连冈脚，大夫葬长原，庶人葬平地，各有宜也。安明堂处，皆须安稳，八方朝伏，客主归投，蹲坐四平，三隅涌起，远望柱天，近视入泉，草木长大，土色肥润，龙尾若牵轮曳索，形势如抱子。	卷二《地形吉凶》：古之王者葬高山，诸侯葬连冈，大夫葬长原，庶人葬平地，各有宜也。凡安明堂处，皆须安稳，八方朝伏，客[1]主归投，蹲坐四平，三隅踊起，远望即柱天，近视则入泉，皆须草木长大，土色肥[2]润，龙尾若牵轮曳索，形势如抱子之状，吉。《照幽记》曰：前有案者，贵也。后有从者，尊也。尊贵相揖，神道安也。故曰：居地不朝揖，子孙当独立；草木不过尺，官禄不盈石。[3]	
出入处	《风水诀》曰："出处为水，入处为风，气脉水流，案山皆朝是也。取气脉攒聚处用之，故风水出入不当，乃祸患之本。"	卷二《地形吉凶》：风水说曰："出处为水，入处为风。气脉随水流，欲皆朝于案山是也。取其气脉攒[4]聚之处用之，故风水出入之艰难，乃祸害之本也。"	风水诀/风水说
地有五不可	凡地有五不可：冈断，一也；砂壂倒流，二也；山如拒敌，三也；风水来往，门户交箭，玉案不起，真武不翔，四也；四隅不张，八向不长，横冈旁垄，都无起伏，钩锁不连，五也。	卷二《地形吉凶》：凡地有五不可：冈断，一也；沙疆倒流，二也；迅急山岩，[5]巍[6]似拒敌，三也；风水来往，门户交箭，主案[7]不起，真武不翔，四也；四隅不张，八向不长，横冈傍龙，都无起伏，钩锁不连，五也。	砂壂/沙疆

---

[1] 客，翁本漫漶不清。

[2] 肥，翁本漫漶不清。

[3] 居、草，翁本皆漫漶不清。

[4] 攒，翁本漫漶不清。

[5] 山岩，瞿本、杨本皆作"山巍"。

[6] 巍，翁本漫漶不清。

[7] 主案，翁本误作"王案"。

（续表）

《类说》卷四九"地理新书"条	《地理新书》	异　同
水出入吉凶	凡宅，门下水出，财物不聚；野水来入，主衰疾；宅中水流者，暴死。	卷四《水势吉凶》：凡宅，门下水出，财物不聚；野水来入，主衰病；宅中水交流者，主有暴死。	衰疾/衰病
水名有九	凡水名有九：一曰流水，与河江通者，六十步外吉，六十步内凶。二曰潢潦；[1]三曰带剑；四曰斗水；五曰箭水；六曰清血水；七曰乱水；八曰客水；九曰逆水。并凶。	卷四《水势吉凶》：凡水名有九：一曰流水，谓流水不以大小与江河通者，在外宅东相去六十步外，大吉。若在六十步内，凶。○二曰潢浡，上音黄，下音乌。谓浡 音亭。水环绕墓，主有心腹病人。○三曰带剑，谓水势斜于冡宅[2]旁流，为盗贼伤人。○四曰斗水，谓水相激 音吉。触，为子孙相格、战死。○五曰箭水，谓水直来流向者，为子孙诛灭。○六曰清血水，谓地如牛鼻汗常浸浸，生苔[3]如虾蟇背，或有白漫漫如云母者，为子孙有恶疾。○七曰乱水，谓迸夸无沟脉者，为子孙淫邪及不利母。○八曰客水，谓因雨则停，无雨即干，为子孙客死、暴败，亦名山血，凶。○九曰逆水，发朱雀，入真武，主子孙不孝，为臣无诚节或为奴婢所害，苦刀箭死。	六十步外吉/在外宅东相去六十步外
白虎登墙	凡宅四方有四角道，谓之天狱，凶。宅门当巷冲，谓之白虎，主残疾。宅在道岐口，谓之白虎衔尸。宅北道当宅，谓之白虎登墙。	卷四《衢巷道路吉凶》：凡宅四方有四角道，谓之天狱，贫乏，凶。……宅门当巷冲，谓之白虎，主癃残、疾病。……宅门在岐口，谓之白虎衔尸，主有兵死、兽死者，不利子孙，[4]凶。……宅北道当宅，谓之白虎登墙，主家[5]内不宁，多死亡及损害六畜。	
树木吉凶	朝生门主暮死。宅东有杏，凶；宅北有李，宅西有桃，皆为淫邪；宅西有柳，为被刑戮；宅东种柳，益马；宅西种枣，益牛；中门有槐，富贵三世；宅后有榆，百鬼不敢近；堂前有榴，吉。	卷四《草木吉凶》：凡朝菌 开均切。生于门者，主暴死。凡宅东有杏，凶。宅北有李，宅西有桃，皆为淫邪。宅西有柳，为被刑戮。○凡宅东种柳，益马。宅西种枣，益牛。中门有槐，富贵三[6]世。宅后有榆，百鬼不敢近；堂前有榴郁[7]茂，吉。福德方上有檀，多粟粮。[8]	朝生门主暮死/凡朝菌 开均切。生于门者，主暴死

----

[1] 潢潦，《类说》文渊阁四库全书本作"潢浡"（详《景印文渊阁四库全书》，台北：台湾商务印书馆，1986年，册873，页844下栏），疑点校者误作"潢潦"。

[2] 斜于冡宅，李本、瞿本、杨本、翁本皆作"斜干冡宅"，张本作"斜下冡宅"，张本、瞿本、杨本皆本卷图解作"斜干冡宅"，而李本本卷图解则作"斜于冡宅"，从李本本卷图解。

[3] 苔，李本误作"苦"，李本、张本本卷图解皆作"苔"。

[4] 孙，翁本阙。

[5] 家，张本、瞿本、杨本、翁本皆误作"冡"。

[6] 中门有槐，富贵三，翁本漫漶不清。

[7] 榴郁，张本、瞿本、翁本阙。

[8] 粮，杨本作"穀"。

（续表）

	《类说》卷四九"地理新书"条	《地理新书》	异　　同
贵山	排卫山[1]如列卫状,旌节山如初生笋,进财山形如兽头,屏障山如立案,华表山如球仗,捍门山势横遮,铜鱼山形如大钟。	卷六《贵山》：排衙山在生气山外,缭绕向冢宅还如列衙仗,主子孙清贵。○文笔[2]山似方仓,在排衙山外,主子孙居方伯之任。○旌节山如初生笋,在文笔[3]山外,主子孙建旌节。○进奉[4]山形如兽头,又如鸡将斗,在旌节山外,主子孙为将相。○屏障山如立案,在进奉山外,主子孙文华。○华表山如球杖,两边朝揖,在屏障山外,主子孙为公卿。○捍门山势横遮冢宅,在华表山外,主子孙忠孝。○铜鱼山[5]形如大钟,在华表山外第三重,当地户、不遮塞水路,主子孙厚禄。○罗城山[6]四面都遮冢[7]宅,朝从备足者,其地非臣庶所用。	排卫山/排衙山；列卫状/列衙仗；进财山/进奉山；如球仗/如球杖

通过比较,可知曾慥所记集中在《地理新书》的卷二、卷四;亦可见《类说》中所记都是曾氏总结之语,其大意与《地理新书》同。但从表六"异同"栏中所示的些微差别,依稀可见宋版《地理新书》的情况。

（本文原载北京大学中国考古学研究中心《古代文明》第 8 卷,北京：文物出版社,2010 年,页 313～336。此次重刊略有修订。）

---

[1] 排卫山,《类说》文渊阁四库全书本作"拱卫山"。详《景印文渊阁四库全书》,册 873,页 844 下栏。

[2] 笔,张本、翁本误作"笋"。

[3] 笔,张本、翁本误作"笋"。

[4] 奉,张本误作"摹"。

[5] 铜鱼山,翁本漫漶不清。

[6] 罗城山,翁本漫漶不清。

[7] 遮冢,张本误作"遮家",瞿本误作"亡家",杨本误作"遇家",翁本漫漶不清。

3

唐宋墓葬神煞考源

    唐宋墓葬中或随葬有一套神煞俑,为学界所熟谙。1963 年,徐苹芳结合堪舆文献《大汉原陵秘葬经》,对其中部分怪兽俑的名称加以勘定。[1] 2006、2007 年,白彬先后撰文判定其中之人首鱼身俑、人首蛇身俑、人首龙身俑、猪首人身俑、鸟首人身俑、鳌首人身俑、牛首人身俑、马首人身俑、捧镜女俑、鼓及负鼓力士皆为道教雷神或与雷神有关之物。[2] 二位学者的研究无疑加深了我们对这套神煞俑的认识。但是,这套神煞俑内部是否有一固定之组合关系? 从何演变而来? 其意蕴为何?相关立论,尚未之见。

    根据目前的考古材料,这套神煞俑始见于临淄北朝崔氏墓地。但是,从现有情况判断,这套神煞俑的构图程序至迟在汉代便已经成熟了,而其端倪则至少还可到先秦时期。本节拟略谈其在汉代的构图及演变,以期对该议题有所帮助。

一、汉画像石中的构图

    苏北徐州地区、山东鲁南以及河南南阳地区的汉画像石墓以及祠堂顶部画像石发现有四神、祥瑞、迎谒、跪拜以及雷神、风伯、雨师、河伯(海神)出行的组合。有关这个组合的描述在先秦文献中屡见,如《韩非子》载:"昔者黄帝合鬼神于西泰山

---

[1] 徐苹芳《唐宋墓葬中的"明器神煞"与"墓仪"制度——读〈大汉原陵秘葬经〉札记》,《考古》1963 年第 2 期,页 87~106;后收入所撰《中国历史考古学论丛》,台北:允晨文化实业有限公司,1995 年,页 277~280;又收入所撰《中国历史考古学论集》,上海:上海古籍出版社,2012 年,页 180~215。

[2] 白彬《雷神俑考》,《四川文物》2006 年第 6 期,页 66~75;白彬《四川五代两宋墓葬中的猪首人身俑》,《四川文物》2007 年第 3 期,页 56~60。有关神怪俑与道教之关系的全面讨论,可参张勋燎、白彬《隋唐五代宋元墓葬出土神怪俑与道教》,所撰《中国道教考古》第 6 卷·贰拾,北京:线装书局,2006 年,页 1611~1750。

之上,驾象车而六蛟龙,毕方并锗(辖),蚩尤居前,风伯进扫,雨师洒道。虎狼在前,鬼神在后,腾(螣)蛇伏地,凤皇覆上,大合鬼神,作为《清角》。"[1]可知这是一套有关出行的构图。[2] 在该构图中,有时还绘制出坐五帝星座的天帝,或者坐北斗七星出行的北帝。在这种情况下,该构图又成为天帝出行或北帝(太一)出行的核心。

下面我们根据汉画所见来分析这些构图的主要内容:

江苏徐州铜山县洪楼村出土祠堂天井石画像[3](图3-1):该画像石由上、下两幅自右而左出行的图像构成。上层最右侧有一头戴鱼冠骑乘鱼车的神祇,鱼车由三条鱼牵引。《搜神记》载:

> 袁绍,字本初,在冀州,有神出河东,号度朔君,百姓为立庙。庙有主簿大福。陈留蔡庸为清河太守,过谒庙。有子名道,亡已三十年。度朔君为庸设酒,曰:"贵子昔来,欲相见。"须臾,子来。度朔君自云父祖昔作兖州。有人士苏氏,母病往祷。主簿云:"君逢天士留待。"闻西北有鼓声而君至。须臾,一客来,着皂单衣,头上五色毛,长数寸,去后。复一人,着白布单衣,高冠,冠似鱼头,谓君曰:"昔临庐山,共食白李,忆之未久,已三千岁。日月易得,使人怅然。"去后,君谓士曰:"先来南海君也。"[4]

则度朔(索)君庙中南海君的形象为"着白布单衣,高冠,冠似鱼头"。林巳奈夫据此认为,云车中乘坐的头戴鱼形冠的神祇是海神南海君,[5]亦即鱼车上的神祇为海神。此言不诬,这也是其骑乘的动力由鱼来表现的缘故。[6] 南海神之前为一鼓

---

[1]〔清〕王先慎撰,钟哲点校《韩非子集解》卷三《十过》,北京:中华书局,1998年,页65。

[2] 在四川地区汉墓摇钱树上也可见该构图。同样地,它应该也具有表示出行的意蕴。详拙文《四川汉墓摇钱树意蕴》,即刊。在南方地区则呈现出另外一种情状,此已另文讨论。

[3] 王建中《汉代画像石通论》,北京:紫禁城出版社,2001年,页256图四一。

[4]〔晋〕干宝撰,汪绍楹校注《搜神记》卷一七,北京:中华书局,1979年,页211~212。"度朔君",《太平广记》卷二九三同(北京:中华书局,1961年,页2328~2329);《太平御览》卷八八二引魏文帝《列异传》则作"度索君"(北京:中华书局影印本,1960年,页3919上栏~下栏)。

[5] 林巳奈夫《汉代の神神》,京都:临川书店,1989年,页165。

[6] 按,古代贵族妇女所乘的车以鱼皮为饰。《左传·闵公二年》云:"归夫人鱼轩。"杜预注:(转下页)

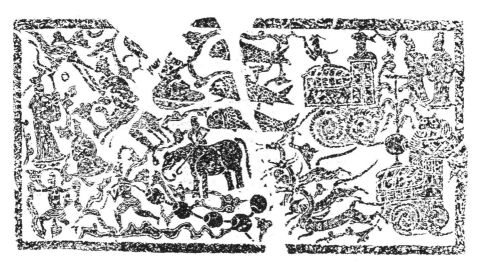

图 3-1　江苏徐州铜山县洪楼村出土祠堂天井石画像

风之风神,风神之前站立一位仰首执笏迎谒者。风神与迎谒者之间的上方有一执幡骑乘飞禽者。下层图像最右侧为一骑乘雷车的雷工,其前上方有一乘象者,乘象者下前方有一拖拉五连鼓的雷工,该图像前上方有一执笏跪拜者,最前方为一洒水的雨师。该画像石中执幡骑乘飞禽者以及乘象者应属于祥瑞之类。

　　在山东邹城汉画像石墓所见"河伯出行图"[1](图 3-2)中,河伯骑乘的华盖则为一对吻部相抵的鱼,牵引骑乘前行的亦为三条鱼,鱼之上另有一人头鱼身的神灵,双手一前一后做划水前行状。此可为辅证。该画像石右侧上方有一飞禽,同样应为祥瑞之类。

　　可见,以鱼为冠或以鱼为华盖成为海神或河伯的标志。实际上,在汉画像中,以鱼(例多为三条)牵引同样是海神、河伯出行的一个标志。最为著名的便是山东省嘉祥武宅山的海神出行图[2](图 3-3)。图中海神坐在鱼车之中,其四周皆为

(接上页)"鱼轩,夫人车,以鱼皮为饰。"〔周〕左丘明传,〔晋〕杜预注,〔唐〕孔颖达正义《春秋左传正义》卷一一,北京:北京大学出版社,1999 年,页 312。又,梁元帝《玄览赋》云:"轵锦车而前鸷,驱鱼轩而继踪。"(〔宋〕李昉等编《文苑英华》卷一二六,北京:中华书局,1966 年,页 575 下栏)从上文的论述看,河神所骑乘之车并非鱼轩。

[1] 胡新立《邹城汉画像石》,北京:文物出版社,2008 年,页 175 图二一二。
[2] 林巳奈夫著,唐立国译《刻在画像石上的故事》,北京:商务印书馆,2010 年,页 196 图 86。

图3-2　山东邹城汉画像石墓"河伯出行图"

图3-3　山东省嘉祥武宅山汉画海神出行图

与之同一方向前行的鱼、龟或者乘鱼之神工,或执盾,或持兵器,意在表现辟兵行进之意。鱼车之前有一跪拜之人。图像的右上角有一翼马和一蛙状物。后者多见于汉画,其左前肢持一曲尺状物。二者可能分别为寿皆三千岁的腾黄之马和蟾蜍,[1]取其长寿之意。它们亦应属祥瑞之列。

山东省苍山县东汉元嘉元年画像石墓题记,对前室顶部的画像内容记述如下:

室上桩,五子舆,僮女随后驾鲤鱼,前有白虎青龙车,后即被轮雷公君,从

[1]《抱朴子·内篇》卷三《对俗》列举了诸长寿之祥瑞,其中"千秋""万岁"二者因从名称便可知其含义而成为该类祥瑞的代表。详王明著《抱朴子内篇校释》,北京:中华书局,1980年,页41~42。

者推车,平理冤狱。[1]

又《韩非子》载:

> 齐人有谓齐王曰:"河伯大神也,王何不试与之遇乎? 臣请使王遇之。"乃为坛场大水之上,而与王立之焉。有间,大鱼动,因曰:"此河伯。"[2]

则可知大鱼可代表河伯。这也就可以理解为何在一些画像石上以鱼车,甚而仅以鱼(鲤鱼)来表示河伯(图3-4、3-5)。

　　在江苏徐州铜山县洪楼村出土祠堂天井石画像中(图3-6),河伯出行便是仅以四足的鱼来表示。该鱼之前另佐以两只奔走的海龟。汉画基本可以分作上、下两层,皆呈自右向左行进状。其上层最左端为一跪坐鼓风的风伯,其后为乘坐雷车行进敲打雷鼓的雷工。下层为一执雷鞭的雷工,这很可能就是后来冯邕妻元氏墓志纹样中之掣电,雷鞭的意象应源自雷电之前的线状的开裂型闪电。[3] 下层的最右侧为一洒水的雨师。该汉画中尚布列了四象,其中青龙、玄武在上层靠右侧,白虎在中层最左侧、掣电之前,现仅存尾部,而朱雀则在雨师左侧,头朝右。

　　在画面的最右侧青龙和雨师之间尚有一飞禽,头朝左,与主题纹饰行进方向相同。该飞禽便是观风鸟。观风鸟不仅观测风向、风速,而且也承担着鼓风之职。在甲骨文中"凤"字便是一只张开翅膀扇风的鸟(图3-7),郭沫若认为"古人盖以凤为风神"。[4] 因此,在汉画中也有仅以观风鸟来表示风神(伯)的。如,临沂市罗庄

---

[1] 转引自信立祥《汉代画像石综合研究》,北京:文物出版社,2008年,页182。按,后来乘鲤鱼成为升仙的一种形式,并多见于文学作品之中。

[2]《韩非子集解》,页218~219。又见于〔宋〕李昉等撰《太平御览》卷八八二,北京:中华书局影印本,1960年,页3918上栏。

[3] 北魏冯邕妻元氏墓志纹饰表现的是太一出行,而非与祆教神祇有关。此已另文讨论,详拙文《北魏冯邕妻元氏墓志纹"太一出行"考》,即刊。

[4] 郭沫若《卜辞通纂》,北京:科学出版社,1983年,页377。

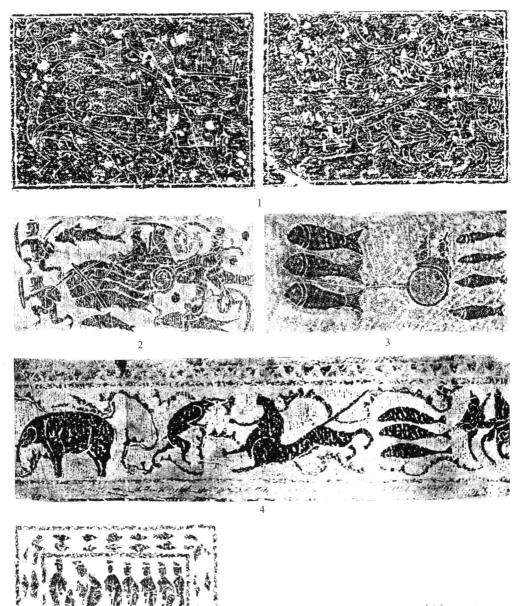

1. 郯城县杨集镇出土（中段画像缺）[1]   2. 南阳市七一乡王庄汉画像石墓盖顶石画像（东汉）[2]

3. 唐河县针织厂出土（西汉）[3]   4. 南阳县出土（东汉）[4]   5. 孔子见老子、龙车、鱼车画像[5]   6. 开明兽、玉兔、河伯出行画像[6]   7. 鱼车（枣庄市山亭区山亭镇附近出土）[7]   8. 河南永城太丘二号汉画像[8]

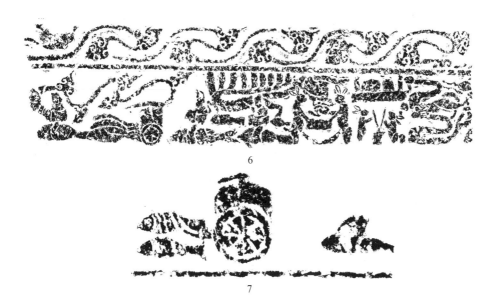

6

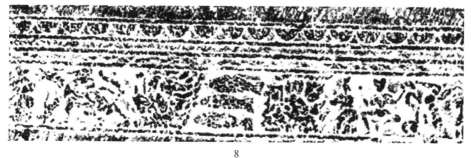

7

8

图 3-4　汉画中的河伯出行图

［1］李锦山《鲁南汉画像石研究》，北京：知识产权出版社，2008 年，页 424 图一〇〇·3、4，原文误作"仙车"。

［2］黄雅峰主编《南阳麒麟岗汉画像石墓》，西安：三秦出版社，2008 年，页 320 图 20。

［3］王建中、闪修山《南阳两汉画像石》，北京：文物出版社，1990 年，图 152。

［4］王建中、闪修山《南阳两汉画像石》，图 151。

［5］胡新立《邹城汉画像石》，页 156 图一九一。

［6］胡新立《邹城汉画像石》，页 71 图七九。

［7］李锦山《鲁南汉画像石研究》，页 424 图一〇〇·1。

［8］永城县文管会、商丘博物馆《永城太丘二号汉画像石墓》，《中原文物》1990 年第 1 期，页 26 图十。

图3-5   墓主人出行图(临沂市五里堡市化轻公司院内出土)[1]

图3-6   江苏徐州铜山县洪楼村出土祠堂天井石画像

---

[1] 李锦山《鲁南汉画像石研究》,页429图一○五,原作"雷神出行"图。

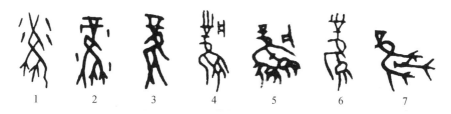

图3-7　甲骨文中的"凤"字
1、2. 一期(合集 13357)　3. 二期(合集 24935)　4、5. 三期(合集 30235)
6、7. 四期(合集 34033)

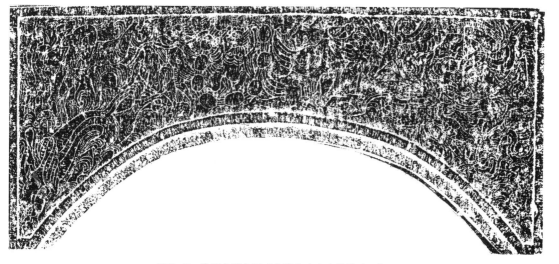

图3-8　临沂市罗庄区盛庄镇白庄出土的拱形画像石

区盛庄镇白庄出土的拱形画像石[1](图3-8),拱形正中为一鼓翅之观风鸟,其左前方为一十连鼓上奔走敲打的雷工。

　山东嘉祥武氏祠前石室(武荣祠)天井前坡西段画像[2](图3-9)中也刻绘有观风鸟。该汉画自上而下由四层画面组成。第一层自右而左,右侧为一蹲踞鼓风之风神,风神头部两侧各有一只飞禽,其前为一车马出行,车马之前可见一带足鱼

[1] 李锦山《鲁南汉画像石研究》,页 425 图一〇一左上"神灵与仙人"画像石。
[2] 信立祥《汉代画像石综合研究》,页 180 图一〇〇。

图 3-9   山东嘉祥武氏祠前石室(武荣祠)天井前坡西段画像摹本

的残存,当为河伯。该层的左侧有一面向右的迎谒者,其足部有一观风鸟。第二层
接续上一层的方向,自左而右。左侧为两个风工推动一乘坐雷神的雷车,雷神右手
持雷槌做锤击其前后之雷鼓状。其前有上下两排牵引雷车的雷工,再往前有一双
手持鞭状物(雷鞭)的掣电,其前又有四位神工站立于一双头龙体之上,自左而右
依次为雨师、掣电以及两位礔电。[1] 双头龙体之下有一跪拜者,其前又有一迎谒
者。第三层又接续上一层的方向,在该层的右侧有一蹲踞状的风神往左侧鼓风,其
头部前方有一观风鸟,风神前方图像可分作上、中、下三层,其上层为八只动物,可
识者有四只飞禽,余者知头部或为龙,或似牛、羊,根据上文的分析,可以推知为祥
瑞之类。中层为风工,间以飞禽。下层有三只动物,具体为何难以辨识。该汉画的
最下一层仍然接续上层的方向,呈自左而右。其主体图案为坐于斗车之上的北斗

---

[1] 敦煌 285 窟窟顶壁画中,"一兽头人身怪人,手持铁钻,砸石发光,大约就是霹电",故此。详段文杰
《道教题材是如何进入佛教石窟的——莫高窟 249 窟窟顶壁画内容探讨》,所撰《段文杰敦煌石窟
艺术论文集》,兰州:甘肃人民出版社,1994 年,页 21、322~323。又,拙文《莫高窟 249、285 窟的窟
顶图像》,《故宫博物院院刊》,2023 年第 6 期,页 9~10。

君,斗车之后跟随三位随从,其前有四位跪拜迎接者,最前一位跪迎者之前的地面有一人头,而最末一位跪迎者身后有一观风鸟,其头朝右后上方。斗车摇光处有一风工牵引斗车往前(左侧),该风工和观风鸟之后有一骑率领一辌车迎面而来。有一风工在辌车上方往左牵引,车后尚可见一随从。该层的观风鸟不仅起到观测风向的作用,而且应该也有加大风力的作用,这也是该层画面出现两位风工的缘故。该汉画表现的应是北帝出行,而雷公出行则为其重要的构成。

在该汉画第二层中出现的双头龙,应即彩虹。这跟古人对虹和雷电的观念有关。从虹字的甲骨文和《说文》所列的籀文中可知:(1)古人对于虹的起因,认为是和雷电一脉相承的。(2)虹已经生物化,在甲骨文中有两口。在虹字中形旁为虫。甲骨文"虫、它"同字,虫即蛇状。(3)虹属蛇类,其原型是龙。从时序上说,雷电以后会产生虹。而古人认为龙出现以后才会有虹,即把虹看作龙的变化和发展。[1] 班固《西都赋》即云:"抗应龙之虹梁,列棼橑以布翼。"[2]又《异苑》云:"晋义熙初,晋陵薛愿,有虹饮其釜澳,须臾嗡响便竭。"[3]这是因为古人认为"龙,水物也",[4]所以想象其降水需要补充吸水。今天在中国民间仍有此说。更早的卜辞中亦载:"亦有出虹自北,饮于河。"(《甲》10405 反)可见该观念之久远。

《天问》曰:"萍号起雨,何以兴之? 撰体协鹿,何以膺之?"[5]对此,闻一多认为:"萍号就是屏蓬——也就是由交尾的两鹿傅会而成的一种两头神鹿。然而两鹿交尾与雨能有何关系? 传说以为那名萍号的能起雨,究竟是怎样得到的观念呢? 如果不是卜辞那两鹿背立、中连弧形的古虹字(图3-10),这个谜我们恐怕永远不能猜破。

图3-10　卜辞中的"虹"字
1. 一期(合集 10405 反)
2. 二期(合集 10406 反)

[1] 徐山《雷神崇拜——中国文化源头探索》,上海:上海三联书店,1992 年,页 7。
[2] 〔梁〕萧统编,〔唐〕李善注《文选》卷一,北京:中华书局,1977 年,页 25 上栏。
[3] 〔南朝宋〕刘敬叔《异苑》卷一,〔南朝宋〕刘敬叔、〔南朝宋〕阳松玠撰《异苑·谈薮》,北京:中华书局,1996 年,页 1。
[4] 《春秋左传正义》卷五三《昭公二十九年》,页 1508。
[5] 金开诚、董洪利、高路明著《屈原集校注》,北京:中华书局,1996 年,页 355。文中"撰体协鹿,何以膺之?"《屈原集校注》作:"体协胁,鹿何膺之?"此据闻一多《楚辞校补》,载所撰《闻一多全集》5,武汉:湖北人民出版社,1993 年,页 161~162。

原来虹见是将雨的象征,鹿能起雨乃是因虹能致雨的观念而来的。"[1]换言之,最早的虹的观念是两头背立的鹿,但是后来人们便已忘记虹是鹿而直以为蛇了。闻一多又进一步论证道:"但由鹿变蛇之间,似乎还有个过渡的阶段,那便是龙了。龙的头尾与四足与鹿同,只有身躯拉长象蛇罢了。于字音,鹿龙对转,虹从工声,而工龙为 gl 复辅音,其演变的痕迹也历历可寻。虹能致雨,龙亦能致雨,也可见二者关系的一斑。总之有了龙作为过渡阶段,则古人观念中的虹,最初是鹿,便更可信了。"[2]现从图像材料来看,至迟在汉代,虹便从鹿被误解为龙。上举汉画像石的彩虹(双头龙)形象便是明证。

可见,该汉画第二层是将现实中雷雨的前后过程神化了。这在嘉祥武氏祠左石室天井前坡西段画像[3]中也得到了表现(图 3 - 11)。该汉画同样自上而下分

图 3 - 11　山东嘉祥武氏祠左石室天井前坡西段画像摹本

[1]闻一多《朝云考》,载所撰《闻一多全集》3,页 46。
[2]闻一多《朝云考》,载所撰《闻一多全集》3,页 49。
[3]信立祥《汉代画像石综合研究》,页 171 图九六。

作四层,其第一层为羽人乘龙自左而右飞行,其右侧为两位跪拜者。第二层内容与图3-9第二层大同,只是将双头龙更为明显地表现出来。在有些汉画(图3-12)中,更是简明扼要地在一个画面中集中表现上述元素。

图3-12　朱存明藏汉画像石拓本[1]

在上述汉画中,跪拜、仰望与迎谒者虽有对相关神祇的敬畏之意,但是,如果将它置于整个雷雨的过程中来考虑,则与原始的求雨巫术不无关联。

《左传·僖公二十一年》载:“夏,大旱,公欲焚巫尪。”杜预注云:“巫尪,女巫也,主祈礼请雨者。或以为尪非巫也,瘠病之人,其面上向,俗谓天哀其病,恐雨入其鼻,故为之旱,是以公欲焚之。”[2]或以为这表明因雷神在天上,故需仰首朝天祈祷。[3]其实,从上面的注释可以看出,旱时求雨的巫尪形象为“其面上向”,《吕氏春秋》云:“辛水所多疽与痤人,苦水所多尪与伛人。”高诱注:“尪,突胸仰向疾也。”[4]亦即巫尪是有生理缺陷之人,古人以为天旱是因为上天可怜巫尪,故不降雨以免雨水进入他们的鼻孔。但是,郑玄在《礼记》中的注解却与此不同。《礼记·檀弓下》云:“岁旱,穆公召县子而问然,曰:‘天久不雨,吾欲暴尪而奚若?’”郑玄注:“尪者面乡(向)天,觊天哀而雨之。”[5]郑玄认为巫尪面向天,是为了让上天可怜他而降雨。尽管郑玄与杜预对巫尪与降雨关联的观点有异,但是他们都认

[1]　朱存明《汉画像的象征世界》,北京:人民出版社,2005年,图19,原文误作“天象图”。
[2]　《春秋左传正义》卷一四,页398。
[3]　徐山《雷神崇拜——中国文化源头探索》,页33。
[4]　许维遹撰,梁运华整理《吕氏春秋集释》卷三《尽数》,北京:中华书局,2009年,页67。
[5]　〔清〕孙希旦撰,沈啸寰、王星贤点校《礼记集解》卷一一,北京:中华书局,1989年,页307。

同"其面上向"的巫尫在祈雨巫术中所承担的重要角色。从现有数据来看,这种巫术在殷商时期便已出现,[1]这应该是仰望(仰观)形象的来源。

　　如果汇总上述汉画诸元素,可以得出这么一个构图模式:四神、祥瑞、雷公、风伯、雨师、河伯(四足鱼)以及跪拜、仰望和迎谒者。其中的祥瑞类后来逐渐集中到

图3-13　四神"千秋万岁、长乐未央"图汉砖[2]

千秋、万岁之上(图3-13),风伯、河伯则分别以观风鸟、四足鱼代替。

　　这样,我们就基本可以找到唐宋墓葬神煞俑的源头,它们与上述汉画中的诸元素皆可对应。具体言之,汉画中源自天象的四神在唐墓中绘制在墓道和墓室中,到了宋墓则制成陶俑随葬;祥瑞则为千秋、万岁俑,观风鸟俑象征风伯,仪鱼(或鲵鱼)则象征河伯。雷公除了前述白彬考证者之外,其双头龙则以墓龙代替,而雷公出行构图组合中的跪拜、仰望和迎谒者则对应为伏听俑、仰观俑以及迎谒俑(或执笏俑)。如同上文对彩虹的分析,墓龙可暗指雨霁,此中已含有指代雨师之意。可能出于这个考虑,在唐宋墓葬神煞中便径将雨师略去。

　　我们知道,这一套神煞俑始见于临淄北朝崔氏墓地。这样我们应该可以得出如下两个结论:

　　其一,在北魏时期,出现了以随葬品表现此前墓葬壁画内容的行为,即将前述天宫神祇置于墓室底部来表现,由此也导致了圆形墓葬形制的出现,[3]并成为此后河北、山东地区政治符号的墓葬形式。这无疑是中国古代丧葬中的大事件。

---

[1] 详可参赵容俊《殷商甲骨卜辞所见之巫术》(增订本),北京:中华书局,2011年,页172~192,特别是页181~185。

[2] 林巳奈夫《汉代の神神》,页302图20。

[3] 详沈睿文《新天师道与临淄北朝崔氏圆形墓》,西安碑林博物馆编《纪念西安碑林930周年华诞学术研讨会论文集》,西安:三秦出版社,2018年,页51~71。

其二,从这一套神煞俑在宋元时期继续存在,可以说明中国古代社会丧葬观念在汉唐宋元时期依然如故。

二、雷公与十二生肖

在墓葬神煞俑里,十二生肖俑是另一个重要组成。与之相关联的便是关于十二生肖的讨论,李学勤认为十二生肖的说法大约在战国时期便已存在。[1] 林梅村认为最早的十二生肖应产生于中国古代占星家的阴阳历术之学,应属于中国古代思想体系,[2] 即与域外思想、知识无关。这些观点无疑都具有启发之处。同样地,关于墓葬中十二生肖俑的讨论也很多。[3] 本节我们根据临淄北朝崔氏墓地所出十二生肖俑和怪兽俑对此加以申论。

在临淄北朝崔氏墓地中,M10 出土了十二生肖俑,皆以独立的生肖形象置于相配套的奁台之上,发掘时遗留有虎、蛇、马、猴、犬及生肖已经消失的奁台 1 件合 6 件(图 3 - 14 - 1、2、3、4);M17 则出土十二生肖俑中的虎、牛、羊、鼠、蛇等 5 件(图 3 - 14 - 5、6、7、8)。可知这两座墓葬当初各随葬了一套十二生肖俑。此外,葬于北齐武平四年(573)的崔博墓(M12)则出土有伏听俑、人首蛇身俑、连体俑等怪兽俑(图 3 - 14 - 9、10、11)。

崔氏墓地 M10 虽早年遭受严重破坏,但从残存的器物分析,其年代要比 M1 崔鸿墓略早,很可能是崔鸿的祖、父辈的墓葬。[4] 崔鸿死于北魏孝昌元年(525),葬于孝昌二年。M17 出土泥俑和素烧瓷盘,墓内所出侍俑与 M1 崔鸿墓所出文俑相同,胡俑与 M7 所出胡俑头相同,素烧瓷盘与 M15 崔猷墓所出盘相同,该墓应为北

[1] 李学勤《干支纪年和十二生肖起源新证》,《文物天地》1984 年第 3 期,页 41~42。

[2] 林梅村《十二生肖源流考》,此据所撰《西域文明——考古、民族、语言和宗教新论》,北京:东方出版社,1995 年,页 111~129。

[3] 如,张蕴《西安地区隋唐墓志纹饰中的十二生肖图案》,载荣新江主编《唐研究》第 12 卷,北京:北京大学出版社,2002 年,页 395~432;张丽华《十二生肖的起源及墓葬中的十二生肖俑》,《四川文物》2003 年第 5 期,页 63~65;卢昉《隋至初唐南方墓葬中的生肖俑》,《南方文物》2006 年第 1 期,页 75~85;臧天杰《浅谈唐宋墓葬出土十二时俑》,《青年考古学家》第 18 期,2006 年,页 102~110;王贵元《十二生肖来源新考》,《学术研究》2008 年第 5 期,页 139~141。等等,不一一枚举。

[4] 山东省文物考古研究所《临淄北朝崔氏墓》,《考古学报》1984 年第 2 期,页 242。

图 3-14　临淄崔氏墓地所出十二生肖俑和怪兽俑

1. 崔氏 M10 猴生肖俑　2. 崔氏 M10 虎生肖俑　3. 崔氏 M10 马生肖俑　4. 崔氏 M10 蛇生肖俑
5. 崔氏 M17 蛇生肖俑(M17：6)　6. 崔氏 M17 鼠生肖俑(M17：15)　7. 崔氏 M17 虎生肖俑(M17：12)
8. 崔氏 M17 羊生肖俑(M17：14)　9. 崔氏 M12 伏听俑(M12：4)　10. 崔氏 M12 人首蛇身俑(M12：
012)　11. 崔氏 M12 连体俑(M12：5)　12. 崔氏 M10 武士坐俑

魏时期,与崔鸿夫妇墓同时。[1] 亦即可以推断这两座墓葬的大致年代是约537年的北魏末年。[2] 这是迄今考古所见最早的十二生肖俑实物。

关于怪兽俑,前已述及,白彬指出唐宋墓葬出土之人首鱼身俑、人首蛇身俑、人首龙身俑、猪首人身俑、鸟首人身俑、鳖首人身俑、牛首人身俑、马首人身俑、捧镜女俑、鼓及负鼓力士皆为道教雷神或与雷神有关之物。广东海康元墓曾出土若干有题铭之阴线刻砖,其中一件为两人首共一龙身,龙身平卧,其旁有题铭曰"地轴";另一件为两人首共一龙(蛇)身,龙(蛇)身相互缠绕,其旁有题铭曰"勾陈"[3](图3-15)。可见双人首蛇(龙)身明器并非"墓龙",乃"地轴"或"勾陈"。此二者实为道教雷神,[4] 则前述崔博墓(M12)所出人首蛇身俑、连体俑等怪兽俑亦应为"地轴"或"勾陈",同为道教雷神之属。这是迄今在墓葬中见到的最早的"地轴"或"勾陈"实物。

图3-15　广东海康元墓"地轴""勾陈"阴线刻砖

崔氏墓地被盗严重,随葬雷神俑的崔博墓(M12)原本是否亦随葬有十二生肖

[1] 临淄市博物馆、临淄区文管所《临淄北朝崔氏墓地第二次清理简报》,《考古》1985年第3期,页219。
[2] 臧天杰《浅谈唐宋墓葬出土十二时俑》,页104。
[3] 曹腾骈、阮应祺、邓杰昌《广东海康元墓出土的阴线刻砖》,《考古学集刊》第2辑,北京:中国社会科学出版社,1982年,页171~180。案,躯体上拱者为墓龙,平铺者为地轴。
[4] 白彬《雷神俑考》,《四川文物》2006年第6期,页68。按,《太平广记》卷三九四"陈义"条引《投荒杂录》(页3150、3145~3146)云:"唐罗州之南二百里,至雷州,为海康郡。雷之南濒大海,郡盖因多雷而名焉。其声恒如在檐宇上,雷之北高,亦多雷,声如在寻常之外。其事雷,畏敬甚谨。"又据同书卷三九四"陈鸾凤"条引《传奇》知,唐元和中,海康有雷公庙,且为雷乡。

图 3-16　娄叡墓十二生肖壁画局部

俑? 而出土有十二生肖俑的 M7、M10 是否亦随葬有上述雷神俑? 所幸,葬于北齐武平元年(570)的南青州东安郡王娄叡墓墓室壁画给我们指出了二者之间的关系。

娄叡墓墓室壁画分上、中、下三栏。下栏,墓室南壁与甬道后部两壁为门卫仪仗,墓室北、西、东三面共三幅,表现墓主人官爵显赫的场面。其中北壁绘墓主人坐于帷帐内,两侧有歌舞乐伎;西壁绘墓主夫妇欲乘牛车出行的场面,东壁为鞍马侍从;南壁绘门吏。墓室中栏为四神与雷公,南、北、西三面壁面已全部剥落,东壁画有青龙与雷公;从剥落的西壁残片可见白虎的部分画迹;北壁尚残留玄武的一段蛇体;可见墓室壁画中栏主要为四神。墓室上栏一周为十二生肖,顶部为天象图。

十二生肖按正北为鼠、正东为兔的顺序排列绘制,现存鼠、牛、虎、兔等(图 3-16)。值得注意的是,另有一个与这些生肖共处同一画面、在六面连鼓上奔走敲打的雷公[1](图 3-17)。这表明雷神与十二生肖为一组合,同为一系统的构成。由此推之,上述属于雷神俑的神怪俑与十二生肖俑,也应同属一个系统。

但是,为何二者同为一个组合,它们所在系统为何?

既然神怪俑属于道教雷神之属,那我们不妨试着从道教雷法中来寻求答案。雷法是道教最有影响的法术之一,以推崇和信奉雷部正神为主要内容。雷法中有雷霆受天罡所制的说法。张梦愚《天罡说》云:

---

[1] 山西省考古研究所等《太原市北齐娄睿墓发掘简报》,《文物》1983 年第 10 期,页 1~23;山西省考古研究所、太原市文物考古研究所《北齐东安王娄睿墓》,北京:文物出版社,2006 年。杨泓对此曾有专文研究,详所撰《雷公怒引连鼓辨》,载杨泓、孙机《寻常的精致》,沈阳:辽宁教育出版社,1996年,页 251~253;后收入同作者《逝去的风韵——杨泓谈文物》,北京:中华书局,2007 年,页 271~273。

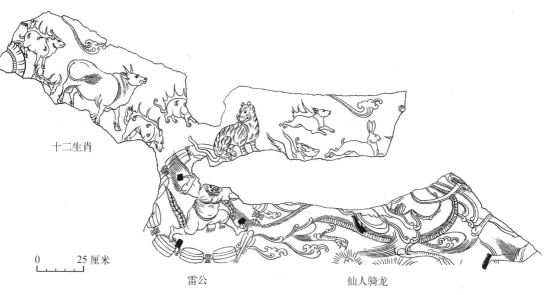

十二生肖

0　　25厘米

雷公　　　　　　　　　仙人骑龙

图 3 - 17　娄叡墓室东壁第三层仙人骑龙（青龙）、雷公图与墓室第二层十二生肖图

〔雷霆〕赖北斗九皇而为枢……原雷霆之根宗，专以天罡为主。天罡乃天之柄星。经云：斗柄前星曰魁，斗柄后星曰罡。万物无罡不生，无罡不育。[1]

又曰：

天罡属火，所指之方为雷门。河魁属水，对冲之方为雨户，又为地户。凡破地召雷，合从天罡对冲，方作用行事。若召役雷神，只是罡光所指之方，发号施令，冲则动，动则有电，有雷，有霹雳也。诗诀曰："天罡指处有雷霆，便向其

---

[1]《道法会元》卷七七，《道藏》，北京：文物出版社/天津：天津古籍出版社，1996 年，第 29 册，页 279 下栏。按，《道法会元》，原不题编撰者，约成书于元末明初。全书凡 268 卷，收入《道藏》正一部。此书为一部大型道法汇编，共收入宋元时期道教各派法术著作 150 多部，以南方清微、灵宝、正一、净明诸派道法为主。其内容庞杂，涉及雷法、炼度、章奏、符箓、咒诀等各种道法。"会万法以归元"，故名《道法会元》。诸法中又以雷法为主，收录了各派雷法。另有叙述各派源流及其戒律科仪等篇章。书中署名之作者近百人。其著名者有王文卿、林灵素、白玉蟾等人，皆为宋元著名道士。是为研究宋元道教之重要资料。详王卡《道法会元》，胡孚琛主编《中华道教大辞典》，北京：中国社会科学出版社，1995 年，页 416~417。

中役六丁。若解个中些子诀,信知造化掌中生。"六丁之妙,即罡光指处是其
方也。[1]

天罡,原指北斗中的一星,此处泛指北斗。雷法认为天罡斡运造化,雷霆起伏出没
皆受其节制。人体内又有内天罡,运之可与天象相感应,从而召役雷神。如白玉蟾
于雷法宗师王文卿《玄珠歌》"天罡运转,七曜芒寒"句下注云:"天罡,心也。以心
运诸炁,动阳则阳报,动阴则阴报,运转五行,常朝上帝,斡旋造化,颠倒阴阳,随即
而应。七曜者,在天北斗也,在人眼耳鼻口七窍。若能关闭七窍,则七曜光芒交射,
气迸浑身,汗出头脑之上,亦汗炁如云,始合造化。"[2]此处王文卿叙述的是与实际
天罡北斗相应的雷法内丹修炼之法,但由此亦可知天罡、七曜实为北斗七星。

而恰恰十二生肖便是北斗的斗星之气。《五行大义》卷五《论三十六禽》云:

> 其十二属并是斗星之气,散而为人之命,系于北斗,是故用以为属。《春秋
> 运斗枢》曰:"枢星散为龙、马,旋星散为虎,机星散为狗,〔权〕星散为蛇,玉衡
> 散为鸡、兔、鼠,〔开〕阳散为羊、牛,摇光散为猴、猿。"此等皆上应天星,下属年
> 命也。[3]

亦即十二生肖是天罡北斗之象征(图3-18)。

又王文卿《雷说》云:"雷城高八十一丈,列一十二门,并随天罡所指。天罡河
魁,是为檄雷召霆之司。三五者,斗之妙用。……雷即斗,斗即雷。"[4]更径将雷霆
等同于北斗七星。这就难怪在娄叡墓将雷公(神)跟十二生肖一起绘于墓室顶部,

[1]《道法会元》卷七七,《道藏》第29册,页280中栏。

[2]《道法会元》卷七〇,《道藏》第29册,页234下栏。

[3]〔隋〕萧吉著,钱杭点校《五行大义》,上海:上海书店出版社,2001年,页154。又《晋书》卷一一
    《天文志上》云:"北斗七星,在太微北……魁四星为璇玑,杓三星为玉衡……魁第一星曰天枢,二曰
    璇,三曰玑,四曰权,五曰玉衡,六曰开阳,七曰摇光……枢为天,璇为地,玑为人,权为时,玉衡为
    音,开阳为律,摇光为星。"详《晋书》,页290。

[4]《道法会元》卷六七,《道藏》第29册,页216中栏~下栏。

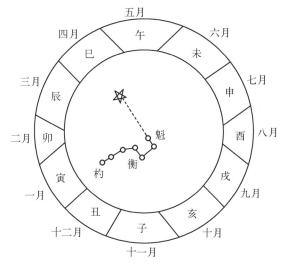

图3-18　北斗七星与十二辰次

究其原因,缘于十二生肖跟雷神共处于道教雷法的系统之中。换言之,十二生肖俑实际上也是雷法俑的重要组成。

至此可知,临淄北朝崔氏墓地出土有十二生肖俑的 M10、M17,原应也随葬有人首蛇身俑、连体俑等怪兽俑。同理,出土有人首蛇身俑、连体俑等怪兽俑的崔博墓(M12),原应也随葬有十二生肖俑。崔氏墓地 M10 所出 2 件武士坐俑,左手残,右手持棒状物[1](图3-14-12)。此物很可能是击鼓之雷神俑。雷神俑与十二生肖俑在墓葬中共同展示着道教的雷法。

那在墓葬中绘制或放置这一套展示雷法的俑(十二生肖及雷神俑)的用意何在?

道教认为,雷法乃万法之尊,威力最大。张垕愚《天罡说》云:

　　三清上圣雷霆之祖,十极高真雷霆之本也。昊天玉帝统天元为万化所始,号令雷霆也。后土皇地只承天秉命主执阴阳节制,雷霆也。雷霆赖日宫太阳而威,

---

[1] 山东省文物考古研究所《临淄北朝崔氏墓》,《考古学报》1984 年第 2 期,页238。

赖月府太阴而神,赖北斗九皇而为枢。辖执天地之中气,雷霆也。理天地之中政,雷霆也。综劾祸福,佐理枢机,雷霆也。统御阴阳,摄循地纪,雷霆也。[1]

又王文卿《雷说》云:

夫雷霆者,天地枢机。天枢地机,名枢机,二台位列东西,总摄雷霆七十二司。……雷乃天之号令,其权最大,三界九地一切,皆属雷司总摄。[2]

萨守坚称得其法者,可"驱雷役电,祷雨祈晴,治祟降魔,禳蝗荡疠,炼度幽魂"。[3]

炼度幽魂是雷法的主要使命之一,它广泛施行于包括"炼度幽魂"在内的各种法事活动中。雷法所召诸神即包括雷公,而葬墓正属于炼度幽魂的范围,因此在葬墓时把掌管三界九地一切的雷神置于墓中,其意在炼度幽魂,以保卫死者灵魂免受邪魔精怪之侵扰。[4] 至此,墓葬随葬或绘制雷神俑及十二生肖俑的用意显明。

余　论

唐宋墓葬中的千秋万岁俑、观风鸟、十二生肖俑、仪鱼、墓龙、仰观、跪拜以及迎谒、执笏等神煞俑,共同构成一套雷法出行的组合。因此也就可以说,它们同属于雷神俑(或雷法俑)之列。在墓葬中它们又构成太一出行的核心。这是墓葬中与丧葬观念更为紧密相契,却非出行卤簿(仪仗)的出行,同样与墓主人身份等级相关。

雷神出行成为包括丧葬观念在内的传统出行的内核,这是肇始于先秦时期,而在汉代已经程序化的出行观念。因为雷霆所具有的巨大威慑力,雷神渐成为该出行程序的核心。也正因为这,才使得后世道教雷法得以便宜介入,并渗透该系统之

---

[1]《道法会元》卷七七,《道藏》第29册,页279下栏。
[2]《道法会元》卷六七,《道藏》第29册,页215下栏。
[3] 萨守坚《雷说》,《道法会元》卷六七,《道藏》第29册,页213。
[4] 白彬《雷神俑考》,《四川文物》2006年第6期,页73。

中。随着时代的变迁,在传统的思想体系中,十二生肖也被吸纳到道教的知识系统之中。这个变化很可能发生在北魏时期。换言之,墓葬中十二生肖俑及其配套的组合也应属于道教观念之物。到了唐代,十二生肖经由北帝派进入政府的丧葬体制,并在两京地区依照身份等级执行,它们或以俑,或以壁画,或以墓志纹样的形式出现在墓葬之中,有的则以俑的形式埋葬在墓园兆沟之中;而河北、山东地区则多埋葬十二生肖俑之外的雷法俑。值得注意的是,该地区唐墓尚发现有墓主人手执或随葬与自身身份不符的笏板现象,这应该是将墓主人直接置于整个雷法出行的仪式之中。同时,这一时期,经由唐制的影响以及道教的传播,十二生肖俑进而波及朝鲜半岛及日本列岛。如,新罗金庚信墓、第 38 代元圣王金敬信(785~798)挂陵以及高丽太祖王建(877~943)显陵和日本元明天皇山陵都发现有十二生肖石刻。[1] 金庚信将军陵墓四周围绕十二生肖石刻浮雕神像;挂陵封土下部有一圈护石,其上雕刻有十二生肖像,其一残缺不存。而日本元明天皇(661~721)山陵则将十二辰俑矗立于地面,可谓另一种变形。这是唐时新罗、日本宗教受到中土道教雷法影响所致。[2] 而北宋中叶以后,不同形象的雷神相继以明器的形式在墓葬中频繁出现,与道教雷法的兴起和影响有很大关系。[3] 因宋代神霄雷法等宗派分野的影响,又使得此类神煞俑以地域差别的形式呈现出来,从而呈现出既有多样性又有统一性的面貌。

同时,也正是因为雷公出行所具有的威力,雷法出行亦得以进入现实世界的出行仪仗之中,并同样深深地烙上权力等级的印记。

（本文原载荣新江主编《唐研究》第 18 卷,北京:北京大学出版社,2012 年,页 199~220。此次重刊略有修订。）

---

[1] 内藤虎次郎《隼人石と十二支神象とに就きて》,所撰《读史丛录》,京都:弘文堂,1929 年,页 427~431。

[2] 拙文《海东十二生肖俑的出现》,即刊。

[3] 白彬《雷神俑考》,《四川文物》2006 年第 6 期,页 66~75;白彬《四川五代两宋墓葬中的猪首人身俑》,《四川文物》2007 年第 3 期,页 56~60;张勋燎、白彬《隋唐五代宋元墓葬出土神怪俑与道教》,所撰《中国道教考古》第 6 卷·贰拾,页 1611~1750。

4

李思摩墓甬道壁画考释

    李思摩,本姓阿史那氏,颉利族人,阴山人也。其墓葬位于陕西省礼泉县昭陵乡庄河村西北侧,为唐太宗昭陵之陪葬墓。1992年10月,该墓清理时出土了"唐故右武卫将军赠兵部尚书李君铭志"以及"唐故李思摩妻统毗伽可贺敦延陁墓志",可知该墓为夫妻合葬墓。两方墓志皆刻于葬年贞观廿一年(647),其四侧皆饰十二生肖。之后,昭陵博物馆又刊布了若干墓葬壁画,惜未见其简报发表。从已刊资料来看,该墓墓室西侧壁画为侍女和站立的女伎乐,对侧壁画情况不知。不过,若依唐墓壁画建制推之,恐亦与西侧大同。换言之,其墓室壁画可能表现家居宴乐之场景。

    该墓壁画引人注意者实为甬道两壁,此处两侧各绘一神兽,或称为"镇墓兽"。据报道,甬道东壁神兽(图4-1)高110、宽144厘米。虎头、人身、鹰趾,两肩竖长毛,赤裸上身,穿红色裤。嘴大张,左腿前弓,右腿后蹬,左手持弓,右手控弦,弓弦如满月,未画羽箭。西壁神兽(图4-2)高114、宽80厘米。鸟头、兽嘴、人身、鹰

图4-1　李思摩墓甬道东壁神兽

图4-2　李思摩墓甬道西壁神兽

趾、鳄鱼尾,两肩竖长毛,赤裸上身,穿红色裤。双手抱一块大石,两腿半分弯,正面悬蹲。[1] 显然,二神兽共同营造出一种威猛怖人的气氛,给李思摩墓平添了几分神秘的色彩。

可以说,在已知的唐墓壁画中,该形象仅此一例。究竟此神兽为何方神祇,在墓葬中其意蕴为何? 这都是学界未能措意而深究者。

《李思摩墓志》说:"宜令使人持节册命,陪葬昭陵。赐东园秘器,于司马院外高显处葬,冢象白道山。葬事所须,并宜官给。仍任蕃法烧讫,然后葬。"[2]如上所述,李思摩原为突厥人,其墓志文所谓"蕃法烧讫",便是突厥特有之烧葬。《周书》详细记载了这种葬俗。同书卷五〇《突厥传》云:

> 死者,停尸于帐,子孙及诸亲属男女,各杀羊马,陈于帐前,祭之。统帐走马七匝,一诣帐门,以刀剺面,且哭,血泪俱流,如此者七度,乃止。择日,取亡者所乘马及经服用之物,并尸俱焚之,收其余灰,待时而葬。春夏死者,候草木黄落;秋冬死者,候华叶荣茂,然始坎而瘗之。葬之日,亲属设祭,及走马剺面,如初死之仪。葬讫,于墓所立石建标。其石多少,依平生所杀人数。又以祭之羊马头,尽悬挂于标上。是日也,男女咸盛服饰,会于葬所。[3]

《隋书·突厥传》记载与此稍异,以为是"择日置尸马上而焚之,取灰而葬"。[4] 在阙特勤墓地出土一顶王冠,毗伽可汗墓地亦发现所谓宝藏,[5]便是烧葬突厥死者"经服用之物"的明证。此有别于鲜卑族之烧物葬。[6] 后者虽然也有焚烧物件的行为,但是并不将尸骸一并火焚。

---

[1]昭陵博物馆编《昭陵唐墓壁画》,北京:文物出版社,2006 年,页 203。

[2]《大唐故右武卫大将军赠兵部尚书谥曰顺李君(思摩)墓志铭并序》,吴钢主编《全唐文补遗》第 3辑,西安:三秦出版社,1996 年,页 339 上栏。

[3]《周书》,页 910。

[4]《隋书》卷八四《突厥传》,页 1864。此《北史》同《周书》,详《北史》,页 3288。

[5]林梅村《毗伽可汗宝藏与中世纪草原艺术》,《上海文博》2005 年第 1 期,页 68~76。

[6]沈睿文《夷俗并从——安伽墓和北朝烧物葬》,《中国历史文物》2006 年第 4 期,页 4~17。

　　虽然唐时流入中原的突厥人不少,但是,他们的上述葬仪能否、是否得以存留、继续?

　　唐太子中允王知敬曾为流入中原的突厥将领哥舒季通撰写《大唐左监门卫副率哥舒季通葬马铭》,[1]其文云:“乃图厥(云花骢)形,葬之坟隅。”亦即,不仅图绘哥舒季通坐骑云花骢的形貌,而且把它埋葬在坟墓的一侧。该铭镌刻于武德年间,说明唐初流行于突厥汗国境内的马殉习俗在流入中原的突厥人群中保留了下来。[2]

　　同样,在东突厥亡国之后,流入中原的突厥贵族仍然普遍火葬,甚而人殉。贞观八年(634)颉利可汗卒,唐太宗诏令其国人葬之,“从其俗礼,焚尸灞水之东,赠归义王,谥曰荒。其旧臣胡禄达官吐谷浑邪自刎以殉”。[3] 由此视之,颉利可汗不仅得以烧葬,而且其族人亦可自刎殉葬,一如突厥之风。从上亦可见,唐太宗对突厥的葬仪是清楚的,这应跟他统一突厥,兼为“天可汗”有关。所以,他才会恩准李思摩“仍任蕃法烧讫,然后葬”。

　　唐廷的突厥朝臣也以其民族葬俗表忠心。如,唐太宗崩,阿史那社尔“请以身殉葬”,[4]而契苾何力欲“杀身以殉”。[5]《资治通鉴》对此事的记载更为详细:

　　　〔贞观二十三年八月〕庚寅(649 年 9 月 29 日),葬文皇帝于昭陵,庙号太宗。阿史那社尔、契苾何力请杀身殉葬,上(高宗)遣人谕以先旨不许。蛮夷君长为先帝所擒服者颉利等十四人,皆琢石为其像,刻名列于北司马门内。[6]

说明在唐太宗生前,阿史那社尔、契苾何力便向他表达了该意向,但并没有得到太

[1] 该铭文见载于〔唐〕陆心源编《唐文拾遗》卷一六,北京:中华书局影印本,1983 年,页 10536 下栏~页 10537 上栏。其精拓本今藏于海宁吴氏天乐斋。此详循之《唐·王知敬书〈舒季通葬马铭〉》,《新民晚报》2011 年 1 月 29 日第 B04 版。
[2] 刘永连《突厥丧葬风俗研究》,桂林:广西师范大学出版社,2012 年,页 147。
[3] 〔唐〕杜佑撰,王文锦等点校《通典》卷一九七《突厥上》,北京:中华书局,1988 年,页 5412。
[4] 《旧唐书》卷一〇九《阿史那社尔传》,页 3290。
[5] 《旧唐书》卷一〇九《契苾何力传》,页 3293。
[6] 《资治通鉴》卷一九九“庚寅,葬文皇帝于昭陵”条,页 6269。

宗的准允。后来,高宗李治还是依照突厥的习俗将阿史那社尔、阿史那李思摩等人刻像立石于昭陵北司马门内。[1]

初唐时,突厥风甚而波及李唐皇室。其中最为典型的便是太子李承乾。史载,

> [李承乾]好突厥言及所服,选貌类胡者,被以羊裘,辫发,五人建一落,张毡舍,造五狼头纛,分戟为阵,系幡旗,设穹庐自居,使诸部敛羊以烹,抽佩刀割肉相啖。承乾身作可汗死,使众号哭剺面,奔马环临之。忽复起曰:"使我有天下,将数万骑到金城,然后解发,委身思摩,当一设,顾不快邪!"[2]

颇疑太子承乾此举有暗中训练武装的意味,此事暂且不论。但是,可以确定的是,初唐社会流寓中原的突厥族人不仅有保留其民族葬仪的宗教自由,而且他们也是如此处理其丧葬事宜的。

毋庸置疑,对于为宦朝堂的突厥族官员而言,朝廷准允其使用本民族之葬仪显然仍是一莫大恩典和荣耀。这应该是李思摩将此事写进墓志文的重要原因。遗憾的是,囿于考古资料,已难推断当初李思摩在昭陵陪葬墓园采取烧葬葬仪的详情。

不过,凡事皆有例外。同样陪葬唐太宗昭陵的阿史那忠便在此列。阿史那忠墓发掘时,因墓室仅发现长铁钉(棺钉),未见人骨,[3]有学者便据之以为阿史那忠也采用了火葬的形式。[4] 如同李思摩墓,阿史那忠墓也是夫妻合葬墓。其夫人

---

[1] 葛承雍《唐昭陵、乾陵蕃人石像与"突厥化"问题》,余太山主编《欧亚学刊》第 3 辑,北京:中华书局,2002 年,页 150~162;后收入所撰《唐韵胡音与外来文明》,北京:中华书局,2006 年,页 180~197。另,关于昭陵十四国君长像的考古发掘工作,可参:张建林《唐昭陵考古的重要收获及几点认识》,黄留珠、魏全瑞主编《周秦汉唐文化研究》第 3 辑,西安:三秦出版社,2004 年,页 254~258;张建林、史考《唐昭陵十四国蕃君长石像及题名石像座疏证》,西安碑林博物馆编《碑林集刊》第 10 集,西安:陕西人民美术出版社,2004 年,页 82~88;张建林《唐昭陵考古的重要收获及几点认识》,载樊英峰主编《乾陵文化研究》第 1 辑,西安:三秦出版社,2005 年,页 224~229;张建林《昭陵石室初探》,载樊英峰主编《乾陵文化研究》第 2 辑,西安:三秦出版社,2006 年,页 38~41。

[2] 《新唐书》卷八〇《李承乾传》,页 3564~3565。

[3] 陕西省文物管理委员会、礼泉县昭陵文管所《唐阿史那忠墓发掘简报》,《考古》1977 年第 2 期,页 132。

[4] 刘永连《突厥丧葬风俗研究》,页 147。

定襄县主早阿史那忠 20 年陪葬昭陵,上元二年(675)阿史那忠重开墓穴下葬。定襄县主为韦贵妃与前夫齐王李友珉所生,后韦贵妃又嫁与唐太宗,生纪王慎与临川公主。换言之,定襄县主与纪王李慎、临川公主李孟姜同母异父,被称作"宗女""宗室女"。虽韦贵妃麟德二年(665)已薨,但从唐高宗以依山为陵的制度将她葬于距昭陵主峰最近之处,其建制为昭陵第二等级之陵墓,仍可见高宗对待韦贵妃之尊崇。再结合京兆韦氏之政治影响力,应可判断以定襄县主之身份,该不会在葬后20 年,其骨殖复以突厥烧葬的形式火焚。更为重要的是,墓室棺钉的发现,说明该墓使用木棺。但是,已知突厥墓中并不用木质葬具,因为他们认为木中含火,为神所居。[1] 所以,在突厥墓葬中,盛殓骨灰多用石棺或骨灰陶瓮,绝少使用木制葬具,甚至裸身掩于土坑之中时,他们也不敢安魂于任何木制葬物之上。[2] 阿史那忠墓发掘前被盗,很可能定襄县主的骨殖是被盗墓者所抛弃的。至于阿史那忠,从他合祔前使用商姓壬穴明堂祭坛法来看,他采取烧葬的可能性也很小。[3] 如果采取该葬仪,则其下葬并未与定襄县主同一棺木,必以小石棺或骨灰陶瓮之物盛殓骨灰。而且其墓志、神道碑应该也会明示,一如李思摩者。因为朝廷准允其采用本族烧葬之葬仪无疑是一种极大的恩典,如此重大事件,他是绝不会不记载以示荣耀的。

　　昭陵陪葬墓中,单一山形冢有两座,即阿史那社尔和李思摩二冢。永徽六年(655),阿史那社尔卒,"赠辅国大将军、并州都督,陪葬昭陵,起冢以象葱山,仍为立碑"。[4] 阿史那社尔冢象葱山,而李思摩冢则象白道山,其墓志云:"宜令使人持节册命,陪葬昭陵。赐东园秘器,于司马院外高显处葬,冢象白道山。葬事所须,并宜官给。"从山形冢墓主人身份来看,其政治军事性质十分显明。[5] 这显然是以封土的特殊形状以彰扬墓主人的军功,源自西汉帝陵陪葬墓制度。

[1] 相关论述可参蔡鸿生《论突厥事火》,原载《中亚学刊》第 1 辑,北京:中华书局,1983 年,页 145~149;后收入所撰《唐代九姓胡与突厥文化》,北京:中华书局,1998 年,页 130~143。
[2] 刘永连《突厥丧葬风俗研究》,页 147。
[3] 详沈睿文《阿史那忠墓辨正》,载朱玉麒主编《西域文史》第 8 辑,北京:科学出版社,2013 年,页 165~178。
[4] 《旧唐书》卷一○九《阿史那社尔传》,页 3290。
[5] 伍伯常《从空昭陵:论唐太宗的陪陵之制及其陪葬功臣》,《九州学林》2005 年第 4 期,页 2~53。

在突厥民族的葬仪中，还有图写亡者生前战阵的纪功传统。如，墓前神道所立之杀人石便意在表现墓主人生前之战功，一如前述。又《北史》卷九九《突厥传》记载突厥丧葬仪式，云：

> 表为茔，立屋，中图画死者形仪，及其生时所战阵状。[1]

《隋书》卷八四《突厥传》也有"表木为茔，立屋其中，图画死者形仪及其生时所经战阵之状"[2]的记载，更为具体。如，开元十九年(731)，"阙特勤死，〔唐玄宗〕诏金吾将军张去逸、都官郎中吕向赍玺书入蕃吊祭，并为立碑，上自为碑文，仍立祠庙，刻石为像，四壁画其战阵之状"。[3]

同样地，李思摩墓祠庙的情况也已不清。不过，考古发掘的北周安伽墓葬又给我们另一种提示。安伽为突厥化的粟特裔，其石重床(即所谓围屏石榻)便图绘了其生前的主要事迹，这是受到中亚、突厥葬仪的影响所致。[4] 既然可以转而在墓葬内部的建置中表现祠庙中的图像，那李思摩墓葬甬道两壁所绘神兽是否也跟墓主人这种特殊的葬俗有关呢？

在汉画像石墓门扉处，经常雕绘所谓"蹶张"者，已为固定之程式。李思摩墓甬道东壁神兽持弓控弦，是否便即此"蹶张"？古代的弩有两种，"以手张者曰擘张，以足张者曰蹶张"。[5] 从发掘出土的战国时期的弩机看，似乎还都是"臂张"(即"擘张")，但是当时的文献里记载的强弩有力达十二石、远射六百步以外的，也可能已有脚踏的"蹶张"弩了。[6]

---

[1]《北史》，页 3288。

[2]《隋书》，页 1864。

[3]《旧唐书》卷一九四上《突厥传》上，页 5177。

[4] 沈睿文《论墓制与墓主国家和民族认同的关系——以康业、安伽、史君、虞弘诸墓为例》，载朱玉麒主编《西域文史》第 6 辑，北京：科学出版社，2011 年，页 205~232。

[5]《海录碎事》卷二〇"蹶张"条载："申屠嘉以材官蹶张，从高帝击项籍。〔颜〕师古曰：今之弩，以手张者曰擘张，以足蹋者曰蹶张。"〔宋〕叶廷珪撰，李之亮校点《海录碎事》，北京：中华书局，2002年，页 889。

[6] 杨泓《中国古兵器论丛》，北京：文物出版社，1980 年，页 137。

"蹶张"一词,源自《史记》。该书卷九六《张丞相列传》云:"申屠丞相嘉者,梁人,以材官蹶张从高帝击项籍,迁为队率。"裴骃《集解》云:"徐广曰:'勇健有材力开张。'如淳曰:'材官之多力,能脚蹋强弩张之,故曰蹶张。〔秦〕律有蹶张士。'"[1]即以脚踏强弩,使之张开。所踏之弩谓之蹶张弩,又名踏弩;[2]踏弩之人谓之蹶张士,盖亦以此谓踏弩者之勇健有力。这表明蹶张的一个典型形象便是脚踏强弩,弩在其脚下。这是以脚蹬之法加强力量以增加射程,增大威力。其形象在汉墓画像石中的姿态大体可作下面三类:A 类,背负箭,口衔矢,双足踏弓,两手控弦(图4-3、4-4)。

图4-3　南阳石桥汉画像石
墓北门南扉背面蹶张图[3]

图4-4　沂南画像石墓墓门
正中支柱门柱[4]

[1]《史记》,页 2682~2683。

[2]《朱子语类》称申屠嘉:"乃〔汉〕高祖时踏弩之卒,想亦一朴直人。"〔宋〕黎靖德编,王星贤点校《朱子语类》卷一三五,北京:中华书局,1994 年,页 3221。

[3] 南阳博物馆《河南南阳石桥汉画像石墓》,《考古与文物》1982 年第 1 期,页 36~37。

[4] 华东文物工作队山东组《山东沂南汉画像石墓》,《文物》1954 年第 8 期,页 40、44,图四。

图4-5 唐河汉郁平大尹冯君孺人画像石墓南主室西壁蹶张[1]　　图4-6 河南方城县城关镇汉画像石墓前室南壁蹶张[2]

B类，背无负箭，余同A类（图4-5、4-6）。C类，背无负箭，口不衔矢，余亦同A类（图4-7）。刻绘蹶张士形貌于墓门意在守卫墓葬已为共识，无须赘言。

但是，如果比较汉画中蹶张形象与李思摩墓甬道东壁神兽形貌，可知后者是"擘张"的姿态，断非蹶张者。那该神兽应该为何呢？

仅从甬道东壁神兽壁画实难以辨析，不妨再来考察西壁神兽。从墓葬壁画的构图来看，李思摩墓甬道东西两壁的神兽应为同一系统。因此，若其中之一得以释读，则另一个亦应获得解释。所幸，西壁神兽双臂环抱的大石，提示辨析该神祇的路径。该神祇便见于北魏冯邕妻元氏墓志（图4-8），其旁自铭"挟石"。所谓"挟石"，《云笈七签》卷二四《日月星辰部》云：

［1］《唐河汉郁平大尹冯君孺人画象石墓》，《考古学报》1980年第2期，页249，图一六。

［2］南阳地区文物工作队、南阳县文化馆《河南方城县城关镇汉画像石墓》，《文物》1984年第3期，页40～41，图四。

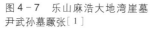

图4-7　乐山麻浩大地湾崖墓尹武孙墓蹶张[1]

图4-8　北魏冯邕妻元氏墓志"挟石"

北斗君,字君时,一字充。北斗神君本江夏人,姓伯名大万,挟万(石)二千石,左右神人姓雷名机字太阴,主天下诸仙人。又招摇与玉衡为轮,北斗之星,精曜九道,光映十天。[2]

北斗星君挟石二千石。[3] 这是该神祇以双手挟持或托举一石为标志的由来。换言之,所谓挟石便是北斗星君,亦即太一。此为汉文化传统之神祇。从考古材料看,至迟在汉代便以该形象来表示太一神,如临沂画像石墓横梁(图4-9),后来在北魏王朝得到继承,除了见诸冯邕妻元氏墓志纹饰之外,尚见于陕西户县祖庵北魏石棺构件[4](图4-10)以及山西忻州北齐壁画墓墓道西壁壁画的第

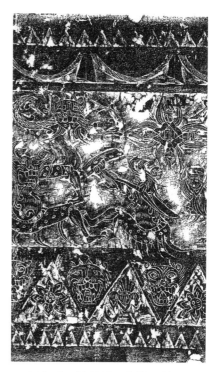

图4-9　临沂画像石墓横梁"挟石"

[1]　高文主编《中国画像石全集》第7卷《四川汉画像石》,郑州:河南美术出版社,2000年,页8,图一〇。

[2]　〔宋〕张君房编,李永晟点校《云笈七签》,北京:中华书局,2003年,页549。

[3]　姜伯勤《敦煌艺术宗教与礼乐文明》,北京:中国社会科学出版社,1996年,页66。

[4]　详悉沈睿文《吉美博物馆所藏石重床的几点思考》,载张小贵主编《三夷教研究——林悟殊先生古稀纪念论文集》,兰州:兰州大学出版社,2014年,页426~483;Shen Ruiwen, "Research on the Stone Funerary Bed Exhibited in the Guimet Museum", Yu Taishan & Li Jinxiu edited, *Eurasian Studies*, vol. V, Braila, Istros Publishing, 2016, pp.198~247.

图 4 - 10　陕西户县祖庵北魏石棺　　　　图 4 - 11　山西忻州北齐壁画墓墓道西壁壁画的
构件中的"挟石"　　　　　　　　　　　第一层之"太一"

一层(图 4 - 11)。

　　既然李思摩墓甬道西壁神兽为太一,则其甬道壁画表示太一出行的意蕴便可明晰。如此,甬道东壁"攫张"状神兽应为太一出行中辟兵之属,意在给太一出行开路,从其形貌看或为"长颅怪兽"之类。如果再结合墓志四侧阴线刻的十二生肖,则可知上述诸元素实共同构成墓葬中的太一出行程式。[1] 李思摩墓志载其"葬事所须,并宜官给",可知其墓葬壁画应为朝廷所颁、绘,则唐太宗待李思摩之厚可见一斑。

　　如上文所言,李思摩墓中所见太一出行程式在已知唐墓壁画中绝无仅有。若从其构图来看,犹可窥汉魏之遗风。这也恰反映了初唐墓葬壁画的总体特点。

　　(本文为作者与艾佳合撰,原载樊英峰主编《乾陵文化研究》第 8 辑,西安:三秦出版社,2013 年,页 31~37。此次重刊略有修订。)

---

[1] 沈睿文《唐宋墓葬神煞考源——中国古代墓葬太一出行系列研究之三》,载荣新江主编《唐研究》第 18 卷,北京:北京大学出版社,2012 年,页 199~220。

5
阿史那忠墓辨正

阿史那忠墓是唐太宗昭陵的陪葬墓,该墓为带斜坡墓道、甬道的弧方形单室砖墓,墓室西侧有砖砌棺床,墓道有 5 个天井、5 个过洞(图 5-1)。1976 年 6 月发掘,次年发表的简报名之以"阿史那忠墓"。[1] 其名沿用至今,由此遮蔽了对该墓性质的认识。该墓因被盗破坏严重,其墓室和甬道顶全塌陷,唯过洞券砖保存完好。所幸尚保留有壁画片断,可续其全貌,使得对该墓的进一步认识成为可能。

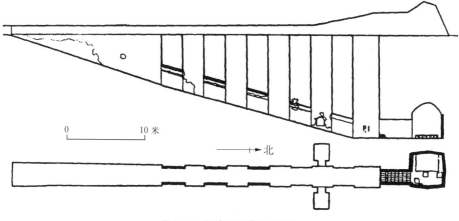

图 5-1　阿史那忠墓平剖面图

一、犊车驼马仪仗与列戟

根据简报的报道,可知其墓道口内东壁壁画顺次为青龙、驼马出行和十一人组成的仪仗。西壁在白虎、犊车出行之后,可见一个武弁的头部,应也是出行仪仗。

---

[1] 陕西省文物管理委员会、礼泉县昭陵文管所《唐阿史那忠墓发掘简报》,《考古》1977 年第 2 期,页132~138、80。案,本文关于墓葬资料皆出自相关简报或报告,下文重复时恕不再指出。

在上述壁画之后,过洞、天井东西两壁的情况见下表(表5－1、图5－2)。

表5－1 阿史那忠墓道壁画示意

部位	第一过洞外	第一过洞	第一天井	第二过洞	第二天井	第三过洞	第三天井	第四过洞	第四天井小龛两旁	第五过洞	第五天井
东壁	♂	♂♂	6载架	♂♂	♂♂	♀♀	♀♀	♂♀	♂(?)、♀	♀♀	♀♀♂
西壁	♂	♂♂	6载架	♂♂	♀♀	♀♀	♀♀	♂♀	1?、♂(?)	♂♀	♂♀♂

(♂:男;♀:女;?:不清。顺序由南而北)

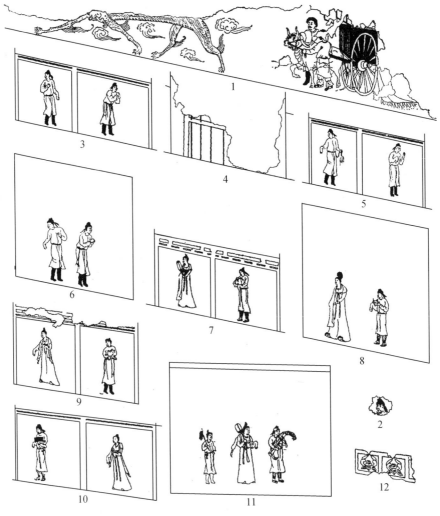

图5－2 阿史那忠墓道壁画细部

　　阿史那忠墓第一天井,东西壁构画戟架,东壁者保存完整,架宽1.9、高1.07米,涂红色,插6戟,戟饰一圆形虎头幡,下垂一束窄带,除一带为红色外,余均白色,戟柄为黑色。西壁戟架已残。在残破处,发现下面又有一层6戟兵器架,可知该墓原曾绘有一层壁画。

　　阿史那忠墓简报的撰写者判断,阿史那忠墓内壁画的仪仗队和右武卫将军郑仁泰墓[1]的壁画仪仗队很可能出自同一画师之手,如在人物的衣冠、神态、所持兵器及次序安排等多方面,都基本相同。只不过阿史那忠墓的仪仗队要比郑仁泰者每边多出2人。

　　该墓引起关注的还有西壁的犊车出行(图5-3),以及东壁的驼马仪仗出行。同样的情况也出现在郑仁泰墓壁画之中,只是其西壁犊车出行仪仗中犊车已残,不见牛,唯剩下车轮等。为何在这两座墓葬中有此现象?

图5-3　墓道西壁犊车出行图(摹本)

　　郑仁泰、阿史那忠二人的丧葬皆属唐高宗时期。阿史那忠薨于上元二年五月廿四日(675年6月23日),葬于同年十月十五日(675年11月18日)。[2] 郑仁泰

---

[1]（陕西省博物馆、礼泉县文教局）唐墓发掘组《唐郑仁泰墓发掘简报》,《文物》1972年第7期,页33~44。

[2] 张沛编著《昭陵碑石》,西安:三秦出版社,1993年,页188上栏~下栏。

薨于龙朔三年十一月十九日（663年12月23日），葬于麟德元年十月廿三日（664年11月16日）。[1] 郑仁泰比阿史那忠下葬早11年。可知，上文所言恰是疑惑之处。

墓葬等级制度与墓主人的政治地位（如官品等）紧密联系。《阿史那忠墓志铭》载："诏曰：故右骁卫大将军阿史那忠……可赠镇军大将军、使持节、大都督、荆岳硖朗等四州诸军事、荆州刺史，余并如故。赙绢布七百段、米粟七百石。赐东园秘器。凶事、葬事，并宜官给，务从优厚。仍陪葬昭陵。仪仗送至墓所往返。"[2] 阿史那忠神道碑所载与此大同，其文曰："诏赠镇军大将军、使持节、大都督、荆岳硖朗四州诸军事、荆州刺史，赙绢布七百段、米粟七百石，赐东园秘器。凶事、葬事，并宜官给，务从优厚，陪葬昭陵。仪仗送至墓所往返。常所服甲，敕令随瘗，并赐衣服锦被等物，特□□□立碑。"[3] 可知阿史那忠死后，得以诏葬。

郑仁泰墓志文则称："下诏褒崇，赠使持节、代忻朔蔚四州诸军事、代州刺史，仍令陪葬昭陵。丧事所资，随由官给。鼓吹仪仗，送至墓所。五品一人监护。"[4] 据研究，郑仁泰为别敕葬[5]——亦即敕葬，一种看似凌驾于制度之外的墓葬制度。它如同唐高宗至玄宗时期李重润、李仙蕙、李贤、韦泂等双室砖墓，多有石质葬具，都使用石椁。[6] 从表面上看，这不符合礼制规定。但根据墓志及相关记载，这种墓葬规格是恩制允许的。[7]

唐代诏葬与别敕葬虽然都是朝廷特别恩赐的，但是二者又有不同。在墓葬建

---

[1]《昭陵碑石》，页156上栏。

[2]《昭陵碑石》，页188上栏。

[3]《昭陵碑石》，页191上栏。

[4]《昭陵碑石》，页156上栏。

[5] 齐东方《试论西安地区唐代墓葬的等级制度》，载北京大学考古系编《纪念北京大学考古专业三十周年论文集（1952—1982）》，北京：文物出版社，1990年，页289~295；齐东方《略论西安地区发现的唐代双室砖墓》，《考古》1990年第9期，页858~862、789。

[6]（陕西省博物馆、礼泉县文教局）唐墓发掘组《唐郑仁泰墓发掘简报》，《文物》1972年第7期，页33~44；（陕西省博物馆、乾县文教局）唐墓发掘组《唐懿德太子墓发掘简报》，《文物》1972年第7期，页26~32；陕西省文物管理委员会《唐永泰公主墓发掘简报》，《文物》1964年第1期，页7~32；（陕西省博物馆、乾陵文教局）唐墓发掘组《唐章怀太子墓发掘简报》，《文物》1972年第7期，页13~25；陕西省文物管理委员会《长安县南里王村唐韦泂墓发掘记》，《文物》1959年第8期，页8~18。

[7] 齐东方《略论西安地区发现的唐代双室砖墓》，《考古》1990年第9期，页859，页862注释[11]。

制中,最大的差异便是后者得允使用弧方形双室砖墓,使用石质葬具及石质随葬品,如石椁、石俑等,这显然极大地超越了墓主人的品级。而诏葬则基于墓主人品级、结合墓主的个人情况,在具体随葬配置上有所增加,甚而可能会出现根本性的调整。

阿史那忠生前为右骁卫将军,正三品;死后得赠镇军大将军、大都督,从二品。郑仁泰生前为右武卫将军,亦正三品;死后赠代州刺史,从三品。也就是说,阿史那忠和郑仁泰虽生前职事官皆为正三品,但是阿史那忠的赠官却为从二品,高于郑仁泰的职事官和赠官品位。根据唐代丧葬令,"诸赠官者,赗物及供葬所须,并依赠官品给。若赗后得赠者,不得更给"。[1] 若暂不考虑合葬者的情况,恐怕阿史那忠墓的仪仗队比郑仁泰者每边多出 2 人便有这个原因。

至于唐墓中的驼车出行,根据《通典》卷一〇七《开元礼纂类二·群官卤簿》的规定:三品以下官员卤簿中有诞马,但无骆驼和犊车。[2] 该记载的可靠性也得到考古工作的证实。如,淮安靖王(正一品)李寿墓道壁画牛耕图及墓室马厩图在模拟现实宅院之余,尚有分别象征犊车和鞍马出行的意蕴。[3] 章怀太子李贤墓壁画见有骆驼,虢王(正一品)李凤墓壁画也见有骆驼。[4] 金乡县主(正二品)墓葬出土有骆驼俑,亦见骆驼壁画。[5] 右武卫将军(正三品)郑仁泰墓出土有骆驼俑、三彩骆驼俑,其壁画亦见骆驼。右威卫大将军(正三品)安元寿墓出土有 19 件骆驼

[1] 天一阁博物馆、中国社会科学院历史研究所天圣令整理课题组《天一阁藏明抄本天圣令校正(附唐令复原研究)》,下册,北京:中华书局,2006 年,页 710。相关研究详吴丽娱《终极之典:中古丧葬制度研究》,北京:中华书局,2012 年,页 786~794。但是,在实际运作中,唐政府给官员的所有政治待遇并非都遵从如此原则,最为典型的便是唐代庙制的施行。唐代庙制主要依据当事人职事官的品级。在此原则下,官制的其他要素也有被认定的可能性,尤其是散官。亦即职事官、散官皆可单独成为立庙的必要条件,而勋位、爵位以及检校官、赠官都不能作为立庙的根据。此详甘怀真《唐代家庙礼研究》,台北:台湾商务印书馆,1991 年,页 41~50。

[2]〔唐〕杜佑撰,王文锦等点校《通典》,北京:中华书局,1988 年,页 2788~2789。

[3] 陕西省博物馆、陕西省文物管理委员会《唐李寿墓发掘简报》,《文物》1974 年第 9 期,页 71~88、61。

[4](陕西省博物馆、乾陵文教局)唐墓发掘组《唐章怀太子墓发掘简报》,《文物》1972 年第 7 期,页 13~25。

[5] 王自力、孙福喜编著《唐金乡县主墓》,北京:文物出版社,2002 年。

俑,不见骆驼壁画。[1] 越王李贞墓则随葬有骆驼俑及三彩骆驼俑。[2] 而憨王李承乾墓仅有立驼俑若干,[3]这跟减等下葬有关,该墓葬的规模便是明证。可见,三品是在唐朝墓葬壁画中出现骆驼图像与否的界限,三品以上(不含三品)允准使用骆驼壁画及骆驼俑,而三品则只能使用骆驼俑。当然,三品以上的墓葬壁画中也可不用骆驼,如憨王李承乾墓便是。

那么同为正三品的阿史那忠和郑仁泰墓壁画仪仗队中缘何有诞马、骆驼和犊车? 当然,正三品的郑仁泰墓出现骆驼俑及骆驼壁画,可归因于别敕葬的丧葬形式。但阿史那忠墓的情况又该如何解释呢?

若细检《通典》卷一〇七《开元礼纂类二》所载各类卤簿,不难发现犊车是女性出行卤簿特有之物,并不见于男性出行卤簿之中。[4] 此现象实是北朝以来女性犊车、男性鞍马出行定则的承袭。这说明墓葬壁画中若出现该组合,则应该是夫妇合葬墓。[5] 阿史那忠墓志文和两《唐书》本传皆载,阿史那忠因擒颉利有功,妻以宗室女定襄县主,在墓室里也清理出定襄县主志盖一块。如此,不妨尝试从阿史那忠的合葬者定襄县主寻找答案。

据阿史那忠墓志文载,永徽四年(653)定襄县主薨,先葬于昭陵之下。[6] 上元二年,阿史那忠合葬。如此,定襄县主先阿史那忠22年入葬昭陵陪葬墓地。

该志文还明示,"夫人(定襄县主)渤海李氏隋户部尚书厷之孙,齐王友珉之女,母京兆韦氏郧国公孝宽之孙,陈州刺史园成之女,夫人又纪王慎之同母姊也……椒庭籍宠,诏封定襄县主"。定襄县主为韦贵妃与前夫齐王李友珉所生,后韦贵妃又嫁与唐太宗,生纪王慎与临川公主。换言之,定襄县主与纪王李慎、临川公主李孟姜同母异父,故而被称作"宗女""宗室女"。

[1] 昭陵博物馆《唐安元寿夫妇墓发掘简报》,《文物》1988 年第 12 期,页 37~49。
[2] 昭陵博物馆《唐越王李贞墓发掘简报》,《文物》1977 年第 10 期,页 41~49。
[3] 昭陵博物馆《唐李承乾墓发掘简报》,《文博》1989 年第 3 期,页 17~21。
[4] 《通典》,页 2784、2787、2790。
[5] 案,郑仁泰墓志虽没有言及其夫人,但是根据该原则,郑仁泰墓很可能是夫妇合葬墓。如,李贤、金乡县主墓便是这种情况。
[6] 《昭陵碑石》,页 188 下栏。

长孙皇后薨后，韦贵妃便是唐太宗最为宠幸之人，其陵墓也离唐太宗昭陵九嵕山的山峰最近，同样使用依山为墓的形式，且其墓前有乳峰。换言之，在昭陵陵园中，韦贵妃墓葬等级之高，仅次于帝陵。定襄县主拥有纪王慎、临川公主同母异父的身世，并且身为韦贵妃的亲生女，难怪志文称"椒庭籍宠"。如此身世以及身份应是她得以陪葬昭陵的直接原因。

"王之女封县主，视正二品"，[1]可知正二品为定襄县主的品位，高于阿史那忠者。若由定襄县主入手，则阿史那忠墓的诸问题便值得重新审视。

首先，前已述及，《通典》卷一〇七《开元礼纂类二·群官卤簿》中规定：三品以下官员卤簿中有诞马，但无骆驼和犊车。阿史那忠墓因其妻子定襄县主为正二品，其壁画便可使用犊车、骆驼。这说明该墓上层壁画的犊车出行是给定襄县主绘制的。

其次，因为定襄县主的品位要高于郑仁泰，故前者墓葬壁画所绘出行仪仗人数自要多于后者。当然，阿史那忠的品位也要高于郑仁泰，如前所述。不过，从定襄县主的品位高于阿史那忠来看，其根源恐怕还是在于定襄县主。

再次，关于阿史那忠墓第一天井东西壁上层绘戟架，每架列戟 6 根，共 12 戟；其底层列戟也是如此，可知，定襄县主下葬时便绘有列戟十二。

关于唐朝的列戟制度，《唐六典》卷四"礼部尚书"条载：

> 凡太庙、太社及诸宫殿门，东宫及一品已下、诸州门，施戟有差：凡太庙、太社及诸宫殿门，各二十四戟；东宫诸门，施十八戟；正一品门，十六戟；开府仪同三司、嗣王、郡王、若上柱国·柱国带职事二品已上及京兆·河南·太原府、大都督、大都护门，十四戟；上柱国·柱国带职事三品已上、中都督府、上州、上都护门，十二戟；国公及上护军·护军带职事三品，若下都督、中·下州门，各一十戟。[2]

[1]〔唐〕李林甫等撰，陈仲夫点校《唐六典》卷二，北京：中华书局，1992 年，页 39。
[2]《唐六典》，页 116。

又《唐会要》卷三二《舆服下》"戟"条载：

> 天宝六载四月八日（747年5月21日），敕改《仪制令》："庙社门、宫殿门，
> 每门各二十〔四〕戟；东宫每门各十八戟；一品门十六戟；嗣王、郡王，若上柱
> 国・柱国带职事二品，散官光禄大夫已上、镇军大将军已上各同职事品，及京
> 兆河南太原府・大都督、大都护，门十四戟；上柱国、柱国带职事三品，上护军
> 带职事二品，若中都督、上州、上都护，门十二戟；国公及上护军带职事三品，若
> 下都督、中下州，门各十戟。并官给。"[1]

又《新唐书》卷四八《百官志》"武器署"条载：

> 给六品以上葬卤簿、棨戟。凡戟，庙、社、宫、殿之门二十有四，东宫之门一
> 十八，一品之门十六，二品及京兆河南太原尹、大都督、大都护之门十四，三品
> 及上都督、中都督、上都护、上州之门十二，下都督、下都护、中州、下州之门各
> 十。衣幡坏者，五岁一易之。薨卒者既葬，追还。[2]

上述文献记载同。阿史那忠死后得赠"镇军大将军""大都督"等，因是赠官，故墓
中列戟并非十四。但如果带其正三品职事官——右骁卫将军，则正好可用列戟
十二。

上文言及，该墓墓道内多处发现两层壁画，底层壁画自然是此前埋葬定襄县主
时所绘。其中在第一天井西壁灰泥皮残破处可见下面有一层壁画，也是戟架，绘列
戟6根。县主视正二品，底层列戟十二也符合制度。故而上层列戟应是给阿史那
忠夫妇二人绘制的。如此，由上、下两层壁画皆绘制列戟十二，恰可说明制度严苛，
并不得有丝毫之越轨。

［1］〔宋〕王溥撰，牛继清校证《唐会要校证》，西安：三秦出版社，2012年，页507~508。
［2］《新唐书》，页1249。

二、壁画中侍从的性别组合

因为增加了定襄县主的视角,我们不妨进一步考察该墓的墓道壁画。从表一可知,阿史那忠墓上层壁画在过洞与天井处的侍从比较注意男女性别的安排,且其比例大体相当,并呈左右对称。

若对已经发掘的唐代宗室墓葬的相关情况做一梳理,可得以下三种情况。

第一种情况:长乐公主(唐太宗第五女)墓,[1]从第二天井往南为出行仪仗,即青龙(白虎)、仪仗(东壁 8 人、西壁 6 人)、第一天井两壁仪仗图(6 人),第二天井与第一天井类似。第三、四天井东西两壁小龛两侧各有 1 男侍。甬道部分,第一石门外两边各有 1 男侍,第一、二石门间两侧内上角均保留了部分壁画,东侧所存部分可见 5 个侍女,西侧则可见 3 个侍女。墓室壁画损坏脱落严重,可知四壁原各作两间安排,至少北壁和西壁共绘 4 只孔雀。综上,判断长乐公主墓第一石门以北部分壁画内容以侍女图为主,该无疑问。

永泰公主李仙蕙[2](唐中宗李显第七女)墓壁画,墓道东西两壁为出行仪仗图,其前室、后室壁画以女性为主。前室共有壁画 8 幅,每壁 2 幅,现存 7 幅,西壁北首一幅脱落。南壁 2 幅,各有男侍 1 人。东壁南首 1 幅,共 9 人,其中女 8 男 1;东壁北首 1 幅,7 人,其中女 6 男 1。北壁 2 幅各为 2 侍女。西壁仅留南首 1 幅,共 9 人,1 男 8 女。后室现有壁画 6 幅,南壁东首 1 幅,仅 1 男侍;南壁西首 1 幅,5 人,2 男 2 女,最后一人性别不清,但皆着男装。东壁南首 1 幅,7 人北行,分辨不清。北壁东首 1 幅,或为 6 人构成的乐队;北壁西首 1 幅,仅能看到 3 人的模糊轮廓,后面仍应有人物,惜不清。

新城长公主(唐太宗第二十一女)墓[3]壁画,墓道东西两壁为构图对应的出

[1] 昭陵博物馆《唐昭陵长乐公主墓》,《文博》1988 年第 3 期,页 10~30。

[2] 陕西省文物管理委员会《唐永泰公主墓发掘简报》,《文物》1964 年第 1 期,页 7~18。

[3] 陕西省社会科学院考古研究所、陕西历史博物馆、昭陵博物馆《唐昭陵新城长公主发掘简报》,《考古与文物》1997 年第 3 期,页 50~55;陕西省考古研究所、陕西历史博物馆、礼泉县昭陵博物馆《唐新城长公主墓发掘报告》,北京:科学出版社,2004 年。

行仪仗图,其中东壁为担子出行图,西壁为犊车出行图。二者构图依次为门吏、前仪仗图(6 人)、诞马、抬轿图(或犊车图)、后仪仗图(8 人)以及内侍图(2 人)。墓道北壁为一阙楼宫女图。其过洞,除了第一过洞两壁绘男侍外,第二至五过洞两壁均为女侍——每壁由 4 根廊柱分成 3 个开间,所绘人物均为女性,多数绘 6 人,少数绘 3 人,共 46 人。其天井,第一天井两壁为 6 载架图,第二至五天井两壁各绘 1 侍女,甬道东西两壁各绘 7 侍女。墓室四壁分成 3 个开间,东、北、西三壁各于 3 个开间内绘 1 幅侍女图,南壁仅残存 1 幅侍女图,估计该壁面原也应是 3 幅侍女图。

房陵大长公主(高祖李渊第六女)墓[1]壁画大部残落,仅存人物画 27 幅,全系侍女图。

第二种情况:虢王李凤(高祖李渊第十五子)墓,[2]较完整的人物、花草画有16 幅,其中第二过洞西壁为 1 幅牵驼图,而分布在甬道的 15 幅皆为侍女图。

懿德太子李重润[3](唐中宗李显长子)墓壁画比较完整的有 40 幅。在出行仪仗之后,前、后甬道画宫女图,前室为宫女图,后室为女性伎乐图。

章怀太子李贤(唐高宗李治与武则天的第二子)墓[4]壁画,在甬道之前为出行,恐意在表现李贤;而甬道之后为以游园等女性为题材的壁画,恐意在表现房妃。[5]

第三种情况:段简璧(唐太宗外甥女)墓[6](表 5-2),根据壁画保留情况知,其墓道东西两壁,在第一天井处各为 6 载架,第二过洞处各画 2 个男侍,第三天井处各画 2 个女侍,第四天井东西两壁小龛两侧各画 1 个女侍,第五天井东西两壁小

[1] 安峥地《唐房陵大长公主墓清理简报》,《文博》1990 年第 1 期,页 2~6。

[2] 富平县文化馆、陕西省博物馆、陕西省文物管理委员会《唐李凤墓发掘简报》,《考古》1977 年第 5期,页 313~326。

[3] 陕西省博物馆、陕西省文物管理委员会《唐李重润墓壁画》,北京:文物出版社,1974 年。

[4] (陕西省博物馆、乾陵文教局)唐墓发掘组《唐章怀太子墓发掘简报》,《文物》1972 年第 7 期,页13~25。

[5] 神龙二年(706),李贤棺柩从巴州迁回,以雍王身份埋葬;景云二年(711),又追赠为太子,其妃房氏与之合葬。这次葬事皆由李守礼主持。详悉沈睿文《章怀太子墓壁画与李守礼》,《艺术史研究》第 6 辑,广州:中山大学出版社,2004 年,页 293~308;王静、沈睿文《唐章怀太子的两京宅邸》,载荣新江主编《唐研究》第 17 卷,北京:北京大学出版社,2011 年,页 277。

[6] 昭陵博物馆《唐昭陵段简璧墓清理简报》,《文博》1989 年第 6 期,页 3~12。

龛两侧各画3人一组的女侍。可知,其墓道壁画也以女性为主。而将1对男侍置于出行仪仗之后似为一固定程式。

表5-2　段简璧墓道壁画示意

部位	第一过洞	第一天井	第二过洞	第二天井	第三过洞	第三天井	第四过洞	第四天井小龛两旁	第五过洞	第五天井小龛两旁
东壁	?	6载架	♂♂	?	?	♀	?	♀♀	?	♀♀♀、♀♀♀
西壁	?	6载架	♂♂	?	?	♀♀	?	♀♀	?	♀♀♀、♀♀♀

(♂:男;♀:女;?:不清。顺序由南而北)

综上可知,唐代宗室——不管是女性(如公主、县主),还是男性(包括皇储)——的墓葬壁画,在出行仪仗之后、甬道以北多为女侍及宴乐图。此外,其他高等级男性墓葬壁画在出行仪仗之后,则以男侍为主。同样地,其他高等级女性墓葬壁画在出行仪仗之后,则基本以女侍为主。即便有男侍、女侍出现,也很少在同一单元中南北或左右成对、对称出现。这益发衬托出阿史那忠墓墓道壁画侍从性别安排的特殊性。

下面不妨再进一步参校以安元寿、李勣以及郑仁泰等昭陵陪葬墓墓道壁画的情况。

安元寿夫妇合葬墓保留下来比较完整的壁画有10幅,主要在第五过洞和前甬道两壁。第五过洞东壁画2侍女,西壁画1侍女、1持胡瓶男童侍。前甬道北段石门外两壁各画1老年男侍,石门外各画1女侍。

李勣墓[1]壁画破坏严重,较为清楚的是墓室部分,其东壁北段为女乐图,北壁东段为舞蹈图,北壁西段及西壁北段各3幅屏风图,根据现存情况判断可能为6扇仕女屏风图。李勣墓墓室壁画的情况正是表现墓主人宴居场景所致。

郑仁泰墓墓道壁画,西壁是犊车仪仗出行(犊车残,不见牛),东壁是驼马仪仗出行。在第五过洞西壁上站立女侍1人,其他壁画有的全部剥落,有的模糊不清。据简报可知,虽有女侍,但以男武侍为多。

基于此,我们推断阿史那忠墓墓道壁画侍从性别安排的这种特殊性,该是阿史

[1] 昭陵博物馆《唐昭陵李勣(徐懋公)墓清理简报》,《考古与文物》2000年第3期,页3~14。

那忠重绘时仍将定襄县主考虑在内所致。换言之,该墓上层壁画中的侍从是有意识地绘制给定襄县主和阿史那忠夫妇二人的。

要之,该墓壁画共两层。永徽四年,定襄县主先行下葬时根据其等级绘制了底层。上元二年,阿史那忠合葬时,又重新绘制一层,即为考古简报所描述的,但是这层墓葬壁画有其特殊性。试总结于次:

(1)墓道出行图使用犊车出行和驼马出行的配制,根据唐代制度只有正二品以上方能使用,正三品的郑仁泰墓葬中使用此配制是因为该墓是别敕葬(亦即在墓主人等级之外,朝廷格外恩准的),而阿史那忠墓使用该配置则缘于其为正二品的夫人定襄县主。

(2)同样地,与同为正三品的郑仁泰墓相比较,阿史那忠墓墓道两壁出行仪仗的人数比郑仁泰者各多出2位,这也是缘于定襄县主之故。

(3)阿史那忠墓墓道男、女侍者的构图和人数在同时期的唐墓中比较特殊,可为特例,它比较讲究同一壁画单元(即过洞、天井)中在同一壁面的南北或东西两壁男女侍从数量的基本平衡。这应是阿史那忠合葬时,重绘壁画将夫人定襄县主考虑在内所致。

(4)第一天井东西两壁的6个列戟图,正二品的定襄县主可以享用。而根据制度,正三品的阿史那忠尚不能使用列戟十二,需加上他身后所赠上柱国方可享用。所以,阿史那忠墓表层壁画列戟部分勉强可称是给他们夫妇二人绘制的。

综上可以推断,阿史那忠墓表层壁画是阿史那忠与定襄县主合葬时,根据定襄县主的等级,为他们夫妇二人重新斟酌而绘制的,且偏重定襄县主。

三、镇墓石的性质与归属

本节拟重新讨论阿史那忠墓所出镇墓石,即俗谓“阿史那忠镇墓石”(图5-4、5-5)。依照上文讨论,该镇墓石很难断言是褒赠给阿史那忠的,似乎定襄县主下葬时便有之。这不仅是因为定襄县主的品级比阿史那忠高,而且缘于定襄县主为韦贵妃亲生女。长孙皇后薨后,韦氏便是唐太宗最为宠幸之人。定襄县主为其生

图 5-4　阿史那忠"镇墓石"拓本

女,爱屋及乌,故亦得以先行陪葬昭陵。已如前具。表面上看来,如此解说也可支持上文所言阿史那忠墓壁画之性质,而且这样的分析也显得顺理成章。但是,问题的关键首先便在于该石是否为镇墓石。

明显地,此石同已发现的唐代镇墓石[1]差别较大,应不属于五方五帝镇墓石

[1] 关于唐代镇墓石的情况可参:〔日〕加地有定《中国唐代镇墓石の研究:死者の再生と昆仑山への升仙》,大阪:株式会社,2005 年。关于镇墓石的功能可参:徐苹芳《唐宋墓葬中的"明器神煞"与"墓仪"制度——读〈大汉原陵秘葬经〉札记》,《考古》1963 年第 2 期,页 95;后收入所撰 (转下页)

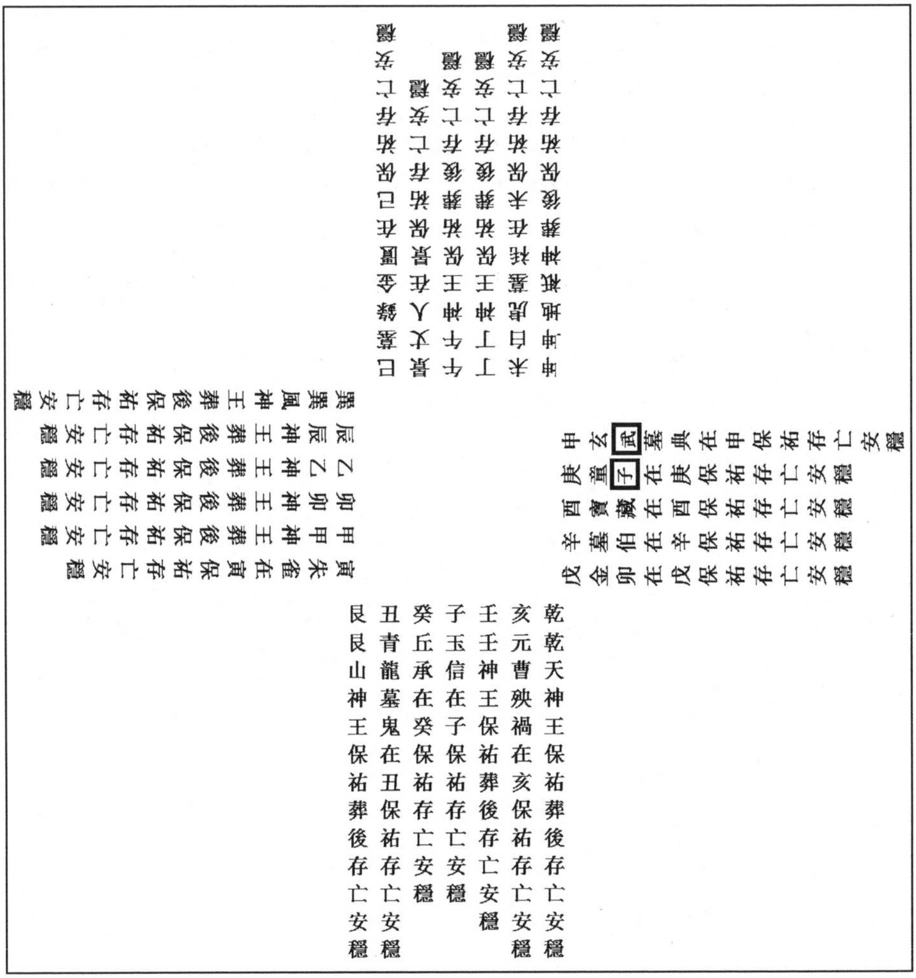

图 5-5　阿史那忠"镇墓石"示意

系统。[1]　实际上,它与《地理新书》所载五姓明堂祭坛法中的"商姓壬穴"图

(接上页)《中国历史考古学论丛》,台北:允晨文化实业有限公司,1995 年,页 296~297;又收入所撰《中国历史考古学论集》,上海:上海古籍出版社,2012 年,页 180~215;张勋燎《川西宋墓和陕西、河南唐墓出土镇墓文石刻之研究》,《南方民族考古》(1992)第 5 辑,页 119~148;刘屹《唐代的灵宝五方镇墓石研究》,载荣新江主编《唐研究》第 17 卷,页 7~38。等等。

[1] 从正式发表的情况来看,2003 年,姜捷撰文认为所谓阿史那忠镇墓石"似乎不属于五方五帝镇墓石系统",最先对该石的镇墓石性质持疑。详所撰《关于定陵陵制的几个新因素》,《考古与文物》2003 年第 1 期,页 74。

（图5-6）基本相同。[1] 因此,该石的准确名称或应为"商姓壬穴明堂祭坛石"
为宜。

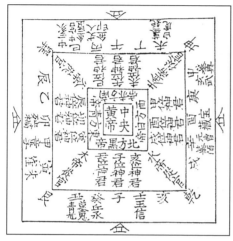

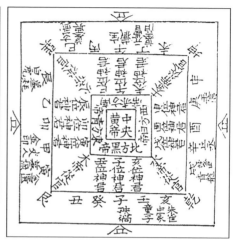

图5-6　商姓壬穴明堂祭坛法　　　　　　　图5-7　徵姓庚穴明堂祭坛法

　　既然如此,我们便可从墓主人所属五音入手来判定其归属。定襄县主姓李,属
徵姓。[2] 既然该石与五姓明堂祭坛法中的"徵姓庚穴"图(图5-7)有异,则可确
定无疑地排除定襄县主与该石的关联。

　　《旧唐书·阿史那忠传》载阿史那忠"以擒颉利功,……妻以宗女定襄县主,赐
名为忠,单称史氏",[3]《新唐书》本传也载"诏姓独著史",[4] 即阿史那忠曾被赐
姓"史","史"亦属徵姓。[5] 同样地,自然也可排除阿史那忠以"史"姓下葬的可能
性。此从其碑志文仍称"阿史那忠",可证。阿史那忠在其碑志中未出现所改之

[1] 周苗《唐阿史那忠镇墓石试释》,《文博》2011年第1期,页37~41;周苗《唐阿史那忠镇墓石试释》,
　　《首都师范大学学报(社科版)》2011年增刊,页110~115;刘卫鹏《两方唐代镇墓石考记》,《考古与
　　文物》2011年第2期,页95~99。
[2]〔宋〕王洙等《图解校正地理新书》,台北:集文书局影印金明昌钞本("张本"),1985年,页52。
[3]《旧唐书》卷一〇九,页3290。
[4]《新唐书》卷一一〇,页4116。
[5]《图解校正地理新书》,页52。

"史氏",恰反映其自身的民族认同;至于赐名"忠"[1]以及谥号"贞"[2]的使用,则意在表现他对唐王朝的忠诚,这既是他生前军功的体现,也表达了其国家认同。

因此,此石只能与阿史那忠有关,即所用"商姓"应为"阿史那"所属之音。查稽《地理新书》,其中"阿史那"列于"阙五音"者而不详。[3] 所幸对于此种情况,《地理新书》又给出相应的处理方案。同书卷一载:

> 右依《元和姓纂》《姓源》《韵谱》该定,以一行说及世传《五姓括》所出参校。其姓有二三出者,考其异同,断其一音。其字声同而虚实异者,本科出者从其别。不别者同其音,未详则阙。其家承上世所用之无所传者,随旁音所定定之。[4]

则"阿史那"的五音所属可随旁音所定定之,即商音,属商姓。

根据唐代公主、县主夫妇合葬墓中依照女方等级处理葬制的原则,[5]定襄县主下葬时便依夫姓"阿史那"设此明堂祭坛石的可能性几无。那为何阿史那忠下葬时要使用此石?

对于五姓明堂祭坛法的功用,《地理新书》有详细的记载。同书卷一四《明堂祭坛法》载:

> 《遁甲经》云:"丙为明堂。丙者,明也。炳然明照,从外视内,神无隐塞,纳于至诚,故曰明堂。又丙属艮。艮,鬼门也。丙数七,以七尽七为四十九穴。丙,冢穴之门也。冢神居之,故曰明堂。其中不以葬,自王侯至于庶人。若不祭明堂者,皆大凶;葬,必置明堂,祭后土诸神,则亡魂安。"《青乌子》云:"不立

---

[1]《昭陵碑石》,页187上栏;《旧唐书》卷一〇九《阿史那忠传》,页3290。

[2]《昭陵碑石》,页188下栏;《新唐书》卷一一〇《阿史那忠传》,页4116。

[3]《图解校正地理新书》,页60。

[4]《图解校正地理新书》,页61。

[5]沈睿文《唐陵的布局:空间与秩序》,北京:文物出版社,2021年,页352脚注②。

明堂,名曰盗葬,大凶。"

凡葬法,二十四路七十二标,三灵七分六十四标,明堂八标。标,诸侯长一丈八尺,卿大夫至于庶人长一丈五尺。其地心为明堂,取土为坛。坛方,先王方三丈六尺,公侯已下方二丈四尺。开四门,缚茅为基。坛上设五方上帝位,次外设十二辰位,坤维设土金帝从官位,巽维设火帝从官位,乾维设水帝从官位,艮维设木帝从官位。次外设墓内神一十九位。埏道口设幽堂神位,坛外西南隅设阡陌将军位,其太岁月建各随岁月日辰为位。

《新图解》云:封土曰坛,除地曰墠,皆谓祭神之处也。今世俗斩草往往不能取土起坛,但以灰界三级平除其地为墠祭之,亦通用也。事既从易,故立标取穴者又直远矣。今将五姓祭坛立标作图于后。

五姓明堂祭坛,缚茅为基,取土为坛,外开四门,坛方二丈四尺,其甲壬丙庚四穴,各于埏道口设幽堂亭长位,坛外西南隅设阡陌将军位,其太岁、月建、日时、直符,随所在位上设之。[1]

丙地为冢穴之门,于此祭祀后土诸神,以安亡魂和保佑生者安稳。可知阿史那忠在合葬时,先在定襄县主墓南偏东处丙地设商姓明堂祭坛,祭毕,再开定襄县主墓穴,重加营绘并置该石于墓室之中。

从墓志所载来看,阿史那忠死后距离合葬前后历时 149 天,其间又对墓葬重加营造,此番举措动静不小。定襄县主下葬 22 年后,其墓葬出现如此之动作,在重加营造前先有护卫两位死者亡魂的行为也在情理之中。不过,从某种意义上来讲,此举应重在护佑阿史那忠的亡魂。这说明其子太子仆阿史那暕[2]等人恐重开定襄县主墓穴、重加营修、合祔而扰攘定襄县主亡魂及诸神祇,对阿史那忠亡魂及家人不利,以至于在设明堂祭坛祭祀之后,甚而将该石置于墓穴之中。

---

[1] 《图解校正地理新书》,页 447。案,引文中着重号为笔者所加。

[2] 根据《阿史那忠墓志铭》知上元二年,阿史那忠合葬时,其子阿史那暕为太子仆(详《昭陵碑石》,页 188 下栏)。光宅元年(684),太仆寺改置为司仆寺。故《旧唐书》卷一○九《阿史那忠传》(页 3290)载阿史那暕,袭封薛国公。垂拱中(685~688),历位司仆卿。

又，当时《天元房录葬法》规定"尊者先葬，卑者不合于后开入"。事见《旧唐书》卷一九一《严善思传》，[1]即所谓"以卑动尊，事既不经，恐非安稳"，如此阿史那忠合祔时使用此石起坛祭祀，恐与欲求安稳有关。

无疑地，该石的存在使我们得以认识唐代埋葬及开穴合祔时的一个重要环节，即须先取土起坛，或以灰界三级平除其地为墠祭之。

小　结

简言之，若从墓主人的生前等级来看，该墓宜称为"定襄县主阿史那忠夫妇合葬墓"。现在考古学界习惯称该墓为"阿史那忠墓"，恐失之偏颇，这可能是受到《唐会要》卷二一"陪陵名位"条[2]的影响所致。实际上，类似的夫妇合葬墓在昭陵陪葬墓地中还有之，最为著名的便是临川公主李孟姜与周道复的合葬墓，该墓为同坟异穴而葬。根据具体建制，亦宜称为唐"李孟姜与周道复墓"。[3]

阿史那忠得以重绘壁画，可能是因为合葬时去定襄县主下葬已 22 年，时日已久，或许此时壁画状况已不佳。但是，更为重要的原因该是他生前军功以及死后得以"诏葬"的方式陪葬昭陵的政治待遇。但是，即便如此，在重绘壁画时也严格恪守等级制度，一切仍以定襄县主为主，斟酌着为夫妇二人重绘墓葬壁画。之所以如此，跟定襄县主的身世以及正二品的政治身份密不可分。有意思的是，该墓壁画中驼马出行与犊车出行的模式又恰与其游牧民族的生活习性相同。[4]

总之，阿史那忠墓志铭及神道碑皆称"凶事、葬事，并宜官给，务从优厚"。其中"务从优厚"的内容应该主要是指准允阿史那忠与定襄县主合葬、共用同一墓室、

---

[1] 参见本书页 18。

[2]《唐会要校证》，页 355。

[3] 陕西省考古研究院、昭陵博物馆(沈睿文、郭桂豪执笔)《唐李孟姜与周道务墓发掘报告》，待刊。

[4] 游牧民族的交通工具主要有两种：男人的马和女人的车。墓葬壁画的男性驼马、女性犊车出行的这种性别搭配恰与游牧民族的生活习惯同(可参张承志《牧人笔记》，载所撰《张承志精选集》，北京：北京燕山出版社，2009 年，页 8)。如果考虑到游牧民族男骑马女乘牛车的习俗，或可进一步判断今所见壁画是阿史那忠下葬时，根据其突厥族习俗为他们夫妇二人绘制的。但是，因唐朝正二品以上官员夫妇合葬墓的壁画皆可采用犊车鞍马出行的配置，此尚不能遽断。

重绘壁画;并以高于阿史那忠的定襄县主的品级安排墓制。事实证明也是如此。而其"常所服甲",亦得以"敕令随瘗";[1]还有合祔开穴前使用石质的商姓明堂祭坛石祭祀,这些恐怕都是阿史那忠诏葬的主要内容,其核心应为同室合葬。通过对该墓的辨析,我们也就益加可以理解为何唐临川公主与周道复同坟异穴而葬,而长乐公主、新城长公主则终不见夫君的合祔。

（本文原载朱玉麒主编《西域文史》第 8 辑,北京：科学出版社,2013 年,页165~178。此次重刊略有修订。）

---

[1] 于此,阿史那忠随瘗常所服甲的做法已非突厥族之烧葬,后者乃"取亡者所乘马及经服用之物,并尸俱焚之,收其余灰,待时而葬"。相关讨论详沈睿文《夷俗并从——安伽墓与北朝烧物葬》,《中国历史文物》2006 年第 4 期,页 6~11。

6

唐镇墓天王俑与毗沙门信仰推论

考古界习称的镇墓武士俑和镇墓兽在墓葬随葬品中十分突出,是唐代镇墓神煞俑中的核心部分。二者一般各有 2 件,[1] 其中镇墓兽一为人面,一为兽面。一般地,镇墓武士俑在镇墓兽之后,放置于墓室入口处(图 6-1),为墓葬中恒定的组合之一。

对唐墓中镇墓兽和镇墓武士俑的组合,考古学界有个认识的过程。1956 年,王去非根据《大唐六典》《通典》《大唐开元礼》和《唐会要》的记载,首先将它们比定为唐代明器中的四神,即"当圹、当野、祖明、地轴";并推测当圹、当野为二镇墓武士俑,祖明、地轴为二镇墓兽。[2] 随后,王家祐根据宋墓资料以为这种陶俑"实际上就是方相的演变形态"。[3] 对此,徐苹芳认为《大汉原陵秘葬经》所载方相的形状与此不合,仍将这两个镇墓武士俑判定为当圹、当野。[4] 2000 年,

图 6-1　唐李嗣本墓陶俑分布情况

[1] 个别墓葬出土 6 件、8 件,甚至 10 件,如节愍太子李重俊墓,但不是普遍现象。详齐东方《唐俑艺术与社会生活》,载樊英峰主编《乾陵文化研究》第 1 辑,西安:三秦出版社,2005 年,页 111 注释〔4〕。

[2] 王去非《四神、巾子、高髻》,《考古通讯》1956 年第 5 期,页 50~52。案,唐昭陵陪葬墓韦贵妃墓所见双头镇墓兽即为"地轴",至 2020 年 8 月考古所见唐墓"地轴"式镇墓兽仅此一例,由此可见唐玄宗朝成书的《大唐六典》等文献所载"当圹、当野、祖明、地轴"并非虚言,更非"当圹、当野、祖司、祖明、天关、地轴"之讹误。

[3] 王家祐《四川宋墓札记》,《考古》1959 年第 8 期,页 447。

[4] 徐苹芳《唐宋墓葬中的"明器神煞"与"墓仪"制度——读〈大汉原陵秘葬经〉札记》,《考古》1963 年第 2 期,页 90;后收入所撰《中国历史考古学论丛》,台北:允晨文化实业有限公司,1995 年,页 286~287;又收入所撰《中国历史考古学论集》,上海:上海古籍出版社,2012 年,页 180~215。

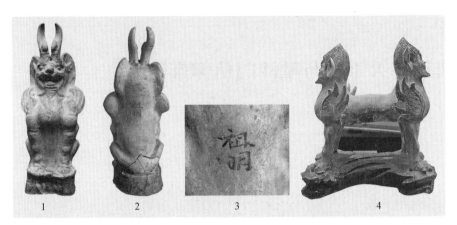

图6-2　巩义市康店镇砖厂唐墓镇墓兽"祖明"（1~3）与唐韦贵妃墓双头人面镇墓兽"地轴"（4）

郝红星等人检索了河南、陕西汉文化系统的唐墓和山西、河北、辽宁等鲜卑文化系统的唐墓，发现二者镇墓武士俑与镇墓兽的摆放位置前后正好相反。据此他们又提出不同意见，认为《大唐六典》所记当圹、当野、祖明、地轴恐怕应是处于唐王朝统治中心区域墓葬中的神器类的名称，且当圹、当野为两镇墓兽或许更为合适。[1]　这个意见再次提醒我们在使用堪舆典籍的时候要注意其地域性以及使用的人群。但是，目前的考古材料却无疑支持了王、徐二位的观点。1986年，河南巩义市康店镇砖厂唐墓出土的两件镇墓兽，一件兽面者背部墨书清晰的"祖明"二字（图6-2-1、2、3），[2]不仅说明人面镇墓兽为"地轴"（图6-2-4），而且证明当圹、当野为二镇墓武士俑的推断。[3]　对此，拟另文专论。

一

那么，唐时被称为"当圹""当野"的镇墓武士俑的来源，及其成对置于墓室入口处或甬道两壁侧龛处有何作用呢？其原型及功能为何？

［1］郝红星、张倩、李扬《中原唐墓中的明器神煞制度》，《华夏考古》2000年第4期，页100~107，特别是页101。
［2］郑州市文物考古研究所《中国古代镇墓神物》，北京：文物出版社，2004年，页181。注，本文图6-1~3皆采自该书，恕不再指出。
［3］张文霞、廖永民《隋唐时期的镇墓神物》，《中原文物》2003年第6期，页69。

显然，根据唐时阴阳堪舆文献难以剖析，加之并没有一本典籍系统地叙述唐代葬俗，我们只能从文献的零散记载来推测。所幸牛僧儒《玄怪录》为我们提供了一条重要的线索。该书卷四“王煌”条云：

及时，〔王〕煌坐堂中。芝田妖恨恨而来，及门，煌以怀中符投之，立变面为耐重鬼。鬼执煌，已死矣。问其仆曰：“如此，奈何取妖道士言，令吾形见？”反卒煌，卧于床上，一踏而毙。日暮，〔任〕玄言来候之，煌已死矣。问其仆曰：“何形？”仆乃告之。玄言曰：“此乃北天王右脚下耐重也，例三千年一体。其鬼年满，自合择替，故化形成人而取之。煌得坐死，满三千年亦当求替。今脱卧亡，终天不复得替矣。”前睹煌尸，脊骨已折。玄言泣之而去。此传之仆。[1]

引文中所谓“芝田妖”之“芝田”当指今巩义市芝田镇。近年来的考古钻探和发掘工作表明此地为一汉唐墓葬区，并已有发掘报告发表。[2] 这个故事进一步说明该墓地在唐代很著名，以至于成为传奇小说的一个场景。更为重要的是，它告诉我们关于镇墓武士俑的若干信息。其一，所谓镇墓武士俑当时称之为“北天王”，而其脚踏之小鬼的学名为“耐重”。其二，耐重当鬼的期限为3000年，期满便寻求他人来替代它，而自己则得转世。北天王脚踏耐重是为了不让它另寻他人替之。

关于耐重的描述，在《玄怪录》上述引文之前尚有此下描述：

〔王〕玄言谓其（王煌）仆曰：“明日午时，芝田妖当来，汝郎必以符投之。汝可视其形状，非青面耐重，即赤面者也。入反坐汝郎，郎必死。死时视之，坐

[1]〔唐〕牛僧孺撰，穆公校点《玄怪录》，《唐五代笔记小说大观》（上），上海：上海古籍出版社，2000年，页414。郭绍林曾引用此段引文来阐释龙门石窟奉先寺天王踩小鬼的形象，并没有意识到它与唐墓镇墓武士俑的关联。详所撰《唐小说对龙门石窟北天王所踩鬼怪的诠释》，《世界宗教文化》2005年第4期，页46~48。

[2] 郑州市文物考古研究编著《巩义芝田晋唐墓葬》，北京：科学出版社，2003年。

死耶。"其仆潜记之。[1]

可知,耐重应该有青面、赤面两类。

前引《玄怪录》所言"北天王"实际上便是佛教四大天王中的毗沙门天王。《佛说长阿含经》卷一二云:

> 复有东方提头赖咤天王,领乾沓惒(即乾闼婆)神,有大威德。有九十一子,尽字因陀罗,皆有大神力。南方毗楼勒天王,领诸龙王,有大威德。有九十一子。亦字因陀罗,有大神力。西方毗楼博叉天王,领诸鸠槃茶鬼,有大威德。有九十一子。亦字因陀罗,有大神力。北方天王名毗沙门,领诸悦叉鬼(夜叉鬼),有大威德。有九十一子,亦字因陀罗,有大神力。[2]

引文中称"北方天王名毗沙门,领诸悦叉鬼,有大威德",又《佛说灌顶经》卷七云:"北方天王名毗沙门。主诸鬼魅魍魉往来鬼神作灾异者。以神王名厌之吉。"[3]毗沙门天王领诸夜叉鬼的这种功能恰可填补世人对亡后地下世界的恐惧和美好的意愿。因此,毗沙门天王自然也就具备了被吸纳进丧葬系统的可能性。

已有的考古谱系学研究表明,唐代初期的镇墓武士俑与隋代者区别不大,初唐时期的墓葬中只有镇墓兽和镇墓武士俑(图6-3-1、2)。唐高宗时开始出现镇墓天王俑,并逐渐取代了武士俑的地位。较早时期,镇墓天王俑通常为脚踏卧兽——牛、羊的式样(图6-3-3、4);武则天至中宗时期,除了脚踏卧兽者外,又出现了一种脚踏俯卧形鬼怪的式样(图6-3-5、6)。唐玄宗时期,流行脚踏蹲坐状鬼怪的式样(图6-3-7、8)。德宗以后,镇墓天王俑的数量减少,制作趋于草率简陋,远不如以前的精致。[4]

---

[1]《玄怪录》卷四"王煌"条,《唐五代笔记小说大观》(上),页414。

[2]〔后秦〕佛陀耶舍、竺佛念译《长阿含经》卷一二,T01,No. 1,页79下栏~页80上栏。

[3]〔东晋〕天竺三藏帛尸梨蜜多罗译《灌顶经》,T21,No. 1331,页516中栏。

[4]《中国古代镇墓神物》,页20;张文霞、廖永民 同上揭文,页65~67。

图6-3　唐墓武士俑

　　1. 陕西长安南里王村唐墓武士俑　2. 陕西咸阳顺陵乡窦诞墓武士俑　3. 河南洛阳唐墓三彩踏羊天王俑　4. 河南洛阳唐墓三彩踏牛天王俑　5~6. 陕西长安灵昭唐墓三彩镇墓天王俑　7~8. 陕西西安西北政法学院南校区34号唐墓三彩足踏耐重天王俑

　　上述变化的节律与唐代的历史是相关的,而且正是后者促使了镇墓天王俑出现脚踏小鬼的新形象。下面逐次述之。

　　唐墓镇墓天王俑的原形即可以勘定为毗沙门天王,不妨沿着这个思路从以下两方面进一步思考。

第一,唐墓镇墓天王俑脚踏卧兽——牛、羊的式样是否源自佛教造型?

隋开皇九年(589),高僧灵裕主持开凿的安阳大住圣窟,该窟为三壁三龛的形式,主尊为三尊像,即东壁弥勒佛、西壁阿弥陀佛、北壁卢舍那佛。其窟门(图6-4)东侧为足踏卧牛的那罗延神王(图6-5),西侧为足踏卧羊的迦毗罗神王(图6-6)。南北朝时尚有关于二神王的经典。僧祐《出三藏记集》卷四便记载有:

图6-4 安阳大住圣窟窟门两侧神王像

图6-5 窟门东侧踏牛之那罗延神王像及足踏之牛

图6-6　窟门西侧踏羊之迦毗罗神王像及足踏之羊

《那罗延天王经》一卷。《毗沙门王经》一卷。[1]

关于那罗延，南朝齐释昙景译《摩诃摩耶经》(一名《佛升忉利天为母说法》)卷上云：

> 顶生圣王、那罗延力士王、支夜多罗帝王、马鸣王、毗尼罗翅王，此等诸王统摄众国，颜容端正聪明超世，身力勇健莫能当者，无常所碎不知何在。[2]

关于迦毗罗，《摩诃摩耶经》卷上又云：

> 北方天王第一辅臣，迦毗罗夜叉，金发大神，母指大神，散脂修摩罗神，有如是等诸大鬼神统四天下。若有读诵摩诃摩耶所可演说及此神咒，是诸善神又闻唤名，皆来亲近拥护随侍，一切诸患皆悉除灭。[3]

---

[1]〔梁〕僧祐《出三藏记集》，北京：中华书局，1995年，页190～191。
[2]〔萧齐〕昙景译《摩诃摩耶经》，T12，No. 383，页1007中栏。
[3]《摩诃摩耶经》，T12，No. 383，页1009中栏。

可知,迦毗罗和那罗延是统四天下、统摄众国的大鬼神和神王,其作用一如引文所具。作为北方毗沙门天王的第一辅臣,不知迦毗罗在这里是否还有指代北方天王的意思?

通过图像的比较,可以看到镇墓武士俑脚踏之牛、羊同样见于大住圣窟二神王的脚下。我们知道,在婆罗门教中,战神杜尔伽神(Durgā)脚踏之牛(buffalo)意指妖怪。据此推测二神王脚踏之牛、羊恐或也是这个意思。不过,二神王脚踏之牛、羊,具体究竟何指,仍需进一步研究。

大住圣窟二神王的造型与脚踏牛、羊的镇墓武士俑相类,进一步说明了后者实际上来源于佛教。我们注意到此刻迦毗罗神王胸部已经出现了所谓美杜莎的头像(图6-7)。这说明所谓美杜莎元素早浸渗入佛教中,已切实成为佛教及其造像的一个有机构成部分了。

图6-7　踏羊之迦毗罗神王像胸部人头像(美杜莎)

换言之,在天王俑出现之前,脚踏牛、羊的镇墓武士俑的原型同样来自佛教中的那罗延和迦毗罗,即与毗沙门天有关的神王。不过,这时仿自佛教神王造型更多地还应是护法金刚、力士之意的延续,即应与武士之意同。这也隐约给我们透露了早期镇墓武士俑与佛教护法金刚、力士、神王的某种关联。

第二,因毗沙门天王集军神和福德神性为一体,在唐代对毗沙门的关注和崇奉成为社会风尚。[1] 如,毗沙门天王成为寺院绘画的一个主要题材。《历代名画记》卷三"宝应寺"条云:

院南门外,韩干画侧坐毗沙门天王。[2]

---

[1] 关于毗沙门天王的感应和灵验事迹,可参郑阿财《〈龙兴寺毗沙门天王灵验记〉与敦煌地区的毗沙门信仰》,载《周绍良欣开九秩庆寿文集》,北京:中华书局,1997年,页253~264。
[2]〔唐〕张彦远《历代名画记》,上海:上海人民美术出版社,1963年,页44。

《图画见闻志》卷五"相蓝十绝"条的记载则更为详悉：

> 大相国寺碑,称寺有十绝。……其八,西库有明皇先敕车道政往于阗国传北方毗沙门天王样来,至开元十三年(725)封东岳时,令〔车〕道政于此依样画天王像。为一绝。其九,门下有环师画梵王帝释、及东廊障日内画法华经二十八品功德变相。为一绝。其十,西库北壁有僧智俨画三乘因果入道位次图。为一绝也。[1]

唐穆宗还曾经亲临通化门观看毗沙门神的制作。《旧唐书》卷一六《穆宗本纪》云：

> 〔长庆三年,823〕十一月,上(穆宗)御通化门,观作毗沙门神,因赐绢五百匹。[2]

有意思的是,隐太子李建成更以毗沙门为小字。[3] 毗沙门神在唐人心目中的地位由此可见一斑。[4]

据研究,唐代毗沙门天信仰形成于唐玄宗时期,盛行于 9 世纪。[5] 《宋高僧传》卷二六《唐东京相国寺慧云传》云：

> 开元十四年(726),玄宗东封(泰山)回,敕车政道往于阗国摹写天王样,就〔相国〕寺壁画焉。[6]

---

[1]〔宋〕郭若虚《图画见闻志》,北京：人民美术出版社,2004 年,页 120~121。

[2]《旧唐书》,页 503。

[3]《新唐书》卷七九《隐太子建成传》,页 3540。

[4]大岛幸代已比较系统地梳理了唐代有关毗沙门信仰的文献资料,请参所撰《唐代中期的毗沙门天信仰与造像活动——以长安的事例为中心》,中山大学艺术史研究中心编《艺术史研究》第 9 辑,广州：中山大学出版社,2007 年,页 277~290。

[5]相关研究可参大岛幸代　同上揭文,页 286 注释[4]。

[6]〔宋〕赞宁撰,范祥雍点校《宋高僧传》,北京：中华书局,1987 年,页 660。

引文说的是唐玄宗命车政道到于阗国取于阗毗沙门天王样,并绘于相国寺。此举不仅促进了唐代崇奉毗沙门天风尚的进一步形成,而且车政道从于阗带回的样式应该也产生了影响。这应该就是为什么唐玄宗时期的镇墓天王俑一改此前脚踏俯卧形鬼怪式样,而新流行脚踏蹲坐状鬼怪式样。现有研究也表明,中国毗沙门天图像并非来自犍陀罗,而是直接源于西域于阗的毗沙门天像。[1] 遗憾的是,目前所知于阗热瓦克和丹丹乌里克两处的毗沙门天像都受到了不同程度的破坏,于阗国的毗沙门天形象具体为何无法知道。从残留的情况看,热瓦克的毗沙门天像脚下的小人(地神)从地面出现上半身,用双手托住毗沙门天的双脚;而丹丹乌里克的毗沙门天则脚踏一横卧的小人,小人头部微抬。

　　另外,唐代晚期毗沙门信仰还跟当时藩镇压制政策相关,[2] 而这跟毗沙门天王的神格是分不开的。[3] 陕西扶风法门寺地宫所出唐代鎏金四天王顶银宝函的四壁饰四天王像,并分别在方框内錾刻四天王名称,唯独毗沙门天王的名号上加"大圣"两字,称"北方大圣毗沙门天王"。[4] 这表明在唐代毗沙门天的地位要较其他三尊天王来得高。

　　唐玄宗时期遣车政道至于阗请毗沙门天王新样的事件,恰可以解释玄宗之后唐代镇墓天王俑形象的变化,而唐玄宗以后的政治态势及统治者对毗沙门天王信仰的日炽,恰可说明中晚唐镇墓武士造型的保持。这应该也是墓葬系统对这段历史的一个折射吧。

---

[1] 筱原典生《毗沙门天图像的起源与演变》,《青年考古学家》第 18 期,2006 年,页 52~61。

[2] 大岛幸代　同上揭文,页 284。

[3] 吉田丰认为:由于大夏的影响,到 6 世纪时,毗沙门天(Vaiśravaṇa)可能已自然融合为索格底亚那的一位神祇(详所撰《西安新出土史君墓志的粟特文部分考释》,载《法国汉学》第 10 辑"粟特人在中国——历史、考古、语言的新探索"专号,北京:中华书局,2005 年,页 38)。史君(Wirkak)墓汉文题记称史君"长子毗沙,次维摩,次富□(卤?)多"(孙福喜《西安史君墓粟特文汉文双语题铭汉文考释》,载《法国汉学》第 10 辑"粟特人在中国——历史、考古、语言的新探索"专号,页 19),"毗沙"便是墓志粟特文部分第 30 行记录 βr'šmn β ntk,该词是梵文 Vaiśravaṇa(毗沙门天)的粟特文形式。推测其形象应该便是在史君石椁门两旁脚踏小鬼的四臂神像(图 6-15)。本文图 6-15 采自西安市文物保护考古所《西安市北周史君石椁墓》,《考古》2004 年第 7 期,图版捌 2。

[4] 陕西省考古研究院、法门寺博物馆、宝鸡市文物局、扶风县博物馆《法门寺考古发掘报告》,北京:文物出版社,2007 年,页 147。

综上所述,唐代镇墓天王俑与毗沙门天的关联应该可以成立。在佛教四大天王中,世人唯独将毗沙门天运用到墓葬中,可能还跟墓葬多坐北朝南——即墓室多位于北方位有关,这样采用毗沙门天也就顺理成章了。同时,受到脚踏耐重之镇墓武士俑源自佛教影响的启发,同样也可判定脚踏牛、羊的镇墓武士俑因素来自佛教。而镇墓天王俑出现之前的镇墓武士俑,亦与佛教之护法金刚、力士、神王有关。由此视之,从模仿金刚、力士、神王,到采用毗沙门天王造型,有着一脉相承的内在联系,即守护墓门并保护墓主人的安宁和永生。实际上,墓葬中镇墓兽在前、镇墓武士俑在后的布局,与佛教石窟寺造像中狮子与天王或者力士的组合形式也有着莫大的关联。由此,或可推测唐墓中所见塔式罐可能便是毗沙门天王手托之塔的变化。[1]

毗沙门天王脚下所踏三夜叉鬼,各有名字。其中中央者名"地天",亦名"欢喜天"。左边者名"尼蓝婆",右边者名"毗蓝婆"。[2] 天王脚踏夜叉的形象频繁出现于佛教石窟寺中,如洛阳龙门石窟的奉先寺和奉南洞以及四川地区的佛教石窟[3]便皆有之。其实,在早期脚踏卧鬼的镇墓天王俑造型中,也有天王俑脚踏两个卧鬼的造型(如图 6-3-5、6),这两个卧鬼应便是源自"尼蓝婆"和"毗蓝婆"。此后,在唐代的丧葬系统中,毗沙门天脚下的三夜叉已被浓缩成呈青面、赤面成对列置的、分别被一个天王脚踏的耐重了。

二

在唐墓的武士俑中还有一种披戴兽头盔帽的形象(图 6-8)。[4] 栗田

[1] 塔式罐的研究可参袁胜文《塔式罐研究》,《中原文物》2002 年第 2 期,页 56~64。不空《北方毗沙门天王随军护法真言》云:"若行者受持此咒者,先须画像。于彩色中并不得和胶。于白毡上画一毗沙门神。七宝庄严衣甲。左手执戟槊。右手托腰上。其神脚下作二夜叉鬼。身并作黑色。其毗沙门面。作甚可畏形恶眼视一切鬼神势。其塔奉释迦牟尼佛。"T21,No. 1248,页 225 下栏。

[2] 般若斫羯啰译《摩诃吠室啰末那野提婆喝啰阇陀罗尼仪轨·画像品第一》,T21,No. 1246,页 219中栏。

[3] 有关研究可参:樊珂《四川地区毗沙门天王造像研究》,四川大学艺术学院硕士学位论文,2007 年。等等。

[4] 本文图 6-8 采自冯庚武、周天游主编《三秦瑰宝——陕西新发现文物精华》,西安:陕西人民出版社,2001 年,页 88 图。

功、[1]谢明良、[2]邢义田[3]等人将唐墓此类武士俑考订为源自希腊和罗马神话赫拉克利斯(Heracles)造型的影响。其中又以邢文搜罗资料最为详备,颇有说服力,可为定谳。但是,若从上述镇墓武士俑的象征意义及其来源入手,这个问题犹有阐发之空间。因此在本文的这部分,我们想对此重做一番检讨和补充。

在佛教图像资料中,与毗沙门天王为同一组合出现的多为乾闼婆。比如,大英博物馆藏唐代彩绘绢画毗沙门天王与乾闼婆残片(图6-9)、[4]大英博物馆藏开运四年(五代后汉天福元年,947)纪年的纸本版画(图6-10)、[5]安西榆林窟唐代第25窟主室北壁弥勒经变图中的乾闼婆(图6-11)。[6]大英博物馆藏龙纪二

图6-8　1990年西安市东郊洪庆出土唐三彩武士俑

图6-9　大英博物馆藏唐代绢画毗沙门天王与乾闼婆

图6-10　大英博物馆藏开运四年纸本版画

[1]栗田功《ガソダーラ美术Ⅱ:佛陀の世界·解说》,东京:二玄社,页298~301。

[2]谢明良《希腊美术的东渐?——从河北献县唐墓出土陶武士俑谈起》,《故宫文物月刊》第15卷第7期,1997年,页32~53。

[3]邢义田《赫拉克利斯(Heracles)在东方——其形象在古代中亚、印度与中国造型艺术》,荣新江、李孝聪主编《中外关系史:新史料与新问题》,北京:科学出版社,2004年,页15~47。注,本文图6-9~14、17、18皆采自此文,恕不再指出。

[4]Roderick Wtitfield原著,上野日文翻译《西域美术》,东京:讲谈社,1982年,图111。

[5]松本荣一《敦煌画の研究》附图,东京:东方文化学院东京研究所,1937年,图版120右。

[6]《中国石窟·安西榆林窟》,东京:平凡社,1990年,图12、26。

载(890)纪年的纸本版画(图6-12),上面的乾闼婆立于北方毗沙门天王之右。从这些图像来看,乾闼婆有一个特点,便是身披虎皮、狮皮衣帽。安西榆林窟第15窟壁画中的乾闼婆(图6-13),柏林印度博物馆藏8、9世纪间吐鲁番石窟的彩绘绢画

图6-11　安西榆林窟第25窟主室北壁弥勒经变　图6-12　大英博物馆藏龙纪二载(890)纸本版画
之乾闼婆

图6-13　安西榆林窟第15窟壁　图6-14　柏林印度博物馆藏　图6-15　史君石椁南壁四臂神
画之乾闼婆　吐鲁番石窟彩绘绢画乾闼婆　浮雕(局部)
　　　　　头部残片

婆罗门头部残片(图6-14)[1]中的乾闼婆形象亦清楚可见。根据《梨俱吠陀》的记载,上述形象是乾闼婆众多形象中的一个。高楠顺次郎、木村泰贤在所撰《印度哲学宗教史》中系统地梳理了乾闼婆的各种形象,逐录于兹:

> 乾闼婆(Gandharva)此与拜火教之乾闼列丸(Gandharewa)为同语,起原于印伊时代。《梨俱吠陀》中虽兼用单复两数,但愈至后世,复数之意义愈明。《夜柔吠陀》谓其数有二十七。阿乾闼婆吠陀(一一.五,二。)谓有六千三百三十三,且与祖先及阿修罗同为天属(Deva)以外之别属云。乾闼婆之住所,虽有谓其在天者,(梨吠一〇.一二三,七。)但又常谓其与水中天女阿布沙罗斯同住水中。(梨吠一〇.一〇四。阿吠二.二,三。)其形状,或谓卷发而执有光辉之武器。(梨吠三.三八,六。)或谓多毛,作半兽半人状。(阿吠四.三七。)《百段梵书》(一三.四,三,七。)则谓其风采颇美云。乾闼婆作用中之最原始者,为与苏摩有关系。谓乾闼婆与巴尔加尼耶(雨神)抚养苏摩。(梨吠九.一一三,三。)诸神饮苏摩时,必经乾闼婆之口云。(阿吠七.七三,三。)然据《夜柔吠陀》(美特罗耶尼耶集一三.八,一〇。)则谓其为诸神保管苏摩而盗饮之,遂罚之禁饮苏摩云。又乾闼婆颇好色,除阿布沙罗斯为其恋人外,人类之妇人,亦与有关系。《梨俱吠陀》(一〇.八五,)谓未嫁之处女,皆属于乾闼婆,结婚之夕为与君郎竞争者。在吠陀时代,新夫妇结婚之夕不同衾,两人之间有置一大棒之俗,盖以棒拟于乾闼婆,便是新妇尚属于彼,以悦其心也。乾闼婆全体之字义不明,惟Gandha有"香"字意。吠陀中已有与香有关系之解。《梨俱吠陀》(一〇.一二三,七。)谓乾闼婆着有香气(surabhi)之衣服。《阿闼吠陀》(一二.一,二三。)谓乾闼婆与阿布沙罗斯有地母(Būmī)之香云。中国译为寻香、馞香、食香、香阴等,但食寻等等意义不明。又至后世则谓乾闼婆城(Gandharva nāgara-pur)有蜃气楼之意。又以乾闼婆为天之音乐师云,但《吠陀》中无此说。[2]

---

[1] 东京国立博物馆《シルクロード大美术展》,东京,1996年,图版181。

[2] 〔日〕高楠顺次郎、木村泰贤著,高观庐译《印度哲学宗教史》,台北:台湾商务印书馆,1971年,页101~102。

实际上,正是乾闼婆"或谓卷发而执有光辉之武器。或谓多毛,作半兽半人状"、可用大棒来象征,这些与赫拉克利斯的共性,才使得后者得以顺利融合到佛教艺术之中。贵霜王国时期,希腊、罗马的神像在犍陀罗地区广泛流行,并反映在钱币上。贵霜族是伊朗系民族,他们的主要供奉对象是琐罗亚斯德教神祇,不过这些拜火教神借用了希腊、罗马神像的图像。如,贵霜人借用希腊的赫耳墨斯(Hermes)形象来表现伊朗财神(Pharro)。[1] 看来借用赫拉克利斯的形象来表现佛教中的乾闼婆也与贵霜有关。无论如何,若从源头而论,唐墓中所出披戴兽头盔帽的镇墓武士俑受赫拉克利斯的影响显著,只不过这种影响已经先行浸入了佛教艺术中,故不宜再以赫拉克利斯来命名它在佛教艺术中的类似形象了。安阳大住圣窟毗伽罗神王像胸部出现美杜莎的头像便是一个典型案例。

就现有的考古资料看,有一个非常有意思的现象。即,出土地点明确的披戴兽头盔帽的镇墓武士俑,除了尉迟敬德墓、[2] 节愍太子李重俊墓、[3] 巩义芝田88HGZM90 以及 92HGSM1[4] 等四座墓葬之外,余者都出于河北地区唐代的圆形墓葬(图 6 - 16)。[5] 根据上述结论,判断唐墓中所谓"赫拉克利斯"武士俑的性

---

[1] 篠原典生《毗沙门天图像的起源与演变》,《青年考古学家》第 18 期,北京大学考古文博学院,2006 年,页 55。

[2] 昭陵文物管理所《唐尉迟敬德墓发掘简报》,《文物》1978 年第 5 期,页 20~25。

[3] 陕西省考古研究所、富平县文物管理委员会《唐节愍太子墓发掘报告》,北京:科学出版社,2004 年,页 81~85。

[4] 郑州市文物考古研究所编著《巩义芝田晋唐墓葬》,北京:科学出版社,2003 年,页 58~59、70~71、244 图 209・3、279 图 260・2 以及彩版九 3、4。

[5] 天津市文化局考古发掘队《天津军粮城发现的唐代墓葬》,《考古》1963 年第 3 期,页 147~148;信立祥《定县南关唐墓发掘简报》,文物编辑委员会编《文物资料丛刊》第 6 辑,北京:文物出版社,1982 年,页 110~116;王敏之、高良谟、张长虹《河北献县唐墓清理简报》,《文物》1990 年第 5 期,页 28~33、53;辛明伟、李振奇《河北南和唐代郭祥墓》,《文物》1993 年第 6 期,页 20~27、61;李振奇、辛明伟《河北南和东贾郭唐墓》,《文物》1993 年第 6 期,页 28~33;河北省文物研究所等《河北省安国市梨园唐墓发掘简报》,《文物春秋》2001 年第 3 期,页 27~35。注,本文图 6 - 16 皆采自上述相关简报,恕不再指出。

质,宜根据它在墓葬中的具体位置和组合关系。其中,尉迟敬德墓因是别敕葬,[1]
李重俊墓则因是唐睿宗时期的改葬墓,皆采用了双室砖墓的形制。值得注意的是,
李重俊墓随葬这类武士俑至少有62件,它们被集中置于耳室之中,应该表示它们
是出行仪仗的组成部分,不宜将它们归入乾闼婆、赫拉克利斯中的任何一种。这从
该墓此类俑的庞大数量便可得到证明。考虑到尉迟敬德、李重俊墓的特殊性,根据
现有的情况,似乎可以判断这类镇墓武士俑跟圆形墓葬有莫大的关联。

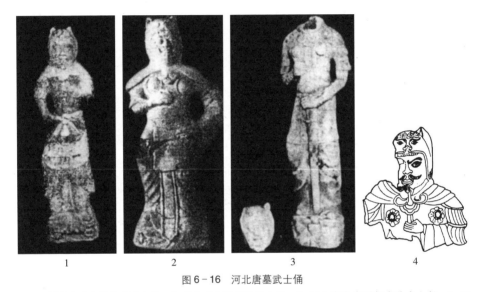

图 6-16   河北唐墓武士俑

1. 河北定县南关唐墓武士俑   2. 河北南和郭祥墓武士俑   3. 河北南和东贾郭唐墓武士俑   4. 河北安国梨园唐墓 M4 武士俑

　　在已知的圆形墓中,从出土位置来看,该俑可以分成两种情况。第一,跟另一
尊天王俑成对置于甬道的侧龛中,如南和郭祥墓和东贾郭唐墓。第二,置于墓室棺
床的东侧,如定县南关唐墓。值得注意的是,上述三座墓葬都带有甬道,且于甬道
两侧开龛。这应该意味着,在上述两种情况中,此类武士俑似乎又被赋予不同的功
能指向。是否在第一种情况之下,被视作毗沙门天下的神王,如迦毗罗之类? 而第

[1] 齐东方《试论西安地区唐代墓葬的等级制度》,载北京大学考古系编《纪念北京大学考古专业三十
　　周年论文集(1952—1982)》,北京: 文物出版社,1990 年,页 289～295;同作者《略论西安地区发现
　　的唐代双室砖墓》,《考古》1990 年第 9 期,页 858～862、789。

二种情况下,表现为乾闼婆的可能性较大,因为它与两个表示镇墓的毗沙门天王俑组成同一个组合。

此外,还有一类所谓"赫拉克利斯"镇墓武士俑,则仍保留着手持棍棒的形象,摆放于墓门左右。今考古所见此类俑见于河南安阳市杨偡墓(图6-17)[1]和山西长治县东郊北石槽三号墓(图6-18)。[2] 依照镇墓武士俑与佛教之渊源及其功用,我们认为该形象很可能来源于佛教中护法的执金刚神。其为手持金刚杖而守护帝释天宫门之夜叉神,遇佛出世,即降于阎浮提,卫护世尊,防守道场。在犍陀罗艺术中,执金刚神吸收了赫拉克利斯的元素而呈现出新形象。[3] 作为佛主释迦守卫神的执金刚神,应居于天宫或山顶高处。在考古材料中,他也多立于世尊像之旁。因此上述两座墓葬将此类造型的镇墓俑置于墓门左右,当也有守护墓室及墓葬主人神灵的作用。遗憾的是,有关这两座墓葬主人生平所知甚少,其为何径用此类形象的武士俑,难以再究。其实,在这种情况下,他们与前述仿自迦毗罗等神王或护法金刚、力士的镇墓武士俑有着异曲同工之妙。其详已据前述。

图6-17　河南安阳市杨偡墓武士俑　　　图6-18　山西长治县东郊北石槽 M3 武士俑

[1] 安阳市博物馆《唐杨偡墓清理简报》,《文物资料丛刊》1982年第6期,页130~133。该墓葬发掘时随葬品均已散乱,推测这两个武士俑置于墓门两侧。详邢义田　同上揭文,页38~39。
[2] 山西省文管会、山西省考古所《山西长治北石槽唐墓》,《考古》1962年第2期,页63~68。
[3] 邢义田　同上揭文,页28。

综上，唐代墓葬中镇墓武士俑的佛教渊源及其功用已了然。但是，这并不能说在唐代墓葬系统中出现了佛教造像。丧葬制度和习俗是一个单独的观念体系，它是从传统社会中吸纳各种元素而形成的一个新的混同体。此后，这个混同体当以独立的姿态出现在世人面前。在这个意义上，原先从某个宗教中吸纳进来的元素便不能再简单地仍以原先其归属的宗教视之，而应该置之新形成的文化混同体中，在属性上与其母体剥离开来，重新判定它在新的文化混同体中的地位和作用。中国传统社会的文化特性使得这一点尤为突出，这是在研究传统社会的文化观念中应该引起我们重视的。如何根据图像在不同地域、不同文化中发生的意义及其差别来研究图像的变化，考察图像流传背后意义的传播和改造情况？唐代镇墓武士俑为我们提供了一个很好的案例。

三

有意思的是，在唐代主宰冥世的系统中，还有一个玄冥使者，同样也身穿兽皮。事见《玄怪录》，该书卷三"萧志忠"条云：

> 时山月甚明，有一人身长丈余，鼻有三角，体被豹鞿，目闪闪如电，向谷长啸。俄有虎、兕、鹿、豕、狐、兔、雉、雁，骈匝百许步。长人即宣言曰："余玄冥使者，奉北帝之命，明日腊日，萧使君（志忠）当顺时畋猎。尔等若干合箭死，若干合枪死，若干合网死，若干合棒死，若干合狗死，若干合鹰死。"言讫，群兽皆俯伏战惧，若请命者。老虎泪老麕，皆屈膝向长人言曰："以某等之命，死实以分。然萧公仁者，非意欲害物，以行时令耳。若有少故则止。使者岂无术救某等乎？"使者曰："非余欲杀汝辈，但今自以帝命宣示汝等刑名，即余使乎之事毕矣。自此任尔自为计。然余闻东谷严四兄善谋，尔等可就彼祈求。"群兽皆轮转欢叫。使者即东行，群兽毕从。时薪者疾亦少间，随往觇之。
>
> 既至东谷，有茅堂数间，黄冠一人，架悬虎皮，身正熟寝。惊起，见使者曰："阔别既久，每多思望。今日至此，得非配群生腊日刑名乎？"……黄冠乃谓使

者曰："忆含质在仙都,岂意千年为兽身,悒悒不得志。聊有《述怀》一章。"乃
吟曰:

　　昔为仙子今为虎,流落阴涯足风雨。

　　更将班毙破余身,千载空山万般苦。

　　"然含质谴谪已满,唯有十一日,即归紫府矣。久居于此,将别,不无恨恨。
因题数行于壁,使后人知仆曾居于此矣。"乃书北壁曰:"下玄八千亿甲子,丹飞
先生严含质,谪下中天,被班革六十甲子,血食洞饮,厕猿狄,下浊界,景云元纪
升太一。"[1]

引文中的玄冥使者便是"被豹鞟"者,原名严含质,它奉北帝之命,向群兽宣示它们
所应遭受的死刑——腊日刑名,但又别有解救的办法。

　　不知唐代墓葬中戴兽头盔帽的镇墓武士俑是否与此有关? 谨附记于此。

　　(本文原载樊英峰主编《乾陵文化研究》第 5 辑,西安:三秦出版社,2010 年,页
138~152。此次重刊略有修订。)

---

[1]《玄怪录》,《唐五代笔记小说大观》(上),页 385~386。

7

墓葬随葬辇车配件的辨识

——以冯素弗墓随葬品为中心

1969 年 9 月,辽宁北票县西官营子将军山东麓发现了十六国时期北燕贵族冯素弗(M1)及其妻属(M2)的墓葬。[1] 这是第一次明确发现的北燕墓葬。冯素弗夫妇两圹并列,相距最近处仅 20 厘米,应在同一坟封之下——即同坟异穴。墓葬表现出诸多东胡习俗的形态,如壁画多绘犬及冯素弗妻殉犬 2 只等。此前多有关注。

冯素弗身为北燕天王冯跋之弟,曾任范阳公、侍中、车骑大将军、录尚书事、大司马、辽西公等官爵。简报称其随葬品"有四百余件,而且大多是实用器,种类繁多,其中贵重、精致物品之多更是一个突出的特点"。在这众多的随葬品中,有 9 件所谓铁工具却颇引人注目,也让人费解。实际上,它们是重理冯素弗墓随葬品分类的关键。

这 9 件铁工具分别是斧 3 件(图 7-1)、扁铲 2 件、凿 1 件、锯条 2 件、片状刃器 1 件。其中片状刃器为横长方形铁片,下有刃,背部残留木纹,可能是一种背装木柄的小刀。锯条为一面齿,原当装有木柄,现两端尚存铆钉和木质残痕。

对器物功能的认识是对该器物分类、排比,乃至进一步研究的基础。以前此类工具多一概被视作农业生产工具,事实是否真的如此?以冯素弗之身份,其墓葬

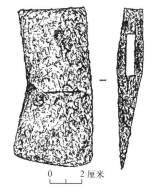

图 7-1　冯素弗墓铁斧

---

[1] 黎瑶渤《辽宁北票县西官营子北燕冯素弗墓》,《文物》1973 年第 3 期,页 2~28。

中出现上述铁质农具,着实有些让人费解。但是,如果跟共出的马具一起考虑,则不难判断它们是古代战车装备的必需品。

检《周礼》卷二一《乡师》郑玄注云:

> 《司马法》曰:夏后氏谓辇曰余车,殷曰胡奴车,周曰辎辇。辇一斧、一斤、一凿、一桯、一锄。周辇加二版、二筑。又曰夏后氏二十人而辇,殷十八人而辇,周十五人而辇。[1]

又《管子》卷二二《海王篇》云:

> 行服连轺辇者,必有一斤、一锯、一锥、一凿,若其事立。不尔而成事者,天下无有。[2]

同书卷二四《轻重篇》亦云:

> 一车必有一斤、一锯、一釭(鉏)、一钻、一凿、一銶、一轲(柯),然后成为车。[3]

根据上述文献所载可知,古代汉制辇车装载有斧、斤、凿、锯、锥、桯、锄等工具,它们都是备用的筑城修壁垒、攻木及维修的用具。显然,应该将前述9件铁工具一并归入车马具类中。

由此,我们可以尝试重新将冯素弗墓随葬品分类。其中属于战马的装备有:

---

[1] 〔清〕孙诒让撰,王文锦、陈玉霞点校《周礼正义》,北京:中华书局,1987年,页823~824。另,《司马法》系春秋晚期齐景公时司马穰苴所做。《史记》卷六四《司马穰苴传》记载战国中期齐威王仿效司马穰苴用兵,命其大夫追论古时"司马兵法",附穰苴于其中,号为《司马穰苴兵法》,可知《司马法》成书于战国,而书中包含了司马穰苴所制定的某些内容。

[2] 颜昌峣《管子校释》,长沙:岳麓书社,1996年,页540。

[3] 《管子校释》,页608。

马甲、马镫 1 副 2 件、铁马衔 2 件、带卡、带箍等。简报所言"仪仗、车具"类中的鎏金螭兽铜杆头 6 件、杆足鎏金铜护件 3 件、铁旗座 2 件、铁四通管 4 件、铁弓距 2 件,都应该属于战车上的饰件。如上所言,前述 9 件铁工具也是战车上的必备用具。而人甲、铁盔以及铁剑 1 件、铁刀 14 件、金㧚刀柄 2 件、铁矛 1 件、鸣镝 8 件、铁镞 130 多件以及泥丸 75 粒等,应该是冯素弗骑乘战车时的武装着装和配备。

至于简报所言 90 多件"服章杂用"类器物,则很可能是冯素弗的官服。如金冠饰、压印人物纹山形金饰、金钗、银笄等物件,应是头部所戴步摇冠饰件。水晶珠等珠饰、鎏金铜带钩、银带环、带卡、带箍等,则应是冯素弗身上所穿官服之佩饰。这些随葬品跟"车骑大将军章"和"范阳公章""大司马章""辽西公章"应可归入"金宝珠玉"类。此外,4 件文具也当归入此列。

需要说明的是,发掘时发现冯素弗墓整个椁室封闭严密,可资判断墓葬没有被盗。在该墓中不见有马骨,可知随葬时并未以实际之战马入藏。同样地,也未见有关于战车朽坏痕迹的报道,可知并没有埋葬实际之战车。综合这些迹象,可以推知冯素弗入藏时,很可能只是以战车及战马的装配来象征战车和战马。

综上,从随葬品来看,可以推知冯素弗墓中随葬了战车、战马装备以及官服,这些分别跟随葬冯素弗的"车骑大将军章"和"范阳公章""大司马章""辽西公章"所体现的身份相吻合。前述 9 件铁工具表明冯素弗采用了汉文化的车制。联系汉唐墓葬随葬品的规制,可进一步推断墓中随葬的战车、马器具,应该还有表示墓主人出行的意蕴。

基于此,冯素弗墓的随葬品实可以分作三大类。其一为"金宝珠玉"类,即官服、印章等;其二为墓主人的乘具;其三为生活用具类。遗憾的是,该简报没有配置随葬品的具体分布图,我们无法根据随葬品之间的相对位置做进一步的分析。

实际上,类似冯素弗墓中 9 件铁工具的随葬品在春秋战国以来的墓葬中并不少见,到了唐代仍然如此。唐代河北地区,在规格较高的圆形墓或随葬有铁锹、锄、锯、斧等工具。如,多次被盗的朝阳中山营子屯唐朝散大夫墓清理时,室四角有四堆泥俑残片,其中有文俑和武俑。在近左小门及正门处,有铁锹、锄、锯、斧等(图 7-2)。另,右小门附近有铁锅残片、铜饰、骨饰片、铜铁残块、印花黄釉瓷片等。此外还有铁箍、铜片、骨片、铁钉散在各处。右小室南角出 1 米高的镇墓兽 1件及铜铃、铜带扣、骨矛等。侧室北角有残文俑及大镇墓兽 1 件,东南角有残牵马俑及陶马各 3 件,地面散布厚 3~4 厘米的木灰及木炭,中夹大量铁钉及骨饰片、骨雕人物和鸟、透雕铜饰片、铁箍、铁环、残木俑、琉璃珠 20 多枚。主室有绿石珠、文俑、残乳白釉瓷胡人头各 1 件。墓室陷土中有鸡、犬、牛、马骨。[1]

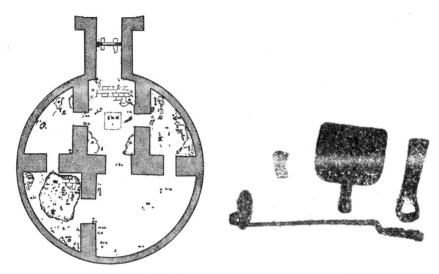

图 7-2　朝阳中山营子屯唐朝散大夫墓及所出铁工具

同样地,就朝阳中山营子屯唐墓的情况来看,如果将该墓所出铁锹、锄、锯、斧等跟马骨结合起来综合考虑,则不难甄辨这是古代战车装备的必需品。显然,应该将前述铁锹、锄、锯、斧等铁工具一并归入车马具类中。进言之,我们可以断定该墓随葬有辇车(战车)1 辆。此外,简报所言铜铃恐为马身上的挂饰。

朝阳西大营子八里堡屯孙君墓[2]也出土一带銎的铁锄,其墓室床左边是马俑和骑马俑。同样的道理,可以认为该铁锄属于车马具。由此可见汉制辇车制度的持久性。

(本文原载《中国文物报》2013 年 5 月 24 日第 6 版。)

---

[1] 金殿士《辽宁朝阳西大营子唐墓》,《文物》1959 年第 5 期,页 62~64。

[2] 金殿士《辽宁朝阳西大营子唐墓》,《文物》1959 年第 5 期,页 62。

8

新天师道与临淄北朝崔氏圆形墓

1973、1983 年,先后在山东淄博市临淄区大武镇窝托村南清理发掘北朝崔氏墓葬 19 座。[1] 出土的墓志纪年显示,该墓地始于北魏,延至北齐,其中葬于 493 年的崔猷墓最早,葬于 577 年的崔博墓最晚,经历了北朝时期约百余年的时间,同河北景县封氏墓群、高氏墓群的葬制及起止时间相近。[2]

在北朝时期,临淄崔氏墓地在墓葬营筑和随葬品方面存在如下独特共性:

首先,墓制以圆形墓为主。除崔德墓(M5)为方形单室石室墓、M16 为椭圆形石室墓[3]外,余者墓葬形制、结构及建筑方法基本一致。其中又以崔鸿墓(M1)和崔混墓(M3)同为代表,与前者相似的如崔鹔墓(M14)、崔博墓(M12)以及 M7、M10。第一,皆为圆形石室墓,多使用石棺床;第二,墓葬建筑方法一致。如,墓壁和墓顶的砌法与 M1 相同。墓壁使用不规则的条石,经加工后,作人字形斜砌,并用石灰抹缝。从残存的痕迹可以看出墓顶亦用条石作人字形斜砌,内收成穹窿顶。第三,使用碎石块封堵墓门,或者使用石门扉,如崔混墓(M3)的墓门由门框、门楣、门扉构成。门框两边有立柱,上承条石门楣,楣、槛两边各有轴窝;门扉素面,其背面中部有铁门环,门扉有轴,安放于楣、槛的轴窝内。M2、M4、M6、M8、M9、M11、M13 等 7 座墓葬墓门的处理方式也不例外。不过,若从都使用石材的角度看,对墓门处理方式的差异实可忽略。换言之,临淄崔氏墓地的墓葬结构及建筑方式表

---

[1] 山东省文物考古研究所《临淄北朝崔氏墓》,《考古学报》1984 年第 2 期,页 221~224;临淄市博物馆、临淄区文管所《临淄北朝崔氏墓地第二次清理简报》,《考古》1985 年第 3 期,页 216~221。

[2] 淄博市博物馆、临淄区文管所《临淄北朝崔氏墓地第二次清理简报》,《考古》1985 年第 3 期,页 221。

[3] 淄博市博物馆、临淄区文管所《临淄北朝崔氏墓地第二次清理简报》,《考古》1985 年第 3 期,页 216。

现出极大的一致性和稳定性,这应该是其家族门风在墓葬方面的表现。

其次,临淄崔氏墓葬大都随葬有一套怪兽俑,如伏听俑、墓龙等,并在 M10 中首见随葬十二生肖俑。十二生肖俑和怪兽俑同属一个组合,出土有十二生肖俑的 M10、M17 原应也随葬有人首蛇身俑、连体俑等怪兽俑。同理,出土有人首蛇身俑、连体俑等怪兽俑的崔博墓(M12),原应也随葬有十二生肖俑。换言之,出土十二生肖俑和所谓怪兽俑组合的随葬也首见于北朝崔氏墓地。这套陶俑组合与雷公俑共同构成了太一出行的程式。[1]

总之,从墓葬结构形制和建构方式以及随葬品俑类的选择上,临淄北朝崔氏墓地都显示出独特之处,从而成为北朝崔氏一族的符号,正如南北朝时期世家大族在墓葬方面各有其家族特点一般。[2]

圆形墓首见于临淄北朝崔氏墓地。[3] 该特殊性引起了研究者的关注,长期以来,他们围绕圆形墓展开了讨论,该墓制出现原因成为了讨论的焦点。[4] 本文拟对此再做申论,以求教方家。

一

临淄北朝崔氏为天师道世家,[5]且该信仰成为崔氏家族、门阀的重要家学,并通过家族中有影响力者得以延续、传承。史载,崔浩(? ~450)在始光初年因遭忌暂归田里,拜寇谦之(363~448)为师,崇奉新天师道。后崔浩重出掌权,经崔氏举

---

[1] 沈睿文《唐宋墓葬神煞考源》,载荣新江主编《唐研究》第 18 卷,北京:北京大学出版社,2012 年,页 199~220。
[2] 沈睿文《魏晋南北朝士家大族墓葬与社会变迁》,北京大学博士学位论文,2009 年。
[3] 案,北朝封氏亦使用圆形墓葬,此外迄今考古未发现崔氏、封氏以外的北朝圆形墓葬。圆形墓为北朝崔氏、封氏在墓葬形制上的共同选择,这跟北魏时崔浩、封魔奴共同的宗教信仰及二者与寇谦之的政教联合有关。封氏墓葬资料尚未正式发表,谨记于此。
[4] 案,相关研究的梳理及辨析,详沈睿文《北朝隋唐圆形墓研究述评》,《理论与史学》第 2 辑,北京:中国社会科学出版社,2016 年,页 119~126。
[5] 陈寅恪《天师道与滨海地域之关系》,所撰《陈寅恪集·金明馆丛稿初编》,北京:生活·读书·新知三联书店,2001 年,页 16~17。

荐,世祖方"崇奉天使(寇谦之),显扬新法,宣布天下,道业大行"。崔浩与天师道寇谦之更曾联合对北魏政教形成冲击。也就是说,崔氏一族本就信奉天师道,[1]后因政治之需要,崔浩又转而崇奉寇谦之之新天师道。

当时,佛教对道教的影响是多方面的。如,陶弘景《真诰》便是模拟佛经而编撰的。寇谦之与佛教的关系错综复杂,他吸收佛教方术、戒律改造天师道并参与北魏政治。陈寅恪已指出寇谦之的养生、科诫制造、算术方法多受佛教影响。[2]如,寇谦之《云中音诵新科之诫》中便有佛教因素。在重新梳理传统道教之际,佛教知识的传入又给寇谦之新的刺激和启发,使得他一方面吸纳佛教之新知识以充实传统道教,一方面在佛教的启迪之下,相应地重整本系统之内已有的知识以便与佛教相抗衡。兼之儒学,共同成为寇谦之之新天师道的三大知识来源。

若从这个角度,我们可以尝试对临淄北朝崔氏圆形墓重做一番考察。

崔浩家世崇奉天师道,崔浩本人跟天师寇谦之不仅有师徒之谊,更曾与之联手欲图在政教二领域大展志向。如此则崔氏对寇谦之随成公兴在嵩岳石室隐修一事自当熟谙,而新天师道宗师寇谦之的这种传奇经历多少给予崔浩等人以切实之影响。《魏书》记载寇谦之修道过程中,在仙人成公兴的指引下到嵩岳石室潜修,虽未得仙,终为帝王师的奇遇。事见该书卷一一四《释老志》:

> 世祖时,道士寇谦之,字辅真,南雍州刺史赞之弟,自云寇恂之十三世孙。早好仙道,有绝俗之心。少修张鲁之术,服食饵药,历年无效。幽诚上达,有仙人成公兴,不知何许人,至谦之从母家佣赁。谦之常觇其姨,见兴形貌甚强,力作不倦。请回赁兴代已使役。……谦之树下坐算,兴恳发致勤,时来看算。谦之谓曰:"汝但力作,何为看此?"二三日后,复来看之,如此不已。后谦之算"七曜",有所不了,惘然自失。兴谓谦之曰:"先生何为不怿?"谦之曰:"我学

---

[1]《魏书》卷三五《崔浩传》载:"初,〔崔〕浩父疾笃,浩乃剪爪截发,夜在庭中仰祷斗极,为父请命,求以身代,叩头流血,岁余不息,家人罕有知者。及父终,居丧尽礼,时人称之。"北京:中华书局,1974年,页812。

[2]陈寅恪《崔浩与寇谦之》,所撰《陈寅恪集·金明馆丛稿初编》,页120~158。

算累年，而近算《周髀》不合，以此自愧。且非汝所知，何劳问也！"兴曰："先生试随兴语布之。"俄然便决。谦之叹伏，不测兴之深浅，请师事之。兴固辞不肯，但求为谦之弟子。未几，谓谦之曰："先生有意学道，岂能与兴隐遁？"谦之欣然从之。兴乃令谦之洁斋三日，共入华山。令谦之居一石室，自出采药，还与谦之食药，不复饥。乃将谦之入嵩山。有三重石室，令谦之住第二重。历年，兴谓谦之曰："兴出后，当有人将药来。得但食之，莫为疑怪。"寻有人将药而至，皆是毒虫臭恶之物，谦之大惧出走。兴还问状，谦之具对，兴叹息曰："先生未便得仙，政可为帝王师耳。"兴事谦之七年，而谓之曰："兴不得久留，明日中应去。兴亡后，先生幸为沐浴，自当有人见迎。"兴乃入第三重石室而卒。谦之躬自沐浴。明日中，有叩石室者，谦之出视，见两童子，一持法服，一持钵及锡杖。谦之引入，至兴尸所，兴欻然而起，着衣持钵、执杖而去。先是，有京兆灞城人王胡儿，其叔父亡，颇有灵异。曾将胡儿至嵩高别岭，同行观望，见金室玉堂，有一馆尤珍丽，空而无人，题曰"成公兴之馆"。胡儿怪而问之，其叔父曰："此是仙人成公兴馆，坐失火烧七间屋，被谪为寇谦之作弟子七年。"始知谦之精诚远通，兴乃仙者谪满而去。

谦之守志嵩岳，精专不懈，以神瑞二年十月乙卯，忽遇大神，乘云驾龙，导从百灵，仙人玉女，左右侍卫，集止山顶，称太上老君。谓谦之曰："往辛亥年，嵩岳镇灵集仙宫主，表天曹，称自天师张陵去世已来，地上旷诚，修善之人，无所师授。嵩岳道士上谷寇谦之，立身直理，行合自然，才任轨范，首处师位，吾故来观汝，授汝天师之位，赐汝《云中音诵新科之诫》二十卷，号曰'并进'。"言："吾此经诫，自天地开辟已来，不传于世，今运数应出。汝宣吾《新科》，清整道教，除去三张伪法，租米钱税，及男女合气之术。大道清虚，岂有斯事。专以礼度为首，而加之以服食闭练。"使王九疑人长客之等十二人，授谦之服气导引口诀之法。遂得辟谷，气盛体轻，颜色殊丽。弟子十余人，皆得其术。[1]

[1]《魏书》，页3049~3051。

《周髀》是中国古代的天文历算著作,主要内容是对古代宇宙天体论《盖天说》进行数学计算。陈寅恪认为魏晋以前的《周髀》盖天之术为旧术,联系《殷绍传》所述,认为成公兴与当时的佛教徒有密切关系,他介绍的向殷绍传授医学、算学的名师昙影、法穆以及"和公",都是佛教徒,"寇谦之、殷绍从成公兴、昙影、法穆等受《周髀》算术,是从佛教受天竺输入之'新盖天说'"。寇谦之用其世代所传旧法累年算《七曜》《周髀》不合,可是按照成公兴的算法,却"俄然便决",此竟使寇谦之大为叹服,愿立即拜师。虽成公兴坚辞不肯,此后寇谦之随成公兴入嵩山修炼,七年之后,成公兴仙去,寇谦之则运用他从成公兴那里学到的佛教受天竺输入之"新盖天说"(另外还有佛教的"律学"),成功地对道教进行了改革。[1] 这个故事隐晦地记录了寇谦之从佛教中汲取知识充实新天师道的事实。

陈寅恪称"天算之学于道教至为重要",是最早注意到这个问题的学者。他说:

> 〔梁武帝之说〕是明为天竺之说,而武帝欲持此以排浑天,则其说必有以胜于浑天,抑又可知也。隋志既言其全同盖天,即是新盖天说,然则新盖天说乃天竺所输入者。寇谦之、殷绍从成公兴、昙影、法穆等受《周髀》算术,即从佛教受天竺输入之"新盖天说",此谦之所以用其旧法累年算《七曜》《周髀》不合,而有待于佛教徒新输入之天竺天算之学以改进其家世之旧传者也。[2]

自从东汉初年,佛教传入中土以后,作为一种新的宗教信仰,它以新知识的形态在诸多领域对现有的知识体系产生了冲击和碰撞,已不再仅仅停留于宗教问题的层面上。比如,在天文学领域,佛教的传入同样带来了新的天文知识,就对传统的天文知识产生了深刻的影响。印度天学随佛教东来传入中土,其高潮出现于唐代,但此前早有先声。其中影响甚大的事例之一是为古代印度宇宙模式之传播。[3] 最为

[1] 陈寅恪《崔浩与寇谦之》,所撰《陈寅恪集·金明馆丛稿初编》,页120~158。
[2] 陈寅恪《崔浩与寇谦之》,页132。
[3] 江晓原《六朝隋唐传入中土之印度天学》,原载《汉学研究》10卷2期,1992年,页253~277;此据江晓原《江晓原自选集》,桂林:广西师范大学出版社,2001年,页247。

典型的事例便是梁武帝在位期间,所谓长春殿讲义、建同泰寺、改革时刻制度三事,皆与天学史上之中外文化交流有关。其所本实为古代印度宇宙模式之见于佛经中者,[1]更出人意表的是《周髀算经》所载宇宙模式很可能也来自印度。[2]

根据江晓原的研究,《周髀算经》中的宇宙模式(图8-1、8-2)有如下要点:

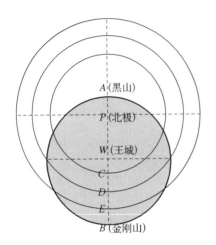

图8-1　梁武帝的盖天说模型

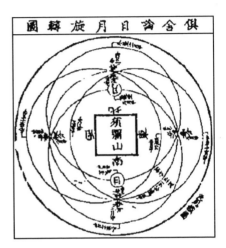

图8-2　佛教宇宙模型中的苏迷卢山
(须弥山)与铁围山

1. 大地与天为相距80000里的平行圆形平面。

2. 大地中央有高大柱形物(高60000里的"璇玑",其底面直径为23000里)。

3. 该宇宙模型的构造者在圆形大地上为自己的居息之处确定了位置,并且这位置不在中央而是偏南。

4. 大地中央的柱形延伸至天处为北极。

[1] 江晓原、钮卫星《天学史上的梁武帝》,原载《中国文化》第15、16合期,北京/香港/台北,1998年;此据《江晓原自选集》,页221~246。

[2] 此问题的发覆可参江晓原《〈周髀算经〉盖天宇宙结构》以及《〈周髀算经〉与古代域外天学》二文,《江晓原自选集》,页193~220;同作者《周髀算经·导言》,载江晓原、谢筠译注《周髀算经》,沈阳:辽宁教育出版社,1996年,页1~54。案,南梁武帝便是利用印度新盖天说将他地偏东南一隅的建康城营造成新的"天下之中"。详王静《中古都城建城传说与政治文化》,北京:社会科学文献出版社,2013年,页68~73。案,以上事例说明南北朝时印度之新盖天说确借助佛教传入中国,并产生了实际的影响。

5. 日月星辰在天上环绕北极作平面圆周运动。

6. 太阳在这种圆周运动中有着多重同心轨道,并且以半年为周期作规律性的轨道迁移(一年往返一遍)。

7. 太阳的上述运行模式可以在相当程度上说明昼夜成因和太阳周年视运动中的一些天象。

8. 太阳光照四周的极限半径为167000里。

《周髀算经》的这个宇宙模式便是天竺人传之新盖天说。这便是寇谦之、殷绍从成公兴、昙影、法穆所学天竺天学的主要内容。其重要内容便是"大地与天为相距80000里的平行圆形平面"。此新盖天说必经由寇谦之之流而对崇奉新天师道,且与寇氏过从甚密的崔浩及其门阀士族产生深刻影响,充实并成为崔氏家学的重要内容。

墓葬墓室的结构实际上模仿了天地结构,与古代宇宙模式有着密不可分的关系。墓葬顶部形状和功能的变化是从西汉早、中期的大型墓葬开始的,呈现出三种状态。即,第一种以河南永城柿园梁王墓为代表,反映出墓葬建造者已在观念中视墓顶如天顶;第二种以江苏徐州北洞山崖墓为代表,顶部皆作"人"字形屋殿顶抬高墓顶的高度,以仿天顶之高远;第三种以河北满城中山靖王刘胜墓为代表,其中、后室的顶部都为穹窿顶,即明确地把墓顶仿拟为天顶了。西汉晚期至新莽时期,从屋殿顶、拱顶、券顶到穹窿顶,中原中小型墓日益在方形的墓室上方把"天圆"的特征明确地表现出来,完成了模拟天地的探索过程。这使得"天圆地方"在墓葬中成为具有广泛意义的形制特征,使墓葬成为天地相合的一种微缩模型。[1]

既然墓葬墓室的结构实是模拟所自的宇宙模式,由此推衍,圆形墓显然是模拟两个平行圆形的天地的意象。因此,在上述背景之下,有理由认为临淄北朝崔氏家族墓葬选择圆形(石室)墓缘于他们对新天师道的崇奉,即缘于他们对天竺新盖天说的信奉。

临淄崔氏墓地 M10 出土有置于相配套的凳台之上的十二生肖俑,发掘时遗留

---

[1] 倪润安《天地交通观念与西汉墓葬建构》,《四川文物》2007 年第 6 期,页 23~28。

有虎、蛇、马、猴、犬及生肖已经消失的鼋台1件合6件;M17出土十二生肖俑中的虎、牛、羊、鼠、蛇等5件,可知这两座墓葬当初各随葬了一套十二生肖俑。这是迄今考古所见最早的十二生肖俑的实物。葬于北齐武平四年(573)的崔博墓(M12)则出土有伏听俑、人首蛇身俑、连体俑等怪兽俑。

图8-3　临淄北朝崔氏 M10 所出武士俑

如上所述,出土有十二生肖俑的 M10、M17 原应也随葬有人首蛇身俑、连体俑等怪兽俑。同理,出土有人首蛇身俑、连体俑等怪兽俑的崔博墓(M12)原应也随葬有十二生肖俑。它们与雷公俑一起,共同构成太一出行的传统意蕴,在该出行中又以雷公(雷神)出行为核心。崔氏墓地 M10 所出2件武士坐俑,左手残,右手持棒状物[1](图8-3)。此物很可能是击鼓之雷神俑。

十二生肖及三十六禽是北斗斗星之气所化。崔博墓(M12)所出人首蛇身俑、连体俑等怪兽俑应为"地轴"或"勾陈",为雷神之属,[2]雷神俑与十二生肖俑及其禽支皆为天宫之物,它们在墓葬中共同构成太一出行中的核心,即雷公(神)出行,[3]共同展示着道教的雷法,十二生肖俑实际上也是雷法俑的重要组成。

怪兽俑(雷神俑)为天宫之物,可见于朝鲜三国时代德兴里壁画墓(5世纪中叶)前室北侧天井顶部;[4]十二生肖及三十六禽为天宫之物,则可见于湾漳大墓

[1] 山东省文物考古研究所《临淄北朝崔氏墓》,《考古学报》1984年第2期,页238。

[2] 案,关于怪兽俑,白彬认为唐宋墓葬出土之人首鱼身俑、人首蛇身俑、人首龙身俑、猪首人身俑、鸟首人身俑、鳖首人身俑、牛首人身俑、马首人身俑、捧镜女俑、鼓及负鼓力士皆为道教雷神或与雷神有关之物。北宋中叶以后,不同形象的雷神相继以明器的形式在墓葬中频繁出现,与道教雷法的兴起和影响有很大关系。详白彬《雷神俑考》,《四川文物》2006年第6期,页66~75;白彬在所撰《四川五代两宋墓葬中的猪首人身俑》(《四川文物》2007年第3期,页56~60)中也发表了相同的看法。有关神怪俑与道教之关系的全面讨论,可参张勋燎、白彬《隋唐五代宋元墓葬出土神怪俑与道教》,所撰《中国道教考古》第6卷·贰拾,北京:线装书局,2006年,页1611~1750。

[3] 沈睿文《唐宋墓葬神煞考源》,载荣新江主编《唐研究》第18卷,北京:北京大学出版社,2012年,页199~220。

[4] 朝鲜民主主义人民共和国社会科学院朝鲜画报社《德兴里高句丽壁画古坟》,东京:讲谈社,1985年,页25图版27、页55图9。

M106、[1]北齐东安王娄叡墓、[2]朔州水泉梁北齐壁画墓[3]等墓葬的墓室顶部。
葬于北齐武平元年(570)的娄叡墓墓室壁画上栏一周按正北为鼠、正东为兔顺序排
列绘制的十二生肖图案,现存鼠、牛、虎、兔等及其所属禽支(图8-4)。另有一在
六面连鼓上奔走敲打的连鼓雷公。它们皆出于墓室顶部,亦即所谓"天宫"。

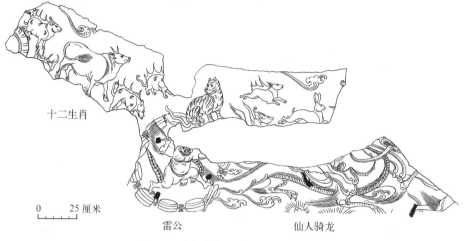

图8-4　娄叡墓墓室顶部十二时壁画局部

　　如此,则临淄崔氏墓地M10、M17随葬的十二生肖俑以及崔博墓(M12)出土的
怪兽俑,不仅透露了墓主人的道教信仰,同时也印证了陈寅恪对崔氏一族宗教信仰
的论断。

[1] 中国社会科学院考古研究所、河北省文物研究所邺城考古工作队《河北磁县湾漳北朝墓》,《考古》
　　　1990年第7期,页601~607、600;中国社会科学院考古研究所、河北省文物研究所《磁县湾漳北朝
　　　壁画墓》,北京:科学出版社,2003年。相关研究详沈睿文《湾漳北朝壁画墓中的太一出行问题》,
　　　即刊。
[2] 山西省考古研究所、太原市文物管理委员会《太原市北齐娄睿墓发掘简报》,《文物》1983年第10
　　　期,页1~23;山西省考古研究所、太原市文物考古研究所《北齐东安王娄睿墓》,北京:文物出版社,
　　　2006年。案,元乂墓甬道顶部和两壁彩绘保存较好但未作清理,内容不详。墓室四壁和顶部以白
　　　灰涂地施彩绘。四壁壁画严重受损,仅存上栏四神、雷公画像残迹。顶部绘银河与星象。推测其
　　　墓室壁画构图与娄叡墓大同。详洛阳博物馆《河南洛阳北魏元乂墓调查》,《文物》1974年第12
　　　期,页53~55。
[3] 山西省考古研究所、山西博物院、朔州市文物局、崇福寺文物管理所《山西朔州水泉梁北齐壁画墓
　　　发掘简报》,《文物》2010年第12期,页26~42。

目前,纪年最早的十二生肖俑出自湖南湘阴隋大业六年(610)道士陶智洪墓。该墓所出地券记:"维大业六年,太岁在庚午,二月癸巳朔,二十一日癸丑斩草。没故道民陶智洪,今居长沙郡临湘县都乡吉阳里……"[1]在隋代,十二生肖俑尚未见诸丧葬制度之规定。陶智洪为道士,随葬有十二生肖俑,可为十二时俑初见时乃道教之物的辅证。这也进一步说明崔氏圆形墓的建制是不可能跟佛教联系在一起的,尽管在中古中国其知识承自佛教。

此外,石室的建筑形式容易为道教徒所爱。因"石室"一词便有神仙洞府之意,如《搜神后记》所载:"始兴机山东有两岩,相向如鸱尾。石室数十所。经过,皆闻有金石丝竹之响。"[2]另外,山东地区又有着浓厚的汉画像石传统,这也给人以现实的灵感和生活的源泉。恐怕这也是临淄北朝崔氏采取石室的墓葬形式的原因之一。画像石墓葬形式的消失,也使得原属天宫之物置于墓室地面,而致天宫下界与墓室地面重合。此恐是圆形墓出现在北朝崔氏门阀墓葬的另一原因。

<h2 style="text-align:center">二</h2>

以天师道为主要家族信仰的北朝崔氏,其墓地所见随葬品与南方六朝墓葬不同,亦非受南方道教系统之影响。首先,这可从江苏句容朱阳馆旧址附近发现的陶弘景墓葬的形制[3]得到证明。其次,崔氏墓地所见与南方六朝墓葬不同。崔氏墓地的情况恰与寇谦之对药石的态度相合,此从后世宋代雷法讲究内丹学的传统也可为辅证。北朝之前,在北方地区的曹植墓随葬有丹药罐。[4]这恰是当时"张鲁

---

[1]　熊传新《湖南湘阴县隋大业六年墓》,《文物》1981年第4期,页39~43。

[2]　《搜神后记》卷一,《五朝小说大观》,郑州:中州古籍出版社据上海扫叶山房石印本影印,1991年,叶51正面。"石室"的含义可参刘淑芬《石室瘗窟——中古佛教露尸葬研究之二》,原载《大陆杂志》第98卷第4、5期,此据所撰《中古的佛教与社会》,上海:上海古籍出版社,2008年,页244~289。

[3]　陈世华《陶弘景书墓砖铭文发现及考证》,《东南文化》1987年第3期,页54~59。〔日〕麦谷邦夫著,孙路易译《梁天监十八年纪年有铭墓砖和天监年间的陶弘景》,载《日本东方学》第1辑,北京:中华书局,2007年,页80~97。

[4]　刘玉新《山东省东阿县曹植墓的发掘》,《华夏考古》1999年第1期,页7~17。

之术,服食饵药"[1]传统的反映。[2] 后来,北方地区墓葬中服食物件的消失,恐是反对此举的寇谦之整合天师道的结果。此即所谓宣《云中音诵新科之诫》,"清整道教,除去三张伪法,租米钱税,及男女合气之术。大道清虚,岂有斯事。专以礼度为首,而加之以服食闭练"。[3] 而在南方地区墓葬中仍得以保留,则跟葛洪丹鼎派一脉关系密切。再次,雷公新形象以及十二生肖俑是对此前汉画雷公形象的整饬,即将此前不同的雷公形象统一为《论衡·雷虚篇》所描述的"连鼓雷公"样式。在传统的太一出行程式中,雷神(雷公)是核心,而十二生肖及三十六禽(天罡,即北斗七星)则节制雷神(雷公)的起伏出没。不难发现,崔氏墓地所见太一出行诸元素较汉代而言,皆为新样式。

从娄叡墓墓室顶部雷公形象来看,基本上可与《论衡》所言者相契。该书卷六《雷虚篇》载:

> 图画之工,图雷之状,累累如连鼓之形。又图一人,若力士之容,谓之雷公,使之左手引连鼓,右手推 椎 [之],若击之状。其意以为,雷声隆隆者,连鼓相扣击之意也;其魄然若敝裂者, 椎 所[推]击之声也;其杀人也,引连鼓相椎,并击之矣。世又信之,莫谓不然。[4]

连鼓雷公、十二生肖及其禽支出现于太原北齐东安王娄叡墓,山西忻州九原岗壁画墓、莫高窟西魏249窟窟顶西披壁画雷公的形象跟娄叡墓者有似。长江以北东、西两个政权辖境内雷神形象的雷同,意味着它们有一个共同的范本。这只能是北魏时期统一整顿的结果。2005年,陕西潼关税村发现的隋代废太子杨勇石棺[5]左

---

[1]《魏书》卷一一四《释老志》,页3049。

[2] 汤一介《魏晋南北朝时期的道教》,西安:陕西师范大学出版社,1988年,页211。

[3]《魏书》卷一一四《释老志》,页3050~3051。

[4] 黄晖撰《论衡校释》,北京:中华书局,1990年,页303~304。

[5] 陕西省考古研究院《陕西潼关税村隋代壁画墓线刻石棺》,《考古与文物》2008年第3期,页33~47;陕西省考古研究院《陕西潼关税村隋代壁画墓发掘简报》,《文物》2008年第5期,页4~31;李明《潼关税村隋代壁画墓石棺图像试读》,《考古与文物》2008年第3期,页48~52;沈睿文(转下页)

右侧帮的雷公形象亦与北齐娄叡墓者同,表明北方地区连鼓雷公样式的稳定。"以礼度为首",以当时重门阀和等级的儒家礼制重新规划天师道,乃寇谦之新天师道的一个主要原则。这也是北朝时雷神(雷公)仅在高等级墓葬中发现的主要原因。必须指出的是,此前该"连鼓雷公"样式仅见于青齐地区汉画。此恐也意味着该样式的确定跟崔氏有关。[1]

南北朝在墓葬中同时有用随葬品来表现此前的壁画内容,除了雷神(雷法)构图在壁画中的出现外,还有雷法神煞俑在墓葬中的出现。后者始见于临淄北朝崔氏墓地。这种新情况很可能跟《魏书·释老志》所载寇谦之整顿天宫之法有关。《魏书·释老志》载:

> 真君三年(442),〔寇〕谦之奏曰:"今陛下以真君御世,建静轮天宫之法,开古以来,未之有也。应登受符书,以彰圣德。"世祖(太武帝拓跋焘)从之。于是亲至道坛,受符录(箓)。备法驾,旗帜尽青,以从道家之色也。自后诸帝,每即位皆如之。[2]

泰常八年(423)十月戊戌,有牧土上师李谱文来临嵩岳,命寇谦之为子。寇谦之向李谱文学习天宫诸法。[3] 真君三年寇谦之所奏应是寇氏所习的自然延伸。寇谦之糅合传统的天宫之法和新学来的天宫之法,以抗衡佛教的相关知识。

北魏世祖既已同意建造一个真实的静轮天宫,必会重新规定天宫的诸元素。而这些元素的确定应该跟寇谦之新天师道的三个知识来源有关。静轮天宫实体建筑实施前应该有一个礼制整合,而这些新规定应主要来自寇谦之新天师道。引文所谓"天宫"与北魏墓葬墓室顶部出现星空相合,则寇谦之建静轮天宫应对墓葬的建制也产生了影响。此二者应该是同一措施施行的共同对象。由此也可知,北魏

(接上页)《废太子勇与圆形墓——如何理解考古学中的非地方性知识》,载包伟民、刘后滨主编《唐宋历史评论》第1辑,北京:社会科学文献出版社,2014年,页35~55。

[1]案,详细的论证笔者撰有另文专论。

[2]《魏书》卷一一四《释老志》,页3053。

[3]《魏书》卷一一四《释老志》,页3051~3053。

太武帝在推行静轮天宫之法时,必也对其他东西进行了相应的改革。换言之,推行静轮天宫之法只是太武帝当时众多改革措施中的重要一环而已。这也从北魏墓室顶部装饰的阶段性变化得到了印证。尽管寇谦之建静轮天宫之法终未成功,但此举可以说明宗教传奇之事有时并非噱头或一纸空文。

《魏书》卷一一四《释老志》云:"〔真君〕九年(448),〔寇〕谦之卒,葬以道士之礼。"[1]又同书《崔浩传》载:"真君十一年(450)六月诛〔崔〕浩,清河崔氏无远近,范阳卢氏、太原郭氏、河东柳氏,皆浩之姻亲,尽夷其族。初,郤标等立石铭刊《国记》,浩尽述国事,备而不典。而石铭显在衢路,往来行者咸以为言,事遂闻发。有司按验浩,取秘书郎及长历生数百人意状。浩伏受赇,其秘书郎已下尽死。"[2]真君三年(442),寇谦之(365~448)上书建言静轮天宫之法,六年之后寇谦之去世。此前,太延五年(439)崔浩身陷"国史之狱",太平真君十一年(450)九族被诛。"国史之狱"后,寇谦之出于建设新天师道的宗教热忱、政教理想,仍上书静轮天宫之法。虽得太武帝拓跋焘准允,但旋即因北魏推行汉化受到挫折,以致此天宫之法难觅于北魏平城地区。

那么,寇谦之上书的天宫之法内容为何? 2005 年,山西大同沙岭北魏壁画墓 M7 的清理发掘提供了重要线索。该墓坐东朝西,方向 272°,为长斜坡墓道单室砖墓,由墓道、甬道、墓室三部分组成。根据所出"漆皮十二"的隶书题记,可知其年代为北魏太武帝拓跋焘太延元年,是年为公元 435 年。亦即,墓主人死于北魏太武帝太延元年(435)四月廿一日。[3] 因沙岭壁画墓 M7 所处时间节点,该壁画墓的发现提供了真君三年(442)整顿天宫之法之前北魏墓室天宫的样貌,使分析寇谦之静轮天宫之法的内容成为可能。下面对该墓的相关信息稍做分析。

沙岭壁画墓 M7 壁画分布在墓室四壁和甬道的顶、侧部,保存基本完整,总面积约 24 平方米。墓室壁画上栏所绘奇禽异兽多已损坏严重,依稀可辨者几稀,所幸其北壁保存有 5 幅,借助这 5 幅壁画可以推知该墓墓室上栏所绘内容。

[1]《魏书》卷一一四《释老志》,页 3053。
[2]《魏书》卷三五《崔浩传》,页 826。
[3] 大同市考古研究所《山西大同沙岭北魏壁画墓发掘简报》,《文物》2006 年第 10 期,页 4~24。

该墓墓室北壁,以宽约 15 厘米的红色水平线将画面隔离为上下两栏。上栏又以宽 2.3 厘米的红色纵向线分为六格,自左而右每格内画一形态各异的奇禽异兽(图 8-5),第六格已漫漶不清。下栏从上到下共排列七行。墓室四壁上栏今仅知北壁分为六格,其余三个壁面的上栏漫漶不清。该墓墓室平面则呈弧边长方形,东西长 3.42、南北宽 2.86 米,即南、北壁的长度要大于东、西壁,从北壁上栏分作六格来看,每格约占宽幅 0.57 米,则东西两壁上栏大概各分作五栏,由此可知该墓墓室周壁上栏大概共有 22 格,进而可知墓室周壁上栏诸格中的奇禽异兽与三十六禽无关。而这种情况又寓示着该奇禽异兽跟十二生肖无关。

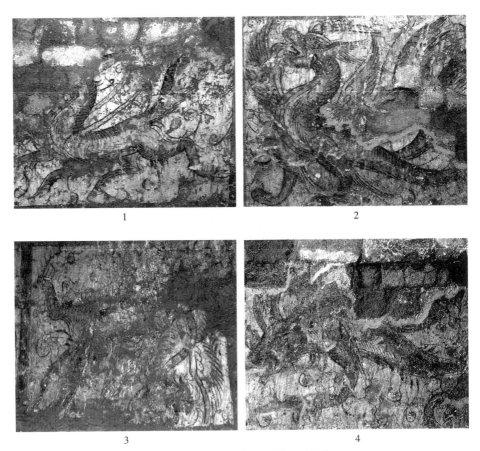

图 8-5　沙岭壁画墓 M7 墓室北壁异兽

　　北壁壁画上栏奇禽异兽中,图8-5-2为蛟或龙,图8-5-4为带脚的鱼;而图8-5-1、图8-5-3明显为偶蹄类、带翼,其中图8-5-3异兽头部尚可见一对鹿角状角,此二者应为麒麟之类。

　　那么,北壁壁画上栏中手执斧头的怪兽(图8-6)为何? 陶弘景《真诰》卷一〇《协昌期》载:

> 　　北帝煞鬼之法:先叩齿三十六下,乃祝曰:"天蓬天蓬,九元煞童,五丁都司,高刁北公。七政八灵,太上浩凶。长颅巨兽,手把帝钟。素枭三晨,严驾夔龙。威剑神王,斩邪灭踪。紫气乘天,丹霞赫冲。吞魔食鬼,横身饮风。苍舌绿齿,四目老翁。天丁力士,威南御凶。天驷激戾,威北衔锋。三十万兵,卫我九重。辟尸千里,去却不祥。敢有小鬼,欲来见状。攫天大斧,斩鬼五形。炎帝裂血,北斗燃骨。四明破骸,天兽灭类。神刀一下,万鬼自溃。"[1]

可知,该神兽应为攫天,所谓"攫天大斧,斩鬼五形"。它跟北帝(即太一)煞鬼之法有关,这从北魏冯邕妻元氏墓志阴刻的攫天(图8-7)处于太一出行的图像组合中可证。

图8-6　沙岭壁画墓M7墓室北壁怪兽　　　　　图8-7　北魏冯邕妻元氏墓志纹饰之"攫天"

[1]〔日〕吉川忠夫、麦谷邦夫编,朱越利译《真诰校注》,北京:中国社会科学出版社,2006年,页322~323。

实际上,在沂南画像石墓前室北壁横额[1]上便可见攫天的形象(图8-8-1)。在该横额中,攫天面目狰狞、气势凶猛,手中所执斧钺清晰可见。该横额线刻一套太一出行图像,与冯邕妻元氏墓志线刻者存在渊源关系,在该出行图像中便可见四象+凤凰麒麟等祥瑞出行的元素。[2] 其中亦线刻带脚的鱼,即河伯(图8-8-2)。由此可知,上述沙岭壁画墓M7墓室北壁上栏中带脚的鱼(图8-5-4)也应该是河伯。

图8-8　沂南画像石墓前室北壁横额之攫天、河伯
1. 攫天　2. 河伯

由此便可推测,沙岭壁画墓M7墓室上栏图像意在绘制包括麒麟等祥瑞出行以及河伯、攫天等太一出行程式中的若干核心元素,刻画内容和大意应与沂南画像石墓前室北壁横额线刻大同,并延续至冯邕妻元氏墓志纹样。

西晋十六国前期各项制度以及它们所承继的汉代至西晋的制度,均可视为北魏天兴初新制的渊源。为何沙岭壁画墓M7墓室壁画出现承自汉代的太一出行图像?恐怕正是天兴时道武帝拓跋珪参照"汉晋旧制"制礼定乐所致。《魏书》卷一〇九《乐志》载:

〔天兴〕六年(403)冬,诏太乐、总章、鼓吹增修杂伎,造五兵、角觝、麒麟、

———————————

[1] 南京博物院、山东省文物管理处编《沂南古画像石墓发掘报告》,北京:文化部文物管理局,1956年,页14、图版29拓本第8幅"前室北壁上横额"。
[2] 案,详细的论证笔者撰有另文专论。

凤凰、仙人、长蛇、白象、白虎及诸畏兽、鱼龙、辟邪、鹿马仙车、高絙百尺、长趫、缘橦、跳丸、五案以备百戏。大飨设之于殿庭,如汉晋之旧也。[1]

那么,在沙岭壁画墓 M7 的太一出行程式中,作为核心的雷公(神)又以怎样的形式出现呢?

沙岭壁画墓 M7 甬道顶部绘有伏羲女娲(图8-9),两人头戴花冠,双手袖于胸前,下半身龙身长尾交缠在一起。两人头部中间有一围绕火焰纹的摩尼宝珠。画面的右边有一龙尾上卷的长龙,龙头刻画清晰。该长龙应是四象中之青龙,画面的左边不清者应为四象中之白虎。甬道两侧各有一个双腿

图8-9　沙岭壁画墓 M7 甬道顶部伏羲女娲像

分开站立、单手高举盾牌的武士。两侧武士穿戴相同而动作对称。在武士的东面,两侧各有一个人面龙身的形象(图8-10)。该人面龙身形象意在表现何物?

1　　　　　　　　　　　　　　　2

图8-10　沙岭壁画墓 M7 甬道南北壁壁画
1. 甬道北壁　2. 甬道南壁

[1]《魏书》,页2828。

《山海经》卷二《西山经》云：

> 又西北百二十里，曰钟山，其子曰鼓，其状如人面而龙身。[1]

又《山海经》卷八《海内东经》载：

> 雷泽中有雷神，龙身而人头，鼓其腹（则雷）。在吴西。[2]

《淮南子·坠形篇》亦云：

> 雷泽有神，龙身人头，鼓其腹而熙。[3]

可知，沙岭壁画墓 M7 甬道壁画武士东面两侧所绘人面龙身为雷神。

沙岭壁画墓 M7 的雷神形象源自《山海经》，与此前所见雷神（公）形象相异。[4] 该形象不仅没有绘于墓室顶部（天宫），也非此后定制之连鼓雷公样式，显得更为原始，这些都说明了该墓所体现的壁画布局是世祖拓跋焘推行寇谦之静轮天宫之法前的不规范状态。这应该是拓跋北魏此时对汉文化中该制度尚未熟谙，墓葬制度亦尚未定型所致。

除此之外，沙岭壁画墓 M7 还有若干元素值得注意。

首先，该墓坐东朝西，方向 272°。西向郊天是胡族的传统礼俗，拓跋鲜卑四月祭天之制起源甚早。[5] 拓跋力微三十九年（258）四月，"祭天，诸部君长皆来助

---

[1] 袁珂校注《山海经校注》，成都：巴蜀书社，1993 年，页 50。

[2] 袁珂校注《山海经校注》，页 381。

[3] 刘文典撰，冯逸、乔华点校《淮南鸿烈集解》卷四，北京：中华书局，1989 年，页 150。

[4] 案，此前雷公形象的梳理，另文讨论。

[5] 沈睿文《永固陵与北魏政治》，载袁行霈主编《国学研究》第 22 卷，北京：北京大学出版社，2008 年，页 57~77；此据所撰《唐陵的布局：空间与秩序》，北京：文物出版社，2021 年，页 371~392。

祭,……远近肃然,莫不震慑"。[1] 这或者是拓跋部西郊祭天之制的创始。[2] 北魏在平城时仍有西郊拜天习俗。北魏孝文帝太和十六年(492),"省西郊郊天杂事",太和十八年(494),"罢西郊祭天",[3] 革除鲜卑人的拜天旧俗。平城西部郊天坛便是为择时召开部落大会而设,而且还拟镌碑纪念。虽然目前还无法确定是穆帝还是祈后所筑,但都是为了西向设祭,告天成礼的目的是一样的。[4] 沙岭北魏壁画墓 M7 呈东西向,与鲜卑西郊祭天的胡俗有关。据报道,该墓地已发掘的坐东朝西的墓葬还有 4 座,应该都是上述胡俗影响所致。

其次,沙岭壁画墓 M7 墓室正壁(东壁)壁画下栏正中为墓主人夫妇于一庑殿顶建筑之中,该画面北侧下部有一匹鞍马以及一辆红顶通憾牛车,其前有一女子手牵着缰绳驭车同行。这是目前北魏墓室壁画所见最早的犊车出行。但是,所绘犊车与鞍马同在一侧,尚未形成此后鞍马在左、犊车在右的定制。

再次,伏羲女娲画像原应绘于漆棺顶部,但沙岭壁画墓 M7 却绘于甬道顶部,这也是丧葬图像尚未定型的表现。

最后,沙岭壁画墓 M7 甬道部分呈黑色,结合简报所言所出器物,如素面陶器(M7∶1、5、8、15)器表为黑色,若非盗墓焚烧所为,便是墓主下葬前举行了烧物葬之类的葬仪所致。[5] 烧物葬是内亚民族的一种葬俗。[6]

此上都说明了沙岭壁画墓 M7 表现出拓跋鲜卑旧俗与汉制的杂糅状态。换言之,沙岭壁画墓 M7 是天兴制度的体现。杂糅鲜卑旧俗与汉制而形成的天兴制度,一定程度上反映了道武帝拓跋珪本人既急于利用汉文化,又欲保持本民族特质的

---

[1]《魏书》卷一《序纪》,页 3。

[2] 何德章《北魏初年的汉化制度与天赐二年的倒退》,《中国史研究》2001 年第 2 期,页 33。

[3]《北史》卷三《帝纪》,页 108、111。

[4] 田余庆《文献所见代北东部若干拓跋史迹的探讨》,所撰《拓跋史探》,北京:生活·读书·新知三联书店,2003 年,页 253。案,姜伯勤认为自北魏末的 532 年起,直到西魏即 535～556 年之间,拓跋鲜卑与拜天有关的观念或制度至少有四种。详姜伯勤《"天"的图像与解释——以敦煌莫高窟 285 窟窟顶图像为中心》,所撰《敦煌艺术宗教与礼乐文明》,北京:中国社会科学出版社,1996 年,页 56～57。

[5] 沈睿文《夷俗并从——安伽墓和北朝烧物葬》,《中国历史文物》2006 年第 4 期,页 4～17。

[6] 沈睿文《内亚游牧社会丧葬中的马》,载魏坚主编《北方民族考古》第 2 辑,北京:科学出版社,2015 年,页 251～265。

实际态度。[1]

可见,天兴制度的太一出行以汉晋之法为依循,其中并不见十二生肖与三十六禽。此后在太一出行程式中新出现十二生肖或三十六禽的元素,且在与寇谦之新天师道渊源颇深的北朝崔氏家族墓葬中首见,其原因应为十二生肖是寇谦之天宫之法的内容之一,也应即寇氏整顿旧有天师道的主要内容。尽管北魏迁洛之后,天兴新制的太一出行图式仍得以存续,但是显然已非主流。其中不仅使用群体不同,或还跟使用者的某种取向有关。从沙岭壁画墓 M7 跟此后北魏、北朝墓葬天宫诸物的定型,便可知后者应为寇谦之所上、世祖拓跋焘欲推行之静轮天宫之法的主要内容。

总之,十二时的信仰在古代中国早已有之,而且存在各种说法。但是,考古材料表明,从临淄崔氏 M10、M17 墓葬中出现十二时俑后便基本一致,这可能不仅是寇谦之改革原来天师道而新增加的一个内容,而且应该也是寇谦之整顿、统一的结果。

在佛道之争的背景之下,寇谦之集道教方术之大成,假托神人,依傍佛典,制作伪经。[2] 道教徒每每剽袭释氏之书,自西晋王浮作《化胡经》以后,更为变本加厉。[3] 从早期佛教文献中可以看到,印度十二时兽观念在南北朝时期受中国道教关于精魅及传统阴阳五行观念的影响,从而发展成隋唐时期佛家高僧有关十二时媚的新观念。[4] 佛教对中国传统十二生肖知识的吸收,是否也促使寇谦之之流对该知识的重新整理,以抗衡佛教之十二时兽?幸赖这种新的宗教元素在北朝崔氏墓葬中的出现,使得我们有可能发现寇谦之整顿天师道的内容。此后新样式的出

---

[1]　何德章《北魏初年的汉化制度与天赐二年的倒退》,《中国史研究》2001 年第 2 期,页 30~31。案,北魏早期的文化和政治形态可参逯耀东《从平城到洛阳——拓跋魏文化转变的历程》,北京:中华书局,2006 年。

[2]　汤一介《魏晋南北朝时期的道教》,页 299。

[3]　饶宗颐《论道教创世纪及其与纬书之关系》,所撰《中国宗教思想史新论》,北京:北京大学出版社,2000 年,页 90。

[4]　陈怀宇《从十二时兽到十二精魅:南北朝隋唐佛教文献中的十二生肖》,载荣新江主编《唐研究》第 13 卷,北京:北京大学出版社,2007 年,页 293~336;后收入所撰《动物与中古政治宗教秩序》,上海:上海古籍出版社,2012 年,页 99~150。

现极其稳定,则应缘于寇谦之改革之结果。

　　经过"国史之狱"的政治斗争后,汉文化在拓跋氏政权中暂时退缩,直到孝文帝拓跋宏掌握实际政权,才有了一次彻底的调整与重组。[1] 因汉化进程受挫,寇谦之上书的静轮天宫之法终难见于北魏平城地区。但是,随着孝文帝的迁都洛阳和汉化政策的重新推动,这套图像后又在洛阳地区得以重新出现。以山东地区的图像作为天宫之法的主要内容,有机会接触、建言寇谦之的,只有崔浩一人。而该局面的形成,实是寇谦之、崔浩二人共谋的结果。这是将地方知识吸纳为门阀家族知识,乃至上升到国家意志的一种方式。

三

　　门阀士族除了权力、血缘之显赫之外,更以其独特的家法(门风)著称于世,[2] 门阀士族的这种不成文的习惯法当然会在许多方面留下痕迹。这些家族的奠基者所确立的家学和门风,之后便多融入家族的血脉而不衰。

　　崔氏便是这样的门阀士族。在北朝,特别是自魏孝文帝确立了门阀制度以后,崔氏家族权势日增,[3] 如崔昂之祖父崔挺、父崔孝伟、伯父崔孝芬、从叔崔季舒、从兄弟崔暹等,均官高爵显。孝文帝与中原汉族世家大族建立姻戚关系。崔昂从弟崔猷第二女,"帝养为己女,封富平公主",[4] 崔昂之姑母,即崔挺之女,"孝文以挺

[1] 逯耀东《从平城到洛阳——拓跋魏文化转变的历程》,北京:中华书局,2006年,页11。

[2] 如,唐代的靖恭杨家便是一个典型的事例。详王静《靖恭杨家——唐中后期长安官僚家族之个案研究》,载荣新江主编《唐研究》第11卷,北京:北京大学出版社,2005年,页389~422。又如,晁迥是宋代昭德晁氏家族的奠基者,其学术思想也是晁氏家族家学传统的主要来源。可参:罗凤珠《晁补之及其文学研究》(台湾:乐学书局,1998年)、刘焕阳《宋代晁氏家族及其文献研究》(济南:齐鲁书社,2005年)、何新所《昭德晁氏家族研究》(上海:上海古籍出版社,2006年)以及张剑《晁说之研究》,北京:学苑出版社,2005年。等等。

[3] 毛汉光《中古山东大族著房之研究——唐代禁婚家与姓族谱》一文对中古山东崔氏的流变做了梳理,载所撰《中国中古社会史论》,上海:上海书店出版社,2002年,页187~233。案,有关崔氏的论著可参夏炎《中古世家大族清河崔氏研究》,天津:天津古籍出版社,2004年。

[4]《北史》卷三二《崔猷传》,页1175。

女为嫔"。[1] 北齐高欢、高洋之流仍沿袭魏制,崔昂之从叔和从兄弟崔季舒、崔暹,都曾位至侍中。[2]

崔氏家族自西汉形成,人丁兴旺,并且出现了不少宦官名流,如崔天、崔杼、崔意如、崔业、崔朝、崔舒、崔发、崔篆都曾出仕为官,这就为崔氏在东汉一跃成为高门大族之一打下了一定的基础。[3]

清河崔悛曾对范阳卢元明说:"天下盛门唯我与尔,博崔、赵李何事者哉?"[4] 这句话反映了博陵崔氏和清河崔氏在北朝的社会地位。自魏晋以来,清河崔氏就一直仕宦不绝,后虽经五胡之乱,但宗族主体基本上留居中原,而且其代表人物在政治上也始终身居高位,故崔悛自称"天下盛门",其原因大概也就在此。[5]

崔混墓志云:

> 天平之季,……忽有群凶,密图不逞。以君德望既重,物情所属,希借声援,潜来推逼。君时在疾,守侍几筵,事出不虞,变起虑外。造次之间,未能自拔,遂被推迫。

墓志文丝毫不忌讳地记载了崔混本人谋反之事,说明崔氏并不存在畏惧当权者的问题。根据其妻张玉怜墓志可知,连皇后都因其"神义律穆,进止闲庠"而"为之动容"。史载,崔悛"一门婚嫁,皆衣冠美族,吉凶仪范,为当时所称"。[6]

北朝时期,崔氏家族可分为三大支系。东清河东隃一支,如崔猷;东清河东武城一支,如崔宏;博陵安平一支,如崔挺。陈寅恪论道:"清河崔氏为北朝第一盛门,而崔浩一支又为清河崔氏中最显之房。"[7] 尽管"国史之狱"给崔浩一支造成重大

[1] 《北史》卷三二《崔挺传》,页1170。
[2] 河北省博物馆文物管理处《河北平山北齐崔昂墓调查报告》,《文物》1973年第11期,页32。
[3] 吴桂美《东汉崔氏家族世系及地望的考辨》,《古籍整理研究学刊》2007年第1期,页82。
[4] 《北史》卷二四《崔逞传》,页873。
[5] 尹建东《两汉魏晋南北朝时期关东豪族研究》,成都:四川大学出版社,2007年,页136。
[6] 《北史》卷二四《崔逞传》,页873。
[7] 陈寅恪《崔浩与寇谦之》,所撰《陈寅恪集·金明馆丛稿初编》,页147。

损失,导致崔潜一支的覆灭,但对其他支系造成的损失并不大,崔湛一支在此之后保持着持续发展的状态,入北周后,崔彦穆仕至骠骑将军、开府仪同三司,使该支在政治地位上再度达到高峰。[1] 在此之前,崔潜一支以崔浩仕北魏至司徒,而使该支政治地位达到顶峰,则该支的家学、门风恐因此而得到确认。

唐代博陵崔氏墓志中有五篇误以清河崔氏为祖,这种昭穆不定、数典忘祖的现象,究竟只出现于唐代,还是在北朝后期就已开始,是一个值得注意的现象。[2] 实际上,这种现象正是清河崔氏在整个崔氏具有凝聚力的表现。

世家大族为保持自己的地位,不仅要在政治上、经济上有一定的势力,更重要的是要保持门风的优美,而门风的优美往往需要靠家世学业的因袭。[3] 北魏时期,河北大族在文化上世代承袭的特点十分明显,清河崔氏、范阳卢氏等家族,自永嘉以来家学世传班班可考,名家子弟率多学养,而文化上的世代承袭便意味着政治上的累世贵显。[4] 作为北朝崔氏的领头羊,整个崔氏当惟崔浩一支马首是瞻。崔浩一支所制定的原则不仅为本支所承袭,恐也为崔氏他支所承袭。体现新天师道信仰和新的天学知识的圆形墓应该便是其中的内容之一。而这正缘于圆形墓能集中地体现崔氏的门风及新天师道的信仰和新知识。

"在习惯行为中,实际的地理空间场所越是毫无特色,模式就越加严格与体现认为。"[5]归根结底,圆形墓的出现是因为清河崔氏为北朝第一门阀,他们选择了圆形墓——最能代表其家学和门风的一个符号。正是门阀的特质使得崔家采取此特殊之葬制。实际上,圆形墓与北朝崔氏独特的紧密关联,使该墓葬形制成为崔氏一族特殊符号的说明。这恐怕也是考古中见到的北朝崔氏墓葬多为圆形墓的一个

---

[1] 夏炎《中古世家大族清河崔氏研究》,页91。

[2] P. Ebrey, *The Aristoctratic Families of Early Imperial China: A Case Study of the Po-ling Ts'ui Family*, Cambridge University Press, 1978. 陈爽《世家大族与北朝政治》,北京:中国社会科学出版社,1998年,页77。

[3] 陈寅恪《唐代政治史述论稿》中篇《政治革命与党派分野》,所撰《陈寅恪集·隋唐制度渊源略论稿·唐代政治史述论稿》,北京:生活·读书·新知三联书店,2001年,页260。

[4] 陈爽《世家大族与北朝政治》,页207。

[5] 〔英〕爱德蒙·利奇著,郭凡、邹和译《文化与交流》,上海:上海人民出版社,2000年,页12。

原因吧？尽管有些墓葬葬所已离开了临淄。[1]

　　因此，可以说圆形墓的构建形制是北朝门阀崔氏的特色选择，[2]是崔氏标榜门阀大族的结果。

　　魏孝文以来，文化之正统仍在山东，遥与江左南朝并为衣冠礼乐之所萃。[3]但为何清河崔氏与东晋门阀士族在墓葬中共同采取了表现特殊的方式？其原因恐怕至少有二。其一，自410年至469年，青州地区在东晋南朝统治下超过半个世纪，也就是说青州地区民众在南朝前期文化的氛围中生活了半个世纪，名门豪族子弟更是熟知南朝前期礼仪制度。[4]其二，这恐怕还得从崔氏跟南朝的密切关系说起。崔光之家世代表了南朝前期的文化。[5]崔光与清河东武城的崔亮（原名敬儒），都是由南朝来到北朝的，并都在北朝模仿南朝典章制度的过程中起了重要作用。如崔光和刘芳"皆南朝俘虏，其所以见知于魏孝文及其嗣主者，乃以北朝正欲模仿南朝之典章文物，而二人适值其会，故能拔起俘囚，致身通显也"。至于崔亮在北魏改创官制时极起作用，在北魏宫殿制度规划中曾起关键作用的蒋少游与崔氏又有亲戚关系。又据《南齐书》卷五七《魏虏传》所载永明九年（491）清河崔元祖劝谏世祖一事，可知清河崔氏仍留在南朝的人士在政治上仍起作用，并且对北方崔氏家族及有关亲戚的情况仍甚了解，或许还通过各种方式保持着联系。因此通过崔

---

[1] 如，河北平山北齐崔昂墓虽为砖室墓，但同为圆形墓。另，济南发现的天平五年（538）征北将军金紫光禄大夫邓恭伯夫人崔令姿墓，则为前后双室圆形墓，前室直径3.1、后室直径4.5米。可知，圆形墓为崔氏一族之独特墓制。详河北省博物馆、文物管理处《河北平山北齐崔昂墓调查报告》，《文物》1973年第11期，页27~38。

[2] 案，2016年4月，在河北省石家庄市平山县王母村发现的唐天祐元年（904）崔氏墓为单墓道圆形砖室墓。在经历地方士族中央化后，唐代崔氏墓已遵从、使用了中央政府规定的弧方形、方形墓制系列，王母村唐崔氏墓复使用圆形墓，或跟圆形墓为河北、山东地区墓葬的地方性知识有关，或与崔氏一族的家族记忆有关。如果后者为其原因，那便益发体现出圆形墓跟崔氏一族家学的密切关系。王母村唐崔氏墓简况详河北省文物研究所、平山县文物保管所《河北平山唐崔氏墓》，http://www.ccrnews.com.cn/index.php/Pingxuantuijie/content/id/63390.html。

[3] 陈寅恪《隋唐制度渊源略论稿》，页49。

[4] 杨泓《关于南北朝时青州地区考古的思考》，原载《文物》1998年第2期，页46~53；此据所撰《中国古兵与美术考古论集》，北京：文物出版社，2007年，页261~262。

[5] 陈寅恪《隋唐制度渊源略论稿》，页59。

氏家族的这种特殊情况,或许南方的许多文化影响传达到了北方。[1] 这一背景应该也是北朝崔氏同样在家族墓地上展示家族特色的一个重要原因吧。

综上所述,圆形墓的构建形制应是北朝信仰新天师道的崔氏一族的特色选择,亦即是崔氏标榜门阀大族独特家学知识的结果。换言之,圆形墓是门阀士族北朝崔氏,在特殊历史时期下,与政教相结合的产物。

(本文原载西安碑林博物馆编《纪念西安碑林 930 周年华诞学术研讨会论文集》,西安:三秦出版社,2018 年,页 51~71。此文当时误给文本,此次重刊正本。)

---

[1] 杨泓《北朝"七贤"屏风壁画》,载杨泓、孙机《寻常的精致》,沈阳:辽宁教育出版社,1996 年,页 121~122;杨泓《山东北朝墓人物屏风壁画的新启示》,《文物天地》1991 年第 3 期,页 6~8;后收入所撰《逝去的风韵——杨泓谈文物》,北京:中华书局,2007 年,页 216~217。

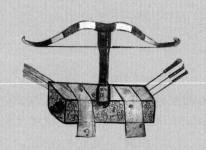

9

葬以殊礼：弩机与世家大族墓葬

　　铜弩机出现于战国早期,曲阜鲁城 3 号、52 号墓出土的铜弩机是已知最早的实例。[1] 战国时期,弩机也开始随葬于墓葬之中,并盛行于两汉、魏晋时期。但关于墓葬随葬弩机的用意迄今仍未得正解。已有研究多围绕弩机铭文展开,其中工官制度成为讨论的焦点之一。[2] 而对于随葬弩机的作用却关注甚少。对此,李蔚然认为弩机为实用器。[3] 张学锋针对洗砚池晋墓随葬有正始二年(505) 左尚方造弩机的现象,认为该弩机已非实用武器,而是作为避邪压胜的旧物随葬。[4] 谢明良则根据对六朝墓葬归纳的结果,指出墓葬中弩机的放置反映了墓主人的身份等级。[5] 但谢氏也只是停留于结论性的判断,至于为何高等级的墓葬中放置有弩机,其意义何在? 并无说明。

　　在魏晋南北朝,出土有弩机的墓葬有一定的数量,但是像南京象山王氏墓地如

[1] 孙机《汉代物质文化资料图说》,北京：文物出版社,1991 年,页 141。据考证,弩是春秋时楚国人发明的。详周庆基《关于弩的起源》,《考古》1961 年第 11 期,页 608。关于中国早期弩机的研究,可参李天鸣《中国早期的弩机》,《故宫文物月刊》1984 年第 2 期,页 75~81;谢凌《战国至三国时期的弩机》,《四川文物》2004 年第 3 期,页 52~58。等等。

[2] 比如,关于铭文考释有：杨国庆、夏志峰《正始弩机铭文考释及有关问题》,《中原文物》1988 年第 2 期,页 69~73;宋杰《建武十年弩机铭文考释》,《文史》1992 年第 34 辑,页 93~96;今尾文昭《弩机铭文にあらわれた魏と吴》,《文化学年报(同志社大学)》48 辑,1999 年,页 89~116。等等。考察形制和使用的文章有：毛颖《弩机概论》,《东南文化》1998 年第 3 期,页 109~117;徐占勇《对一批燕下都弩机散件的初步分析》,《文物春秋》2003 年第 6 期,页 38~44、65;等等。根据铭文研究工官制度的有：杨琮《“河内工官”的设置及其弩机生产年代考》,《文物》1994 年第 5 期,页 60~64;冯沂《临沂洗砚池晋墓出土正始二年弩机考议》,《中国历史文物》2006 年第 3 期,页 19~22;后晓荣《从出土弩机铭文看三国孙吴世袭领兵制度》,《东南文化》2002 年第 5 期,页 43~45。等等。

[3] 详李蔚然《南京六朝墓葬的发现和研究》,成都：四川大学出版社,1998 年,页 112。

[4] 张学锋《山东临沂洗砚池晋墓墓主身份蠡测：以随葬品的考察为中心》,《文史》2008 年第 1 辑,页 42。

[5] 谢明良《从阶级的角度看六朝墓葬器物》,原载《台湾大学美术史研究集刊》1998 年第 5 期,页 19;后收入严娟英主编《美术与考古》,北京：中国大百科全书出版社,2005 年,页 154。

此频繁、集中出土的则很少。本文拟立足于此,对魏晋时期该现象做一检讨,考辨其在墓葬中的功用,并对此前墓葬所见弩机稍作溯及。

南京琅琊王氏家族墓地已发掘 11 座墓葬,现将该墓地有关弩机的出土情况胪列于次:

象山东晋征西大将军王兴之夫妇墓发现两件铜弩机,从出土位置来判断,应该分置于两个棺材中死者的头部[1](图 9-1)。象山 3 号墓(王丹虎墓)出土铜弩机 1 件(图 9-2),同样位于王丹虎的头部。2 号、4 号墓都不见弩机。[2] 5 号墓(王闽之墓)随葬铜弩机 1 件(图 9-3),出土时压在铜镜上。从该墓出土器物位置图分析,该弩机应也位于王闽之的头部。6 号墓(夏金虎墓)不见铜弩机。7 号墓(王廙墓)为一夫二妻合葬墓,男子居中,二女分居左右,出土铜弩机 1 件(图 9-4)。从该墓器物分布图可以判断该弩机位于男子的头部,大体在墓门中轴线的延长线上。[3] 8 号墓(王仚之墓)、10 号墓不见弩机,9 号墓(王建之夫妇合葬墓)出土 2

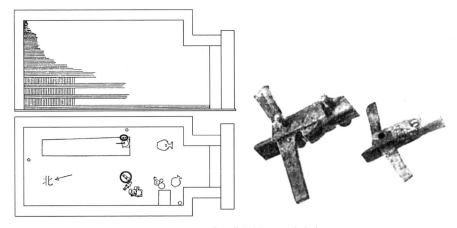

图 9-1　王兴之夫妇墓平剖面图及铜弩机

[1] 南京市文物保管委员会《南京人台山东晋兴之夫妇墓发掘报告》,《文物》1965 年第 6 期,页 26~33,特别是页 26 图一。案,图中圆圈处为弩机所在。下同。

[2] 南京市文物保管委员会《南京象山东晋王丹虎墓和二、四号墓发掘简报》,《文物》1965 年第 10 期,页 29~45。

[3] 此上诸墓的资料皆采自南京市博物馆《南京象山 5 号、6 号、7 号墓清理简报》,《文物》1972 年第 11 期,页 23~41。

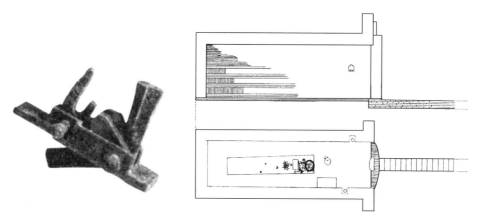

图9-2　象山3号墓(王丹虎墓)平剖面图及铜弩机

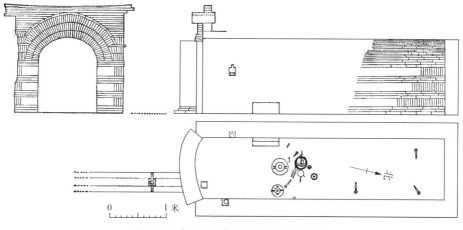

0　　　　　　1米

图9-3　象山5号墓(王闽之墓)平剖面图

件铜弩机(图9-5)，分别位于王建之夫妇头部。[1] 而11号墓(王康之墓)被盗严重，不清楚原来是否随葬有弩机。[2]

　　总之，在象山已发掘的11座王氏家族墓葬中，有5座发现随葬有弩机，且都位于墓主人头部附近。而不见弩机的其他6座墓葬，都有早年被严重盗扰的经历。基于此，似大体可以推测随葬弩机于死者头部为琅琊王氏一族丧葬的重要特点。

[1]　南京市博物馆《南京象山8号、9号、10号墓发掘简报》，《文物》2000年第7期，页4~20。
[2]　南京市博物馆《南京象山11号墓清理简报》，《文物》2002年第7期，页34~40。

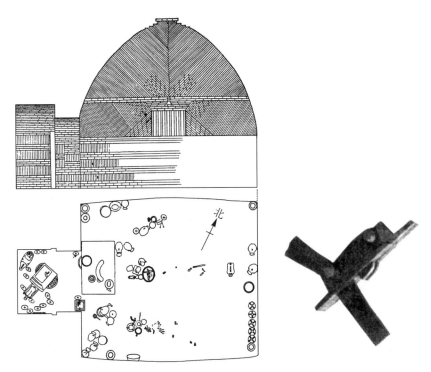

图9-4　象山7号墓平剖面图及铜弩机

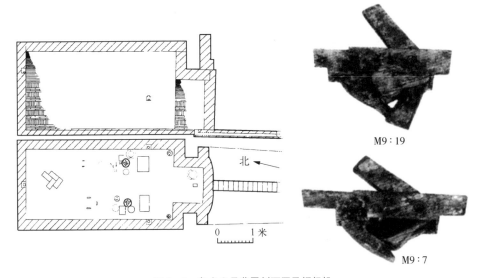

M9：19

M9：7

图9-5　象山9号墓平剖面图及铜弩机

象山王氏墓葬中所见弩机都位于死者的头部，因葬式的缘故，看起来似乎都对着墓门。这难道是墓葬防盗设施之一？

当时社会动荡和战争频仍，使得盗墓成风，此尽见于王右军《丧乱帖》（图9-6）。其文云："羲之顿首：丧乱之极，先墓再离荼毒，追惟酷甚，号慕摧绝，痛贯心肝，痛当奈何奈何！虽即修复，未获奔驰，哀毒益深，奈何奈何！临纸感哽，不知何言，羲之顿首顿首。"何其痛哉！

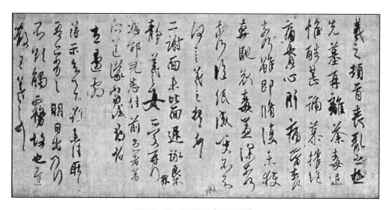

图9-6　王羲之《丧乱帖》

段成式《酉阳杂俎》记载了一座墓葬的诸多防盗设施，其中便有提到用箭的。该书前集卷一三"尸穸"条云：

> 刘晏判官李邈，庄在高陵，庄客悬欠租课，积五六年。邈因官罢归庄，方欲勘责，见仓库盈羡，输尚未毕。邈怪问，悉曰："某作端公庄客二三年矣，久为盗，近开一古冢，冢西去庄十里，极高大，入松林二百步方至墓。墓侧有碑，断倒草中，字磨灭不可读。初，旁掘数十丈，遇一石门，固以铁汁，累日洋粪沃之方开。开时箭出如雨，射杀数人。众惧欲出，某审无他，必机关耳。乃令投石其中，每投箭辄出。投十余石，箭不复发。因列炬而入，至开第二重门，有木人数十，张目运剑，又伤数人。众以棒击之，兵仗悉落。四壁各画兵卫之像，南壁有大漆棺悬以铁索，其下金玉珠玑堆积。众惧，未即掠之，棺两角忽飒飒风起，有沙逬扑人面。须臾风甚，沙出如注，遂没至膝（膝）。众皆恐走比出，门已塞

矣。一人复为沙埋死。乃同酹地谢之,誓不发冢。[1]

由此视之,似乎便可顺理成章地认为上述弩机跟墓葬防盗有关。但是否果真如此呢?

　　同样的情况也出现在南京老虎山晋左光禄大夫颜含后人的家族墓地[2]中。该家族墓地基本上也都随葬有弩机,除了2号墓(颜绅墓,未被盗)外,其1号、4号墓(颜镇之墓)各出土铜弩机1件(简报都没有介绍位置),而出土有"零陵太守章"的3号墓出土石弩机1件(图9-7),与石砚、青瓷鸡首壶、铁镜、鐎斗和石印等随葬品一起置于棺中,此外尚见铜弩机1件,弩机上部附有丝织品的痕迹。颜之推(531~约595)《颜氏家训》卷七《终制篇》云:

图9-7　南京老虎山颜氏家族墓地3号墓所出石弩机

　　吾当松棺二寸,衣帽已外,一不得自随,床上唯施七星板;至如蜡弩牙、玉豚、锡人之属,并须停省,粮罂明器,故不得营,碑志旒旐,弥在言外。载以鳖甲车,衬土而下,平地无坟;若惧拜扫不知兆域,当筑一堵低墙于左右前后,随为私记耳。[3]

可知颜氏3号墓所出石弩机便是蜡弩牙,已为颜氏家族葬制之一部分,并写进"家训"而成为其门风的一项内容。但从颜镇之墓所出铜弩机可知,此前颜氏一族对此并非不折不扣地遵从。

---

[1]〔唐〕段成式撰,方南生点校《酉阳杂俎》,北京:中华书局,1981年,页124~125。按,着重号为笔者所加。

[2] 南京市文物保管委员会《南京老虎山晋墓》,《考古》1959年第6期,页288~295。

[3] 王利器撰《颜氏家训集解》,北京:中华书局,1993年,页601~602。

从同时期墓葬中石弩机的入藏，便可知将墓葬中的弩机跟墓葬防盗设施联系起来是不准确的。因为若从实用的角度来解释石弩机，显然难以成立。而弩机附近附有丝织品，恰说明其入葬时被包裹，亦非实用。两汉、吴墓所出弩机一般陈置于墓底或祭台上。[1] 如，鄂州鄂钢饮料厂 1 号墓，在横前堂的东祭台上，放置有铜弩机、青瓷碗，还有 40 多枚骨片。[2] 从弩机置于祭台来看，可以进一步确定它的随葬应该跟丧葬有关，而非实用器。

2003 年，山东临沂王羲之故居公园东北部发掘清理的洗砚池晋墓，提醒我们从另一思路来理解这一问题。洗砚池晋墓 1 号墓为双室并列券顶墓，共出三具未成年人骨架及大量随葬器物。其西室出土铜弩机 1 件(M1 西内：4)，位于棺内西部[3]（图 9-8）。因为死者骨骸还比较清楚，从墓葬平面图可以清楚判定该弩机同样位于死者头部。两座墓葬规模较大、构筑方式考究、出土文物丰富精美，发掘者据之推断墓主人当为西晋末年至东晋初年的当地豪门望族。在 2016 年出版的正式考古发掘报告中，提供了墓主 DNA 检测的结果：1 号墓西室主人为 6 岁的女孩，东室两个幼儿也都是女孩，年龄分别为 2 岁和 1 岁。发掘者认为魏晋时期儿童意外死亡，因其身份高贵，有埋葬加以"成人之礼"的习俗。1 号墓规模之大，随葬品之丰富精美，反映出这三个女孩使用的葬制乃是"成人之礼"，墓主身份之高贵有可能属于琅邪王族成员，鉴于其又与 2 号墓处于同一陵园之内，2 号墓为一男一女，北侧女性 35~45 岁，南侧男性 18~20 岁。且两座墓葬主人之间并无血缘关系，因此 1 号墓墓主也可能与皇亲女眷或琅邪王后的女侍官有关。两座墓葬相距仅 30

[1] 赵胤宰《长江中下游汉六朝砖墓的建筑结构与技术研究》，北京大学考古文博学院博士论文，2007 年，页 33。

[2] 鄂州博物馆、湖北省文物考古研究所《湖北鄂州鄂钢饮料厂一号墓发掘报告》，《考古学报》1998 年第 1 期，页 127。弩机上有铭文曰"将军孙邻弩一张"，发掘者推测孙邻可能就是墓主人的姓名。《三国志》称他"赤乌十二年(249)卒"。详见《三国志》卷五一《孙邻传》，页 1210。

[3] 山东省文物考古研究所、临沂市文化局《山东临沂洗砚池晋墓》，《文物》2005 年第 7 期，页 4~37。冯沂等编著《临沂洗砚池晋墓》，临沂市博物馆，2000 年。郑同修、宋彦泉、冯沂《山东临沂王羲之故里发现大型晋墓》，《中国文物报》2003 年 8 月 1 日第 1、2 版；临沂市文化局《山东临沂晋墓的发掘》，载国家文物局主编《2003 中国重要考古发现》，北京：文物出版社，2004 年，页 109~115；《中国临沂洗砚池晋墓》，北京：五洲传播出版社，2005 年。

多米,墓葬结构虽然不同,但建筑材料和建筑方式基本一致。根据洗砚池墓地的历史地理、随葬陶瓷器的组合特征、朱书漆器、正始二年左尚方造铜弩机以及蝉纹金铛,推断1号墓的年代大约在太康十年(289)之后的几年之内。从封土叠压关系看,2号墓晚于1号墓,但推测两者之间年代相距也不会远,仅仅是相对存在早晚关系。发掘者推测2号墓的年代也大致属于西晋晚期或东晋初年。[1]

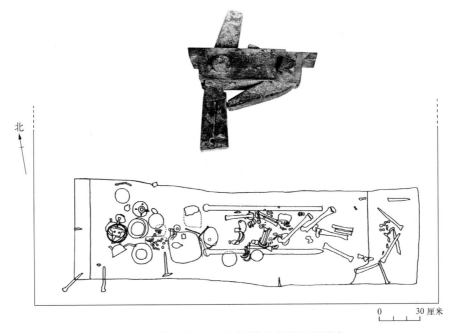

图9-8　临沂洗砚池1号墓西棺室内平面及铜弩机

也就是说,洗砚池晋墓的贵族墓主同样于其棺内头部附近放置弩机,一如象山王氏一般。

因此,墓室随葬弩机与墓葬防盗实无关系。那么,对该现象我们究竟应该怎么解释呢?

在《周礼》中记载了随葬弩机的葬仪。《周礼正义》卷六一云:

---

[1] 山东省文物考古研究所、临沂市文化广电新闻出版局《临沂洗砚池晋墓》,北京:文物出版社,2016年,页156~159。

以弓矢六物推之，王、弧最尊，侯伯有功，赐弓矢为殊礼，似当用王、弧。[1]

同书卷六一云：

大丧，共明弓矢。弓矢，明器之用器也。《士丧礼下篇》曰："器用弓矢。" 疏："大丧共弓矢"者，亦谓王及后、世子之丧，将葬则陈之，葬窆则奉而藏之椁中也。明弓矢与明器义同。[2]

洗砚池晋墓 1 号墓，其随葬弩机的位置和现象应即引文所言"将葬则陈之，葬窆则奉而藏之椁中也"之故。由该葬式可知，随葬弩机本是一种"大丧"的葬仪。考古所见遗存与文献所载于此得以互证。

如前所说，象山王氏墓地所见弩机的出土位置都在石灰棺灰之中，位于尸骨头部附近。同样表明这批墓葬是按照《周礼》所载随葬弩机的。换言之，象山王氏墓葬皆葬以"殊礼"（即"大丧之礼"）。此在该墓地中并非个别现象。值得注意的是，随葬弩机的王氏成员中或非官员，如王闽之与王丹虎。这应该是缘于王氏作为世家大族的政治影响力，故有此僭越等级礼制之行为。这一现象不仅可说明世家大族（门阀）与皇权的关系，而且恰可表明门阀士族于墓葬制度所标榜的特殊性。

同样的情况也见于南京仙鹤观高崧家族墓地。其中高悝墓（M6）棺内前部见有弩机 1 件（图 9－9），高崧夫妇合葬墓（M2）随葬弩机 2 件（图 9－10），分别置于高崧及其夫人谢氏的棺中，估计多也置于头棺之处。该墓地另一座墓葬高耆墓（M3）则不见弩机，但是，该墓早年被盗。[3] 根据高悝、高崧墓的情况，推测高耆墓很可能原也随葬有弩机。宜兴周墩东晋太宁元年（323）周玘墓（M5）两个侧室后壁处分别出一错金铜弩机，皆置于铜镜盒内。[4] 该墓地其他墓葬皆不见弩机，但

［1］〔清〕孙诒让撰，王文锦、陈玉霞点校《周礼正义》，北京：中华书局，1987 年，页 2557。

［2］《周礼正义》，页 2569。

［3］南京市博物馆《江苏南京仙鹤观东晋墓》，《文物》2001 年第 3 期，页 4~40，91。

［4］南京博物院《江苏宜兴晋墓的第二次发掘》，《考古》1977 年第 2 期，页 120。

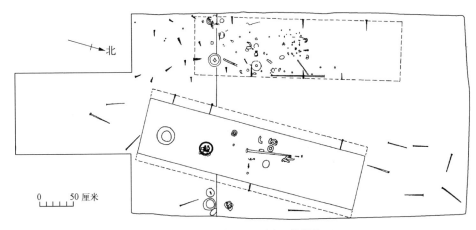

图 9-9　南京仙鹤观 M6(高悝)墓葬平面图

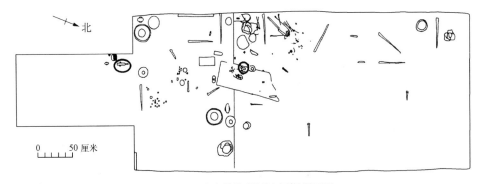

图 9-10　南京仙鹤观 M2(高崧)平面图

早年都曾被严重盗扰。

但是,并非所有的门阀士族墓葬中都随葬有弩机。同样是门阀士族的谢氏,其墓葬发掘材料便与上述王氏、颜氏、高氏的情况不同。根据发掘的情况看,南京南郊司家山东晋、南朝谢氏家族墓地都不见弩机。[1] 其中司家山 3 号、4 号墓(谢球、王德光合葬墓)、5 号墓(谢温墓)早年被盗,7 号墓则早年被毁。谢琰墓(M6)发现一镀

---

[1] 南京市博物馆、雨花区文化局《南京司家山东晋、南朝谢氏家族墓》,《文物》2000 年第 7 期,页 36~48;南京市博物馆、雨花区文化局《南京南郊六朝谢温墓》,《文物》1998 年第 5 期,页 15~18。

金残铜饰件(M6：33)，残留有绑缚的细绳。[1] 但从该物的形制分析，应该可以排除弩机的可能性。南京戚家山谢鲲墓早年被盗严重，不见弩机。[2] 陈郡谢氏墓地的这种状况应与其谦抑、隐忍不发的门风有关。[3] 另外，东晋温峤墓(NGM9)不见弩机，该墓早年被盗，[4]亦无从判断其是否随葬。若从温氏一族在南朝政治的影响力而言，则恐难排除此可能性。其子温式之墓(M12)便随葬1件石弩机(M12：7)，[5]可为辅证。

因随葬弩机所蕴含的礼制意义，除了上述门阀世家大族墓葬之外，随葬弩机之墓葬等级都要高，甚而弩机的材质也颇为讲究。如，北京西郊筑于永嘉元年(307)的西晋幽州刺史王俊夫人华芳墓中出土1件弩机。[6] 湖南安乡发现的西晋宣成公、镇南将军刘弘墓于墓室前部右侧亦发现有1件错金弩机。[7] 湖南常德4号墓出土1件银弩机。[8] 南京五塘村1号墓东晋晚期墓出土1件铜弩机，惜其位置不清。[9] 辽宁朝阳后燕建兴十年(395)昌黎太守清河东武城崔遹墓出土1件铜弩机，[10]该墓为土圹石椁墓，随葬品放在崔遹头侧棺外南侧的墓底上，由南而北的顺序依次为陶器、漆器、铜魁、铜刀、砚板、货币、铜弩机及铁镜。即，铜弩机放置在靠近崔遹头部棺外的墓底。等等，此不枚举。结合已知墓主人的墓葬形制、规模等情况来看，这些随葬弩机的墓葬主人应是士族。

---

[1] 南京市博物馆、雨花区文化局《南京南郊六朝谢珫墓》，《文物》1998年第5期，页4~14，特别是页7。

[2] 南京市文物保管委员会《南京戚家山东晋谢鲲(鲲)墓简报》，《文物》1965年第6期，页34~36。

[3] 田余庆《东晋门阀政治》，北京：北京大学出版社，1989年，页199~213。

[4] 南京市博物馆《南京北郊东晋温峤墓》，《文物》2002年第7期，页19~33。相关研究可参：王志高《试论温峤》，《东南文化》2002年第9期，页38~44；同作者《温峤考略》，《北朝史研究——中国魏晋南北朝史国际学术研讨会论文集》，北京：商务印书馆，2004年，页32~44。

[5] 南京市博物馆《南京市郭家山东晋温氏家族墓》，《考古》2008年第6期，页15。

[6] 北京市文物工作队《北京西郊西晋王俊妻华芳墓清理简报》，《文物》1965年第12期，页22~23。

[7] 安乡县文物管理所《湖南安乡西晋刘弘墓》，《文物》1993年第11期，页1~12。

[8] 湖南省文物管理委员会(周世荣)《湖南常德西郊古墓群清理小结》，《文物参考资料》1955年第5期，页52。按，该墓出土了晋元康四年(294)墓志。

[9] 南京市博物馆考古组《南京郊区三座东晋墓》，《考古》1983年第4期，页325~326。

[10] 陈大为、李宇峰《辽宁朝阳后燕崔遹墓的发现》，《考古》1982年第3期，页270~274。

三

那此前弩机在墓葬中的出土情况又是如何的呢？于此，我们不妨作一简单梳理。根据弩机在墓室中的器物组合和摆放位置，有以下两种情况。

第一种情况，弩机与箭矢或竹弓同置于椁室一侧。如，长沙的两座战国墓中出土有弩机、弓矢等随葬品。一为 1952 年发掘的长沙南郊扫把塘 138 号墓；一为 1957 年发掘的长沙东南郊左家塘新生砖厂 15 号墓。此外，1958 年在常德德山 12 号墓中也出土 1 件残损的铜弩机。长沙南郊扫把塘 138 号墓中，弩机、箭矢、竹弓等共出于椁室一侧。左家塘新生砖厂 15 号墓所出铜弩机与铁铤竹杆铜箭镞以及其他随葬品共出，其中出土时弩机位于陶壶之下，它们共同置于椁室之中。德山 12 号墓则与其他随葬品置于一竹筐内。[1] 同样形制的弩，还在四川、河北和河南的战国墓葬里也发现过。[2] 四川涪陵小田溪战国土坑墓第 2、3 号墓墓室分别出土 1 件弩机。[3] 成都羊子山第 172 号战国墓出土两件弩机，都处于椁的东段、墓主人的头肩部。此外，共出的还有弩机臂盖、铜镞和铜马衔。[4]

第二种情况，作为战车的装备随战车一起下葬。同一器物因所处环境之不同，它所承担的功能可能完全发生变化。这已成为一种常识，自不待言。如，洛阳中州路战国车马坑中亦出土有 1 件弩机，它是装在一辆战车上的。[5] 河北平山中山国 1 号墓的 2 号车马坑中，战车上有箭箙和箭镞，有的车上还放置弩机。[6] 四川涪

---

［1］高至喜《记长沙、常德出土弩机的战国墓——兼谈有关弩机、弓矢的几个问题》,《文物》1984 年第 6 期，页 33~45。

［2］杨泓《中国古兵器论丛》，北京：文物出版社，1980 年，页 136。

［3］四川省博物馆、重庆市博物馆、涪陵县文化馆《四川涪陵地区小田溪战国土坑墓清理简报》,《文物》1974 年第 5 期，页 64、66、68。

［4］四川省文物管理委员会《成都羊子山第 172 号墓发掘报告》,《考古学报》1956 年第 4 期，页 3 图二、页 7。

［5］洛阳博物馆《洛阳中州路战国车马坑》,《考古》1974 年第 3 期，页 171~178。

［6］河北省文物管理处《河北省平山县战国时期中山国墓葬发掘简报》,《文物》1979 年第 1 期，页 3~4。

陵小田溪战国土坑墓第 1 号墓出土有 3 件弩机，位于车马器中，应该也是作为战车的装备一起下葬的。[1] 弩机随车辆下葬的方式在西汉仍有见到。如西安理工大学西汉壁画墓 1 号墓所出弩机便是这种状况。[2]

　　如前所说，两汉、吴墓所出弩机一般陈置于墓底或祭台上。东汉时期凤凰山 1 号墓东壁壁画所绘弩弓和箭匣，其意也应与此同[3]（图 9 − 11）。

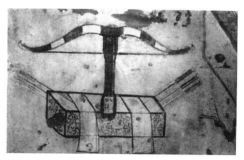

东壁壁画弩弓和箭匣局部

图 9 − 11　凤凰山墓葬 1 号墓东壁壁画

---

[1] 四川省博物馆、重庆市博物馆、涪陵县文化馆　同上揭文，页 62~63。杨泓认为：在涪陵小田溪战国土坑墓（1 号墓）中出土有巴式柳叶剑等具有特征的巴族遗物，可能是其上层统治人物的墓葬。详所撰《中国古兵器论丛》，页 136。按，该墓中随葬的铜斤、凿等应为辇车配件。此详沈睿文《墓葬随葬辇车配件的辨识——以冯素弗墓随葬品为中心》，《中国文物报》2013 年 5 月 24 日第 6 版。

[2] 西安市文物保护考古所《西安理工大学西汉壁画墓发掘简报》，《文物》2006 年第 5 期，页 7~44。按，2 号墓也出土有 1 件铜弩机，但出土位置没有交代。

[3] 魏坚编著《内蒙古中南部汉代墓葬》，北京：中国大百科全书出版社，1998 年，页 170 图一四"凤凰山墓葬 M1 东壁壁画"及彩色图版肆：2"凤凰山墓葬 M1 东壁壁画弩弓和箭匣局部"。

《后汉书·礼仪志》记载大丧中所用明器有"彤矢四,轩𫐐中,亦短卫。彤矢四,骨,短卫。彤弓一",[1]凤凰山1号墓的东壁壁画所绘弩弓和箭匣,应可为该制度的实证。

可见,《后汉书》所载明器"彤弓""彤矢"与上述战国墓葬所见弩机的第一种情况大同,而魏晋时期随葬弩机之风当上承自上述战国墓葬所见弩机的第一种情况,只不过略去了弓矢,仅以弩机作代表。此恐与弓矢容易腐朽,且摆放所占空间较大有关,故有此替代。

总的说来,从现有考古材料来看,随葬弩机的墓葬等级都比较高,其墓葬主人或为王侯,或为门阀,或为士族。从放置位置来看,从战国到魏晋时期经历了一个变化,到了东晋、南朝时期,王侯、门阀世族将弩机放置在棺椁中头部附近,余者则尚不尽统一。前者应是较为讲究的摆放方式,前述崔通墓弩机的摆放位置可为辅证。

简言之,随葬弩机是"葬以殊礼"的体现,故这些墓葬主人的社会身份或政治等级也相对要高,自然墓葬等级也是如此。这也是门阀士族墓葬多有弩机下葬的原因,其中以象山王氏墓地最为突出,所见弩机皆放置于椁中墓主人的头部——一种较为讲究的摆放方式。值得注意的是,在未曾为官的家族成员王闽之、王丹虎墓中也发现有弩机之随葬。这恐是当时皇权衰弱使然,此不啻于对礼制的僭越,应是门阀政治影响力的体现。可以说,在墓葬中于同一位置随葬弩机已成为琅琊王氏一族丧葬的重要特点。这一现象不仅可以说明门阀世族与皇权之关系,而且恰可表明门阀士族在墓葬制度的标榜。其原因恐要归结于门阀士族的实力和门风,而这又跟门阀世族的刻意经营密切相关,一如《颜氏家训》对颜氏一族所规定的。

但是,门阀士族墓中弩机来自王朝的恩赐,抑或来自墓主人的僭越? 具体为何,须另做一番具体的研究。不管如何,在没有官职的门阀士族成员墓葬中出现弩机,应是门阀政治影响力的体现。弩机之随葬,恰是南北朝时期门阀士族政治特点的一个体现。

---

[1]《后汉书》志第六《礼仪下》,页3146。

东晋王朝在明器的使用上多参考东汉制度。其帝陵和皇族墓葬在随葬明器时不得不参考汉制，在崇俭风气影响之下对汉制进行精简，贺循《葬礼》所载的明器制度就产生于这样的社会背景。[1] 清代马国翰在辑录东晋贺循《葬礼》时，便指出贺循《葬礼》"节古礼之繁重，简而易行"，[2] 即贺循对汉代郑玄、王肃二人有关礼制的斟酌。他说："郑元蔡谟皆有《丧服谱》，题贺氏以别之，更辑贺循所撰《丧服要记》《葬礼》以次排比，汉代礼宗之后，微言大义，必有所承受也"[3] "郑康成作《丧服谱》，〔贺〕循亦作《谱》，王肃作《丧服要记》，〔贺〕循亦作《要记》，其书似参用郑王而酌其中"。[4] 于此，我们可知世家大族墓葬随葬弩机是近承东汉、远溯《周礼》的一种表示"葬以殊礼"的大丧制度。

　　（本文原载《故宫博物院院刊》2015 年第 5 期，页 75～86。此次重刊略有修订。）

---

［1］卢亚辉《贺循〈葬礼〉与东晋皇族墓葬和帝陵》，待刊稿。

［2］〔清〕马国翰《玉函山房辑佚书》，上海：上海古籍出版社据光绪九年（1883）琅嬛仙馆本拼缩影印，1990 年，页 872。

［3］《玉函山房辑佚书》，页 871。

［4］《玉函山房辑佚书》，页 874。

10
唐哀皇后墓所见陶礼器*

作为凶礼的重要一环,墓葬展示着国家相关礼仪的内容。但因保存和发掘状况,使得相关信息的呈现并不均匀。墓葬中的铜、陶礼器组合一度是国家丧礼的体现,为墓葬随葬品的核心内容,反映了墓主的政治身份、政治取向以及朝堂给予的殊荣。夏商周三代墓葬中随葬的青铜礼器组合便是如此,两汉时期在墓葬中代以仿铜陶礼器组合,以新的物质形式体现对三代,尤其是周代之礼的尊奉。三国时期,虽然曹魏政权也提倡周制,但是从现有考古发掘情况来看,墓葬中此前随葬的礼器组合似乎已经不再,所见极为零星。墓主的政治身份转而以其他随葬品来体现,如弩机。[1] 这种情况在南北朝时期得以延续。可以说,南北朝时期的墓葬随葬品,在礼器组合方面与三代传统出现了断裂。20 世纪末,唐哀皇后墓的被盗器物又为我们提供了这方面的线索。[2]

* 本文写作过程中,承中央美术学院郑岩教授提供线索,首都师范大学袁泉教授不顾病痛深夜传递相关资料,甚为感念,谨致谢忱。

[1] 随葬弩机是远溯《周礼》的一种表示"葬以殊礼"的大丧制度。详沈睿文《葬以殊礼:弩机与世家大族墓葬》,《故宫博物院院刊》2015 年第 5 期,页 75~86。谢明良《从阶级的角度看六朝墓葬器物》,原载《台湾大学美术史研究集刊》1998 年第 5 期,页 1~39;收入颜娟英主编《美术与考古》,北京:中国大百科全书出版社,2005 年,页 137~174。

[2] 2013 年 4 月,在江苏扬州组织召开扬州曹庄(邗江区西湖镇)发现隋炀帝(M1)及萧后(M2)陵墓论证会。根据出土的"随故炀帝墓志"、十三环蹀躞金玉带、鎏金铜铺首及大量文官俑、武士俑、骑马俑等高规格随葬品,结合文献记载,确认 M1 墓主是隋炀帝杨广。根据墓葬形制、墓内出土高等级随葬品和对人骨遗骸的鉴定,结合文献记载,判明 M2 墓主是隋炀帝萧后。M2 出土玉器、铜器、铁器、陶瓷器、木漆器等 200 余件(套)。其中玉器有白玉璋 1 件;铜器有编钟、编磬、铜灯、铜豆等,成套的编钟 16 件、编磬 20 件,是迄今为止国内唯一出土的隋唐时期的编钟编磬实物(详李政《国家文物局组织专家论证并确认扬州隋炀帝墓》,《中国文物报》2013 年 11 月 20 日第 1 版)。M2 的随葬品中便有礼器。

一

唐哀皇后,右卫将军裴居道之女,李弘太子妃。李弘,字宣慈,为唐高宗李治的第五子、武则天长子,生前为太子。上元元年(674)十一月,高宗、武则天驾临神都洛阳,李弘奉诏纳裴氏为妃。上元二年从幸合璧宫,弘不幸暴死,时年 24 岁。五月五日(675 年 6 月 4 日),诏赠谥"孝敬皇帝",同年八月十九日(675 年 9 月 13 日)下葬"恭陵","制度尽用天子礼"。次年,太子妃裴氏亡,九年后追谥"哀皇后",陪葬恭陵。

恭陵,俗称"太子冢",位于河南省偃师市南缑氏镇滹沱岭上。哀皇后墓位于恭陵封土东北部 50 米处,俗称"娘娘冢"。二者同茔异坟。

1998 年 2 月 3 日,盗墓贼炸开哀皇后墓墓道,从一个壁龛中盗出文物 64 件,皆为釉陶器。2 月 15 日,偃师文管会接报,经勘察,被盗部位为哀皇后墓道东壁龛,后公安部门立案侦破并全部追回被盗文物。现有 28 件釉陶器入藏洛阳博物馆,[1] 其余文物入藏偃师市文管会。这批资料迄今不见集中完整刊布,[2] 只能借已有零星介绍和研究拼接成大概之印象。

据报道,在洛阳博物馆收藏的釉陶器中多为生活用品,除少量三彩器外,多为蓝、红、白三种单色釉。2017 年 3 月,笔者参观该博物馆时,展厅展出 15 件,即:双龙尊 2 件、葫芦瓶 2 件、盘口壶 2 件、盆 2 件、盂 1 件、四系罐 2 件、带盖三足罐 1 件、带盖罐 1 件、灯 1 件、长颈瓶 1 件;而博物馆所藏三彩豆、三彩注子等 13 件则未得见。上述 13 件与偃师文管会所藏的 36 件,根据刊布,有大批彩绘陶俑以及陶灶、陶碓、[3] 帽钉和

---

[1] 可参见刘航宁《恭陵美陶》,《中原文物》2000 年第 3 期,页 66~67,彩版二、彩版三。

[2] 这批资料集中刊布于:郭洪涛《唐恭陵哀皇后墓部分出土文物》,《考古与文物》2002 年第 4 期,页 9~18。

[3] 案,陶灶 2 件,相同。编号 013766,呈长方形,灰陶,灶面及四周素面,上置 1 釜,灶的一端开有灶门,上有阶梯形灶墙,火门处绘有火纹,后置烟囱。灶高 6、长 10.7、宽 9 厘米。陶碓 3 件,编号 013770。座板长方形,近中部架一活动长柄,柄端系杵,其下为臼。通体粉彩,高 4.6、长 21.6、宽 5 厘米。

鎏金铜锁[1]等。彩绘陶俑以立俑和骑马俑(包括骑马伎乐俑)为主,计有:彩绘骑马男装女俑2件、彩绘骑马幞头男俑2件、彩绘骑马女俑2件、彩绘骑马风帽男俑2件、彩绘高髻女立俑1件、彩绘双髻女立俑1件、彩绘风帽男立俑12件、彩绘幞头男立俑10件,以及吹奏俑5件、彩绘骑马击鼓俑6件。

上述器物皆出于哀皇后墓道东壁龛,根据唐墓的发掘情况,可知其中的帽钉(17枚)和鎏金铜锁(1把)应为该壁龛木门上的帽钉和管钥。[2]彩绘男女骑马俑和侍立俑则是出行仪仗俑的组成部分,表示该墓随葬了一套伎乐仪仗出行俑,这符合唐墓墓道壁龛随葬器物的内容与意蕴,也符合哀皇后的政治身份。在余下的随葬品中可知有一批陶礼器(祭器),而这不见于已发掘的唐墓中。2006年,根据聂崇义《三礼图》,谢明良考订出其中的礼器:簋(方口罐与龟符,4件套)、爵(陶杯,1件,编号013848)、牺尊(即献尊,三牛图三足罐,1件,编号013750)、山尊(即山罍,山水画罐,1件,编号013771)、梡俎(几,3件)、豆或登(高足盏,2件),并进而判断这是一套聂崇义《三礼图》系统的礼器。[3]

谢明良的考订基本准确地指出了哀皇后墓被盗器物在丧葬中的属性。在此基础上,可以根据聂崇义《三礼图》[4]尝试进一步推断上述陶礼器的器用。

方口罐4件,略同。方口罐(编号013752),器口面微平,在正中开一方口,上腹微鼓,下腹内收为平底,口长5.3、宽5.5、底径9.1、通高23厘米。

龟符4件,略同。龟符(编号013831),灰陶质,龟首上翘,刻划出眼、嘴,龟甲上涂白粉,其中单线阴刻八边形龟符7个,龟符上涂朱红彩,造型逼真,通长15厘米。另三件龟甲上为素面,其中龟符(编号013045)龟甲上涂黑色,余同。出土时,龟符置于方口罐之上。

[1] 案,帽钉17枚。帽呈球面形,近底部微平,表面鎏金,帽径4.7、钉长3.8~4.5厘米。鎏金铜锁1把,编号014054,通体鎏金,长23.2厘米。
[2] 卢亚辉《唐代木明器初步研究》,载齐东方、沈睿文主编《两个世界的徘徊:中古时期丧葬观念风俗与礼仪制度会议论文集》,北京:科学出版社,2016年,页97~135。
[3] 谢明良《记唐恭陵哀皇后墓出土的陶器》,《故宫文物月刊》第279期(2006年),页68~83;增删后收入所撰《中国陶瓷史论集》,台北:台北允晨文化实业有限公司,页172~189。
[4] 〔宋〕聂崇义纂辑,丁鼎点校解说《新定三礼图》,北京:清华大学出版社,2006年。

《新定三礼图》卷一三《鼎俎图》"簋"条,云:

　　旧《图》云:"内方外圆曰簋,足高二寸,漆赤中。"臣崇义案郑注《地官·舍
人》《秋官·掌客》及《礼器》云:"圆曰簋,盛黍稷之器,有盖,象龟形。外圆函
方以中规矩。天子饰以玉,诸侯饰以象。"又案《考工记》:"瓬人为簋,受一斗
二升,高一尺,厚半寸,唇寸。"又以黍寸之尺校之,口径五寸二分,深七寸二分,
底径亦五寸二分,厚八分,足底径六寸。又案贾(贾公彦)疏解《舍人》注云:
"方曰簠,圆曰簋。"皆据外而言也。[1]

可见哀皇后墓所出该陶簋意在"盛黍稷"。唐尺有大尺、小尺之分,其中大尺为实用
尺度,小尺用于礼乐。唐尺小尺一尺约合 24.75~25 厘米;大尺一尺在 29.48~31.04
厘米之间,取其中数为 30 厘米。[2] 根据聂崇义《三礼图》,"高一尺",若以小尺
计,便是 24 厘米。如此哀皇后墓所出陶簋的高度与此相近。

　　陶杯(编号 013848)1 件,足残口径 4.5、通高 7.5 厘米。丁鼎点校版聂崇义《三
礼图》称之为"玉爵"。《新定三礼图》卷一四《尊彝图》"玉爵"条,载:

　　《太宰职》云:"享先王,赞玉爵。"后郑云:"宗庙献用玉爵,受一升。"今以
黍寸之尺校之,口径四寸,底径二寸,上下径二寸二分,圆足。案梁正、阮氏
《图》云:"爵尾长六寸,博二寸,傅翼,方足,漆赤中,画赤云气。"此非宗庙献尸
之爵也。今见祭器内有刻木为雀形,腹下别以铁作脚距,立在方板,一同鸡彝、
鸟彝之状。亦失之矣。[3]

若依郑康成提供的"底径二寸",即 4.8 厘米,可知哀皇后所出与之接近。

　　今可知聂崇义《三礼图》所绘该器为羽觞,从伯公父爵系统发展而来,在魏晋

---

[1]《新定三礼图》,页 422。
[2] 宿白《西安地区的唐墓形制》,《文物》1995 年第 12 期,页 48 注释⑤。
[3]《新定三礼图》,页 466~467。

时期呈过渡状态。[1] 需要指出的是,伯公父爵在器体上装饰羽毛,而聂崇义之器则径将羽毛以小鸟的写真形态来表示。二者的用意实则为一。

不过,若据丁鼎点校版聂崇义《三礼图》考订该器名为"玉爵",则误。颜师古《汉书》注引三国孟康曰:"羽觞,爵也,作生爵形,有头尾羽翼。"[2] 左思《蜀都赋》云:"羽爵执竞,丝竹乃发。"唐开元时李周翰注曰:"羽爵,羽觞,作鸟形也。"[3] 可知,哀皇后墓所出陶杯(编号 013848)一名羽爵,另名羽觞。丁鼎点校版聂崇义《三礼图》恐因"羽爵"音而误作"玉爵"。《周礼·太宰职》所云"玉爵"之"玉"乃指爵的材质。此恐是上引梁正、阮氏《图》只称之为"爵"的原因所在。古时天子用爵(玉爵),公卿以下则用羽觞(羽爵)。随葬羽爵(羽觞),也与哀皇后墓不称陵的情况相符。从对材质的要求亦可知,哀皇后墓该器为明器。

爵与山尊(山罍)、献尊是一个组合。《新定三礼图》卷一四《尊彝图》"山尊"条,载:

> 山尊受五斗。《周礼·司尊彝》云:"追享、朝享,其再献用两山尊,一盛玄酒,一盛盎齐。王用玉爵酌盎齐以献尸。"注云:"山尊,山罍也。"《明堂位》曰:"山罍,夏侯氏之尊。"亦刻而画之为山云之形。今以黍寸之尺计之,口圆径九寸,腹高三寸,中横径八寸,胫下大横径尺二寸,底径八寸,腹上下空径一尺五分,足高二寸,下径九寸。知受五斗者,案郭璞云:"罍形似壶,大者受一斛。"今山罍既在中尊之列,受五斗可知。[4]

可知山尊有两个,一盛玄酒,一盛盎齐。盎齐,为白酒。王向死者进献祭品的时候要用玉爵酌盎齐。另外,哀皇后墓所出山尊(编号 013771)1 件,口径 4.5、通高 14.2

---

[1] 孙沛阳《爵与羽觞》,待刊稿。此承孙沛阳学棣提供,谨致谢忱。

[2] 《汉书》卷九七下《孝成班婕妤传》,页 3988 注释〔九〕。

[3] 〔梁〕萧统编,〔唐〕吕延济等注《日本足利学校藏宋刊明州本六臣注文选》卷四,北京:人民文学出版社,2008 年,页 82~0326。

[4] 《新定三礼图》,页 463。

厘米。此与引文中口圆径九寸(21.6厘米)出入近7厘米。

《新定三礼图》卷一四《尊彝图》"献尊"条,载:

> 案《明堂位》云:"献,象周尊也。"《司尊彝》云:"春祠、夏禴,其朝践用两献
> 尊,一盛玄酒,一盛醴齐。王以玉爵酌醴齐以献尸。"《礼器》曰:"庙堂之上,牺
> 尊在西。"注云:"牺,《周礼》作献。"[1]

可知献尊也有两个,一盛玄酒,一盛醴齐。醴齐,即醴酒、甜酒。王向死者进献祭品
时以玉爵酌醴齐。

祭器中有六尊,即献尊、象尊、著尊、胡尊、太尊、山尊。另有疏布巾,即用以覆
盖酒樽的粗布巾。

梡俎,即古代祭祀、宴飨时陈放全牲的案板。俎,为古代载牲体之礼器,形如几
案。《新定三礼图》卷一三《鼎俎图》"梡俎"条,载:

> 《礼记·明堂位》曰:"俎,有虞氏以梡。"郑注云:"梡,断木为四足而已。"
> 孔疏云:"虞俎名梡。梡形,足四如案。以有虞氏尚质,未有余饰,故知但四足
> 如案耳。"臣崇义又案旧《图》云:"俎长二尺四寸,广尺二寸,高一尺,漆两端
> 赤,中央黑。"然则四代之俎,其间虽有小异,高下长短尺寸漆饰并同。[2]

哀皇后墓所出梡俎(即几)3件,其中梡俎(编号013825),几面呈鞋底状,口沿微
敞,几面残留朱色,底附四长足,通高14厘米。该尺寸与聂崇义所拟"高一尺"(即
24厘米)少了10厘米。

此外,还有厥俎、椇俎、房俎。[3]

聂崇义称当时祭器内无丰坫,或致爵于俎上。丰坫,即爵坫。坫以致爵,亦承

---

[1]《新定三礼图》,页457。

[2]《新定三礼图》,页434。

[3]《新定三礼图》,页435~439。

尊。若施于燕射之礼,则曰曲。[1]

高足盏2件,高足盏(编号013788),灰陶上施粉彩,浅盘口,口沿微敞;下部为带长颈之台座,颈上有凸弦纹13道;座为覆盘形,通高13.5、口径13.4、底径12.6厘米。

《新定三礼图》卷一三《鼎俎图》"豆"条,载:

> 旧《图》云:"豆高尺二寸,漆赤中。大夫已上画赤云气,诸侯饰以象,天子加玉饰。皆谓饰口、足也。"臣崇义案《考工记》:"瓬人为豆,高一尺。"又郑注《周礼》及《礼记》云:"豆,以木为之,受四升。口圆,径二寸。有盖。盛昌本、脾析、豚拍之斋醢,蠃兔雁之醢,韭菁芹笋之菹,麋臡鹿之属。"郑注《乡射记》云:"豆宜濡物,笾宜干物,故也。"[2]

可知豆所盛之物。哀皇后所出高足盏高度要低于引文中所言"一尺""尺二寸",该器若为"豆",则为明器。先秦典籍中,豆与笾常连称,成为祭祀、飨宴的代称。豆盛湿物,笾盛干食,二者共用于祭礼和飨宴之中。

三彩豆,为登。[3]　登,即瓦豆。三彩豆,即瓦豆。《新定三礼图》卷一三《鼎俎图》"登"条,载:

> 臣崇义案《尔雅》云:"木豆谓之豆,竹豆谓之笾,瓦豆谓之登。"《大雅·生民篇》曰:"于豆于登。"毛传云:"木曰豆,瓦曰登。"其在《周礼》:"瓬人为瓦豆,而实四升,高一尺,空径二寸,厚半寸。"又《生民传》云:"豆荐菹醢,登盛大羹。"以其盛湆,故有盖也。然则瓦、木、竹之三豆,随材造作,殊名,其制大小无异。[4]

---

[1]《新定三礼图》卷一四《尊彝图》"爵坫"条,页468。
[2]《新定三礼图》,页427。
[3]《新定三礼图》卷一三《鼎俎图》"登"条,页432~434。
[4]《新定三礼图》,页432~434。

综上,尽管在哀皇后墓所出陶礼器中,某些器物某一维度的尺寸与《三礼图》所载相近,但是因为尚无法获得该器全部数据进行综合比较,故而仍不能确定这部分器物为实用器随葬。而那些跟《三礼图》所载数据不吻之器,则恐为明器。

既然哀皇后墓所见上述陶礼器属于聂崇义《三礼图》系统,那么,在已知刊布的器物中,除了上述可以勘定的礼器(祭器),以及出行仪仗俑类、灶碓和壁龛木门的钉帽、管钥之外,其他的器物是否也是祭器呢? 暂且先将搜集到的情况罗列于次:

瓷盆(编号 013856)1 件,器内外施黄釉,器形大,釉面光洁,应为实用器。通高11、口径 27.6 厘米。

碗 6 件,略同。通身施蓝釉,灰白色胎。口径 17、高 8 厘米。与此相同者 2 件。另 4 件腹部无弦纹,余同。

高足盘 3 件,相同,为蓝瓷釉和白瓷釉 2 种。高足盘(编号 0139789)通高 6.6、口径 21、底径 13.5 厘米。

蓝釉盆,口径 27 厘米。

蓝釉双龙尊,高 32、口径 8.8、底径 7.7 厘米。

葫芦瓶 2 件,编号 013973。一件为蓝釉,高 21、底径 7.3 厘米。另一件为白釉,稍有脱落。

红釉葫芦瓶,高 22 厘米。

蓝釉长颈瓶(编号 013572)1 件,通身施黄釉,通高 25、底径 8.5、口径 9.6 厘米。

绿釉盘口壶,高 17.1 厘米。

蓝釉灯,高 33.6 厘米。

绿釉盂,高 13 厘米。

蓝釉三足炉,高约 17 厘米。

红釉带盖三足罐。

红釉带盖罐,通高 32.5 厘米。

四系罐(4 件)。瓷四系罐 1 件(编号 013970),施黄釉,通高 26.8、口径 10.5厘米。

瓷奁(编号 013767)1 件,通高 17、口径 15 厘米。

二

如上所言，唐高宗赐谥李弘为孝敬皇帝，且以天子之礼安葬，此从恭陵门狮径用"昭陵式门狮组合"可证。不仅如此，高宗还亲自参与、过问恭陵的具体情况。史载，"高宗亲为〔恭陵〕制《睿德纪》，并自书之于石，树于陵侧"。[1] 在《淳化阁法帖》中刻有一通唐高宗书，中云"〔恭〕陵初料高一百一十尺，今闻高一百卅尺，不知此事虚实，今日使还，故遣相问"。[2]

既然属于陶礼器，为何没有摆放于玄宫（墓室）之内，而置于墓道壁龛？

恭陵先后由蒲州刺史李仲寂和司农卿韦机（即韦弘机）负责修陵，本欲扩建恭陵玄宫，后因劳工造反而罢，只是"于隧道左右，开便房四所，以贮明器。于是樽节礼物，校量功程，不改玄宫，及期而就"。[3] 这表明恭陵玄宫规模相较随葬品而言显得窄隘，亦即偏小，所以才会在墓道左右开辟壁龛（便房的一种）以置之。难道正是恭陵的这种规模在先，使得哀皇后墓墓室规模不得超过恭陵而出现同样窄隘的问题，只好将上述陶礼器放置在墓道壁龛中？

史载，韦氏郿城公房不仅参与唐高宗时期对东都洛阳的营建工作，[4]而且还参与唐陵的营筑。如，司农卿韦弘机参与主持恭陵的建造。户部郎中韦泰真"弱冠，起家为太宗文武圣皇帝挽郎"，[5]因熟知有关山陵事宜，故复得以负责恭陵封土的营建，上元"三年（676）十月，以恭陵复土，加授朝散大夫"。[6] 有了这两次经验，所以，"时（嗣圣元年，684）方上事起，诏公（泰真）摄将作大匠并吏部尚书韦禧价驰赴乾陵。公昼则临视众作，夜则寝苫悲涕。因以成疾，力至东都殆至

［1］《旧唐书》卷八六《孝敬皇帝弘传》，页 2830。

［2］傅熹年主编《中国古代建筑史》卷二《两晋、南北朝、隋唐、五代建筑》，北京：中国建筑工业出版社，2001 年，页 424。

［3］《唐会要》卷二一《诸陵杂录》，上海：上海古籍出版社，1991 年，页 485。

［4］季爱民《唐高宗经营东都始末考论》，《中国典籍与文化》2010 年第 2 期，页 114~123。

［5］《大唐故使持节怀州诸军怀州刺史上柱国临都县开国男京兆韦公（泰真）墓志铭并序》（下简称《韦泰真墓志》），《全唐文补遗》第 5 辑，西安：三秦出版社，1998 年，页 199 上栏。

［6］《韦泰真墓志》，页 199 下栏。

不济。既而恩旨重迭,医药相寻,乃渐瘳差而竟不痊复。光宅元年(684),事毕,蒙授正议大夫、行洛州长吏,赐物六百段"。[1] 不过,"弘道中(683),高宗大帝遗俗脱屣,公(泰真)志不求生,及营山陵(乾陵),因以增疾,竟不瘳损,以至于薨"。[2] 韦泰真为将作大匠,与吏部尚书韦待价(韦禧价)[3]前往营建乾陵一事也见载于两《唐书·韦挺传》。到了唐宪宗朝,该房支中,韦挺的孙子京兆尹韦武仍"护治丰陵"。[4] 这都表明了包括帝陵在内的工程营建为韦氏郿城公房的家族技艺。

676 年,太子妃裴氏亡,九年后(685)被追封为"哀皇后",并陪葬于李弘恭陵。此刻正是韦泰真、韦禧价参与高宗乾陵修建之时。睿宗景云元年(710),准中书令姚元之、吏部尚书宋璟所奏:"准礼,大行皇帝(高宗)山陵事终,即合祔〔高宗〕庙。其太庙第七室,先祔皇昆义宗孝敬皇帝、哀皇后裴氏神主。"[5]在某种程度上,这应该也是高宗乾陵与李弘恭陵为一总体规划的反映。综上,哀皇后墓的修建应也与上述营建恭陵的韦氏郿城公房有关。修陵主事者相同,自会造成陵园建制的雷同。如,恭陵与乾陵在陵园营建上的诸多相似之处,[6]不仅因为二陵的修建时间相去不远,更为重要的是修建二陵的主事者相同。可见,除了等级制度的限制之外,这是导致哀皇后墓玄宫规模未超越恭陵的直接原因,从而造成上述陶礼器置于墓道两侧壁龛而非墓室。但是,如果考虑唐代祭器在宗庙(家庙)的放置方位以及墓葬跟地上建筑的对应关系,则此说恐非究竟。

唐代宗庙(家庙)中东庑藏祭器,西庑藏家谱。至和初年,文彦博西镇长安,访求唐庙之存者,得杜岐公(杜佑)遗迹,止余一堂四室及旁两翼。嘉祐元年(1056)始仿而营之,三年(1058)增置前两庑及门东庑以藏祭器,西庑以藏家谱。四年

[1]《韦泰真墓志》,页 200 上栏。

[2]《韦泰真墓志》,页 200 下栏~201 上栏。

[3] 案,《旧唐书》卷七七《韦挺传》(页 2672)所载吏部尚书作"韦待价";而《新唐书》卷九八《韦挺传》(页 3904)仅载韦待价摄司空,护营高宗乾陵,并未言及待价拜吏部尚书一事。据此,《韦泰真墓志》所言"韦禧价"与《唐书》所言"韦待价"恐当为同一人。

[4]《新唐书》卷九八《韦挺传》,页 3905。

[5]《旧唐书》卷八六《孝敬皇帝弘传》,页 2830。

[6] 沈睿文《唐陵的布局:空间与秩序》,北京:文物出版社,2021 年,页 269。

（1059）秋，庙成，文彦博虽然"入辅出藩"，公务繁忙，然"未尝逾时安处于洛"。元丰三年（1080）秋，留守西都，始衅庙而祀焉。[1] 可证。

东庑藏祭器、西庑藏家谱或遗书衣物的制度在后世得以延续，宋元明清时期仍是，相关史载屡见不鲜。[2] 这在后世宗庙（家庙）祭器（礼器）图中也可获证。

研究表明，唐墓墓室可能是主人居室的象征，也可能象征一处庭院。墓室四壁上的壁画，有些也具有表现庭院四周廊庑、侧院等庭院建筑，从而展现更大的虚拟空间的作用。墓葬壁画中的木结构建筑更像是庭院四周的廊庑建筑，环绕成一处前庭或天井。这是等级较高的大型贵族墓葬墓室壁画多绘制仿木结构建筑形式的根本原因，也是墓室壁画参与表现墓葬等级制度的证据。[3] 如，甘肃天水石马坪背屏中的廊庑建筑相当于墓葬壁画中的木结构建筑，即影作木构画面。[4]

傅熹年曾以懿德太子墓为例讨论墓道壁龛对应的地上建筑。他认为：小龛即便房。它位于表示建筑物的过洞两侧，洞口画做门状，故也可能表示在门、殿等中轴线上建筑的东西侧有挟屋、挟门、朵殿、洞门之类建筑。懿德太子墓各小龛洞口两侧都画有树木，表示它与过洞所表示的门、殿间隔着庭院，所以可能表示殿侧的朵殿或门侧的角门。[5]

综上可知，墓道壁龛表示地上建筑中的东西两侧或者隔着庭院、廊庑的朵殿。换言之，哀皇后墓陶礼器所在之墓道东壁龛，正是对应家庙中放置祭器的东庑。这应该才是哀皇后墓陶礼器如此放置的真正原因所在。由此亦可知，上述哀皇后墓

[1]〔宋〕司马光《传家集》卷七九《河东节度使守太尉开府仪同三司潞国公文公先庙碑（嘉祐二年作）》，《景印文渊阁四库全书》，台北：台湾商务印书馆，1986年，1094册，页722。

[2] 详细论述可参：赵旭《唐宋时期私家祖考祭祀礼制考论》，《中国史研究》2008年第3期，页17~44；张小李《略论清代太庙祭器、祭品陈设规制》，《故宫博物院院刊》2017年第3期，页65~75；等等。

[3] 赵超《从太原金胜村唐墓看唐代的屏风式壁画墓》，载陕西历史博物馆编《唐墓壁画国际学术研讨会论文集》，西安：三秦出版社，2006年，页207~208。

[4] 沈睿文《天水石马坪石棺床墓的若干问题》，载荣新江、罗丰主编《粟特人在中国：考古发现与出土文献的新印证》，北京：科学出版社，2016年，页462~495。

[5] 傅熹年《唐代隧道型墓的形制构造和所反映的地上宫室》，《文物与考古论集》，北京：文物出版社，1986年，页334。

道东壁龛所出未能勘定之物也应属于祭器之列,恐属于鼎、壶、尊、罍以及洗之属,但具体器物的对应名称为何,有待进一步勘定。

　　那么,哀皇后墓的陶礼器产自何处呢?

　　哀皇后墓所出三彩器的测量结果表明,其唐三彩与河南黄冶窑出土唐三彩胎的分析数据接近,应是采用了和黄冶窟唐三彩成分接近的制胎原料。结合考古资料,在目前已发现的唐三彩窑址中,巩义唐三彩窑有可能为哀皇后墓提供唐三彩葬品,而已发现的其他三个唐三彩窑的可能性较小。[1] 这些情况表明,哀皇后墓所用陶明器应该产自巩义当地窑址。唐中宗景龙元年(707),晋州人褚绥任新平司务时,洪州督府奉诏在景德镇烧造献陵祭器,但时恰年成歉收,后经褚绥再三请求,朝廷才免去对景德镇的征调。由此视之,哀皇后墓所用陶明器由巩义窑址生产并非不可能。

　　不过,近年来唐陵考古又为我们提供了一些新思路。从让皇帝李宪惠陵的考古材料中能推断出随葬品制作的一些情况。李宪惠陵南乳阙东南约一二百米处的农地,农民称耕作时发现地里有红烧土、砖块,后钻探知为小砖窑。该窑是否专为李宪惠陵制作随葬品而建,尚需进一步的工作。但是,在惠陵墓道填土中,随葬的同一陶俑碎块分置于墓葬中的不同堆积单位,甚至窑炉炉渣亦放入墓道中,据此可以判断陶窑就在附近。[2] 惠陵附近有窑址,其随葬品应是就近生产的。这表明甄官署很可能就近制作惠陵的随葬品。

　　2016 年,在陕西富平县桑园窑址发现已知的唐代规模最大的砖瓦窑场遗址,共有 48 座窑炉。该遗址发现了保存完整的窑炉、取土与初加工土料的场所、坯泥堆积坑和窑后排水设施。根据窑址出土的鸱吻、兽面砖等建筑材料分析,该窑址是为供给定陵砖瓦等建筑材料的窑群。[3] 此前已在 11 座关中唐陵附近发现有砖窑

[1] 雷勇、冯松林、冯向前、郭洪涛《唐恭陵哀妃墓出土唐三彩的中子活化分析和产地研究》,《中原文物》2005 年第 1 期,页 86~89。
[2] 2009 年 11 月 27 日,此承陕西省考古研究院马志军先生告知,谨致谢忱。
[3] 张佳《富平桑园窑址发现大量手印砖　引发工艺与商标之争》,《西安晚报》2016 年 1 月 26 日;此据 http://n.cztv.com/news/11879016.html。

遗存,诸陵砖窑遗存数量均未超过 20 座。

关中唐陵和惠陵陵地的砖窑遗存的发现,说明唐陵所用砖瓦,以及至少部分陶明器是在陵地就近生产的。

当然,哀皇后墓所用陶明器是否也在陵地就近生产,也有待于今后的考古工作。

三

恭陵反映了唐高宗时期对帝陵制度的构想,即所谓"恭陵式"的帝陵建制。[1] 恭陵及其石刻的营造是在高宗生前、李弘死后进行的,且其"制度尽用天子之礼"。[2] 恭陵《睿德纪》碑云:"谥(李弘)为孝敬皇帝,其葬事威仪及山陵制度,皆准天子之礼。"[3] 亦即,恭陵反映了唐高宗时期对唐代帝陵的规划和构想。

《旧唐书》卷八六《孝敬皇帝弘传》载:

> 又召诣东都,纳右卫将军裴居道女为妃。所司奏以白雁为贽,适会苑中获白雁,高宗喜曰:"汉获朱雁,遂为乐府;今获白雁,得为婚贽。彼礼但成谣颂,此礼便首人伦,异代相望,我无惭德也。"裴氏甚有妇礼,高宗尝谓侍臣曰:"东宫内政,吾无忧矣。"[4]

"太子无子,长寿中,制令楚王㧑继其后。中宗践祚,制祔于太庙,号曰义宗,又追赠妃裴氏为哀皇后",景云元年(710),因李弘未登大位,于东都别立义宗之庙,迁祔孝敬皇帝、哀皇后神主,命有司以时享祭。开元六年(718),根据韦凑的意见,以其

---

[1] 沈睿文《唐陵的布局:空间与秩序》,页 267~269。
[2] 若是《唐恭陵调查纪要》,《文物》1985 年第 3 期,页 45。
[3]《全唐文》卷一五《孝敬皇帝睿德纪》,北京:中华书局,1983 年,页 186 上栏;《旧唐书》卷八六《孝敬皇帝弘传》,页 2830。
[4]《旧唐书》卷八六《孝敬皇帝弘传》,页 2829~2830。

本谥孝敬为庙称,停义宗之号。[1]

　　哀皇后墓所出陶礼器并不见于唐墓。李弘陵寝称"陵",其妃裴氏虽亦追尊"哀皇后",但其墓并不称"陵"。而因为它与恭陵的关系,故而需要考察已经发掘的唐代帝、后陵墓是否也随葬有祭器。

　　龙朔三年(663),"葬以后礼"的昭陵新城长公主墓[2]可视为高宗时期的同类墓葬。该墓为带五个天井的斜坡墓道弧方形单室墓,规模仅次于帝陵,从被盗后的情况来看,它表现在"葬以后礼"的元素有:其一,使用石棺床,但并不见石椁。其二,墓道北壁绘画中央城楼与左右连阙以步廊相通的画面,中央城楼依稀可见一女性形象。其三,使用石门扉,各扇上下呈五段式构图,其中线刻绘制凤凰、麒麟等皇帝级别的"拂菻样式"图像。在上述元素之中,这是最能体现该墓"葬以后礼"的级别。其壁画内容为"宴乐+出行",而从随葬品孑遗来看,同样不例外地随葬了一套出行仪仗俑,以及木俑,而不见礼器的存在。

　　神龙二年(706)改葬的永泰公主墓和懿德太子墓皆"号墓为陵",虽并不即是陵,应比帝陵低一等,[3]无法视为帝陵级别的墓葬,[4]但也可为参校。这两座墓葬的形制、平面布局及石刻组合、壁画等方面,不够帝陵级别。但是,二墓同样使用了石椁。[5]懿德太子墓石椁正面门前侍女身着礼服,头戴凤冠步摇,应为尚宫正六品司闱,掌宫闱管钥。[6]以此推断,石椁内外壁所刻之侍女,即为唐代东宫太子内官的设置。从线刻人物数量来看,永泰"公主"的封号是追赠的,其墓葬制度等级应较懿德太子墓略低。二墓皆不见拂菻人物样式。但是,懿德太子墓中孑遗所见

[1]《旧唐书》卷八六《孝敬皇帝弘传》,页2830~2831。

[2]陕西省社会科学院考古研究所、陕西历史博物馆、昭陵博物馆《唐昭陵新城长公主墓发掘简报》,《考古与文物》1997年第3期,页50~55;陕西省考古研究所、陕西历史博物馆、礼泉县昭陵博物馆《唐新城长公主墓发掘报告》,北京:科学出版社,2004年。

[3]宿白《西安地区的唐墓形制》,《文物》1995年第12期,页42。

[4]《唐会要》卷二一"诸僭号陵"条(页475)云:"自有国以来,诸王及公主墓,无称陵者,唯永泰公主承恩特葬,事越常涂(途),不合引以为名。"可知,当时称永泰公主墓为"僭号陵"。

[5]陕西省文物管理委员会《唐永泰公主墓发掘简报》,《文物》1964年第1期,页7~18;陕西省博物馆、乾县文教局文物发掘组《唐懿德太子墓发掘简报》,《文物》1972年第7期,页26~32;陕西省考古研究院编著《唐懿德太子墓发掘报告》,北京:科学出版社,2017年。

[6]樊英峰《李重润墓石椁线刻宫女图》,《文博》1998年第6期,页72~73。

釉陶鼎、釉陶三足镀、釉陶五足炉、釉陶细颈瓶、釉陶豆、高柄杯等随葬品,恐也属于陶祭器之列。遗憾的是,出土位置不清。

武惠妃,开元二十五年(737)薨,赠贞顺皇后,葬敬陵。[1] 敬陵使用石椁,内壁所刻绘的 21 位侍女,按唐代宫闱制度,应为陪侍皇后妃嫔之女官,属于皇宫六局二十四司职事官体制中的"宫官",[2]此设置与武惠妃之身份等级相符。石椁外壁亦装饰有拂菻人物样式。[3]

李宪,天宝元年(742)葬惠陵。惠陵为带斜坡墓道的弧方形单室砖,[4]虽是睿宗桥陵的陪葬墓,但因追尊为"让皇帝",其石刻准"乾陵式",[5]使用石门、石椁,石门线刻门吏 2 人,外壁南壁板刻有侍女 2 人。内壁则刻有侍女 11 人,按李宪之身份,应为天子六尚宫官或太子内官。石椁侧立柱装饰胡人骑狮的"拂菻人物样式"。[6] 只不过该图案在李宪石椁上出现的次数并不多。同样地,其墓道北壁绘制中央城楼与左右连阙以步廊相通的画面,中央城楼处依稀可见一男性形象。此与新城长公主墓相同。惠陵墓道绘制青龙、白虎,其前端残存飞天下半部,[7]另可

[1]《旧唐书》卷五一《玄宗贞顺皇后武氏传》,页 2177~2178;《新唐书》卷七六《贞顺武惠妃传》,页 3488。

[2] 葛承雍《唐代宫廷女性画像与外来艺术手法——以新见唐武惠妃石椁女性线刻画为典型》,《故宫博物院院刊》2012 年第 4 期,页 93~102、161。

[3] 葛承雍《唐贞顺皇后(武惠妃)石椁浮雕线刻画中的西方艺术》,载荣新江主编《唐研究》第 16 卷,北京:北京大学出版社,2010 年,页 305~324;葛承雍《再论唐武惠妃石椁线刻画中的希腊化艺术》,《中国国家博物馆馆刊》2011 年第 4 期,页 90~105;葛承雍《唐代宫廷女性画像与外来艺术手法——以新见唐武惠妃石椁女性线刻画为典型》,页 93~102、161;程旭《唐武惠妃石椁纹饰初探》,《考古与文物》2012 年第 3 期,页 87~101;程旭、师小群《唐贞顺皇后敬陵石椁》,《文物》2012 年第 5 期,页 74~96;杨瑾《唐武惠妃墓石椁纹饰中的外来元素初探》,《四川文物》2013 年第 3 期,页 60~72。等等。

[4] 王仲谋、陶仲云《唐让皇帝惠陵》,《考古与文物》1985 年第 2 期,页 107~108;陕西省考古研究所编著《唐李宪墓发掘报告》,北京:科学出版社,2005 年。

[5] "乾陵式"石刻组合为唐陵石刻组合的定式。详沈睿文《唐陵的布局:空间与秩序》,页 250~279。

[6] 葛承雍《唐代宫廷女性画像与外来艺术手法——以新见唐武惠妃石椁女性线刻画为典型》,页 93~102、161。

[7] 案,唐淮安靖王李寿(577~630)墓神道壁画中可见完整的飞天题材(陕西省博物馆、陕西省文物管理委员会《唐李寿墓发掘简报》,《文物》1974 年第 9 期,页 71~88、61)。结合让皇帝李宪惠陵的情况,可知李唐宗室墓葬对南朝墓葬建制的取法,以及惠陵的最终建制(至少是壁画内容)是在营筑过程中调整形成的,与最初规划方案有所出入。惠陵这种状况恰是时处唐玄宗整饬墓葬(转下页)

见有高出地面的小矮墙。这透露出惠陵营建过程中的重要信息。其随葬品的组合与新城长公主墓大同。

上述"拂菻人物样式"也见于唐代帝陵神道石柱的线刻画上,由此可知该样式在唐墓装饰图像中等级为最高,应是唐时墓葬为"陵"的必要等级指标。

从图像内容来看,上述四座墓葬等级的降序顺次为:武惠妃敬陵、李宪惠陵、懿德太子墓和永泰公主墓。它们依次分属两个层级,其中前二者属于"陵"的级别,后二者则次之。[1]

通过简单的梳理,不难发现武惠妃敬陵、李宪惠陵、永泰公主墓以及新城长公主墓,不管是唐高宗时期,还是唐玄宗时期相近等级的墓葬,都随葬代表政治身份的器物,装饰相应政治身份的图像,而不见陶礼器的随葬。实际上,这种情况也延续到晚唐五代的帝王陵墓中,它们更多的是在形制和建材上跟帝陵前中后三室的石室墓规制[2]略作变通,同样不见陶礼器的随葬。

可见,哀皇后墓所见陶礼器不见于已经发掘的唐代帝陵之中。同样地,也尚不见于其他等级的唐墓。当然,这并非指在现实中唐代不存在这套礼器(祭器)。

那么,为何哀皇后随葬礼器式样的随葬品?

《旧唐书》卷八六《孝敬皇帝弘传》载:

> 孝敬皇帝〔李〕弘,高宗第五子也。永徽四年(653),封代王。显庆元年(656),立为皇太子,大赦改元。弘尝受《春秋左氏传》于率更令郭瑜,至楚子商臣之事,废卷而叹曰:"此事臣子所不忍闻,经籍圣人垂训,何故书此?"瑜对曰:"孔子修《春秋》,义存褒贬,故善恶必书。褒善以示代,贬恶以诫后,故使商臣之恶,显于千载。"太子曰:"非唯口不可道,故亦耳不忍闻,请改读余书。"

（接上页）制度的反映。关于李寿墓壁画的研究,可参王静《唐李寿墓寺观壁画再考察》,载张达志主编《中国中古史集刊》第2辑,北京:商务印书馆,2016年,页251~264。

[1] 沈睿文《中国古代物质文化史·隋唐五代》,北京:开明出版社,2015年,页254~258。

[2] 王静《唐墓石室规制及相关丧葬制度研究——复原唐〈丧葬令〉第25条令文释证》,载荣新江主编《唐研究》第14卷,北京:北京大学出版社,2008年,页421~446。

瑜再拜贺曰："里名胜母,曾子不入;邑号朝歌,墨子回车。殿下诚孝冥资,睿情天发,凶悖之迹,黜于视听。循奉德音,实深庆跃。臣闻安上理人,莫善于礼,非礼无以事天地之神,非礼无以辨君臣之位,故先王重焉。孔子曰:'不学《礼》,无以立。'请停《春秋》而读《礼记》。"太子从之。[1]

引文说的是,郭瑜入东宫,向太子李弘传授儒家经书。郭瑜曾经教太子读《春秋》,当读至文公元年"冬十月丁未楚世子商臣弑其君"一事时,太子废卷而叹"此事臣子所不忍闻",郭瑜遂请停《春秋》而读《礼记》。

《旧唐书·孝敬皇帝弘传》还专门记述了李弘的两件德教:征边辽军人逃亡之家,免其配没;关中饥乏,取粮亲视,给米使足。[2] 此等德教亦可称周政。[3]

可见,李弘生前专注于《礼记》、行周政。哀皇后墓出现陶礼器的随葬很可能跟李弘生前此好有关。因为墓葬的营建、随葬品的配置,除了跟墓主政治身份在等级制度中所处的等秩有关外,还跟墓主(当事人)的个人爱好有关联。这已为墓葬研究所证实,[4]此不赘述。

但是,如果结合懿德太子墓所出同类器物的情况,颇疑这还跟高宗朝后期所谓"永淳旧制"有关。《旧唐书》卷七《中宗睿宗纪》载:

〔神龙元年〕二月甲寅,复国号,依旧为唐,社稷、宗庙、陵寝、郊祀、行军旗帜、服色、天地、日月、寺宇、台阁、官名,并依永淳(682~683)以前故事。[5]

---

[1]《旧唐书》卷八六《孝敬皇帝弘传》,页2828。

[2]《旧唐书》卷八六《孝敬皇帝弘传》,页2829。

[3]《汉书》卷九《元帝纪》(页277)载,西汉宣帝时,时为太子的元帝柔仁好儒,见宣帝用刑过多,劝谏宣帝任用儒生。宣帝作色道:"汉家自有制度,本以霸王道杂之。奈何纯任德教,用周政乎! 且俗儒不达时宜,好是古非今,使人眩于名实,不知所守,何足委任!"可知,唐李弘此举可称"周政"。

[4] 如,章怀太子李贤墓的营筑便是如此。详悉沈睿文《章怀太子墓壁画与李守礼》,《艺术史研究》第6辑,广州:中山大学出版社,2004年,页293~308;后增订收入所撰《安禄山服散考》,上海:上海古籍出版社,2016年,页309~341。

[5]《旧唐书》,页136。

四

聂崇义《三礼图》是现存年代最早的礼图。聂氏生年当在唐末后梁之际,卒于宋太祖开宝年间(968~976),[1]为五代学官,洛阳(今属河南)人。他少举《三礼》,通《礼》学,精通经旨。五代后汉乾祐(948~950)中,官至国子礼记博士,曾校定《公羊春秋》,刊板于国学。后周显德年间(954~960),迁国子司业兼太常博士,周世宗诏参定郊庙祭玉,聂崇义因取《周礼》《仪礼》《礼记》旧图,重加考订。北宋建隆三年(962)四月考正《三礼图表》上之,宋太祖览而嘉之,赐紫袍、犀带、银器、缯帛以奖之,并诏令颁行天下。未几,卒。《三礼图》遂行于世,并画于国子监讲堂之壁。[2]

周显德三年(956),聂崇义在讨论祭玉制度时说:"伏望依《白虎通》、《义宗》、唐礼之制,以为定式。"[3]从唐哀皇后墓所出陶礼器与聂崇义《三礼图》的契合,可知聂崇义《三礼图》是对唐代礼器的总结。

在考订的过程中,聂崇义客观公允地对待不同意见。如关于献尊,他在《三礼图》中具列了阮谌、郑玄和王肃三种不同的说法,认为阮谌的观点与郑玄、王肃的观点全然不同,然"揆之人情,可为一法。今与郑义并《图》于右,请择而用之"。[4]又如,在讨论了玉爵的不同样式之后,聂崇义写道:"今取《律历志》'嘉量'之说,原康成(郑玄)解'缮爵'之言,图此爵形,近得其实。"[5]所言"近得其实",说明聂崇义考订三礼图时也会搜检实物。如对"(玉)爵"样式的考订,他便是基于亲见实物。

乾隆十三年(1748)《钦定仪礼义疏》卷首上载:"《三礼图》聂崇义,周世宗时被旨纂集,以郑康成、阮谌、綦母君、梁正(隋唐间人)、夏侯伏明(朗)、张镒(?~781)

[1] 乔辉《〈三礼图集注〉作者聂崇义生平考略》,《兰台世界》2015 年第 3 期,页 146~147。
[2] 《宋史》卷四三一《聂崇义传》,页 12793~12797。
[3] 《宋史》卷四三一《聂崇义传》,页 12795~12797。
[4] 《新定三礼图》卷一四《尊彝图》"献尊"条,页 457~458。
[5] 《新定三礼图》卷一四《尊彝图》"玉爵"条,页 466~467。

六家图刊定。"[1]以目前情况视之,郑玄等六家之说恐皆有现实器物为根据,问题的关键在于聂崇义制订《三礼图》时的取舍,以及唐时宗室遵奉哪家之礼图。换言之,哀皇后下葬时,即唐高宗时期,所宗的又是哪家之"礼图"呢?

哀皇后墓所出三牛图三足罐器身以刻画之牛形为饰,证实了初唐献尊恰如阮谌《三礼图》所言,而非王肃、郑玄之说。如,吉林大学考古与艺术博物馆中藏有一件精美的商代三牺尊,上面刻有三个牛头,便与王肃所言牛头之说相似。[2] 这说明王肃之说也确有其物,但是,并没有被初唐政府所采纳。同样地,哀皇后墓所出陶羽爵(羽觞)也证实了梁正、阮谌《三礼图》所考为实。

在唐代经学家贾公彦(活跃于公元 7 世纪中叶)之前的三礼图之作,《隋书·经籍志》载有郑玄、阮谌、梁正、夏侯伏朗。其中梁正、夏侯伏朗的礼图,文献阙载,贾公彦可能引用的《三礼图》仅限于郑玄、阮谌二家。[3] 东汉阮谌师从綦册君(或云綦母君、綦毋君),[4]《四库全书总目》卷二二"《三礼图集注》二十卷"下云:"陈留阮士信,受学于颍川綦母君,取其说为图三卷。"[5]阮谌《三礼图》,[6]史志目录多载,为后世文献屡次征引,是影响力较大的一部礼图著作。唐张彦远(815~907)《历代名画记》载:"《三礼图》十卷,阮谌等撰。又十二卷,隋文帝开皇二十年敕有司撰,左武侯执旗侍官夏侯[伏]朗画。"[7]

从这些情况来看,哀皇后陶礼器可能采用唐时所见阮谌《三礼图》礼器式样,且"当以时定"。换言之,阮氏《三礼图》亦即初唐时期礼器(祭器)制器的主要依据。这才是关中礼器(祭器)传统的根本。若此,这似乎也寓示着唐代礼、礼图的不同来源。

---

[1] 〔清〕刘野《钦定仪礼义疏》,王云五主编《四库全书珍本》(十一集),〇三〇册,台北:台湾商务印书馆,1969 年,叶二九背面。

[2] 张雁勇《关于〈周礼〉鸟兽尊彝形制研究的反思》,《史学月刊》2016 年第 3 期,页 27。

[3] 乔辉《贾公彦〈周礼注疏〉、〈仪礼注疏〉引礼图考略》,《理论月刊》2014 年第 9 期,页 45~46。另,关于礼图的著录情况,可参李小成《三礼图籍考》,《唐都学刊》2012 年第 1 期,页 80~83。

[4] 关于阮谌的生平,可参乔辉《阮谌生平略考》,《兰台世界》2011 年第 7 期,页 52~53。

[5] 〔清〕永瑢等撰《四库全书总目》,北京:中华书局,1965 年,页 176 中栏。

[6] 关于阮谌《三礼图》辑佚情况,可参乔辉、赵学清《阮谌〈三礼图〉辑佚本补正考》,《西南民族大学学报(人文社科版)》2015 年第 10 期,页 236~240。

[7] 〔唐〕张彦远《历代名画记》卷三,杭州:浙江人民美术出版社,2011 年,页 69。

礼器"仿古"（"复古"）是历史时期的共同特点，或因古物之珍贵，或因其代表权贵，或因代表法统的继承，其选择的内容和表现方式或有不同，[1]多为"当以时定"之物。唐朝有着浓厚的汉朝情结，这在墓葬布局形式、壁画内容和表现手法，以及铜镜[2]等方面都有体现。其帝陵制度便是"斟酌汉魏，以为规矩"，到了唐玄宗时期，更是上承汉制，在陵地秩序上照搬西汉陵地的布列原则。[3] 在此社会政治文化氛围之下，太子李弘停《春秋》读《礼记》也是自然之理。不过，就目前资料而言，哀皇后墓随葬陶礼器除了"礼"的因素之外，应直接与太子李弘的政治主张有莫大关系。用墓葬建制、随葬品来表现自己的政治主张，并在家族中产生持续的影响，哀皇后墓并非先例、孤例。此前，隋废太子勇父女两座墓葬便是典型案例。[4]

到了北宋以后，河北地区渐出现了《宣和博古图》系统的仿古礼器，此恐与宋代士人"疑古"与"复古"的推波助澜有关。[5] 从洛渭流域蒙元墓葬的情况[6]来

---

[1] 如，战国铜器的复古实践表现为古老器形、纹饰的仿制和传统礼器制度的恪守两方面，意在守旧、尊古。可参：张闻捷《战国时代的铜器复古》，《考古》2017年第4期，页91~102。

[2] 唐代出现了一些早期风格的铜镜，既有早期流传下来的，也有以模仿汉代铜镜风格为主的汉式唐镜，主要出土于两京地区，并且这一过程从隋至初唐起至晚唐从未间断。唐代铜镜的复古风气对宋代以后大量仿制前代铜镜产生了一定的影响。相关研究详悉：范淑英《隋唐墓出土的"古镜"——兼论隋唐铜镜图文的复古问题》，《故宫博物院院刊》2010年第6期，页104~125；范淑英《〈古镜记〉与中晚唐道教的"古镜"再造》，载荣新江主编《唐研究》第18卷，北京：北京大学出版社，2012年，页173~200；李彦平《唐代复古风格铜镜》，《中原文物》2015年第1期，页52~99。案，壁画与铜镜皆不属礼器之列。

[3] 沈睿文《唐陵的布局：空间与秩序》，页49~146。

[4] 陕西省考古研究院《陕西潼关税村隋代壁画墓线刻石棺》，《考古与文物》2008年第3期，页33~47；陕西省考古研究院《陕西潼关税村隋代壁画墓发掘简报》，《文物》2008年第5期，页4~31；陕西省考古研究院编《潼关税村隋代壁画墓》，北京：文物出版社，2013年。戴应新《隋丰宁公主与韦圆照合葬墓》，《故宫文物月刊》（台湾）第六十卷第六期，1998年，页76~93。相关研究可参：沈睿文《废太子勇与圆形墓——如何理解考古学中的非地方性知识》，载包伟民、刘后滨主编《唐宋历史评论》第1辑，北京：社会科学文献出版社，2014年，页35~55。

[5] 陈芳妹《青铜器与宋代文化史》，台北：台大出版中心，2016年；易善炳《〈三礼图〉图像研究》，陕西师范大学硕士学位论文，2014年，页49~54。

[6] 洛渭流域蒙元墓葬多仿唐制，并随葬一套仿古礼器，在墓葬结构和随葬品类别上皆与唐代墓葬十分接近。详悉谢明良 同上揭文；袁泉《洛渭地区蒙元墓随葬明器之政治与文化考》，《中国国家博物馆馆刊》2013年第10期，页61~77；袁泉《略论"洛—渭"流域蒙元墓葬的区域与时代特征》，《华夏考古》2013年第3期，页107~111；袁泉《复古维新：洛—渭地区蒙元墓葬"复古化"的再思》，载齐东方、沈睿文主编《两个世界的徘徊：中古时期丧葬观念风俗与礼仪制度学术研讨会论文集》，页343~366。

看,聂崇义《三礼图》(阮谌《三礼图》)则仅沉淀为关中礼器传统。关中和河北两大地域集团不同的政治取向在礼器上同样得到了体现。

蒙元时期关中墓葬随葬仿古礼器可视作唐哀皇后墓所见陶礼器(祭器)组合的余续。换言之,后者成为此后关中礼器传统的重要组成。这显然跟唐王朝的制定与颁行直接相关。

但是,从阮谌《三礼图》到聂崇义《三礼图》系统,具体如何沉淀成关中礼器(祭器)传统? 在关中该礼器(祭器)传统的形成过程中,唐哀皇后墓发挥了怎样的作用? 唐朝礼器是否确与阮谌《三礼图》存在直接的承继关系? 其中尚存在较大的缺环,仍有待进一步的工作。

(本文原载荣新江主编《唐研究》第 23 卷,北京:北京大学出版社,2017 年,页421~440。此次重刊略有修订。)

11

"妇人启门"构图及意义

在汉代墓葬、祠堂、画像石棺、阙、神道碑的画像中常可见"一门半开,一人从门内探身"的画像,此后墓室壁画、砖雕或佛塔和经幢、石窟、铜镜多有该题材,波及明清乃至民国,其中以宋辽金时期最为流行。其启门者除少数为仙人、僧侣之外,绝大多数为世俗者,其中又以女子为多,故有"妇人启门"之谓。

1944年,王世襄在所撰《四川南溪李庄宋墓》[1]时,基于当时材料,初步判断其源流。1957年,宿白于所撰《白沙宋墓》中的考辨使得王氏的判断成一常识,对其功能的推测也影响至今。[2] 在经历了几近四十年的沉寂之后,20世纪90年代以来,学人复加重视,多有阐发,[3]兹不赘述。

关于"妇人启门"题材的源流、分布,目前已经基本清晰。今知年代最早的启门图为西汉晚期,见于山东邹城卧虎山2号墓的石椁东端外侧门扉。[4] 东汉的启门图主要集中于四川和山东、苏北地区,其中四川的启门者基本为妇人,而山东、苏北地区者则有男有女。[5] 实际上,在汉墓随葬品中尚见有一种陶楼,其门半开或可活动,但未见启门者。这表明在汉墓中存在启门题材的图与像。墓葬中的图、像原本是一种交融的状态,一般情况下,相同的题材承担着相同的功能指向。[6] 遗憾

---

[1] 王世襄《四川南溪李庄宋墓》,《中国营造学社汇刊》第7卷第1期(1944年),页129~136。

[2] 宿白《白沙宋墓》注75,北京:文物出版社,1957年,页55~56。

[3] 有关学术史的梳理,可参:郑岩《民间艺术二题》,《民俗研究》1995年第2期,页92~93;郑岩《论"半启门"》,所撰《逝者的面具——汉唐墓葬艺术研究》,北京:北京大学出版社,2013年,页379脚注[2];韩小囡《图像与文本的重合——读宋代铜镜上的启门图》,《美术研究》2010年第3期,页41~42。

[4] 郑岩《论"半启门"》,所撰《逝者的面具——汉唐墓葬艺术研究》,页380。

[5] 吴雪杉《汉代启门图像性别含义释读》,《文艺研究》2007年第2期,页111~120。

[6] 关于墓葬中图、像的转换与功能的讨论,详沈睿文《中国古代物质文化史·隋唐五代卷》,北京:开明出版社,2015年,页174~175。

的是,汉墓此类陶楼随葬品的存在似乎尚未引起研究者足够的重视。

启门图在经历了南北朝时期的静寂之后,复见于唐代塔幢,但唐时并未见于墓葬之中。总体而言,该题材在唐代罕见,基本上沿袭了南北朝时期墓葬的状况。到了宋辽金时期,启门图重新流行于墓葬壁画、砖雕之中。不过,金代以后,该题材在佛教塔幢上又逐渐减少和衰落,在墓葬中到元代初年就很少见了。[1]

宋辽时期,装饰有启门图的墓葬主要分布在川贵渝地区和中原北方地区。除了少数位于后壁之外,四川地区宋墓的启门图多出现在后室正壁壁龛的龛内后壁中,而且多为妇人启门。换言之,这些题材都位于墓室后壁之处。如,乐山宋墓。[2] 但是,贵州遵义杨粲墓的情况则比较特别,启门者的性别跟所在墓室死者一致,即男子墓室则用童子启门,女子墓室则用妇人启门。[3]

在中原北方地区宋墓中,所见启门图的位置存在两种情况。一种是在墓室后壁,另一种是分别位于墓室内对称的两侧壁,比如河南温县西关 XM1 宋墓[4](图11-1)。值得注意的是,中原北方地区启门图位置的变化和差异并未体现出较大的时代特征或地域特征,这说明该地区这种题材的使用较为灵活,而且同一墓葬中可能多次出现启门图。

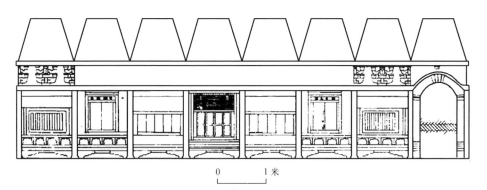

0   1 米

图 11-1   河南温县西关 XM1 墓室壁面展开图(妇人启门两侧壁对称分布)

[1] 郑滦明《宣化辽墓"妇人启门"壁画小考》,《文物春秋》1995 年第 2 期,页 74。

[2] 乐山市文管所《乐山宋墓清理简报》,《考古与文物》1993 年第 6 期,页 53~60。

[3] 宋世坤《播州杨氏墓葬》,《考古与文物》1986 年第 4 期,页 22。

[4] 罗火金、王再建《河南温县西关宋墓》,《华夏考古》1996 年第 1 期,页 17~23。

辽墓启门图可分为女子进门图、女子出门图、男子启门图以及多人启门图。这些门有两种,其一是位于正壁正中,门左右站立门卫。其一是位于左右侧壁,呈对称分布。[1] 从启门图在墓葬中所处位置来看,跟中原北方地区宋墓中的情况类似,应该是源自后者的影响所致,不同的是它们多为备茶、备酒或备经图的一部分,如张世古(图11-2)、张世卿(图11-3、11-4)等墓所见者,[2] 与场景的配合更为明确具体,画面更多地呈现出一种日常生活的情调。

图11-2　张世古墓后室东南壁启门图

图11-3　张世卿墓后室东壁南端启门图

图11-4　张世卿墓后室西壁南端启门图

就已有情况可以判断"启门图"的载体多跟丧葬有关,其为一种丧葬艺术题材,可成定谳。"门蔽半身之妇人,为全墓最易引人注意之点。"[3] 该题材为何以此种方式出现在墓葬之中,其用意何在?

中国传统社会有所谓"出告反面"之礼,见《礼记·曲礼上》所载:"夫为人子

[1] 冯恩学《辽墓启门图之探讨》,《北方文物》2005年第4期,页30~34。
[2] 河北省文物研究所《宣化辽墓壁画》,北京:文物出版社,2001年,图66、62、63、78。
[3] 王世襄《四川南溪李庄宋墓》,《中国营造学社汇刊》第7卷第1期(1944年),页132。

者,出必告,反必面,所游必有常,所习必有业。"[1]此"出告反面"又称作"倚门倚闾之望",为事亲之礼。南宋学者卫湜在所撰《礼记集说》中便明确地阐释其意义,他说:

> 永嘉戴氏曰:为人亲者无一念而忘其子,故有倚门倚闾之望;为人子者无一念而忘其亲,故有出告反面之礼。生则出告反面,没则告行饮至,事亡如事存也。不敢慢游以贻亲忧,不敢废业以为亲辱,不敢自老以伤亲心,此皆人子兢业恐惧之意也。[2]

由此我们便可明白,原来墓葬中的启门图最初就是来自"倚门倚闾之望"的意象,表达的是古人"出告反面""事亡如事存"之礼。因为墓葬里埋葬的是亡故的亲人,生者便在墓葬中用启门图来表现"无一念而忘其亲"。一如南宋学者卫湜所言,此举"事亡如事存",纯属事亲之礼。于此,我们也可以体会到古人是将亲人的亡故比作一种出游远行,而将陵寝视为亡者的归宿,所以才会在墓葬中以启门图来表现"倚门倚闾之望",意在期待亡者回归陵寝。显然,这不仅是对逝者的一种思念,实也是一种孝道。

　　无须多言,"事死如事生,事亡如事存",是传统社会丧葬活动中最为核心的观念。但是,如何在阴森漆黑的地下世界营造出如此栩栩如生的质感?显然,最为关键的便是如何最好地表现随葬品和墓葬壁面装饰的动感,即表现出它们是正在被使用着的物事。但是,墓门一闭,幽埏一掩。墓主人自兹便与世永隔,生活在另一个世界之中。地下的墓道、墓室以及地面的墓园便是营造这个世界的重要场景。在地下世界,虽然陪伴墓主人的只有随葬品和壁面装饰,但并不意味着整个墓室便是一派枯寂,毫无生机了。其随葬品及壁面装饰的主要内容为表现墓主人家居宴

---

[1]〔清〕孙希旦撰,沈啸寰、王星贤点校《礼记集解》卷一《曲礼上第一》,北京:中华书局,1989 年,页 19。

[2]〔宋〕卫湜《礼记集说》卷三,《景印文渊阁四库全书》,台北:台湾商务印书馆,1986 年,117 册,页 71 上栏。

乐及出行,依墓主人身份等级而有不同。其中亦不乏动态的场景,只是这些动态的场景却是以其中一个动作的定格来表示,从而使得画面呈现出凝固感和程式化,因此也大大削弱了其动感。可见,在这些方面的努力并不成功。那又该如何来解决这个问题,并使得上述墓葬设施共同迸发出勃勃生机?

毫无疑问,如果从"倚门倚闾之望"的构图来看,其中重要的构图元素便是启门者和"门"。这样,我们不妨来分析该构图的不同情况。

若从构图来看"门"的构思,可分作关闭、洞开以及半启三种。这三种状态显然会相应地产生不同的效果和观感。

但是,假若面对一扇关闭的门,给人的第一印象便是静谧,其内的人、物都处于歇息状态,甚而给人以昔人已去、空无一人的感伤。亦即它给人一种寂静,乃至死寂、没有生气的意象。

而一扇洞开的门,因一目了然,不仅显得无趣乏味,也显得无甚神秘且无动感。更为重要的是,这不利于表现构图。试想如何得以在一个洞开的小空间之内表现其后的众多物事。这显然是难以完成,也是吃力不讨好的不智之举。况且因完全洞开,已至开启之最大极限,也就显得没有动感了。此所谓至动则至静之理。

半启门的半遮半掩的状态,不仅可表明该门处于开启的动态过程中,而且能强烈地暗示门后尚有物事,并给人以无限遐想之空间。这种半藏半露的手法,曲折含蓄,极富艺术感染力。[1] 因此,宿白认为,"按此种装饰就其所处位置观察,疑其取意在于表示假门之后尚有庭院或房屋、厅堂,亦即表示墓室至此并未到尽头之意"。[2] 此说不无道理。

由上述三种构图的不同效果便可理解,启门题材的重点为何后来转变成启门而不在于妇人。[3] 从其相关载体来看,后来妇人可以被男子、童子或其他身份者所替代,启门者的性别及年龄、身份渐非首要,其要者在乎门的开启过程之展示。如,在辽墓中,启门图(元素)直接隶属于某种活动场景的图像系统之中,便是启门

[1] 郑岩《民间艺术二题》,《民俗研究》1995 年第 2 期,页 93。

[2] 宿白《白沙宋墓》,注 75。

[3] 刘耀辉《晋南地区宋金墓葬研究》,北京大学硕士学位论文,2002 年,页 33~34。

图重在开启的表现。

　　既如此,为何又独以妇人启门为多?这恐怕是当时现实社会生活中女子身份和地位的映射,[1]也是谨守礼制、不逾内外之限的女性形象,以及"正位乎内"的古代女性活动的反映。[2] 亦即这一题材某种程度上传达了男女两性在传统社会中的角色定位。实际上,表现孝道自然是跟母亲(女性)相关的,此从孝子故事可证。另外,女子显得妩媚良顺,无疑也能给原本阴森的墓葬增添几分温馨和柔美。

　　由上文可知,从启门题材所处环境来看,它纯粹是将事亲之礼与营造墓葬中的动态氛围巧妙结合而创作的一个丧葬题材。其构图重在"半启"。惟有半启,用启门而入或启门而出的造型方更富于动态,艺术效果更强烈,[3]也更富有感染力。通过这么一个极富动态的展示,启门者或进或出所引发的生气,不仅可使墓葬内被分割的装饰单元、随葬品内部及其相互之间关联成一相互呼应的整体,而且使得墓葬内诸物受其感染顿时也具有了活力和生机,由此让人觉得随葬品以及壁画装饰都是正在进行着的活生生的现实存在。此一物活,则墓葬壁面装饰及随葬品顿时全活矣。于是,墓中诸物因此物之点拨也就焕发出勃勃生机、栩栩如生之质感,由此也就更好地达成生者"事死如事生,事亡如事存"的主观愿望。这应也是汉墓随葬半启门陶楼用意之所在。得其环中,以应无穷。足见该题材构思简单而奇巧,具象而生动。这应也是另一丧葬艺术题材"窥窗"[4]的要义之所在。真可谓是传统社会丧葬中的"点睛之笔"!这就是在墓葬装饰中,为何"门蔽半身之妇人,为全墓最易引人注意之点"的根本原因。

　　唐代墓葬制度严整,在墓葬中不见"启门图"题材,但仍见诸与丧葬有关的佛塔之中。这一现象恰可说明"启门图"是关乎丧葬的题材。今推测唐墓墓道北壁的楼阁图很可能便是整饬"启门图"与此前"窥窗"题材的结果,并依照墓主政治等级

[1] 张鹏《妇女启门试探——以宣化辽墓为中心》,《民族艺术》2006年第3期,页102~107。
[2] 邓小南《从考古发掘资料看唐宋时期女性在门户内外的活动——以唐代吐鲁番、宋代白沙宋墓的发掘资料为例》,载《历史、史学与性别》,南京:江苏人民出版社,2002年,页113~127。
[3] 刘毅《"妇人启门"墓饰含义管见》,《中国文物报》1993年5月6日第3版。
[4] 郑岩《说"窥窗"》,《艺术设计研究》2012年第1期,页27~30。

在相应的墓葬中出现。"启门图"表现"倚门倚闾之望"的孝道内涵,它在唐代墓葬的消逝,跟北朝频见的孝子(道)题材在唐墓中遁形的情况是一致的。

宋辽时期,启门图虽重新流行于墓葬之中。但是,与汉代相比较,又出现了新情况。即,同一墓葬中可能多次出现启门图。墓葬中启门图表现手法的变化使得它的意义也随之发生变化,"事死如事生,事亡如事存"也随之多了诸多生活的情趣。

值得注意的是,"启门图"题材原本却是地地道道的民间艺术。[1] 到了宋代,该民间艺术题材甚而还出现在宫廷画院艺术之中,南宋画院便曾以之为题作卷轴画。宋代邓椿《画继》描述了当时画院所藏妇人启门题材的画轴,他说:

> 画院界作最工,专以新意相尚。尝见一轴,甚可爱玩,画一殿廊,金碧煜耀,朱门半开,一宫女露半身于户外,以箕贮果皮作弃掷状,如鸭脚、荔枝、胡桃、榧、栗、榛、芡之属,一一可辨。各不相因,笔墨精微,有如此者。[2]

表现活泼生机的"启门图"在宋代墓葬中的流行和新形式的出现,恰是庶民社会时代风貌的自然之物。但是因为题材表现形式的变化,使得其强化墓室图像动态的功能也进一步加强。从墓葬中的"启门图"在唐墓中的缺失以及宋墓中的复现与流行,也可成为考察唐宋时期墓葬差异的一个窗口。它在宋代的重新出现是跟该时代墓葬建制的转型相一致的,是北宋王朝政治文化、礼制文化转型下的选择。

总之,"启门图"最初表现的应该是传统社会的事亲之礼,它在墓葬中恰体现"事死如事生,事亡如事存"的丧葬观念。到了赵宋以后,因为墓室壁面装饰中生活场景的出现,使得该题材又新添了日常生活的诸多面向。如果从"启门图"的构图,

---

[1] 郑岩《说"窥窗"》,页91。

[2] 〔宋〕邓椿《画继》卷一〇《论近》,〔宋〕邓椿、〔元〕庄肃《画继·画继补遗》,北京:人民美术出版社,1964年,页124。

并将它置于墓葬的整体装饰以及随葬品组合之中,我们便不难理解传统社会核心丧葬观念在墓葬建制中的这一"点睛之笔"。

是否如此,还请方家时彦指教。

(本文原载张达志主编《中国中古史集刊》第 2 辑,北京:商务印书馆,2016 年,页 422~431。)

12

废太子勇与圆形墓

——如何理解考古学中的非地方性知识

对于 18 世纪末以前的建筑,福柯认为,"建筑的艺术与权力、神性和力量的表达相关。宫殿、教堂以及有权势的人都采用巨大的建筑形式。建筑表现力量、统治和上帝"。[1] 虽然福柯谈论的是西方建筑的特性,但是,在古代中国的建筑上同样也能见到这种特性的沉淀。于是,通过建筑的规模、布局、形式(制)、建材的分类,赋予建筑不同的政治权力等级,这成为中国考古学研究的一种范式。

具体到墓葬研究而言,所谓"布局"主要指的是墓葬所在的区域(地理坐标)和地面上的平面结构两个方面。即,墓葬是否葬于帝陵区、贵族区、平民区或者其他;墓葬是否有地面建筑、墓园乃至园邑,甚而墓葬是否有意地跟远山近水构成某种呼应关系。所谓"形制"指的是墓葬的地下结构,如,三室墓、双室墓、单室墓等。所谓"建材"指的便是墓葬地上、地下建制的建筑材料,也主要就是木材、石材、砖、土等四种,对于墓葬而言主要是石室墓、砖室墓和土洞墓、木室墓等,并首先由建材建立起墓葬的等级差序。对于随葬品而言,则要更为复杂些,除了石材、瓷土、陶土的分别之外,尚有木质、金银铜铁铅锡、宝石、玻璃、琉璃等诸多分类。再综合壁画内容等因素,便成为考古学判断墓葬所属等级的基本。就目前的研究状况而言,中国考古学不同时段的墓葬制度已经基本建立起来。这并非无用的知识,而是深入研究相关问题的基础。只是我们可以如何来运用这些已有的成果?

毋庸讳言,现在看来,包括墓葬在内的建筑作为政治组织、政治运作的形式,对于中国考古学而言,还是一个新的研究空间。上述诸墓葬因素,又因地区的不同而

---

[1]《权力的眼睛:福柯访谈录》,上海:上海人民出版社,1997 年,页 151。

形成不同的区域性特点。这已体现在中国考古学的区域性研究成果中。但是,在同一地区的墓葬中,也会出现这样一种情况:同一政治等级的不同墓主人使用的墓葬布局、形制乃至建材有可能不同。这种现象曾让研究者对已建立的墓葬等级制度产生困惑。

吉尔兹对法律的认识也许可以帮助我们理解墓葬的区域性特点。他说,法律"乃是一种地方性的知识;这种地方性不仅指地方、时间、阶级与各种问题而言,并且指特色(accent)而言——事情发生经过自有地方特性并与当地人对事物之想象能力相联系。我一向称之为法律意识者便是这种特性与想象的结合以及就事件讲述的故事,而这些事件是将原则形象化的"。[1] 考古学文化区域性特色的形成也是如此。

依循区域性特征而培育起来的墓葬特点,经过长时期的传承而成为一种地方传统,反过来,又在该地区沉淀成为一个具有地区指示性的符号,甚而成为该地区民众的一个政治符号和一种政治态度,而成为该地区利益集团的首选。当然,这种地方性知识不仅同样反映地方,也涵括了时间、阶级等诸般问题。值得注意的是,这种地区性特点也往往成为生于斯长于斯的统治者的首选。在这种情况下,地方性知识又得以上升成为国家意志而颁行天下。于是,中国考古学已有的区域性研究便显得格外重要。

诚然,对事物的观察是否正确,取决于观察者的角度和观察方式。这也是在众多学术问题上之所以产生争议的症结所在。这提醒我们面对这些知识的时候,不妨有意识地将它置于区域性的坐标之中,回归到地方性知识中。这样可以更加明晰它的形成史,进而更好地理解成为普适的国家知识(意志)的它出现了哪些变化、为何又会有这些变化。同时,我们也就容易警醒地注意到,某地区非地方性知识因素的存在,并可以尝试从该角度进行深入考察。事实也多证明,这类知识的拥有者多是利用这种知识的展示来体现他的地方性,乃至这种地方性所指代的政治取向的。

---

[1] 〔美〕克利福德·吉尔兹著,王海龙、张家瑄译《地方性知识——阐释人类学论文集》,北京:中央编译出版社,2000年,页273。

在这篇文章里,我想以陕西潼关税村发掘的一座单室圆形砖墓为例,谈谈在考古学研究中如何理解不同的地方性知识的出现。

一

潼关税村这座圆形单室砖室墓,发掘于 2005 年 3~12 月,被盗严重,墓主人不清。该墓为长斜坡墓道、6 个天井、7 个过洞和 4 个壁龛,平面呈"甲"字形(图 12-1),坐北朝南,由墓道、过洞、天井、壁龛、砖券甬道和墓室等部位组成,水平全长 63.8 米,墓底距地表深 16.6 米,方向 189°。墓顶为双层砖券穹窿顶。地面发现有石柱的方座,可知原有神道石刻。

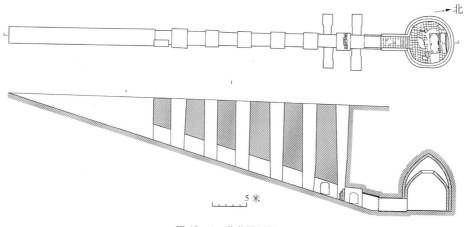

图 12-1 墓葬平剖视图

该墓是目前发现的最大的一座隋墓,墓主人身份不低于太子级别。但是,对这座墓葬的认识经历了一个谨慎推进的过程。发掘前的调查,初步推断为初唐大型壁画墓。随着发掘工作的进展,发掘者最初认为"墓主人系杨隋皇室成员,最低为亲王,不排除生前做过太子的可能";[1]随之,发掘者进一步推论道:"从墓葬规模、葬具的配置和随葬品的规格看,潼关税村隋代壁画墓有可能是做过太子且死后

[1] 陕西省考古研究院《陕西潼关税村隋代壁画墓线刻石棺》,《考古与文物》2008 年第 3 期,页 33~47。

被追封为房陵王的杨勇之墓。"[1]在撰写的发掘报告中认为:"有可能使用如此规模的墓葬,并堂而皇之地配备 18 杆列戟壁画的人物,就极有可能是隋朝的第一位太子——杨勇。……如果以上推论不谬的话,那么潼关税村隋代壁画墓的下葬的具体年代当在仁寿末至大业初(604~606),属于隋代中期偏晚。"[2]

发掘者最后根据墓葬的规模以及壁画等内容的等级特征,将它与隋废太子勇建立可能的联系。此无可置疑。但是,能否进一步勘定该判断,并就墓葬年代作出更为准确的判断? 可能是出于严谨的考虑,报告并没有给读者一个确切的答案。

在我看来,这里面有一个最为关键的问题,这就是,在土洞墓传统的关中地区,为何在这个时候却出现了这座大型的砖室墓? 要知道,隋代的时候,唐时"两京模式"的墓葬制度还远未建立起来,所以,这个问题便显得极为突出。如果从北周的地方性传统来看,北周墓葬以土洞墓为主。这种传统一直成为卒于隋朝的北周遗臣在死后的选择,他们仍以此墓葬形制来表达对故朝的忠心。隋代的北周贵族、遗老们,在墓葬形制上仍沿用北周的高等级的双室土洞墓,而随葬品却使用了隋代的器物。这种情况正是这些墓主北周情结的表现,主要集中在隋代的早期阶段,即开皇元年至仁寿四年(581~604)。

这也就是为何我们能看到,关中地区的隋墓完全延续了北周的墓葬形制结构,并一直延续到初唐时期。[3] 实际上,该地方性知识的继承恰体现了当地政治集团对关陇本位政策的延续和奉行。更为重要的是,此前在关中地区并不见圆形墓,更谈不上圆形墓的墓葬传统。于是,这样的墓葬形制与可能的墓主废太子勇相联系便显得趣味无穷。不得不承认,这首先便是研究者需要面对的问题。实际上,它关系到墓葬主人以及墓葬年代的最后勘定。遗憾的是,已有的报道、研究都未能对此加以关注,并做出让人满意的解答。那我们不妨先来看看潼关税村圆形墓的建制究竟有哪些与关中地区的地方性知识不符的元素。

---

[1] 陕西省考古研究院《陕西潼关税村隋代壁画墓发掘简报》,《文物》2008 年第 5 期,页 4~31。

[2] 陕西省考古研究院编著《潼关税村隋代壁画墓》,北京:文物出版社,2013 年,页 135~136。案,本文的所有数据皆采自该报告,恕不再一一指出。

[3] 赵海燕《关中地区隋墓分期初步研究》,西北大学硕士学位论文,2011 年,页 46。

首先,这座墓葬的形制为圆形、砖室墓,而未遵循关中地区的土洞墓传统。隋墓有土洞墓、砖室墓以及长方形竖穴土坑墓三大类。其中土洞墓占绝大部分,流行于陕西西安和河南洛阳、安阳等地,而砖室墓则流行于河南安阳和山东、河北、山西等地,均为单室砖墓。[1] 从考古学材料来看,圆形墓始见于山东临淄北朝崔氏墓地,是北朝第一门阀崔氏在特定历史时期下创造的新的墓葬形制,成为该门阀的一个墓葬符号,[2] 后来因崔氏在北朝的政治、文化号召力,极具特殊性的河北山东集团最终选择了它作为该地区的主要墓葬文化,以异于政权中心的京畿地区。可见,圆形墓自始至终便是跟河北山东地区紧密相关的墓葬文化,成为该地区墓葬的政治符号和门阀政治的标志。

其次,关于潼关税村圆形墓的随葬品(图 12-2~12-5)和壁画(图 12-6),从二者的孑遗来看,其风格显然跟关中地区北周以及同时期隋墓的随葬品和壁画风格迥异,它采取的同样是山东地区的北齐风格。

图 12-2　税村隋墓陶笼冠立俑　　　　　图 12-3　税村隋墓陶小冠俑

[1] 中国社会科学院考古研究所编著《唐长安城郊隋唐墓·隋代李静训墓》,北京:文物出版社,1980年,页 3~28。

[2] 沈睿文《新天师道与临淄北朝崔氏圆形墓》,西安碑林博物馆编《纪念西安碑林 930 周年华诞学术研讨会论文集》,西安:三秦出版社,2018 年,页 51~71。

图 12-4   税村隋墓陶镇墓武士俑

图 12-5   税村隋墓陶镇墓兽

最后,潼关税村圆形墓的石棺图像(图 12-7)以《洛神赋图》的构图为主体,刻绘了一幅太一出行图。[1] 具体说来,其中的四象为石棺前档的朱雀(图 12-8)、后档

---

[1] 沈睿文《唐宋墓葬神煞考源》,载荣新江主编《唐研究》第 18 卷,北京:北京大学出版社,2012 年,页 199~220。

图 12-6　税村隋墓东壁列戟

图 12-7　税村隋墓石棺复原透视图

图 12-8　税村隋墓石棺前档板线图

的玄武(图 12-9),而把青龙、白虎隐藏于左右两侧帮板的"洛神赋图"出行构图之
中;石棺顶板龟甲纹中的祥瑞图像(图 12-10)表示祥瑞出行。这套图像的主体便
是左右两侧帮板的"洛神赋图"(图 12-11)出行,很明显,其中连鼓雷公的表现形
式采用的是山东地区延续至北齐的构图。这种构图在山东地区的汉画像石墓中便
已有之,后成为当地的一种图像传统为北齐政权沿用。当然,雷公之下的雷工也是
北齐图像传统。石棺的雷公形象与《洛神赋图》者不同,后者径直以"龙"的形象来

图 12－9　税村隋墓石棺后档板线图

图 12-10　税村隋墓石棺盖板顶面线刻图案单元分布示意图

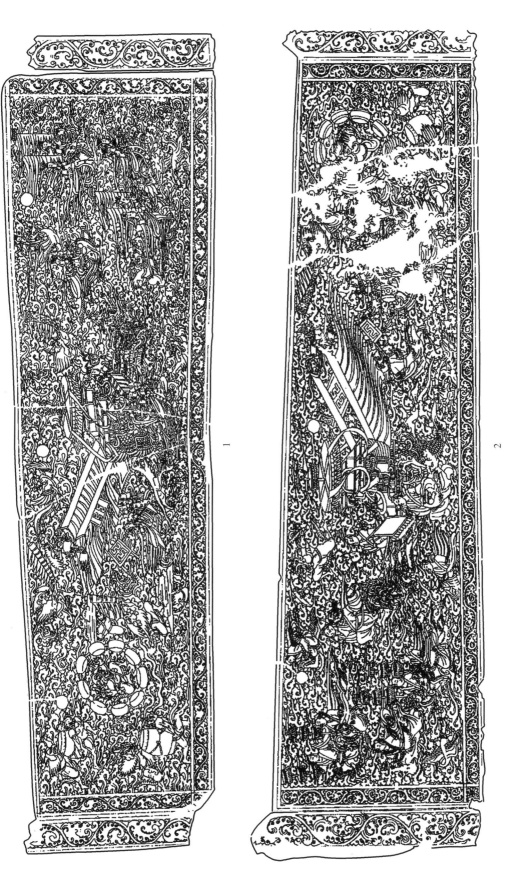

图 12-11 税村隋墓石棺帮板线图
1. 右帮 2. 左帮

表示雷神。除此之外,则基本沿用了"洛神赋图"中的其他元素,如云车、六龙、文鱼、夹毂之鲸鲵等。

潼关税村圆形墓石棺中的"洛神赋图"图像在北朝至唐间在长江以北并非孤例,此前亦见于敦煌石窟中的 249、285 窟,但是两窟的建造者东阳王元荣和建平公都是从山东青齐地区把图像带至敦煌的。[1] 因此,虽然目前尚未发现比这两座石窟年代更早的"洛神赋图"的构图,但是应基本可以肯定这个构图也是山东地区的特有图像,而非关中地区所有。

至于潼关税村圆形墓石棺底板头端则线刻对麒麟纹、对狮纹,左右两侧底板线刻十二生肖图及三十六禽(表 12-1)。可能是因为构图布局的问题,并未能看到全部的三十六禽。它们是"太一出行"构图程式中的重要组成部分。由此视之,墓葬的建造者是将整个宇宙浓缩于石棺之中。

表 12-1　石棺底板两侧线刻动物

左侧	龙	猪	狗	豹(虎)	鼠	牛	鸡	羊
右侧	龙	猪	羊	狐(兔)	马	狙?(蛇)	猫(猴)	兔

如前所言,在潼关税村隋壁画墓的神道上见有石柱的方座,可知原来也修筑有神道石刻。隋开皇六年(586),"申明葬制,凡墓不得造石人兽碑,唯听作石柱,记名位而已"。[2] 潼关税村隋壁画墓的这种情况显然与隋文帝的政策背道而驰。

综合上述情况,可以说潼关税村圆形墓是一座彻头彻尾的北齐风格的高等级墓葬。而如果把这座墓葬置于隋朝的政治史中,那只能将墓主人指向废太子杨勇。而且唯有杨勇是墓主人,这座墓葬的非地方性知识才能得以完美地解释。

二

开皇二十年(600)十月,隋文帝废黜太子杨勇,十一月,立晋王杨广为太子。在隋王朝 38 年的历史中,此确实是一件重大的政治事件。杨勇"参决政事,颇有见

---

[1] 沈睿文《敦煌 249、285 窟窟顶图像新释》,待刊。
[2]《隋书》卷八《礼仪志》,页 153。

识",又"性宽仁和厚",本身又是嫡长子,完全有资格作为皇位继承人。[1] 就连隋文帝本人也认识到这一点,深知废黜杨勇"不允天下之情"。[2] 亦即,隋文帝不是因受杨广欺骗而废立太子,而杨勇又是"废非其罪"。[3] 那隋文帝一定是由于一种客观因素所迫,不得已而废立太子的。这个客观因素是什么呢? 我认为,其中虽有杨广的争夺,但是最为重要的还在于作为太子的杨勇其政治主张跟隋文帝所奉行的关陇本位政策相悖。这才是导致杨勇最终被废黜的根本原因。

已有的历史学研究为我们厘清了隋文帝父子的政治立场及各自的命运。文帝在辅政之初,"停洛阳宫作",但并没有完全改变周宣帝的洛阳政策。在大象二年(580)九月尉迟迥乱后,还"以世子勇为洛州总管、东京小冢宰"。[4] 但即位不久就"废东京六官",据《隋书》卷三〇《地理志中》所云:"后周置东京六府、洛州总管。开皇元年改六府,置东京尚书省。其年废东京尚书省。二年废总管,置河南道行台省。三年废行台,以洛州刺史领总监。"从"东京六府"到"以洛州刺史领总监",洛阳的地位实际上一直在下降之中。这样隋文帝最终改变了周宣帝以来经营洛阳的政策。[5]

北方政权一直以东晋南朝为衣冠文物所在,为争得正统,不忘南侵。而宇文泰欲与雄踞山东之高欢及旧承江左之萧氏争霸,非别树一帜,以关中地域为本位,融冶胡汉为一体,以自别于洛阳、建邺或江陵文化势力之外,则无以坚其群众自信之心理。所以依托关中之地域,以继述成周为号召,窃取流过阴谋之旧文缘饰塞表鲜卑之胡制,以辅成宇文氏之霸业。[6] 亦即宇文泰开辟汉化新途径,抛弃难于模仿的汉魏传统,上拟宗周,认定关中为汉族文化发源地,关陇文化为汉族文化之正统,

---

[1] 唐华全《试论隋文帝废立太子的原因》,《河北学刊》1991 年第 5 期,页 75~76。

[2] 《隋书》卷四五《房陵王勇传》,页 1238。

[3] 《隋书》卷四五《房陵王勇传》,页 1238。

[4] 《隋书·高祖纪上》,页 4。

[5] 魏斌《关于周隋之际洛阳的经营》,武汉大学中国三至九世纪研究所、武汉大学文科学报编辑部编《魏晋南北朝隋唐史资料》第 20 辑,武汉:武汉大学出版社,2003 年,页 59。

[6] 陈寅恪《隋唐制度渊源略论稿》,所撰《陈寅恪集·隋唐制度渊源略论稿·唐代政治史述论稿》,北京:生活·读书·新知三联书店,2001 年,页 20。

借此形成强大的政治—文化向心力,凝聚关陇各族人心,以对抗专事衣冠礼乐的萧梁和继承太和遗烈的高齐。然而此风熏习既久,关陇集团遂以江南为蛮夷之地,山东为俗薄之乡,形成一种根深蒂固的文化偏见。隋文帝君臣这种抱残守缺的文化态度表现得尤为明显。[1]

隋文帝代周而立,团结了一大批汉族贵族和汉化的鲜卑贵族,如韦孝宽、皇甫绩、柳裘、宇文述、刘昉、郑译、李德林、高颎、元谐、元胄等人。从下表(表 12 - 2)所列 14 人来看,关内之人,几乎得以善终,而关东之人或被贬或被杀。其中汉族地主出身的山东士族刘昉、郑译在辅助隋文帝时立下了汗马功劳,"时人为之语曰:刘昉牵前,郑译推后",竟也逃脱不了贬杀的厄运,其他山东士族的遭遇可想而知。[2]

表 12 - 2　隋文帝朝主要大臣命运一览表

姓　名	籍　贯	官　职	结　局
韦孝宽	杜　陵	上柱国	卒
皇甫绩	安定朝那	信州总管	病卒
柳　裘	河东解	大将军	卒
宇文述	夏　州	安州总管	卒于贬所
宇文恺	朔　方	工部尚书	卒
杨　素	弘农华阴	尚书左仆射	病卒
苏　威	京兆武功	上大将军	病卒
刘　昉	博陵望郡	上柱国	刑诛
李德林	博陵安平	上信同	贬死
高　颎	渤海蓚	尚书左仆射兼纳言	诛杀
元　谐	河南洛阳	上柱国	诛杀
元　胄	河南洛阳	右卫大将军	坐死
郑　译	河南洛阳	上柱国	贬卒
贺若弼	河南洛阳	上柱国	诛杀

---

[1] 史睿《北周后期至唐初礼制的变迁与学术文化的统一》,载荣新江主编《唐研究》第 3 卷,北京:北京大学出版社,1997 年,页 170。
[2] 童毅之《隋炀帝营建东都与山东士族》,《历史教学》1987 年第 3 期,页 16~17。案,本文表 12 - 2 采自童文页 15 表。

杨勇为隋文帝长子,开皇元年立为皇太子,军国政事及尚书奏死罪已下,皆令勇参决之,拥有崇高的政治地位,并与山东势力关系密切。太子勇于禅代之际出镇东京,总统旧齐故地,开皇六年又复镇洛阳,显然与山东人士联系较多并建立了一定威望,其谏徙山东民大概即与此有关。太子勇与朝中以高颎为首之山东大臣关系密切。高颎其子表仁娶勇女。太子勇之僚属,亦多山东人士。太子勇与山东势力联系之重要纽带,其一为两度出镇山东,其二则为婚姻之缔结。高颎、元孝矩、柳机、崔弘度、元岩、长孙览六家,或为太子勇姻亲,或为太子勇同党蜀王秀、秦王俊之姻亲,这正好反映了太子勇与山东势力之密切关联。从上述也可知山东势力为支持太子勇之势力。所以,当开皇后期隋文帝谋废太子勇时,山东势力站在文帝之对立面力保太子,从而遭到文帝猜忌与打击。

隋文帝废黜太子勇之关键步骤有三:开皇十二年(592)卢恺朋党案、开皇十七年刘居士案及开皇十九年黜免高颎。居士集团为忠于太子勇之公卿子弟武力集团。开皇十九年,太子勇之最有力支持者高颎被黜,则标志着山东势力之彻底失势,也注定了太子勇之最终被废。开皇二十年十月,"乙丑,皇太子勇及诸子并废为庶人"。同时,文帝下诏处死或处罚之太子僚属亲信有 14 人。这十四人中,除邹文腾、夏侯福、何竦、沈福宝、晋文建五人出身不详外,其余九人有七人出自山东。这一方面进一步证实了山东势力支持太子勇之立场,另一方面也表明山东势力受到文帝之严厉打击。[1]

此上是太子杨勇被废黜的政治原因。由此,我们也就不难理解为何在潼关税村圆形墓中尽以北齐的艺术风格来表现,这是跟墓主人生前的政治立场相联系的。

需要指出的是,在杨勇交往的山东人士之中,便有善于建筑的,其中最为著名的便是高龙叉,亦即高乂。[2]《北史·高灵山传》称其"隋开皇中为太府少卿,坐事死"。[3] 说的是高龙叉在太子杨勇废立的过程中因事处死,成为宫廷斗争的牺

[1] 姜望来《太子勇之废黜与隋唐间政局变迁》,武汉大学中国三至九世纪研究所、武汉大学文科学报编辑部编《魏晋南北朝隋唐史资料》第 23 辑,武汉:武汉大学出版社,2006 年,页 71~100。
[2] 陈寅恪《隋唐制度渊源略论稿》,所撰《陈寅恪集·隋唐制度渊源略论稿·唐代政治史述论稿》,页 84。
[3] 〔唐〕李延寿《北史》卷七二《高颎传》,页 1859。

牲品。身为北齐宗室遗臣,先后得以参与大兴城的规划及太子勇的宫殿建筑的修建,可知高龙叉不仅熟谙北齐邺都建制,而且对单体的宫殿建制恐也是成竹在胸。所以,杨勇的陵寝建制如此精致,应该跟他身旁集聚着一批来自北齐的能工巧匠有关。

但是,随之而来的问题是:既然杨勇是因为政治立场而被废黜,那为何又能够以展示其政治立场的墓葬建制来下葬,以此继续凸显其所主张的政治立场呢?这是当权者所能容忍的吗?从现有的资料来看,杨勇墓只能下葬在炀帝即位,隋朝治国策略出现转变之后。

杨勇为太子时,乖巧的杨广一直俯首唯文帝马首是瞻,自己真正的政治主张并未露出丝毫。这是他在皇位的争夺中得以最终胜出的原因。可是,一旦他登上大宝,便迅速地施展自己的宏图大略,一转文帝时期的关陇本位,而是要建立其“大业”。其中最为关键的转变便是对山东、江南地区的渗透和控制。

隋炀帝朝是南北学术文化的融会期,早期作藩扬州的经历使炀帝深受江南文化的影响。东都洛阳城的兴建便是他重视河北山东以及江南文化、践行大业政治理想的重要举措。[1] 隋炀帝营建东都洛阳,其中亦应包含以此国家的新都(政治中心)为据点镇辖山东的政治用意。东都洛阳落成后,炀帝便命世家大族入东都以便管辖。又命“江南诸州,科上户分户入东都住,名为都京户六千余家”,则炀帝在洛阳建都意在加强王朝在山东的实际权力和管辖力度,镇辖山东士族、江南士族都远较于关中长安有力。如果山东及江南士族起而造反,就可随时在“东压江淮”的洛阳出兵镇压。而大业四年(608)十月丙午诏书的颁发,表明炀帝已经完全放弃了北周—隋文帝时期奉行的文化复古主义,全面认同中原文化。炀帝时期,南学已经风被河北、关中。借助学术文化的新面貌,炀帝将南方与北方的礼制逐渐融会为一全新的礼制,除去了北朝礼制中的胡化因素,为唐代礼制的发展奠定了基础。[2]

正是在这样的新的政治环境下,废太子勇才得以以生前所好的山东制度来建

---

[1] 王静《中古都城建城传说与政治文化》,北京:社会科学文献出版社,2013年,页101~129。

[2] 史睿《北周后期至唐初礼制的变迁与学术文化的统一》,页170~174。

造自己的陵寝。从这种王朝政治转型来看,很可能这个方案是得到隋炀帝首肯的。以废太子勇生前的政治取向来安排其葬制,自然是新即位的炀帝优恤兄长的表现。这跟炀帝即位后迅即赐死太子勇,旋又追封勇为房陵王"先小人后君子"的行径同。[1] 炀帝把废太子勇的死的全部责任推给了已去世的文帝。这一方面是出于新朝廷稳定过渡的考虑,另一方面也是对废太子勇的旧部以及山东士族的安抚和招抚——即便如此,汉王杨谅还是在山东旧齐地方豪强的势力支持下发兵。在这种背景下,炀帝并非没有可能同意葬废太子勇以山东制度。而且如果从后来炀帝一系列的新举措来看,则更像是炀帝颁行新政的政治宣言。显然,炀帝在即位之前便已对自己的大政方针胸有成竹。仁寿四年(604)七月丁未,隋文帝崩于大宝殿。乙卯,发丧,杨广即皇帝位。同年十一月乙未(604 年 11 月 29 日),隋炀帝便在洛阳现场勘定东都的选址与具体规划方案,十一月癸丑(12 月 27 日)颁布"营东京诏"。[2] 上述行动之迅速可证。大业元年春正月壬辰朔(605 年 1 月 25 日),炀帝改元"大业",则昭示着新政的全面展开。

　　北齐的墓葬形制以及随葬品样式同样在废太子勇的女儿丰宁公主杨静徽的墓葬[3]中得以体现,显示了杨勇一族对北齐一朝礼法的向往。葬于大业年间的丰宁公主墓葬也采用单室土洞墓的墓葬形制(图 12－12),却使用北齐风格的随葬品(图 12－13~12－19),一如其父杨勇的政治取向。丰宁公主,大业六年三月十五日(610 年 4 月 13 日)薨,其年七月廿三日(610 年 7 月 12 日)迁窆于长安城南万年县洪固乡畛贵里家族墓园。驸马韦圆照武德六年十月廿日(623 年 11 月 17 日)卒,贞观八年十月十日(634 年 11 月 6 日)葬于洪固乡福润里韦氏墓园,夫妻合祔。丰宁公主合祔时利用了韦圆照的墓穴,即单室土洞墓的墓葬建制应该是贞观八年韦氏后人为韦圆照所筑,丰宁公主合祔时,原先丰宁公主葬于畛贵里家族墓园时的随葬品则仍保留。

[1]《资治通鉴》卷一八〇"帝将避暑于仁寿宫"条,页 5604。

[2] 王静　同上揭书,页 111~113。

[3] 戴应新《隋丰宁公主与韦圆照合葬墓》,《故宫文物月刊》(台湾)第六十卷第六期,1998 年,页 76~93。

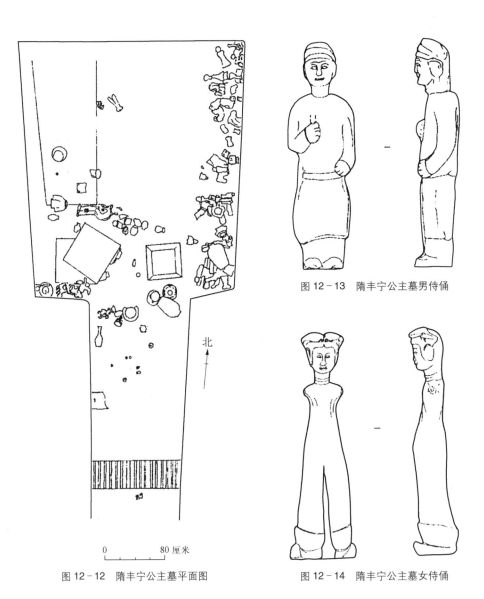

0　　　　80 厘米

图 12－12　隋丰宁公主墓平面图

北

图 12－13　隋丰宁公主墓男侍俑

图 12－14　隋丰宁公主墓女侍俑

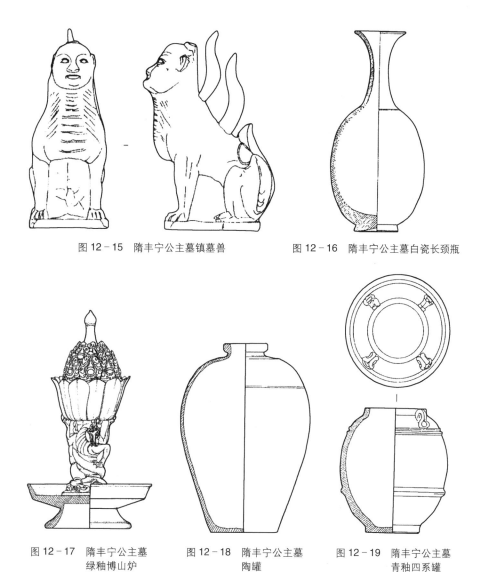

图 12－15　隋丰宁公主墓镇墓兽　　　　　图 12－16　隋丰宁公主墓白瓷长颈瓶

图 12－17　隋丰宁公主墓　　　　图 12－18　隋丰宁公主墓　　　图 12－19　隋丰宁公主墓
　　　　　绿釉博山炉　　　　　　　　　　陶罐　　　　　　　　　青釉四系罐

　　因此,我们再回到潼关税村圆形墓来。从墓葬等级来看,其墓主人很可能是隋废太子勇,一如考古报告所言。结合上述隋初的政治生态来看,其墓主人只能是隋废太子勇。这是跟废太子勇生前向往北齐礼制、与山东人士交往、相互拥趸的政治立场相一致的。而隋炀帝政治策略转向山东、江南,是该墓得以使用山东墓葬制度下葬的最为重要的外部因素。

上述废太子勇父女两座墓葬都葬于土洞墓传统的关中地区,幸赖隋炀帝治国方略向山东以及江南的转移而得以按照非地方性知识下葬。废太子勇及其女儿的墓葬情况恰是墓葬建制代表墓主政治取向的绝佳案例。由此视角,我们便可重新审视那些与地域传统不同的墓葬建制的政治意义。[1]

余　论

在特定的历史时期,墓葬成为一种政治运作的手段。这并非没有案例,最为明显的应该便是唐朝神龙元年(705)李唐皇室中章怀太子、懿德太子以及永泰公主等三座墓葬改葬乾陵陪葬墓区了。多年来,经过学者的努力,这已经成为一种新的常识了。

现有考古墓葬材料中,跟潼关税村圆形墓的情况大同的墓葬还有不少,著名的有后蜀孟知祥和陵、宝鸡五代李茂贞墓以及彬县冯晖墓等。

四川成都后蜀孟知祥和陵为左中右三室并列的圆形砖室墓,[2]这并非巴蜀地区的地方性知识。前中后三室是中古中国帝陵的规制,[3]显然,和陵将前中后三室的样式转换成左中右并列的形式,是以帝陵的规制来修建自身陵寝的。孟知祥字保胤,邢州龙冈(今河北邢台西南)人。因此,和陵采用圆形的墓葬建制,是跟孟知祥的籍贯相关的。

宝鸡五代李茂贞夫妇墓,同茔异穴,其中李氏为长方形石室墓,其妻刘氏则为一仿木构砖室墓。[4]显然,刘氏的墓葬形制同样为河北山东地区而非长安地区的墓葬特点。这同样从墓主李茂贞的籍贯可以理解。李茂贞,原名宋文通,河北深州

---

[1]　案,至此,洛阳地区为何在北魏晚期突然出现一批土洞墓,我们也就不难理解了。如果置于北魏分裂的时代背景之下,原来这批墓葬的主人应该是跟后来追随西魏政权的那些官员持相同的政治主张的。他们死后还以关中而非洛阳的墓葬建制来表明自己有关国家政治的立场,而在统一国家政权之下,他们可以如此表达自己的政治主张,恰恰是北魏晚期洛阳政权面临分崩离析的体现。

[2]　成都市文物管理处《后蜀孟知祥墓与福庆长公主墓志铭》,《文物》1982年第3期,页15~20。

[3]　王静《唐墓石室规制及相关丧葬制度研究——复原唐〈丧葬令〉第25条令文释证》,载荣新江主编《唐研究》第14卷,北京:北京大学出版社,2008年,页421~446。

[4]　宝鸡市考古研究所编《五代李茂贞夫妇墓》,北京:科学出版社,2008年。

博野人。唐乾符中,为博野军市巡,驻奉天。黄巢起兵时入长安,留凤翔。朱玫之乱有功,唐僖宗赐"茂贞"。后又受封凤翔、陇西节度使,自封山南西道节度使,控制京兆府四镇,最终败于朱温之手,卒于同光二年(924)。刘氏生于唐僖宗乾符四年(877),卒于天福八年(943)。同样地,邺都高唐(今山东高唐)人冯晖,在显德五年(958)修建于陕西彬县的陵寝中也采用了非当地传统的仿木构砖室墓。[1]

需要指出的是,上述三座墓葬的情况跟潼关税村圆形墓有些不同,后者意在以墓葬建制来表现墓主的政治主张,而上述三座墓葬则主要还是通过出生地的墓葬形制来表示自己的地域认同,也许这种选择是当事人生前明示的意愿也未可知。

制度的形成及运行本身是一动态的历史过程,有"运作"、有"过程"才有"制度",不处于运作过程之中也就无所谓"制度",[2]因此,只有在动态中进行研究才能更为准确地把握研究对象。而在此过程中,墓葬建制中的地方性知识对于我们准确理解墓葬的形成,乃至墓葬与政治可能发生的关系有着极为重要的作用。

(本文原载包伟民、刘后滨主编《唐宋历史评论》第一辑,北京:社会科学文献出版社,2014年,页35~55。此次重刊略有修订。)

---

[1] 咸阳市文物考古研究所编《五代冯晖墓》,重庆:重庆出版社,2001年。

[2] 邓小南《走向"活"的制度史——以宋代官僚政治制度史研究为例的点滴思考》,《浙江学刊》2003年第3期,页100~101;邓小南《祖宗之法——北宋前期政治述略》,北京:生活·读书·新知三联书店,2006年,页5~8。

13

唐代绘画与丧葬画像的关系*

　　唐高宗、武则天时期（650～704），唐墓墓葬壁画走向一元化，从表示府宅门外的墓道壁画到表示内室的墓室壁画，前后紧密连贯成为一个长卷式的既和谐又简洁的整体。影作木构建筑是这一阶段较普遍的新现象，人物各自独立，大多无背景，增强了唐墓墓内宅院化的鲜明特点。墓室影作木构的柱间伫立成排的女侍，多为演奏乐器的形象。668年李爽墓壁画中的女乐，身高仅比真人略低，在1.44～1.47米之间；也有舞蹈的形象，如658年执失奉节墓。文献记载，8世纪的著名画家王维（698～759或701～761）曾在长安昭国坊的一处世家宅第的屋壁上看到"奏乐图"，这个故事虽然晚些，但可证明这类乐舞壁画，也画在唐代豪贵的现实的屋壁上。[1] 换言之，因为唐墓墓内宅院化的加强，唐人所居屋壁的绘画也得以进入其墓室画像中。

一

　　唐代的宫廷绘画机构大致分为左尚署画作、集贤殿书院、翰林院三个等级和部分，比之前代更为完善和成熟。其新创机构集贤殿书院、翰林院及画直、待诏、赐绯紫鱼袋等制度被后世长期仿效，影响极其深远。[2]

---

* 　案，本文的"丧葬画像"为中古时期与丧葬活动有关的画、像的统称，包括地上、地下两部分。地上部分的画像目前所存只是墓园石刻，余者多已不见。地下部分的画像则可分为墓壁画像、葬具画像以及随葬品。

[1] 宿白《西安地区唐墓壁画的布局与内容》，《考古学报》1982年第2期，页142及该页脚注[1]、[2]；此据所撰《魏晋南北朝唐宋考古文稿辑丛》，北京：文物出版社，2011年，页163及页171注[12]、[13]。

[2] 畏冬《隋唐宫廷绘画机构概述》，《故宫博物院院刊》2004年第3期，页13。

在唐代初期,从事宫廷绘画的艺术家大多并非专职画家,如阎立德、阎立本皆为工部将作大匠、工部尚书,只因擅长书画,而受命作画。唐玄宗以后已正式有宫廷画家,多在翰林院设置待诏、供奉、集贤院画直,以满足帝王对绘画的需求。这在一定意义上提高了画家有别于工匠的地位。[1] 集贤殿书院取代了秘书省的修撰工作,是一个集文学、书法、绘画等人才为一体的皇家文艺机构。集贤殿书院的画直中有有官职者,也有无官职者,但无官职者可通过年劳考课入官。[2] 不过,总体而言,在当事人看来,画家并非一个值得夸耀的职业。这也是为何在墓志文中没能见到自称画家的修辞。

何谓"画直"?《新唐书·百官志》载集贤殿书院,"开元五年(717),乾元殿写四部书,置乾元院使,……六年,乾元院更号丽正修书院,……十三年,改丽正修书院为集贤殿书院,……募能书者为书直及写御书人,……又置画直。至十九年,以书直、画直、拓书有官者为直院。……书直、写御书手九十人,画直六人"[3]。地位与集贤殿书院画直相同的还有史馆画直。如,张萱,京兆人,盛唐时杰出的人物画家,为开元史馆画直。[4] 换言之,张萱为宫廷专职画家。其所绘内容应为宫廷生活的内容。作为宫廷画家,他能选择杨贵妃教鹦鹉、虢国夫人游春、织锦回文、长门怨这类题材,使作品幽闲多思,意逾于象。通过所塑造的典型,表现了一定的生活现象,从而反映了当时某些引人深思的社会现实。[5]

名家名作对作品题材在社会上的传承、传播影响极大,其中文人骚客的反复歌咏也会起推波助澜的作用,而社会局势的变化又提供了滋长的土壤,使之渗入普世的生活方式和意识形态之中。仙鹤题材在唐代的流传便是这样的一个典型案例。[6] 长安县兴教寺一青石槽前后两面分别线刻一幅"捣练图"(图13-1、13-2),该石槽

[1] 金维诺《唐代宫廷绘画及其影响》,《中国书画》2004年第1期,页24、26。

[2] 畏冬《隋唐宫廷绘画机构概述》,页7~8。

[3] 《新唐书》卷四七《百官志》,页1212~1213。

[4] 《新唐书》卷五九《艺文志》,页1560下栏。

[5] 金维诺《唐代宫廷绘画及其影响》,《中国书画》2004年第1期,页26。

[6] 王静《节愍太子墓〈升仙太子图〉考——兼论薛稷画鹤的时代背景》,《北京大学学报(哲社版)》2007年第4期,页110~118。

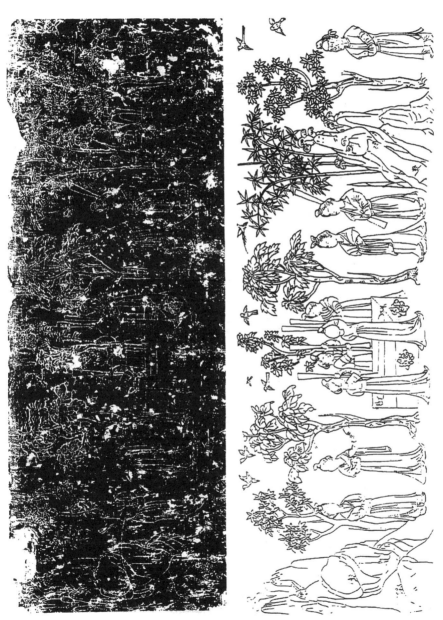

图13-1　第一幅捣练图拓本及摹本

图 13 - 2 第二幅捣练图拓本及摹本

极可能就是唐代妇女在捣练之前,盛清水以浸泡、洗涤练帛的实用石槽,其上的"捣练图"创作时代应在初唐时期,年代的下限最迟也不会超过武周时期。[1] 看来张萱促进了"捣练图"进一步的声名远扬,波士顿美术馆藏《捣练图》即为张萱作品的传世摹本(图13-3)。

如上所言,在现实生活中,唐代豪贵居住的建筑不仅壁面绘有壁画,而且也将屏风等作为安置居室绘画的载体,从而将居所分割成不同的图画空间。丧葬(墓葬)画像受到画家的绘画题材及表现方式的影响,其中一个重要的原因自然便是墓内宅院化的加强。

《宣和画谱》载,御府藏有张萱《捣练图》一、《织锦回文图》三、《写太真教鹦鹉图》一,[2]并藏有周昉《织锦回文图》一、《妃子教鹦鹉图》一。[3]《捣练图》亦称《长门怨》。《宣和画谱》称张萱,以"金井梧桐秋叶黄"之句,画《长门怨》,甚有思致。

1998 年,内蒙古赤峰宝山辽代壁画 2 号墓出土的石房南北壁两铺壁画,[4]正是上述二画在辽代的传摹本。[5] 北壁《颂经图》,其粉本很可能就是周昉《妃子教鹦鹉图》[6](图13-4),而《寄锦图》所临写的祖本应该是唐代画家张萱或周昉的《织锦回文图》[7](图13-5)。虽然尚未能在唐墓中找到相应的图像资料,但是,宝山辽墓的这种情况恰可说明画家画作对墓葬图像的影响。

《宣和画谱》卷六《吴佺》载:"吴佺,不知何许人也。作泉石平远,溪友钓徒,皆有幽致。传其《萧翼兰亭图》,人品辈流,各有风仪,披图便能想见一时行记,历历在目。信乎书画之并传,有所自来也。今御府所藏一:《萧翼兰亭图》。"[8]唐代《萧

[1] 刘合心《陕西长安兴教寺发现唐代石刻线画"捣练图"》,《文物》2006 年第 4 期,页 69~77。
[2]《宣和画谱》卷五《张萱》,王群栗点校,杭州:浙江人民美术出版社,2012 年,页 55~56。
[3]《宣和画谱》卷六《周昉》,页 60~61。
[4] 内蒙古文物考古研究所、阿鲁科尔沁旗文物管理所《内蒙古赤峰宝山辽壁画墓发掘简报》,《文物》1998 年第 1 期,页 73~95。
[5] 吴玉贵《内蒙古赤峰宝山辽墓壁画"颂经图"略考》,《文物》1999 年第 2 期,页 81~83;吴玉贵《内蒙古赤峰宝山辽墓壁画"寄锦图"考》,《文物》2001 年第 3 期,页 92~96。
[6] 吴玉贵《内蒙古赤峰宝山辽墓壁画"颂经图"略考》,页 83。
[7] 罗世平《织锦回文——宝山辽墓壁画与唐画的对读》,《文物天地》2003 年第 3 期,页 81~83;罗世平《辽墓壁画试读》,《文物》1999 年第 1 期,页 76~85。
[8]《宣和画谱》卷六《吴佺》,页 64。

图 13-3   波士顿美术馆藏《捣练图》

图 13-4   辽宁宝山辽代壁画 2 号墓石房内北壁颂经图

图 13-5　辽宁宝山辽代壁画 2 号墓石房内南壁寄锦图

翼兰亭图》的绘画形式在吐鲁番阿斯塔那65TAM38号墓的屏风式壁画中可见。[1]

二

丧葬属于"五礼"之"凶礼",同样受制于政府制定的相关规定,其根本亦在于王朝建立的政治等级制度。《唐会要》卷三八"葬"条载:

> 元和三年五月,京兆尹郑元修奏:"王公士庶丧葬节制。一品、二品、三品为一等,四品、五品为一等,六品至九品为一等。凡命妇各准本品,如夫、子官高,听从夫、子。其无邑号者,准夫、子品。荫子孙未有官者,降损有差。其凶器悉请以瓦木为之。"是时厚葬成俗久矣,虽诏命颁下,事竟不行。[2]

归纳划分了丧葬等级的主要界限,并在法律上将品官中三品以上职事官归为"议贵",五品以上职事官为"通贵",六品至九品官区别于百姓相一致。这一重要界限已被考古发现的墓葬所证实。[3]

这个政治等级通过所谓的礼仪体现出来。唐代的"丧事官给"中,中央政府中的礼部、鸿胪寺和将作监直接参与具体事务的管理。礼部、鸿胪寺和将作监,分别为决策机构、执行机构和制造机构,职责明确。礼部监管核准死者身份地位和丧葬等级;鸿胪寺将礼部的意图在实际丧葬活动中体现出来;将作监则供给丧葬所需物品。[4]

将作监总四署、三监、百工之官属,丧葬所需具体由将作监所辖左校署、右校署以及甄官署分别负责。《旧唐书》卷四四《职官志》载:

---

[1] 常任侠《新疆吐鲁番出土唐墓壁画初探》,载所撰《常任侠艺术考古论文选集》,北京:文物出版社,1984年,页49~59。

[2] 〔宋〕王溥撰,牛继清校证《唐会要校证》,西安:三秦出版社,2012年,页597。

[3] 宿白《西安地区的唐墓形制》,所撰《魏晋南北朝唐宋考古文稿辑丛》,页148~159;齐东方《唐代的丧葬观念习俗与礼仪制度》,《考古学报》2006年第1期,页67。

[4] 齐东方《唐代的丧葬观念习俗与礼仪制度》,页66~69。

将作监　大匠一员，^{从三品。}……少匠二员。^{从四品下。}大匠掌供邦国修建土木工匠之政令，总四署三监百工之官属，以供其职事。凡两京宫殿宗庙城郭诸台省监寺廨宇楼台桥道，谓之内外作，皆委焉。

丞四人，^{从六品下。}主簿二人，^{从七品下。}录事二人，^{从九品下。}府十四人，史二十八人，计史三人，亭长四人，掌固六人。

左校署：令二人，^{从八品下。}丞四人，^{正九品下。}府六人，史十二人，监作十人。^{从九品下。}左校令掌供营构梓匠。凡宫室乐悬簨簴，兵仗器械，丧葬所须，皆供之。

右校署：令二人，^{从八品下。}丞三人，^{正九品下。}府五人，史十人，监作十人，^{从九品下。}典事十四人。右校令掌供版筑、涂泥、丹臒之事。……

甄官署：令一人，^{从八品下。}丞二人，^{正九品下。}府五人，史十人，监作四人，^{从九品下。}典事十八人。甄官令掌供琢石陶土之事。凡石磬碑碣、石人兽马、碾硙砖瓦、瓶缶之器、丧葬明器，皆供之。[1]

《新唐书》卷五三《百官志》所载与《旧唐书·职官志》大同，其文曰：

将作监　监一人，从三品；少监二人，从四品下。掌土木工匠之政，总左校、右校、中校、甄官等署，百工等监。……

左校署：令二人，从八品下；丞一人，正九品下。掌梓匠之事。乐县、簨簴、兵械、丧葬仪物皆供焉。宫室之制，自天子至士庶有等差，官修者左校为之。监作十人。^{有府六人，史十二人，监作十二人。}

右校署：令二人，正八品下；丞三人，正九品下。掌版筑、涂泥、丹垩、匽厕之事。有所须，则审其多少而市之。监作十人。^{有府五人，史十人，典事二十四人。}……

甄官署：令一人，从八品下；丞二人，正九品下。掌琢石、陶土之事，供石磬、人、兽、碑、柱、碾、硙、瓶、缶之器，敕葬则供明器。监作四人。^{有府五人，史十人，典事十八人。}[2]

---

[1]《旧唐书》，页1895~1896。
[2]《新唐书》，页1272~1274。

《唐六典》对上述将作监三署的具体分工有进一步的解释，其文曰：

> 左校署……左校令掌供营构梓匠之事，致其杂材，差其曲直，制其器用，程其功巧；丞为之贰。凡宫室之制，自天子至于士庶，各有等差。……凡乐县簨虡，兵仗器械，及丧葬仪制，诸司什物，皆供焉。簨虡谓鎛钟、编钟、编磬之属。器械谓仗床、戟架、杻械之属。丧仪谓棺椁、明器之属。什物谓机案、柜槛、敕函、行槽、剉碓之属。……
>
> 右校署……右校令掌供版筑、涂泥、丹臒之事；丞为之贰。凡料物支供皆有由属，审其制度而经度之。凡修补之料，每岁京北、河南及诸州支送麦䴬三万围、麦䴬一百车、麻祷二万斤；其石灰、赤土之属，须则市供，不恒其数。……
>
> 甄官署……甄官令掌供琢石、陶土之事；丞为之贰。凡石作之类，有石磬、石人、石兽、石柱、碑碣、碾硙，出有方土，用有物宜。凡砖瓦之作，瓶缶之器，大小高下，各有程准。凡丧葬则供其明器之属，别敕葬者，余并私备。三品以上九十事，五品以上六十事，九品以上四十事。当圹、当野、祖明、地轴、诞马、偶人，其高各一尺；其余音声队与僮仆之属，威仪、服玩，各视生之品秩所有，以瓦、木为之，其长率七寸。[1]

根据上述将作监三署的具体分工，可知墓主的梓宫，以及丧葬仪仗所用之物由左校署负责，而墓园、墓葬的营建，包括壁画的绘制则由右校署专责，右校署可根据具体需要而购进相关原料。墓地神道石刻以及随葬品中的陶、石器则由甄官署具体负责。

从让皇帝李宪惠陵的考古材料中能推断出随葬品制作的一些情况。据考古发现可以判断陶窑就在附近。[2] 惠陵附近有窑址，其随葬品应是就近生产的。这表明甄官署很可能就近制作惠陵的随葬品。

根据文献记载，在长安西市众多的店肆中有凶肆。在西市西大街中部的位置，在现代修掘的窖穴积土中，发现唐后期的残陶俑和陶俑头部，推测该处可能便为“凶肆”遗址。[3] 这不仅提供了寻常百姓丧葬所需，恐怕也不能排除官府从此类

---

[1]〔唐〕李林甫等撰，陈仲夫点校《唐六典》卷二三，北京：中华书局，1992年，页593~597。

[2] 参见本书页180。

[3] 宿白《隋唐长安城和洛阳城》，原载《考古》1978年第6期；此据所撰《魏晋南北朝唐宋考古文稿辑丛》，页51。

店肆购买丧葬物品的可能性。

关于唐墓壁画的绘制,根据上述文献记载虽可知由右校署负责,但是不同学者之间的观点略异。黄苗子认为唐墓壁画"应是属于唐代匠作监右校署的工匠们的作品,是由全国各地挑选到长安来服役的"。[1] 王仁波亦认为壁画的制作属将作监右校署管理。[2] 唐昌东、李国珍认为唐墓壁画应属将作监右校署主管,按统一的规范,组织由全国各地挑选的具备高水平的良工"巧儿"所绘制。[3] "巧儿"是长期供职的领奉匠工,多是"短藩"因技巧优秀而晋升为官府的领奉匠工。[4] 薄松年则认为唐墓壁画出于"宫廷画工或技艺熟练的民间画工之手"。[5] 具体情况如何,恐怕还得考察唐代画家是如何绘画的。

现已明晰,唐代名画家与画工的合作十分频繁,寺观中由名画家起稿而由画工填色完成的壁画作品不在少数。[6] 史载,传世的王维壁画作品通常都是他亲自指挥工人布色完成的。《历代名画记》卷一〇载:

> 王维,字摩诘,太原人。……工画山水,体涉古今。人家所蓄,多是右丞(王维)指挥工人布色,原野簇成远树,过于朴拙,复务细巧,翻更失真。[7]

又同书卷三载:

> 兴唐寺,……〔净土院〕院内次北廊向东塔院内西壁,吴画金刚变,工人成

[1] 黄苗子《唐墓壁画琐谈》,《文物》1978 年第 6 期,页 72~76。

[2] 王仁波、何修龄、单暐《陕西唐墓壁画之研究(下)》,《文博》1984 年第 2 期,页 46。

[3] 唐昌东、李国珍《唐墓壁画艺术》,载陕西历史博物馆编《唐墓壁画国际学术研讨会论文集》,西安:三秦出版社,2006 年,页 5。

[4] 李杰《勒石与勾描——唐代石椁人物线刻的绘画风格学研究》,北京:人民美术出版社,2012 年,页 87。

[5] 薄松年《中国美术史教程》,西安:陕西人民美术出版社,1999 年,页 132;薄松年《中国绘画史》,上海:上海人民美术出版社,2013 年,页 191。

[6] 刘婕《唐代花鸟画研究》,北京:文化艺术出版社,2013 年,页 72。

[7] 〔唐〕张彦远《历代名画记》卷一〇,杭州:浙江人民出版社,2011 年,页 156。

色，损。……

安国寺，……〔经院〕三门东西两壁释天等，吴画，工人成色，损。……大佛殿东西二神，吴画，工人成色，损。……西壁西方变，吴画，工人成色，损。

宝应寺，多韩幹白画，亦有轻成色者。佛殿东西二菩萨，亦幹画，工人成色，损。……

总持寺，门外东西，吴画，成色，损。[1]

这说明唐时画家的作品由画工布色的并不在少数。但是，其前提必须是布色者的水平须与画家水平一致，即前者的技艺能反映画家的画风及风格，否则该画面便被毁坏。由此或可推测，唐时画家创作壁画时，多半也会有一布色的画工团队相随。

《历代名画记》卷三"御史台"下载，"将作监刘整画山水"。据考，刘整为唐代宗朝（762~779）官员，大历中将作监。[2] 刘整个人既绘画山水，如崇福寺东山亭，以及御史台的山水画，[3]同时他也为一些画家的画作成色。如胜光寺"塔东南院，周昉画水月观自在菩萨掩障，菩萨圆光及竹，并是刘整成色"。[4] 可见，刘整的画风或与周昉相类，同时由此亦可知画家在某些场合也可能为更有名气的画家承担画工的工作。

综上可知，唐时壁画的创作恐怕还是多由名画家起稿而由画风相类的画工填色完成的，有时是在画家的直接指挥下完成填色的。在寺观壁画创作中如此，在墓葬壁画绘制中也应如是。而这应该属于右校署的职责范围。

唐墓中有两座墓葬壁画的绘画者引起了研究者的关注。其一为懿德太子李重润墓。巫鸿认为该墓的风景壁画和李思训有必然的联系。李思训曾直接参与和影响了这个墓葬的设计建造和装饰：第一，中正卿的职责之一是为皇室成员安排葬礼，懿德太子重新安葬在当时具有非同寻常的政治意义，很难设想作为"中正卿"的李思训未参与这个活动。第二，墓葬前室屋顶上的一则题记称，一位名为扬訾陡

---

[1]《历代名画记》卷三，页50~52、57。

[2] 刘婕《唐代花鸟画研究》，页74脚注⑥。

[3]《历代名画记》卷三，页54、57。

[4]《历代名画记》卷三，页55。

（图 13－6）的画家向懿德太子表示"愿得常供养"（图 13－7）。有人曾认为这位画家即为张彦远《历代名画记》中的扬眘陆，是一位擅长画山水、取法"李将军"的画家。[1] 不过，也有学者认为题铭之人似非画匠，可能是墓主生前下属或仆从，因参与墓葬建设，为表忠心而题记。[2] 李杰则认为善画寺观壁画的陈静心、陈静眼兄弟极有可能同时参与了永泰公主墓和懿德太子墓石椁线刻样本的创作。[3]

图 13－6　懿德太子墓墓顶题记　　　　图 13－7　懿德太子墓墓顶题记

　　其二为节愍太子李重俊墓。王静考察该墓所有的壁画题材，包括人物、花鸟等等，认为皆如《历代名画记》所言均为薛稷所擅长，指出节愍太子墓室壁画并非没有采自薛稷粉本的可能。[4] 不过，若根据上文所言，节愍太子墓壁画甚而有可能是薛稷起稿，再由相关画工填色而成的。

　　关于画工、画家所用颜料，上引《唐六典》称石校署，"凡修补之料，每岁京北、河南及诸州支送麦麸三万围、麦麹一百车、麻捣二万斤；其石灰、赤土之属，须则市供，不恒其数"。对此，《历代名画记》载：

　　　　武陵水井之丹，磨嵯之砂，越巂之空青，蔚之曾青，武昌之扁青，^{上品石绿。}蜀郡之铅华，^{黄丹也，出《本草》。}始兴之解锡，^{胡粉。}研炼、澄汰、深浅、轻重、精粗。林邑昆仑之黄，^{雌黄也，忌胡粉同用。}

［1］杨新等《中国绘画三千年》，北京：中国外文出版社，1997 年，页 65。
［2］罗宁《冷静的目光——唐墓壁画出自何人之手》，西安：陕西人民美术出版社，2005 年，页 47。
［3］李杰《勒石与勾描——唐代石椁人物线刻的绘画风格学研究》，页 83。
［4］王静《节愍太子墓〈升仙太子图〉考——兼论薛稷画鹤的时代背景》，页 110~118，特别是页 117。

南海之蚁矿，^{紫矿也，造粉、胭脂、}_{吴绿，谓之赤胶也。}云中之鹿胶，吴中之鳔胶，东阿之牛胶，^{采章之}_{用也。}漆姑汁炼煎，

并为重采，郁而用之。^{古画皆用漆姑汁，若炼煎，谓}_{之郁色，于绿色上重用也。}[1]

这说明唐代绘画颜料来自全国各地，乃至境外。后者如从扶南和林邑输入藤黄、雌黄等等。[2]

经由上述政府部门操作，死者便得以合乎礼仪地安葬。也正是这个缘故，墓葬等级制度才有可能经由发掘的墓葬资料建立起来。

三

唐代画家的上述作画方式，也使得画家的画作进入墓葬成为一种可能。

虽然今见于画论中的相关记载并非唐代的全貌，但是从中也可知唐代的画作大体涉及了当时生活的主要方面，而且在绘画题材上也有沿袭。我们先根据相关记载对此做一梳理。

《宣和画谱》卷五《张萱》载：

张萱，京兆人也。善画人物，而于贵公子与闺房之秀最工。其为花蹊竹榭，点缀皆极妍巧。以"金井梧桐秋叶黄"之句，画《长门怨》，甚有思致。又能写婴儿，此尤为难。盖婴儿形貌态度自是一家，要于大小岁数间，定其面目髫稚。世之画者，不失之于身小而貌壮，则失之于似妇人。又贵贱气调与骨法，尤须各别。杜甫诗有"小儿五岁气食牛，满堂宾客皆回头"，此岂可以常儿比也！画者宜于此致思焉。旧称萱作《贵公子夜游》、《宫中乞巧》、《乳母抱婴儿》、《按羯鼓》等图。今御府所藏四十有七：《明皇纳凉图》一、《整妆图》一、《乳母抱婴儿图》一、《捣练图》一、《执炬宫骑图》一、《唐后行从图》五、《挟弹宫骑图》

---

[1]《历代名画记》卷二《论画体工用拓写》，页29。
[2]〔美〕爱德华·谢弗著，吴玉贵译《唐代的外来文明》，西安：陕西师范大学出版社，2005年，页275。

一、《宫女图》二、卫夫人像一、《按羯鼓图》一、《按乐士女图》一、《日本女骑图》一、《赏雪图》二、《扶掖士女图》一、《五王博戏图》二、《四畅图》一、《织锦回文图》三、元辰像一、《蒜林图》一、《横笛士女图》二、《鼓琴士女图》二、《游行士女图》一、《藏谜士女图》一、《楼观士女图》一、《烹茶士女图》一、《明皇斗鸡射乌图》二、《写明皇击梧桐图》二、《虢国夫人夜游图》一、《虢国夫人游春图》一、《七夕祈巧士女图》三、《写太真教鹦鹉图》一、《虢国夫人踏青图》一。[1]

可见，取自宫廷贵族的游玩是这些宫廷画家的绘画题材之一。其中《明皇斗鸡射乌图》中"射乌"表现了唐玄宗射日的仪态，应该带有政治肖像画的意味，但从其内容为射箭来看，此有如陈宏所绘《玄宗马射图》；[2]而"斗鸡"一事则显然是达官贵族的日常游玩。《资治通鉴》载，龙朔元年九月，"壬子，徙潞王贤为沛王。贤闻王勃善属文，召为修撰。勃，〔王〕通之孙也。时诸王斗鸡，勃戏为《檄周王鸡文》。上见之，怒曰：'此乃交构之渐。'斥勃出沛府。"[3]初唐的阎立德便画有《斗鸡图》，[4]该题材也为后来的张萱、周昉所承继。

实际上，不止"斗鸡"一题，张萱的诸多绘画题材在周昉的笔下都得以延续。从《宣和画谱》所载不难发现此二人重合的画题不少。《宣和画谱》卷六《周昉》载：

今御府所藏七十有二：……四方天王像四、《降塔天王图三》、托塔天王像四、星官像一、天王像二、《授塔天王图》、……北极大帝圣像一、……《明皇骑从图》一、《杨妃出浴图》一、《三杨图》一、《织锦回文图》一、《豫游图》一、《五陵游侠图》一、《蛮夷职贡图》二、《烹茶图》一、《宫女图》二、《宫骑图》一、《游春士女图》一、《烹茶士女图》一、《凭栏士女图》一、《横笛士女图》一、《舞鹤士女图》一、《纨扇士女图》一、《避暑士女图》一、《览照士女图》一、《游行士女

[1]《宣和画谱》，页55~56。

[2]《新唐书》卷五九《艺文志》，页1561上栏。

[3]《资治通鉴》卷二〇〇，页6325。

[4]《新唐书》卷五九《艺文志》，页1560上栏。

图》一、《吹箫士女图》一、《游戏士女图》一、《围棋绣女图》一、《天竺女人图》
一、《蒲林图》二、写武后真一、《按舞图》三、《药栏石林图》一、《妃子教鹦鹉
图》一、宝塔出云天王像一、北方毗沙门天王像一、《明皇斗鸡射鸟图》一、《白
鹦鹉践双陆图》一、《北齐高欢帝幸晋阳宫图》一。[1]

从谈皎画有《武惠妃舞图》[2]来看，引文中周昉所绘之《按舞图》主角很有可能为
武则天或杨贵妃。

此外，史载周昉的绘画尚有《扑蝶》《按筝》等各一卷。[3] 其中《扑蝶》的画题
继而在杜宵的画笔下又得以光大。《宣和画谱》卷六载：

> 杜宵，善画，得周昉笔法为多，尤工蜂蝶，及曲眉丰脸之态。有《秋千》《扑
> 蝶》《吴王避暑》等图传于世。盖蜂蝶之画，其妙在粉笔约略间，故难得者态
> 度，非风流蕴藉，有王孙贵公子之思致者，未易得之。故《蛱蝶图》唐独称滕王，
> 要非铁石心肠者所能作此婉媚之妙也。今御府所藏十有二：《扑蝶图》八、《扑
> 蝶士女图》一、《扑蝶士女图》二、《游行士女图》一。[4]

显然，杜氏《扑蝶》承自周昉者。

不但唐代后期的画题跟王朝前期者有着继承发展的关系，有些唐代的画题甚
而在五代继续得以表现。如盛唐时期，韩幹画有《宁王调马打毬图》，[5]其中的
"调马"画题到了五代时赵嵒仍有表现。《宣和画谱》卷六载：

> 梁驸马都尉赵嵒，本名霖，后改今名。喜丹青，尤工人物，格韵超绝，非
> 寻常画工所及。有《汉书西域传》《弹棋》《诊脉》等图传于世，非胸次不凡，

---

[1]《宣和画谱》，页60~61。
[2]《新唐书》卷五九《艺文志》，页1560下栏。
[3]《新唐书》卷五九《艺文志》，页1561上栏。
[4]《宣和画谱》，页65~66。
[5]《新唐书》卷五九《艺文志》，页1561上栏。

何能遂脱笔墨畛域耶？今御府所藏六：《调马图》一、《臂鹰人物图》一、《五
陵按鹰图》四。[1]

赵喦本为五代后梁驸马,本为皇亲,熟悉宫廷贵族生活,也就难怪他会以上述题材
为绘画对象。换言之,《调马图》、《臂鹰人物图》以及《五陵按鹰图》都表现的是当
时宫廷贵族生活的场景。

上述所言画作既然都是宫廷贵族生活的表现,而且绘画的名字因为画论的著
述而得以留存。这样的话,我们便可以这些绘画的名字来命名唐墓中的相关图、像
资料了。下面便主要以章怀太子墓等几座墓葬为例进行图、像的重新勘名,其余的
可依此类推。

根据上引文献所载,我们可以重新审视唐墓中的墓葬图像,即图画和随葬品。

《乳母抱婴儿图》可能是北朝以来婴孩图像的发展。今知安阳北齐文宣帝高
洋妃颜玉光墓图像中有之。该墓为带斜坡墓道、甬道的近方形单室洞室墓,墓室壁
画多残泐。其北壁残存二幅壁画,一为戴盔披甲骑马之武士,但马形多半已剥落;
一为鹰鸟,其下部已漫漶不清。西壁二幅壁画也已残缺不全,一幅为一妇女怀抱婴
孩,另一幅似为骑马之武士。[2] 于此处,因位于出行仪仗序列之中,妇女怀抱婴孩
的壁画恐非表示墓主颜玉光的幼年。

唐节愍太子墓墓道东壁前端壁画中也出现有小孩的图像。据报告称,在墓道
最南端青龙残存的尾部之后,中部为主体画面,多已脱落,只存其中的几位骑马人
物和左上角的围观人群画面。前者画面残存两位人物,骑马者,红袍黑靴,跨于棕
色马上,马首朝南。马前一人也是袍服黑靴、横佩长刀的装束,其余情况及画面不
明。左上角的人群现存六位,只存胸部以上,形体皆较小,体现出近大远小的透视
感。六人前后参差插空排列,皆半侧向南方,均戴黑色幞头,圆领窄袖袍。袍色脱
落已不可辨。最前面一位怀抱小孩,小孩顶发两分,似梳双丫髻,右臂垂搭于揽在

[1]《宣和画谱》,页65。
[2] 安阳县文教局《河南安阳县清理一座北齐墓》,《考古》1973年第2期,页90。

图 13-8　节愍太子墓墓道东壁左上角人物

图 13-9　韦顼石椁婴孩图

其腰的抱者臂上,左臂抬起指点,一幅天真好奇的神态[1](图 13-8)。在墓道西壁相对位置的中心场面是打马球图,其旁有两组人物画面。发掘者认为其一或许是在赛场外勒马观看的侍从或等待上场的替补队员,其一是纵马驰向球场的参赛者或预备参赛者。[2] 开元六年(718)的韦顼石椁外壁也见有两幅婴孩图(图 13-9)。可见,丧葬图像中出现婴孩,并非墓主人幼年的表现,而是意在使整个画面更为生动活泼、富有灵气。或许上述题材跟《乳母抱婴儿图》有关。

唐墓墓道北壁的楼阁,其中或有女性形象。此类图像或可称作"楼观士女图"(图 13-10)。天水石马坪隋代石棺床背屏3,画面左侧为方形楼阁建筑,楼前连理树、山石相互掩映,楼阁中有两人,似为一中年女性和一小儿,正在眺望风景(图 13-11)。此图应属于"凭栏士女图"题材。而皇室宗亲墓葬中所谓的侍女应属"宫女图"之类。

斗鸡是当时的社会风尚之一,章怀太子墓前甬道西壁侍男、侍女像(图 13-12)应即"斗鸡图"。而章怀太子墓后室壁画内容则属于游春、踏青之类的内容。

---

[1] 陕西省考古研究所、富平县文物管理委员会《唐节愍太子墓发掘报告》,北京:科学出版社,2004年,页40。

[2]《唐节愍太子墓发掘报告》,页42。

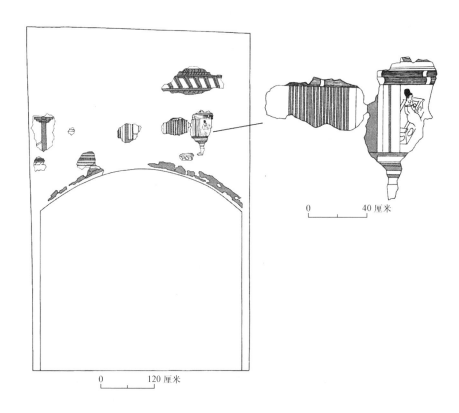

图 13-10　新城长公主墓墓道北壁楼阁

图 13-11　天水石马坪石棺床背屏 3

图 13-12　章怀太子墓前甬道西壁侍男、侍女像

托塔天王像、北方毗沙门天王像则可见于李寿墓石椁外壁图像(图 13‐13)、韦氏无名石椁外壁图像(图 13‐14)。当然,镇墓武士俑也属于此类图像。[1]

内壁东向南间　　　　　　内壁东向中间　　　　　　内壁东向北间

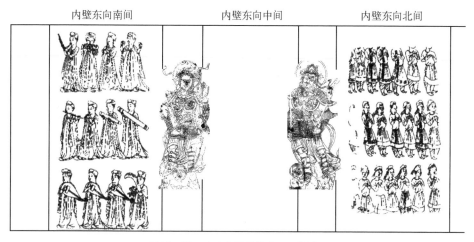

图 13‐13　李寿墓石椁外壁天王线刻图

外壁南向中间

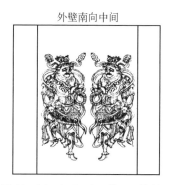

图 13‐14　韦氏无名石椁天王线刻图

《横笛士女图》可见于李勣墓墓室东壁壁画(图 13‐15),《鼓琴士女图》见于韦贵妃墓后甬道西壁(图 13‐16),李震墓第三过洞东壁的"嬉戏图"(图 13‐17)或可归入《游戏士女图》,《纨扇士女图》(图 13‐18～13‐22)、《吹箫士女图》(图 13‐23、13‐24)以及《按舞图》(图 13‐25～13‐28)比较多见。

---

[1]　沈睿文《镇墓武士俑与毗沙门天王信仰推论》,载《乾陵文化研究》第 5 辑,西安:三秦出版社,2010年,页 138～152。

图 13-15　李勣墓奏乐图

图 13-16　韦贵妃墓鼓琴士女图

图 13-17　李震墓嬉戏图

图 13-18　燕妃墓纨扇士女图

图 13－19　懿德太子墓第三过洞西壁纨扇士女图

图 13－20　新城长公主墓纨扇士女图

图 13－21　段简璧墓纨扇士女图

图 13－22　李思摩墓纨扇士女图

图 13-23　韦贵妃墓吹箫士女图

图 13-24　燕妃墓吹箫士女图局部

图 13-25　燕妃墓舞蹈女伎图

图 13-26　燕妃墓舞姬对舞图

图 13 - 27　李勣墓舞蹈图

图 13 - 28　章怀太子墓前室西壁北铺壁画

　　《扑蝶士女图》《舞鹤士女图》尚不见于丧葬图像中,但是,章怀太子墓前室西壁南铺的"观鸟扑蝉图"(图 13 - 29)以及李震墓第四过洞东壁的"戏鸭图"(图 13 - 30)或可给我们某种启示。

图 13-29　章怀太子墓前室西壁南铺观鸟扑蝉图

图 13-30　李震墓戏鸭图

《臂鹰人物图》,懿德太子墓第二过洞东壁的"架鹰驯鹞图"应属此列(图 13-31),也见于韦顼石椁(图 13-32);金乡县主墓随葬的架鹰狩猎俑(图 13-33)应也是所谓的"臂鹰人物图"。

图 13-31　懿德太子墓第二过洞东壁架鹰驯鹞图

图 13-32　韦顼石椁架鹰图

图 13-33 金乡县主墓架鹰狩猎俑

有些被称作"备马图"的图像宜名为"调马图"。如,韦贵妃墓第一天井东壁的"备马图"(图 13-34)。

图 13-34 韦贵妃墓备马图

《拂林图》应该是唐代绘画的新现象,影响深远。此类图像所属丧葬等级较高,帝后一级的丧葬中必有之。现把可能属于《拂菻图》的图像(图 13-35~13-39)条列于下,具体容后论证。

图 13-35　桥陵西石柱线刻图

0　　　　　　　40 厘米

图 13-37　新城长公主墓石门拂菻样式

1

2

3

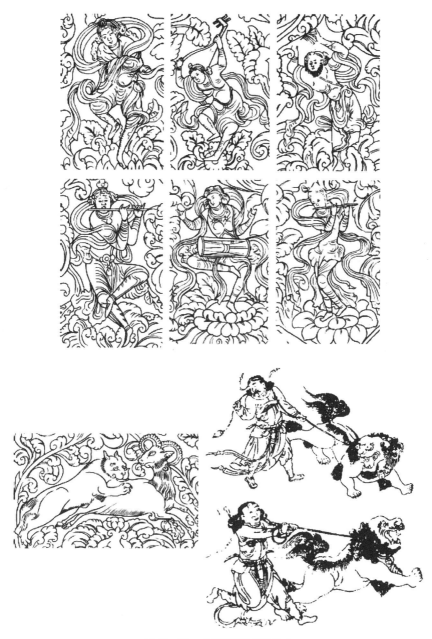

图 13‑38　武惠妃石椁拂菻样式

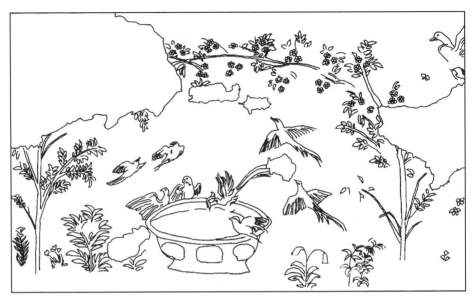

图13-39　陕西西安唐代唐安公主墓西壁花鸟线描示意图(784年,刘婕绘图)

在此需要指出的是,作为丧葬图像的组成,虽然墓壁画像、葬具画像和随葬品的题材受到同时期绘画画题的影响,但是其内容及配置仍然是跟墓主人的政治身份、社会地位紧密相契的。墓葬中的随葬品与墓壁画像及葬具画像相互沟通,与地上建制共同表达着"宴居+出行"的意蕴。可见,在丧葬行为中,丧葬的所有画、像拥有一个共同的指向。

(本文原载上海博物馆《于阗六篇》,北京:北京大学出版社,2014年,页127~163。此次重刊删去第一自然段。)

14

唐墓屏风画的地区差异

唐代丧葬(墓葬)画像受到画家绘画题材及表现方式的影响,其中一个重要原因便是墓内宅院化的加强。8世纪时,王维曾在帝都长安昭国坊一处世家宅第的屋壁上看到"奏乐图"。从这个故事可知唐墓壁画中此类乐舞壁画也绘于唐代豪贵的现实居所。

在现实生活中,唐代豪贵居所不仅壁面绘有壁画,而且也将屏风等方式作为安置居室绘画的载体,从而将居所分割成不同的图画空间。墓中屏风画的绘画内容与装饰手法,同样被认为来源于日常生活中的实用屏风装饰,[1]主要表现的是卧榻之后或周围呈"—""["或者"⊓""Γ"状安置的屏风。[2]

汉唐时期,在墓室中绘制模仿屏风的壁画或摆放屏风实物/随葬品的做法一直得到传承,它与帷帐以及相同载体的床榻、坐几构成一个组合。不过,唐墓屏风画的内容及形式较此前已发生根本性变化。北朝以来墓主坐于背屏之前的帐内床榻的模式,完全被墓室屏风画的树下人物形式所替代。棺床象征坐榻,屏风仅画在棺床所靠的墓壁上方,与棺床边缘相齐,犹如树立于榻上。此与唐时现实日常生活中卧榻及其周围安置的屏风有似。由此墓葬礼制的空间布局也随之发生变化,棺床及墓主替代原先壁画中的墓主画像成为供奉的中心。

唐裴孝源《贞观公私画史》载:"北齐畋游图一卷,贵戚屏风样两卷。"[3]白居易《偶眠》诗云:"妻教卸乌帽,婢与展青毡。便是屏风样,何劳画古贤?"[4]其中

---

[1] 赵超《"树下老人"与唐代的屏风式墓中壁画》,《文物》2003年第2期,页74。

[2] 马晓玲《北朝至隋唐时期墓室屏风式壁画的初步研究》,西北大学硕士学位论文,2009年,页34。

[3] 〔唐〕裴孝源《贞观公私画史》,《景印文渊阁四库全书》,册812,台北:台湾商务印书馆,1988年,页26。

[4] 〔唐〕白居易著,朱金城注《白居易集笺校》卷二五,上海:上海古籍出版社,1988年,页1725。

"屏风样"一词可说明墓室屏风式壁画内容缘何相近。不仅如此,唐代题材相近的屏风式壁画墓还具有较强的地域性,主要分布在陕西、山西以及新疆地区,在宁夏、湖北、河南、北京等地也有少量出土。根据目前的考古资料,唐代屏风式壁画墓是在长安地区与太原等地基本同时流行开的,甚至可能是在长安先兴起后再传到各地的。[1] 早期唐墓屏风式壁画内容大体有二,其一是树下仕女屏风,此集中见于西安;其二是"树下老人"屏风,集中出现在太原金胜村。后来,又出现了山水、花鸟的屏风壁画内容。

"树下仕女"是长安地区唐墓屏风式壁画最为主要的题材,"仕女"形象有两类。其中一类仕女着褒衣博带,衣纹飘举。这类题材笔法模仿两晋,画风松弛高古,与传世顾恺之《列女传》相似,亦称列女屏风。此类屏风画主要出现在贵戚和宗室墓葬之中。如,唐太宗昭陵陪葬墓中的燕妃墓(672)。[2] 燕妃墓屏风画绘于墓室棺床南、西、北三面的墓壁上,共有十二屏。屏高164厘米,宽75厘米。十二屏画连绵相接,南面三屏,西面六屏,北面三屏。各屏中均绘近石、远山、树木、雁阵、人物。屏中主要人物为褒衣博带的一男一女,有年轻者,有年长者,形态各异。画中女性形象与顾恺之《列女传仁智图》中的人物相似,[3] 其中题材可辨者有楚接舆妻、卫姑定姜以及周主忠妾[4](图14-1)等10扇。由此不仅可知列女故事为燕妃墓屏风画内容,而且可知唐长安地区唐墓壁画所见树下仕女皆为列女。长安地区流行列女屏风是有其帝都的特殊性及社会政治背景的。

西汉成帝时期,刘向《列女传》的系统编撰为《列女图》的产生提供了契机。二者成为向皇室女性宣扬女德观念,确保皇家礼制与等级秩序,以及规范皇室女性行

---

[1] 赵超《"树下老人"与唐代的屏风式墓中壁画》,《文物》2003年第2期,页70。

[2] 陈志谦《昭陵唐墓壁画》,《陕西历史博物馆馆刊》第1辑,西安:三秦出版社,1994年,页117。

[3] 昭陵博物馆编《昭陵唐墓壁画》,北京:文物出版社,2006年,页228。赵超亦认为内容可能是女史箴类的列女图。详所撰《"树下老人"与唐代的屏风式墓中壁画》,《文物》2003年第2期,页72。

[4] 戴威《试析昭陵燕妃墓中的屏风〈列女图〉》,北京大学本科学位论文,2014年;蒋子谦《唐燕妃墓屏风画补考》,北京大学硕士学位论文,2020年。

图 14-1　燕妃墓屏风

1. 楚接舆妻　2. 卫姑定姜　3. 周主忠妾

为的科律。东汉以后,《列女图》也流行于贵族、官宦人家。六朝画家创作《列女图》出现了不同风格和流派。[1] 杨新认为从北魏司马金龙墓出土漆屏风画《列女古贤图》可证实北朝不但有《列女图》的创作,而且还保存有前代流传下来的《列女图》作品,只是画史失载而已。[2]

《汉书》载:

[1] 陈丽平《〈列女图〉的流行与汉魏六朝女性教化》,《晋阳学刊》2010年第2期,页114~116。

[2] 杨新《对〈列女仁智图〉的新认识》,《故宫博物院院刊》2003年第2期,页21。相关研究可参:扬之水《北魏司马金龙墓出土屏风发微》,《中国典籍与文化》2005年第3期,页34~41、45;后收入所撰《明式家具之前》,上海:上海书店出版社,2011年。

〔刘〕向以为王教由内及外,自近者始。故采取诗书所载贤妃贞妇,兴国显家可法则,及孽嬖乱亡者,序次为《列女传》,凡八篇,以戒天子。[1]

汉成帝时,班婕妤有"陈女图以镜监兮,顾女史而问诗"之句。《后汉书·宋弘传》曰:

〔宋〕弘当燕见,御坐新屏风,图画列女,帝数顾视之。弘正容言曰:"未见好德如好色者。"帝即为撤之。[2]

东汉顺帝梁皇后在少年时,"常以列女图画置于左右,以自监戒"。[3] 又《西京杂记》载:

羊胜为《屏风赋》,其辞曰:"屏风鞈匝,蔽我君王。重葩累绣,沓璧连璋。饰以文锦,映以流黄。画以古列,颙颙昂昂。藩后宜之。寿考无疆。"[4]

可见,刘向著《列女传》及当时绘列女屏风意在劝诫天子,是跟王国政治紧密相契的。这种政治用意在初唐一仍其旧。

唐代屏风的绘画题材,关于古贤(即忠臣、孝子、列女、隐士、贤人)的作品占有重要比重。史载,唐太宗曾多次命人写《列女传》于屏风。如,《旧唐书·虞世南传》载:"太宗尝命〔虞世南〕写《列女传》以装屏风。"[5] 刘𫗧《隋唐嘉话》的记载更为详细,其文曰:唐太宗"令虞监(虞世南)写《列女传》以装屏风,未及求本,乃暗求之,一字无失"。[6] 为何唐太宗有此举措,他究竟赋予《列女传》何种政治使命?

---

[1]《汉书》,页 1957~1958。

[2]《后汉书》卷二六《宋弘传》,页 904。

[3]《后汉书》卷一〇,页 438。

[4]〔晋〕葛洪《西京杂记》,《燕丹子·西京杂记》,北京:中华书局,1985 年,页 27。

[5]《旧唐书》卷七二,页 2566。

[6]〔唐〕刘𫗧撰,程毅中点校《隋唐嘉话》卷中,《隋唐嘉话·朝野金载》,北京:中华书局,1979 年,页 15。

图14-2　节愍太子墓墓室西壁屏风图

《新唐书·魏徵传》载，唐太宗"以〔魏徵〕所上疏，列为屏障"。[1]《旧唐书·宪宗本纪》载，元和四年（809）秋七月乙巳朔，唐宪宗"御制《前代君臣事迹》十四篇，书于六扇屏风。是月，出书屏以示宰臣"。[2] 足见在唐廷中，屏风仍然充当着"成教化，助人伦""明劝诫，着升沉"政治功能的载体。

《贞观政要》载，唐太宗"于屏风上录其姓名，坐卧恒看，在官如有善事，亦具列于名下"，[3] 以此考核官员。《旧唐书·房玄龄传》载，房玄龄"尝诫诸子……故集古今圣贤家诫，书于屏风"。[4] 此上亦说明在现实生活中，屏风在初唐政治中同样承担有劝诫之功。

因此，长安地区唐墓列女屏风图的出现应也是该政治意图下的自然之物，而这恰也反映了长安作为帝国政治文化中心的特点。

长安地区唐墓"树下仕女"屏风式壁画墓中，还有一类仕女作贵妇形象，此类屏风可称作"贵妇屏风"。其中仕女、侍者穿唐代流行的服饰，人物浓丽丰肥。此类屏风见于：总章元年（668）王善贵墓、垂拱二年（686）元师奖墓、景云元年（710）节愍太子墓（图14-2）、开元十五年（727）

---

[1]《新唐书》卷九七《魏徵传》，页3879。
[2]《旧唐书》卷一四《宪宗本纪》，页428。
[3]〔唐〕吴兢《贞观政要》卷三《择官第七》，上海：上海古籍出版社，1978年，页89。
[4]《旧唐书》卷六六《房玄龄传》，页2467。

图 14-3　长安县南里王村唐墓西壁树下仕女屏风画

韦慎名墓、长安县南里王村韦氏家族墓(图 14-3)等。前述白居易《偶眠》诗正反映了长安地区"树下仕女"屏风画人物从列女到贵妇形象的变换。

　　杜甫《题李尊师松树障子歌》云:"障子松林静杳冥,凭轩忽若无丹青……老夫生平好奇古,对此兴与精灵聚。松下丈人巾屦同,偶坐似是商山翁。"[1]该诗描述的便是"树下老人"屏风的内容。唐墓所见"树下老人"屏风多为八扇屏,每屏皆为一个忠义孝悌人物,已考者有苏武、王裒、孟宗、孙叔敖、伯奇、[2]陶

[1]〔唐〕杜甫撰,〔清〕仇兆鳌注《杜诗详注》卷六,北京:中华书局,1979 年,页 459~460。

[2]赵超《"树下老人"与唐代的屏风式墓中壁画》,《文物》2003 年第 2 期,页 69~81;赵超《关于伯奇的古代孝子》,《考古与文物》2004 年第 3 期,页 68~72;赵超《日本流传的两种古代孝子传》,《中国典籍与文化》2004 年第 2 期,页 4~10;赵超《关于汉代的几种古孝子图画》,《中国汉画学会（转下页）

潜[1]等。此乃汉魏北朝以来丧葬图像中孝子题材的延续,可称为"高士屏风"。此类屏风式壁画墓主要集中在山西太原金胜村附近(图 14-4),这批墓葬年代为武周时期。或以为这批墓葬的墓主可能只是一些低级官员或者富裕平民。[2] 不过,如果将这批墓葬置于唐前期丧葬制度下综合考察,则不难发现太原金胜村唐墓的墓主并不简单。隋唐嬗代之际,他们追随李渊起事,建立功勋,品位多在从五品以下。金胜村为初唐胡裔贵族墓地。正是这些胡裔贵族曾追随李渊建立功勋,所以他们的墓葬或在墓葬规模,或在墓葬壁画内容,或在随葬品等方面都得以使用超越其政治等级的规格。他们选择"树下高士"屏风画,意在表示对新生的唐政府的忠诚和功成身退、无意政治、归隐的安身立命之道。[3]

　　"树下老人"屏风式壁画墓流行于北方重镇并州、原州地区,盛唐京畿地区亦间见之,在宁夏固原、陕西西安以及新疆吐鲁番也有零星发现。所见"树下老人"屏风画形制与内容趋于一致,表明当时它们也有比较固定的流行样式。如,宁夏固原梁元珍墓,[4]西安景龙二年(708)韦浩墓[5](图 14-5)、天宝四载(745)苏思勖墓[6](图 14-6)以及韩休墓等皆有之。马晓玲认为,该题材的墓室屏风图在南朝丧葬艺术中"竹林七贤与荣启期"的影响下,自北朝产生以来,直到唐代并州、长安地区、原州,甚至远在西州吐鲁番阿斯塔那墓葬的沿用,经历了由南至北、自西向东的传播,其内涵也逐渐发生了变化。[7]

　　(接上页)第九届年会论文集》,北京:中国社会出版社,2004 年,页 188~196。

[1] 沈睿文《唐墓壁画中的渊明嗅菊与望云思亲》,上海博物馆编《壁上观——细读山西古代壁画》,北京:北京大学出版社,2017 年,页 416~433。

[2] 赵超《"树下老人"与唐代的屏风式墓中壁画》,《文物》2003 年第 2 期,页 74。

[3] 沈睿文著,森木智代译《太原金胜村唐墓再考》),《美术研究》四三〇号,2020 年,页 533~558。

[4] 宁夏固原博物馆《宁夏固原唐梁元珍墓》,《文物》1993 年第 6 期,页 1~9;罗丰《固原南郊隋唐墓地》,北京:文物出版社,1996 年,页 130~132。案,处士梁元珍的祖上很可能跟康文通一样,如此才以高出其身份的墓制下葬。惜其身世已难考。

[5] 陕西省考古研究所《陕西新出土唐墓壁画》,重庆:重庆出版社,1998 年,页 94。

[6] 陕西省考古所唐墓工作组《西安东郊苏思勖墓清理简报》,《文物》1960 年第 1 期,页 30~36。

[7] 马晓玲《从摆脱世俗的潇洒风度向现实生活意趣的转变——以北朝—唐墓室发现的屏风式"树下老人"图为中心的考古学观察》,《考古与文物》2011 年第 3 期,页 67~75。

图 14-4　太原市金胜村 4 号唐墓墓室　　图 14-5　韦浩墓屏风画局部高士
　　　　第 1 幅屏风画"渊明嗅菊"

　　固原梁元珍墓屏风画中树下老人（图 14-7）所戴方形冠、莲花冠，与太原金胜村、董茹村唐墓屏风画中立于树下的老翁所戴方形冠、莲花冠非常相似，他们所依据的应是同一底本，表现的是同一题材。[1] 其性质亦与上述太原地区屏风式壁画墓同。

　　正是因为"树下老人"屏风画的这种政治蕴含，后来长安地区的唐墓也出现了该题材。西安开元二十八年（740）韩休墓墓室西侧残存的屏风图像（图 14-8）可辨为曾子负薪，由此可知该墓的屏风式壁画内容与太原金胜村者同类。而它之所以出现在韩休墓中，应是墓主看中了此类屏风画内容所指代的政治意义。这应该也是长安地区苏思勖、韦浩等墓中出现此类屏风画的原因吧。

───────────

[1] 罗丰《固原南郊隋唐墓地》，页 130~132。

图 14-6　苏思勖墓屏风画

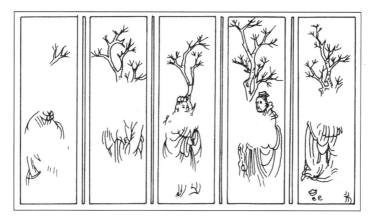

图 14-7　梁元珍墓北壁树下老人图

新疆吐鲁番阿斯塔那墓地也发现有屏风式壁画墓,主要见于公元 655 年之后的大型墓葬。其中阿斯塔那 65TAM38 号墓的六幅屏风画分别绘制王羲之与老妪、狄仁杰进谏武后、谢安围棋、李隆基爱鹰鹘、萧翼赚兰亭以及谢安教儿的历史故事,表现出墓主人所推崇的王谢风尚与文人气质。[1]《萧翼赚兰亭》屏风画在吐鲁番地区的出现,跟唐代《兰亭序》在西域的传播不无关系。[2] 阿

[1] 常任侠《新疆吐鲁番出土唐墓壁画初探》,载所撰《常任侠艺术考古论文选集》,北京:文物出版社,1981 年,页 49~59。

[2] 荣新江《〈兰亭序〉在西域》,中国人民大学国学院编《国学学刊》2011 年第 1 期,页 65~71;又载于《国学的传承与创新——冯其庸先生从事教学与科研六十周年庆贺学术文集》,上海:上海古籍出版社,2013 年,页 1099~1108。

图14-8   韩休墓西壁南二屏"高士图"

斯塔那 TAM216 号墓的六扇屏风图,除了右起两幅不清之外,左起第一幅为生刍素丝扑满图,第二幅为"周陛玉人"图,第三幅为"缄口金人"图,第四幅为"张口石人"图[1](图14-9),亦表现了墓主人推崇儒家的处世哲学。

贞观十四年(640)灭麴氏高昌,以其地置西州。上述两墓墓主应是唐政府灭麴氏之后,任用的当地官员。他们以此方式来表示对唐政府的态度和自处之道。但是,随着唐政府置西州日久,当地官员的这种心态早已平复,同时对中央政府的认同也已建立。于是,再往后的阿斯塔那唐墓所见屏风画形式与内容便发生了转变。如,长安三年至开元九年(703~721)的 TAM230 张礼臣(游击将军、上柱国)墓出土木框六扇联屏乐舞绢画,武周时期至天宝年间的 TAM187 号墓出土木框联屏弈棋仕

图14-9   吐鲁番阿斯塔那 216 号墓墓室后壁六扇屏风图

[1] 张勋燎《吐鲁番阿斯塔那 216 号唐墓壁画考释》,《中国史研究》1980 年第 4 期,页 131~140。

女绢画(图14-10)，开元三年(715)的TAM188号墓出土木框八扇联屏牧马绢画残迹(图14-11)，它们皆在木骨边框裱有采绞包缘，出土时均位于象征卧榻的土

图14-10　吐鲁番阿斯塔那TAM187号墓联屏绢画弈棋仕女图局部

图14-11　阿斯塔那TAM188号墓出土屏风绢画

台之上或旁边，[1]有学者认为它们应该是比绘在壁面上的屏风图像更为仿真的屏风。[2] 在某种程度上，这种转变也反映了这些墓主自视同中央政府的关系已跟其他地区官员无异。

值得注意的是，白居易《自咏》诗"卧疾瘦居士，行歌狂老翁。仍闻好事者，将我画屏风"，[3]似表明当时尚有以当世人物为屏风画中的高士者。

唐代墓葬屏风画内容有其时代性。当时，长安地区屏风式壁画墓的内容还有云鹤、山水（图14－12）、乐舞等题材。从人像、云鹤、山水到富有观赏价值的花鸟题材的转向便是显著现象。

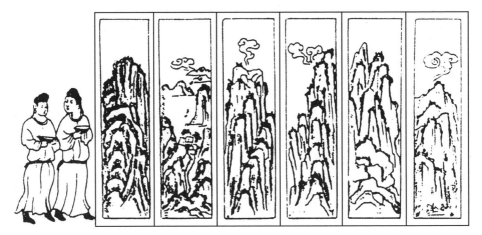

图14－12　陕西富平朱家道村唐墓墓室西壁六扇山水屏风图

云鹤是唐代屏风的一个重要题材，薛稷画鹤颇受推崇，其中又以"六扇鹤样"[4]最为著名。《历代名画记》载：

---

[1] 金维诺、卫边《唐代西州墓中的绢画》，《文物》1975年第10期，页36~43；李征《新疆阿斯塔那三座墓出土珍贵绢画及文书等文物》，《文物》1975年第10期，页89；陈霞《唐代的屏风——兼谈吐鲁番出土的屏风画》，《西域研究》2002年第2期，页86~93。

[2] 李星明《唐代墓室壁画研究》，西安：陕西人民美术出版社，2005年，页119。

[3] 《白居易集笺校》卷三四《自咏》，上海：上海古籍出版社，1988年，页2362。

[4] 实际上，薛稷并非都绘"六扇鹤样"，也绘有十一只鹤或双鹤。前者如杜甫《通泉县署壁后薛少保画鹤》云："薛公（稷）十一鹤，皆写青田真。画色久欲尽，苍然犹出尘。低昂各有意，磊落如长人。佳此志气通，岂惟粉墨新。万里不以力，群游森会神。威迟白凤态，非是仓鹒邻。高堂未倾覆，常得慰嘉宾。曝露墙壁外，终嗟风雨频。赤霄有真骨，耻饮洿池津。冥冥任所往，脱略谁能（转下页）

〔薛稷〕多才藻,工书画。……尤善花鸟、人物、杂画。画鹤知名,屏风六扇鹤样,自稷始也。[1]

《封氏闻见记》载:

则天朝,薛稷亦善画,今尚书省侧考功员外郎厅有稷画鹤,宋之问为赞;工部尚书厅有稷画树石,东京尚书(善)岐王宅亦有稷画鹤,皆称精绝。[2]

通过对唐节愍太子墓壁画的考察,王静认为,一直以传说形式流传于中原的王子晋故事,经过武则天的刻意经营,成为活生生的政治存在。模仿王子晋控鹤升仙,在以张易之兄弟为中心的政治群体中蔚然成风,也成为这个群体撰文、作画的题材。以画鹤知名的薛稷,跟武周及睿宗朝的政治权力中心都有着密切的关系。出于画家天生的敏感,对政治氛围有清楚理解的他,凭借杰出的画技,选择与当下政治有密切关系的仙鹤题材,并渐成为社会风尚。[3] 鹤入屏风,成为厅堂装饰,也自薛稷始,[4]到更晚的时代,令薛稷享誉的六扇云鹤屏风画还反复出现于墓葬,如会昌四年(844)的梁元翰墓、咸通五年(864)的杨玄略墓等,[5]此时墓中所绘云鹤是对人间生活的再现。从天宝以后到唐末,西安地区也开始流行折式屏风画,突出云、鹤的题材。这反映了云鹤题材向社会中下阶层的普及。

(接上页)驯。"详《杜诗详注》卷一一,页 961~962。后者如米芾《题苏之孟家薛稷二鹤》,详所撰《宝晋英光集》卷三,《丛书集成初编》据《涉闻梓旧本》排印,册 1932,上海:商务印书馆,1939 年,页 14。

[1]〔唐〕张彦远《历代名画记》卷九,杭州:浙江人民美术出版社,2011 年,页 148。

[2]〔唐〕封演撰,赵贞信校注《封氏闻见记校注》卷五《图画》,北京:中华书局,1958 年,页 43。

[3] 王静《节愍太子墓〈升仙太子图〉考——兼论薛稷画鹤的时代背景》,《北京大学学报(哲社版)》2006 年第 4 期,页 110~118。

[4] 小川裕充《黄筌六鹤图壁画とその系谱(上)》,《国华》1165,1992 年,页 7~22;小川裕充《薛稷六鹤图屏风考——正仓院南仓宝物漆柜に描かれた草木鹤图について——》,《东洋文化研究所纪要》,第 117 册,1992 年,页 179~214。

[5] 转引自宿白《西安地区唐墓壁画的布局和内容》,《考古学报》1982 年第 2 期,页 148。

图 14-13 陕西富平吕村唐墓山水屏风画局部

李白《观元丹丘坐巫山屏风》诗云:"高咫尺,如千里,翠屏丹崖粲如绮。"[1]这是李白对屏风中所绘巫山形胜的描述。唐代山水屏风画的盛行应与唐玄宗有关。《唐朝名画录》载,唐玄宗曾召李思训画山水掩障,令李思训、吴道玄于兴庆宫大同殿壁绘画嘉陵江山水。[2] 上行下效,相信此举对唐代屏风画题材起了推波助澜的作用。盛唐时期的武惠妃(699~737)墓屏风式壁画便以山水为内容,其墓室所绘六扇山水屏风与李昭道画风接近,[3]似为山水之变的滥觞。陕西富平吕村乡唐李道坚墓屏风画中的山水画则有别于以往的青绿山水(图 14-13),是水墨山水中迄今所见最早的作品。[4]

姚合《咏破屏风》云:"时人嫌古画,倚壁不曾收。露滴胶山断,风吹绡海秋。残雪飞屋里,片水落床头。尚胜凡花鸟,君能补缀不。"[5]花鸟屏风画主要出现在盛唐及中晚唐时期,并从此前的从属点缀地位上升为屏风的主题。西安、安阳以及北京地区各发现一例花鸟屏风式壁画唐墓。

安阳大和三年(829)赵逸公墓为圆形墓,棺床位于墓室西壁,于该壁面绘制窗户及三扇花鸟屏风,中间大,两边小。中扇中央绘一纹饰繁复的大盆,盆中盛清水,水中漂数朵花瓣,盆前有 3 只大雁,盆后有一丛绿色的芭蕉。左右两扇均以一太湖

[1]〔清〕王琦注《李太白全集》卷二四《观元丹丘坐巫山屏风》,北京:中华书局,1977 年,页 1135。

[2]〔唐〕朱景玄著,俞剑华校注《唐朝名画录》,成都:四川美术出版社,1985 年,页 3。

[3]屈利军《从古代屏风看唐代壁画中的山水》,《文博》2011 年第 3 期,页 55~62。

[4]徐涛《吕村唐墓壁画与水墨山水的起源》,《文博》2001 年第 1 期,页 53~56。

[5]刘衍《姚合诗集校考》卷一〇,长沙:岳麓书社,1997 年,页 135。

石为中心,其前有喜鹊和鹦鹉,其后有茂密的花草,以及燕子、黄鹂、蝴蝶、蜜蜂、蚱蜢在花草中飞舞[1](图14-14)。该花鸟屏风画与西安兴元元年(784)唐安公主墓墓室西壁所绘的花鸟画(图13-39)在题材、内容、构图上同,二者相隔45年,反

图14-14　河南安阳赵逸公墓西壁花鸟屏风及局部

---

[1] 张道森、吴伟强《安阳唐代墓室壁画初探》,《美术研究》2001年第2期,页26~28;张道森、吴伟强《安阳出土唐墓壁画花鸟部分的艺术价值》,《安阳师范学院学报》2001年第6期,页42~44。

映了中唐时期花鸟画的一个特定样式。[1] 边鸾主要活跃于唐贞元年间(785~805),学者认为唐安公主墓建造之时与边鸾在长安活动的时代相近。[2]《宣和画谱》记载,有关边鸾的传世作品中有《金盆孔雀图》,[3] 与唐安公主墓及赵逸公墓者匹配。这是当时现实生活中庭院盆池景致的再现。[4] 该样式或可进而谓之"金盆(盆池)花鸟",很可能属于菥蓂样式之列,它的出现跟树下贵妇屏风式壁画在宗室、贵戚之外的墓葬中的滥觞有关。这种状况使得宗室、贵戚为了保持自身的尊贵与独特性而放弃原有屏风样式,转而选择了新的屏风样式。马晓玲便认为唐安公主墓通屏式花鸟画以及赵逸公墓的三扇屏风花鸟图,体现了宫廷审美意趣。[5]

白居易《素屏谣》云:"当世岂无李阳冰之篆字,张旭之笔迹? 边鸾之花鸟,张璪之松石? 吾不令加一点一画于其上,欲尔保真而全白。"[6] 其中所言屏风画题材就有边鸾花鸟。五代的黄筌父子发展了边鸾画风,画有《玛瑙盆鹌鸽图》《竹石金盆鹌鸽图》[7]《竹石金盆戏鸽图》[8]《湖石金盆鹌鸽图》以及《牡丹金盆鸐鸪鸽图》[9] 等。此前人像、云鹤题材由皇室沦落民间的命运渐在花鸟题材上再现。北京海淀区八里庄开成三年(838)防御军使王公淑墓墓室后壁绘一幅通屏式牡丹芦雁图(图14-15),为边鸾风格传派的花鸟作品,是边鸾样式在民间的承传,[10] 反映了花鸟图在中晚唐时期开始由宫廷向民间趣味的转变。[11] 这就是王公淑墓芦雁图的构图为何又见于北京西城区丰盛胡同大顺元年(890)李殷辅墓的原因。该

[1] 马晓玲《北朝至隋唐时期墓室屏风式壁画的初步研究》,页45。

[2] 罗世平《观王公淑墓壁画〈牡丹芦雁图〉小记》,《文物》1996年第8期,页78~83。

[3]《宣和画谱》卷一五《边鸾》,王群栗点校,杭州:浙江人民美术出版社,2012年,页164。

[4] 刘婕《唐代花鸟画研究》,北京:文化艺术出版社,2013年,页175~181。

[5] 马晓玲《北朝至隋唐时期墓室屏风式壁画的初步研究》,页74~79、85~87。

[6]《白居易集笺校》卷三九,页2635。

[7]《宣和画谱》卷一六《黄筌》,页175、177页。

[8]《宣和画谱》卷一六《黄居宝》,页178。

[9]《宣和画谱》卷一七《黄居寀》,页190。

[10] 罗世平《观王公淑墓壁画〈牡丹芦雁图〉小记》,页78~83。

[11] 马晓玲《北朝至隋唐时期墓室屏风式壁画的初步研究》,页74~79、85~87。

题材在五代时仍得以延续,如,河北曲阳五代王处直墓[1]屏风花鸟画与中晚唐壁
画墓屏风花鸟画一脉相承,其后室北壁绘制的一幅通屏式牡丹图(图14-16)题材
便与此图非常相似。[2]

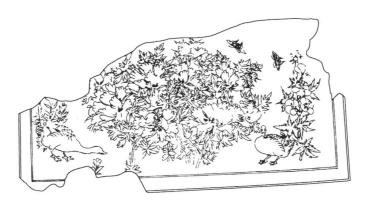

图14-15　北京海淀八里庄唐代王公淑墓北壁壁画线描图

0　　20 厘米

图14-16　河北曲阳五代王处直墓后室北壁通屏牡丹图

[1] 河北省文物研究所等《河北曲阳五代壁画墓发掘简报》,《文物》1996年第9期,页4~13;河北省文
　　物研究所、保定市文物管理处《五代王处直墓》,北京:文物出版社,1998年。
[2] 马晓玲《北朝至隋唐时期墓室屏风式壁画的初步研究》,页46。

南方地区唐屏风式壁画墓仅见湖北郧县圣嗣元年(684)李徽墓,[1]墓室绘呈"匚"形六扇屏风,其内容为大笔写意花卉图案,白底红彩,间或有些绿彩相称。其六扇屏的花卉题材是同时期其他壁画墓中所不见的。西安地区唐墓墓室成片绘花卉的做法则始见于天宝十五载(756)高元珪墓西壁。[2] 此外,阿斯塔那KTM50、TAM217号墓墓室亦为六扇花鸟屏风画(图14-17)。

图14-17 吐鲁番阿斯塔那TAM217号墓墓室六扇花鸟屏风画

根据制作材料,唐代有木骨纸面屏风、木骨绢面屏风、漆屏、七宝屏风等。日本正仓院收藏的屏风(图14-18),例如麟鹿草木夹缬屏风、象木腊缬屏风和羊木腊缬屏风等,尽管被认定制作于日本本土,但明显可看出受到了唐文化的影响。[3]通过正仓院这批传世屏风材料以及献物帐的记载,可间接了解唐代屏风的面貌。当然,唐代现实屏风画还有某些题材尚未见于唐墓屏风式壁画,如四时屏风、[4]

[1] 湖北省博物馆、郧县博物馆《湖北郧县唐李徽、阎婉墓发掘简报》,《文物》1987年第8期,页30~42、51。
[2] 贺梓城《唐墓壁画》,《文物》1959年第8期,页31~33。
[3] 菅谷文则《正仓院屏风和墓室壁画屏风》,《宿白先生八秩华诞纪念文集》(上),北京:文物出版社,2002年,页231~254。
[4]《唐朝名画录》,页17。

图 14-18 日本奈良正仓院藏日本天平胜宝四年(752)《树下仕女图》

海图屏风[1]以及折枝花屏风[2]等。

需要提及的是,与唐墓屏风画相同的样式还见于石窟寺壁画,此在莫高窟中尤为明显。莫高窟屏风画出现在盛唐时期,主要分布在西壁龛内和主室四壁大型经变画下方,中唐—吐蕃以后形成固定样式并被大量地使用。研究表明,莫高窟屏风画的产生、发展、演变,主要受到现实生活和佛事活动中屏风使用传统的影响,在对中原地区屏风画样式和莫高窟传统题材绘画的改造过程中逐步呈现。[3] 这进一步说明了现实生活中屏风样式及内容对墓葬与石窟寺壁画的影响。

总之,唐墓屏风式壁画样式的流变跟唐代绘画史一致,此二者皆受社会政治文化影响所致。唐墓屏风画中的"树下人物"图源自汉魏的忠臣孝子及列女题材,这跟整个王朝"斟酌汉魏"的政治取向相一致。上行下效,唐玄宗的个人意趣导致唐代现实屏风及墓葬屏风式壁画内容向云鹤、山水、花鸟等题材的转变。初唐"树下老人"题材渐少,"树下仕女"也由列女变为贵妇、禽鸟。古贤意象渐无,现实享乐意味增加。安史之乱、泾原兵变等社会动荡又加速催化了世人及时享乐的情调。

[1]《白居易集笺校》卷一《题海图屏风》,页12。

[2]〔唐〕韩偓《已凉》云:"碧阑干外绣帘垂,猩血屏风画折枝。"可知唐时尚有绘画折枝花的屏风。详陈继龙注《韩偓诗注》卷四,上海:学林出版社,2001年,页341。

[3] 信佳敏《敦煌莫高窟唐代屏风画研究》,中央美术学院博士学位论文,2013年。

李肇《国史补》载：

> 长安风俗，自贞元侈于游宴，其后或侈于书法图画，或侈于博弈，或侈于卜祝，或侈于服食，各有所蔽也。[1]

此风益发促使唐代现实及墓葬屏风画题材的转变，而五代政局的持续动荡又继续提供了滋长的土壤。

从唐墓屏风式壁画样式及内容的变化，可知唐朝统治集团装饰主题变更的一种方式：该装饰主题在现实生活中为他们所专享，或肇始于统治集团的政治行为，并对集团中某个群体的行为产生深刻影响，成为该时期统治集团或其中某个群体的特殊符号。社会局势的变化又为之提供了滋长的土壤，使之渗入普世的生活方式和意识形态之中。等到该符号已沦为芸芸众生所用，而不再是统治集团专有时，统治集团便会主动抛弃之，转而另择其他符号，而后者同样是此刻其他社会群体所无法接触和表现的专属符号。即，以装饰纹样来表示特权与专利，应该是统治集团装饰主题变更的主要动因。

（本文原载高左贤主编《湖上》12《大邦维屏》[乙亥春]，杭州：西泠印社出版社，2019 年，页 64~75。此次重刊略作修订。）

---

[1]〔唐〕李肇《国史补》卷下，上海古籍出版社编《唐五代笔记小说大观》（上册），上海：上海古籍出版社，2000 年，页 197。

15

唐墓埋葬告身的等级问题

告身是中国古代任官授职的公文凭证，属于官文书的一种。现存传世、出土的唐代告身，除了见诸文书、相关帖石之外，还有相当一部分出自墓葬。也就是说，有些告身是以墓葬随葬品的角色而得以祔葬其中的。关于告身的研究成果显著，[1]已极大地促进了我们对诸多问题的深刻认识。但是，作为随葬品之告身在墓葬制度中的角色，关注者尚寡。同样地，如同其他时代的墓葬研究一样，唐墓等级制度的构建主要基于墓葬形制，[2]由此而忽视了其他多种元素。本文拟对此类告身进行初步探讨，以期揭示并补充告身（抄本、石刻本）在唐墓等级制度中的使用情况。

一般认为，唐代告身的分类，除了官告、勋告之分外，依所授予人群任官品级、身份差别，可分为册授、制授、敕授、旨授、判补五类。[3] 目前所知唐代告身实物或抄录共有49道，[4]其中可确定作为唐墓随葬品的有18道。具体如次：

吐鲁番地区共发现有8件唐代告身，[5]其中可确定随墓主人祔葬的是：阿斯塔那 TAM346 号墓所出《唐乾封二年（667）郭毡醜勋告》（65TAM346∶1）[6]

[1] 关于唐代告身的研究状况，可参徐畅《存世唐代告身及其相关研究述略》，《中国史研究动态》2012年第3期，页33~43。

[2] 如，孙秉根《西安郊区隋唐墓葬的形制》，载《中国考古学研究：夏鼐先生考古五十年纪念论文集》（二集），北京：科学出版社，1986年，页151~1901；徐殿魁《洛阳地区隋唐墓的分期》，《考古学报》1989年第3期，页275~3041；《试论西安地区唐代墓葬的等级》，载北京大学考古系编《纪念北京大学考古专业三十周年论文集（1952—1982）》，北京：文物出版社，1990年，页286~3101；宿白《西安地区的唐墓形制》，《文物》1995年第12期，页41~491；等等。

[3] 白化文、倪平《唐代的告身》，《文物》1977年第11期，页781。

[4] 其中41道可详徐畅《存世唐代告身及其相关研究述略》，《中国史研究动态》2012年第3期，页33~43《附表：存世唐人告身及其出处索引》。

[5] 李方《唐代西域告身研究》，《石河子大学学报（哲社版）》2011年第5期，页2~31。

[6] 唐长孺主编《吐鲁番出土文书》（叁），北京：文物出版社，1996年，页260~2621。

（图 15－1）、久视元年（700）氾德达墓（68TAM100）所出《唐永淳元年（682）氾德达飞骑尉告身》《武周延载元年（694）氾德达轻车都尉告身》,[1]TAM506 号墓所出《唐天宝十载（751）制授张无价游击将军告身》。[2]

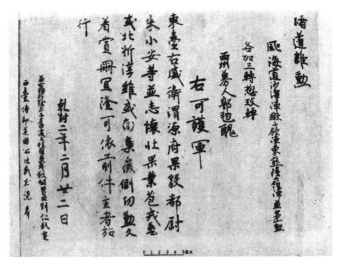

图 15－1　新疆吐鲁番阿斯塔那 346 号墓所出《唐乾封二年郭毡醜勋告》（65TAM346：1）

这几件告身,都没有官印钤朱,有的甚至字迹拙劣,显然是家人在临葬时抄录死者告身原件的祔葬品。西州高昌县人氾德达分别参加了两次军事行动,获得两次勋官,其墓所出二告身是他殁后为下葬而录的抄件。[3]　垂拱二年（686）,氾德达参加金牙道行军,在撤离安西四镇的战斗中立功,被授予轻车都尉勋官的告身,即《武周延载元年氾德达轻车都尉告身》。从这件文书本身看,乃是死者入葬前助葬者对原告身的抄件。[4]　其《唐永淳元年氾德达飞骑尉告身》虽为永淳元年所

［1］新疆维吾尔自治区博物馆《吐鲁番县阿斯塔那——哈拉和卓古墓群清理简报》,《文物》1972 年第 1 期,页 131。

［2］新疆维吾尔自治区博物馆、西北大学历史系考古专业《1973 年吐鲁番阿斯塔那古墓群发掘简报》,《文物》1975 年第 7 期,页 91。

［3］新疆维吾尔自治区博物馆《吐鲁番县阿斯塔那——哈拉和卓古墓群清理简报》,《文物》1972 年第 1 期,页 131。

［4］陈国灿《〈唐李慈艺告身〉及其补阙》,《西域研究》2003 年第 2 期,页 38~391。

授,但告身所用文字却是武周新字,这正是氾德达卒于武周久视元年时再抄写此告身祔葬的证明。[1]

敦煌莫高窟北区石窟发现的告身也属于随葬品,其中发现于莫高窟北区石窟第47窟后室砾石台(棺床)北侧的《景龙二年(708)□文楚陪戎校尉告身》,"在砾石台北半部和地面东南部各发现一堆经过火烧过的人骨,有头盖骨、下颌骨及碎骨片等。人骨为一年龄在30—35岁之间的男性,遗体处理方式为火葬"。[2] 该洞窟窟顶较低矮且遗物绝大多数属于随葬品,可知应为瘗窟。[3] □文楚火化后葬于此窟,此告身为其随葬品。

《景云二年(711)张君义勋官骁骑尉告身》,据画家张大千说此告身是1941年夏他在莫高窟前沙地中发现的,发现时告身纸连同景龙三年(709)给张君义的其他几件公验抄件一起,包着一颗削去了头顶骨的人头,加上左腕及右手拇指放在一麻袋中。推测张君义可能在景云二年以后的某次战役中,头顶骨被敌人削去而死,为了让其魂归故里,他所在的团队将其削去了头顶骨的首级、手指及左腕带回敦煌,交给其家人,其家人抄录朝廷下颁的告身及其生前所用公验,将其重新包裹收敛,送到福地莫高窟入葬瘗窟。[4] 也就是说,该告身应当出自莫高窟北区的某个洞窟,是当时的随葬品。[5]

另外,在此需要说明的是,《万岁通天元年(696)某人勋告》虽也出自莫高窟北区第48窟,但是却揭自纸鞋。[6] 也就是说,该告身并非以告身的形态作为随葬品入藏的。

---

[1] 陈国灿《莫高窟北区第47窟新出唐告身文书研究》,载彭金章主编《敦煌莫高窟北区石窟研究》上册,兰州:甘肃教育出版社,2011年,页1521。

[2] 彭金章、王建军编著《敦煌莫高窟北区石窟》第一卷,北京:文物出版社,2000年,页1371;图版二九、三六。

[3] 倪润安《敦煌隋唐瘗窟形制的演变及相关问题》,载彭金章主编《敦煌莫高窟北区石窟研究》上册,页671。

[4] 陈国灿《莫高窟北区第47窟新出唐告身文书研究》,载彭金章主编《敦煌莫高窟北区石窟研究》上册,页1521。

[5] 荣新江《〈敦煌莫高窟北区石窟·第一卷〉评介》,载彭金章主编《敦煌莫高窟北区石窟研究》上册,页1351。

[6] 倪润安《敦煌隋唐瘗窟形制的演变及相关问题》,载彭金章主编《敦煌莫高窟北区石窟研究》上册,页671。

　　至于《开元四年(716)李慈艺勋官上护军告身》以及《长寿二年(693)张怀寂中散大夫行茂州都督府司马告身》,虽其出土情况已不详,[1]所幸尚可知其为墓葬随葬品,后来张怀寂墓葬的发掘也可以支持这一判断。[2]

　　唐太宗昭陵陪葬墓临川公主李孟姜墓随葬有两道石质告身,其一为《贞观十五年(641)临川郡公主告身》(图 15 - 2),其二为《永徽元年(650)临川郡长公主告身》[3](图 15 - 3)。

图 15 - 2　陕西礼泉县临川公主墓所出《贞观十五年临川郡公主告身》拓本

　　前者石体中间断裂。长 89.5 厘米,宽 37.0~37.3 厘米,上侧边厚 5.1~6.0 厘米,下侧边厚 8.0 厘米。背面,在右侧边留出一宽 7.4 厘米的地带 A,上侧边留出宽度 6.6~7.8 厘米不等的地带 B,其余部分从下侧边往上侧边呈坡状逐渐内斜至 A 的下缘达到最深,其深度为 0.7 厘米。从该迹象看,应该是对该石料的二次利用。后者石体长 84.3 厘米,宽 36.3 厘米,厚 8.0(右侧边)~8.6 厘米(左侧边),右侧边角断

[1] 这两道告身的出土情况,可参〔日〕小田义久《唐代告身の一考察——大谷探险队将来李慈艺及び张怀寂の告身を中心として》,《东洋史苑》56 号,2000 年 10 月;此据李济沧译《唐代告身的一个考察——以大谷探险队所获李慈艺及张怀寂告身为中心》,武汉大学中国三至九世纪研究所编《魏晋南北朝隋唐史资料》第 21 辑,武汉大学文科学报编辑部,2004 年,页 161~1771。
[2] 新疆维吾尔自治区博物馆、西北大学历史系考古专业《1973 年吐鲁番阿斯塔那古墓群发掘简报》,《文物》1975 年第 7 期,页 91;陈国灿《跋〈武周张怀寂墓志〉》,《文物》1981 年第 1 期,页 47~501。
[3] 昭陵博物馆《唐临川公主墓出土的墓志和诏书》,《文物》1977 年第 10 期,页 50~591。

图 15-3　陕西礼泉县临川公主墓所出《永徽元年临川郡长公主告身》拓本

裂,背面为毛面。这是两道制授告身,录文如下:

1.《贞观十五年临川郡公主告身》:

　　门下:第十二女幼挺幽闲,地惟

　　懿戚。锡以汤沐,抑有旧章。可封

　　临川郡公主,食邑三千户。主者

　　施行。

　　　　　　　　贞观十五年正月十九日

　　　　　　　中书令驸马都尉安德郡开国公臣杨师道宣

　　　　　　　兼中书侍郎江陵县开国子臣岑文本奉

　　　　　　　朝散大夫守中书舍人臣马周行

　　侍　　中　　阙

　　兼黄门侍郎清苑县开国男臣洎

　　朝请大夫守给事中臣行成等言

　　诏书如右,请奉

　　诏付外施行。谨言

　　　　　　　　贞观十五年正月廿日

　　　　制可

正月廿日申后都事郭长者受

左司郎中仁师付主爵

尚 书 令 阙

开府仪同三司尚书左仆射太子少师上柱国梁国公**玄龄**

特进尚书右仆射上柱国申国公在京

光禄大夫尚书上柱国陈国公在京

中大夫守吏部侍郎驸马都尉在京

银青光禄大夫行尚书左丞护军济南县开国男**皎**

告临川郡公主：奉被

诏书如右,符到奉行。

主事王瞻

朝散大夫守主爵郎中立本　　令史魏感

书 令史

贞观 十 五 年正月廿日下

2.《永徽元年临川郡长公主告身》：

临川郡公主

右可长公主

门下：高密长公主等禀庆紫宸,

连跗璇极。宜加徽号,式允旧章。

可依前件,封并如故,主者施行。

永徽元年正月廿三日

中书令河南县开国公臣褚遂良宣

朝议大夫守中书侍郎臣柳奭奉

朝议大夫守中书舍人臣来济行

兼 侍 中 臣 行 成

黄 门 侍 郎 阙

朝议大夫守给事中乐平县开国男臣祥道**等言**

诏书如右,请奉

诏付外施行。谨言。

永徽元年正月廿三日

制可

正月廿四日午后都事赵师才

守左司郎中范付主爵

左 匡 政 阙

右 匡 政 阙

司 列 大 常 伯 阙

太中大夫守司列少常伯兼检校太子右中护上轻车都尉

中散大夫守左肃机河间县开 公 孝友

告临川郡长公主:奉被

诏书如右,符到奉行。

主事季方

司封员外郎範(范)丘　　令史刘僧

总章二年二月十五日给　 书 令史王弘弊(奖)

永徽元 年 正月廿四日下

　　除此之外需要说明的,还有虢王李凤墓出土的 5 通石质册文。李凤墓为唐高祖献陵陪葬墓,因墓室西侧为棺床所在,推测这些刻石原来可能依次放置在墓室的东侧。刻石均长 75 厘米,宽 36 厘米,厚 12 厘米。其字体严整,以书法视之,可能出于一人手书。[1] 根据内容,它们分别是:《武德八年(625)册命豳王文》、《贞观十二年(638)册命虢州刺史文》、《贞观十四年册封虢王妃刘氏文》、《显庆三年(658)

---

[1] 富平县文化馆、陕西省博物馆、陕西省文物管理委员会《唐李凤墓发掘简报》,《考古》1977 年第 5 期,页 3211。

册命虢王宋州刺史文》、《麟德元年(664)册命虢王青州刺史文》等。告身为授官之符,而册文是王言之制。上述册文,依照文体格式大体可分作两类。武德八年册命幽王文、显庆三年册命虢王宋州刺史文,以及麟德元年册命虢王青州刺史文为一类,而贞观十二年册命虢州刺史文、贞观十四年册封虢王妃刘氏文为一类。除了《武德八年册命幽王文》(图15－4)和《贞观十二年册命虢州刺史文》(图15－5),其他三通册文见诸《唐大诏令集》。[1] 这两通册文的行文表达格式正好不同,兹录文于后,[2]以观其详。

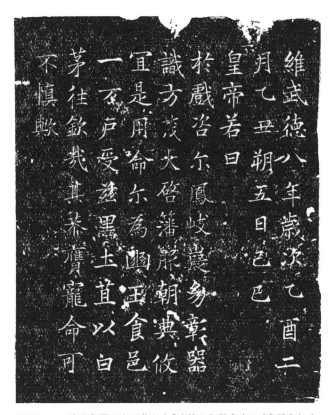

图15－4　陕西富平县李凤墓所出《武德八年册命幽王文》册文拓本

[1]〔宋〕宋敏求编《唐大诏令集》,北京:中华书局,2008 年,页 162、163、1851。
[2]《全唐文补遗》第 1 辑,西安:三秦出版社,1994 年,页 11。

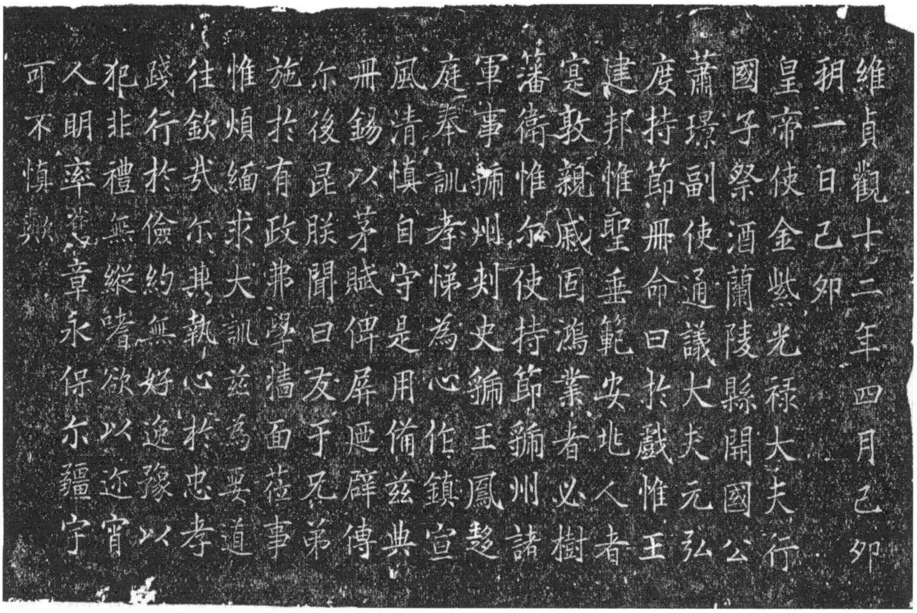
維貞觀十二年四月己卯
朔一日己卯
皇帝使金紫光禄大夫行
國子祭酒蘭陵縣開國公
蕭璟副使通議大夫元弘
度持節冊命曰於戲惟王
建邦惟聖垂範安兆人者
寔敦親戚固鴻業者必樹
藩衛惟尔使持節虢州諸
軍事虢州刺史虢王鳳趍
庭奉訓孝悌為心作鎮宣
風清慎自守是用備茲典
冊錫以茅賦俾屏匪辟傳
尔後昆朕聞曰友于兄弟
施於有政弗學牆面蒞事
惟煩緬求大訓茲為要道
往欽哉尔其執心於忠孝
戢行於儉約無好逸豫以
犯非禮無縱嗜欲以迩宵
人明率遵章永保尔疆宇
可不慎歟

图 15－5　陕西富平县李凤墓所出《贞观十二年册命虢州刺史文》册文拓本

其中《武德八年册命豳王文》云：

维武德八年岁次乙酉二/月乙丑朔五日己巳（625 年 3 月 18 日），/皇帝若曰：/于戏！咨尔凤，岐嶷幼彰，器/识方茂，大启藩服，朝典攸/宜。是用命尔为豳王，食邑/一万户。受兹黑土，苴以白/茅。往钦哉。其恭膺宠命，可/不慎欤。

而《贞观十二年册命虢州刺史文》则为：

维贞观十二年四月己卯/朔一日己卯（638 年 5 月 19 日），/皇帝使金紫光禄大夫行/国子祭酒兰陵县开国公/萧璟、副使通议大夫元弘/度，持节册命曰：于戏！惟王/建邦，惟圣垂范。安兆人者，/寔敦亲戚。固鸿业者，必树/藩卫。惟尔使持节虢州诸/军事、虢州刺史虢王凤，趍/庭奉训，孝悌为心。作镇宣/

风,清慎自守。是用备兹典/册,锡以茅赋。俾屏迺辟,传/尔后昆。朕闻曰:友于兄弟,/施于有政。弗学墙面,莅事/惟烦。缅求大训,兹为要道。/往钦哉。尔其执心于忠孝,/践行于俭约,无好逸豫以/犯非礼,无纵嗜欲以迻宵/人。明率旧章,永保尔疆宇/可不慎欤!

《通典》记载贞元二年(786)时的敕文:

> 其选授之法,亦同循前代。凡诸王及职事正三品以上,若文武散官二品以上及都督、都护、上州刺史之在京师者,册授。诸王及职事二品以上,若文武散官一品,并临轩册授;其职事正三品,散官二品以上及都督、都护、上州刺史,并朝堂册。讫,皆拜庙。册用竹简,书用漆。[1]

那对于外命妇是否也是如此呢?虢王李凤墓所出《贞观十四年册封虢王妃刘氏文》刻石证明了外命妇也是这般册授的。同理,虽封临川公主李孟姜之册或制未存留于传统史籍,但按制度,也应该有相关册文或制。而从临川公主墓所出诏授告身刻石来看,则可知册文或制与诏授告身并存。那为何虢王李凤墓随葬册文石而非诏授告身石?其原因便在于授官一般采用制授的形式,而册授则是效法古代传统的册命仪式,具有较强的传统意味,并尊贵于制授官。更为重要的是,这种仪式在唐代也并非经常有之。[2] 换言之,虢王李凤使用册文刻石下葬意在更加凸显其尊贵的地位。更何况,册文本身也记录了册授之官。在已被认定的49道告身中,尚不见册授告身。若依上文推论,颇疑册授告身式的存在。

武承嗣墓亦随葬有石质册文和告身,即《永昌元年(689)授武承嗣纳言告身》(图15-6)以及《天授二年(691)册命武承嗣文昌左相封魏王文》石[3]

---

[1]〔唐〕杜佑撰,王文锦等点校《通典》卷一五,北京:中华书局,1988年,页3591。

[2]〔日〕大庭脩《唐告身の古文书学的研究》,西域文化研究所编《西域文化研究》第三,京都:法藏馆,1960年,页2901。

[3]赵振华《谈武周授封武承嗣的诏书和册书——以新见石刻文书为中心》,《湖南科技学院学报》2013年第2期,页68~741。

（图15-7）。而1966年发现于兴国县殷富岗的《建中二年（781）钟绍京太子太傅告身》[1]石则应是钟氏后人的抄件，[2]从其不避德宗庙讳来看，此事至少发

图15-6　陕西咸阳武承嗣墓《永昌元年授武承嗣纳言告身》拓本

图15-7　陕西咸阳武承嗣墓《天授二年册命武承嗣文昌左相封魏王文》拓本

［1］陈柏泉编著《江西出土墓志选编》，南昌：江西教育出版社，1991年，页1~21；张子明《钟绍京受赠诰文碑》，《南方文物》2001年第4期，页1291。

［2］〔日〕中村裕一《唐代公文书研究》，东京：汲古书院，1996年，页367~3751。

生于唐德宗之后,即应发生在公元 805 年以降,此去钟氏之殁至少已 59 年。该石为钟氏后人所为已成事实,如此即便是祔葬其墓内,亦不可与前述诸墓例等同视之。

大唐西市博物馆所藏焦海智(610~681)墓志文提示该墓原可能随葬有告身抄本。志主永隆元年(680)迁左骁卫安州都督义安府左果毅都尉。次年送兵南邓,遘疾中流而殁。[1] 永淳元年(682)归窆于同州下邽县晋平原之里(今陕西渭南市北)。该墓志文末胪列有 17 道告身之名,这种情况在墓志中尚属首见。其文曰:

> 三品孙告身一　翊卫告身二　副队正告身一　队正告身一　旅帅告身一|校尉告身一道　果毅告身二　典军告身二道　中郎告身一　率告身一道|率加阶告身一　建节告身一　上轻车告身一括苍县开国男告身一道

这很可能表明焦海智墓葬随葬有上述告身,若此则应是纸质告身抄件。但是,事有例外,也不能排除墓主以此简便罗列的方式以替代告身之随葬。[2] 因为通过告身名称的条列,同样能形成体现墓主仕宦历程及曾任官品级的效果。

为了更好地说明问题,我们将上述墓葬及告身的情况归纳为下表(表 15-1)。

表 15-1　目前唐墓所见告身一览

墓葬年代	墓　主	官　职	殁时品级	授告身时间	性　质	材　质	备注
	郭毡醜	护军	比从三品(告身)	乾封二年(667)	诏授告身	纸质	抄本
上元二年(675)	虢王李凤	幽王	正一品	武德八年(625)	册文	石质	抄本

[1]《焦海智墓志》,载胡戟、荣新江主编《大唐西市博物馆藏墓志》(上),北京:北京大学出版社,2012 年,页 246~2481。

[2] 此承荣新江教授教示,谨致谢忱。相关论述详悉荣新江《从焦海智墓志看唐朝告身制度》,待刊。

（续表）

墓葬年代	墓　主	官　职	殁时品级	授告身时间	性质	材质	备注
上元二年 （675）	虢王李凤	虢州刺史	正一品	贞观十二年 （638）	册文	石质	抄本
		宋州刺史		显庆三年 （658）	册文	石质	抄本
		青州刺史		麟德元年 （664）	册文	石质	抄本
	刘氏 （李凤妻）	虢王妃	正一品	贞观十四年 （640）	册文	石质	抄本
永淳元年 （682）	李孟姜	临川公主	视正一品	贞观十五年 （641）	诏授告身	石质	抄本
		临川郡长公主		永徽元年 （650）	诏授告身	石质	抄本
长寿二年 （693）	张怀寂	中散大夫、行茂 州都督府司马		长寿二年 （693）	制授告身	纸质	抄本
圣历 三年[1] （700）	武承嗣	纳言	正一品	永昌元年 （689）	制授告身	石质	抄本
		文昌左相、魏王		天授二年 （691）	册文	石质	抄本
久视元年 （700）	氾德达	上轻车都尉	比正四品	永淳元年 （682）	制授告身	纸质	抄本
				延载元年 （694）	制授告身	纸质	抄本
	□文楚	陪戎校尉	从九品 （告身）	景龙二年 （708）	奏授告身	纸质	抄本
	张君义	骁骑尉	从九品 （告身）	景云二年 （711）	奏授告身	纸质	抄本
	李慈艺	上护军	比正三品 （告身）	开元四年 （716）	制授告身	纸质	原件

————————

[1] 曹建强《唐魏王武承嗣墓志考略》，《中国国家博物馆馆刊》2012 年第 6 期，页 601。

（续表）

墓葬年代	墓　主	官　职	殁时品级	授告身时间	性质	材质	备注
长安 三年[1] （703）	苑嘉宾	武威郡开国公	正二品	长寿三年 （694）	制授告身	石质	抄本
		定远将军	正五品上	圣历元年 （698）	制授告身	石质	抄本
大历年间	张无价	游击将军	从五品 （告身）	天宝十载 （751）	制授告身	纸质	抄本

从上表可知,墓中随葬的告身都是原颁告身抄本。[2] 其原因便在于告身原件存世仍可世袭、福荫子孙。如,《资治通鉴》卷二〇〇载:

〔永徽六年〕冬,十月,己酉(655 年 11 月 16 日),下诏称:"王皇后、萧淑妃谋行鸩毒,废为庶人,母及兄弟,并除名,流岭南。"许敬宗奏:"故特进赠司空王仁佑告身尚存,使逆乱余孽犹得为荫,并请除削。"从之。[3]

此外,告身原件似乎也是财产继承的一部分。[4] 如,唐朝名相狄仁杰的告身一直保存到宋代。《宋史》便记载狄仁杰的后人狄国宾"分仁杰告身与〔狄〕棐,棐奏录国宾一官,而自称仁杰十四世孙"。[5]

根据上述情况,可以断定这些告身抄本意在随葬墓主。同时,从表 15-1 亦可见随葬的告身并不专限于某一类。

唐代官颁的告身,对用纸和装裱有统一规定。我们发现,虽为官文书的一种,但作为随葬品的告身却有着材质的区别。从表 15-1 可知,随葬的告身抄本材质

[1] 赵振华《谈武周苑嘉宾墓志与告身——以新建石刻材料为中心》,杜文玉主编《唐史论丛》第 17 辑,西安:陕西师范大学出版社,2014 年,页 186~2051。
[2] 此方面的研究可参刘后滨《唐代告身的抄写与给付——〈天圣令·杂令〉唐 13 条释读》,载荣新江主编《唐研究》第 14 卷,北京:北京大学出版社,2008 年,页 465~4801。
[3] 《资治通鉴》卷二〇〇,页 62931。
[4] 〔日〕小林隆道《宋代告身的原件和录白》,载中国人民大学历史学院《"徐渭礼文书与宋代政务运行研究学术研讨会"论文集》,北京,2013 年 4 月 20~21 日,页 131。
[5] 《宋史》卷二九九《狄棐传》,页 99261。

有纸质和石质两种。纸质原本为告身的载体,所以随葬的告身抄本使用纸质也在情理之中。而石质随葬品是墓葬等级制度中的一个指标,经常成为朝廷额外恩赐,亦即厚葬的重要元素。这已为北朝隋唐的墓葬建制所印证。[1] 所以得以使用石质告身者,则缘于墓主的特殊身份和政治地位。使用石质告身抄件的李凤及刘氏、李孟姜便分别为李唐宗室的虢王、虢王妃以及临川长公主。他们三人分别以虢王、虢王妃(虢王妃与虢王合祔)、长公主的身份下葬,李凤、李孟姜二墓皆为带斜坡墓道的弧方形单室砖墓,恰与墓主的身份相符。其中,临川长公主李孟姜与驸马周道务更是采取了同茔异穴——即双墓室双墓道合葬的特殊方式。这种现象自跟李孟姜的品级有关,而且很可能跟当时《天元房录葬法》所谓“尊者先葬,卑者不合于后开入”[2]的阴阳术有关。根据李凤、李孟姜墓志文,虢王李凤“葬事所须,并宜官给”,[3]临川长公主亦是“凶事葬事,并令官给”,可知分别见诸二墓的石册文、石告身抄本很可能便是直接由朝廷制作、提供的。

　　告身是唐代的官文书,与包括职事官中的流内官和流外官、散官、卫官、勋官在内的每一位官员,以及爵位、内外命妇、赠官等政治身份密切相关。[4] 唐墓所见告身多为抄件,可见墓主家人为其抄录以为随葬品的用意显明。而册文则原应书于竹简。从上表来看,其普遍存在于各级官员墓葬之中。中原地区因墓葬环境不宜保存,故而难以存留。幸有临川公主李孟姜之石质告身、虢王李凤墓随葬之石质册文以及武承嗣墓随葬之石质告身、册文得以启示。据悉,1988 年 3 月,陕西省考古研究所亦曾于西安市韦曲原南里王村韦氏“荣先陵”区发掘出被捣毁的石质告身。

―――――――――

[1] 齐东方《略论西安地区发现的唐代双室砖墓》,《考古》1990 年第 9 期,页 858～862、7891;沈睿文《夷俗并从——安伽墓和北朝烧物葬》,《中国历史文物》2006 年第 4 期,页 121;王静《唐墓石室规制及相关丧葬制度研究——复原唐〈丧葬令〉第 25 条令文释证》,载荣新江主编《唐研究》第 14 卷,页 439～4641。

[2] 《旧唐书》卷一九一《严善思传》,页 51021;亦见于《唐会要》卷二〇“陵议”条,〔宋〕王溥撰,牛继清校证《唐会要校证》,西安:三秦出版社,2012 年,页 3371。

[3] 《大唐故使持节青州诸军事青州刺史上柱国赠司徒扬州大都督虢庄王(李凤)墓志铭并序》,《全唐文补遗》第 1 辑,西安:三秦出版社,1994 年,页 541 上栏。

[4] 刘后滨《唐代告身的抄写与给付——〈天圣令·杂令〉唐 13 条释读》,载荣新江主编《唐研究》第 14 卷,页 4651。

因此,应可推断随葬告身抄本为唐代丧葬制度的一项内容。告身内容昭示墓主人曾经或是殁时的品级,只有政府官员的墓葬中方能有之。这自然也就跟墓葬等级联系起来了。

既然跟墓主的仕宦紧密关联,便不得不提及墓葬中的墓志。墓志是放在墓葬里刻有墓主一生重要事件的石刻,其内容是对死者一生事迹的评述,一般由"志"和"铭"两部分组成。其中"志"多用散文撰写,叙述死者的姓名、籍贯、生平事略;"铭"则用韵文概括全篇,赞扬死者功业成就,以示悼念和安慰。对于有仕宦经历的墓主而言,自然会将其仕宦经历写进志文以示荣耀。而作为授官之符的告身则是该部分的凭证。这一点从上举告身所授官职与墓志文的呼应可证,其中最为典型的事例便是虢王李凤的墓志文,该墓志文中又径将《武德八年册命幽王文》叙述一遍。[1] 苑嘉宾殁后不仅将两件体现本人最高品爵的制书刻石袝葬,而且同样在墓志里援引了授其为幽州昌平府折冲都尉的制书片段。[2] 可见,对于官员而言,告身抄件是与墓志所载仕宦经历相辅相成的。当然,册文抄件也不例外,一如上述。

要之,我们认为在唐代丧葬制度中,应该存在一个随葬告身抄本的制度。但是告身作为墓主等级身份之随葬品,也应有其规格,一如其他随葬品。具体言之,根据墓主人身份不同,可以不同的材质为告身抄本的载体。这就是王、公主、长公主可使用石质告身(甚而石质册文),抑或视墓主功绩品级稍可下降;[3] 余者则使用纸质抄本。如果再考虑墓志与告身相佐的情况,并进而扩充至整个社会阶层,则依目前所见情况应可建立起如下等级系列。即,太子陵寝使用哀册、墓志;王、公主(长公主)使用告身(甚或石告身,乃至石册文)抄本、墓志,间或视墓主功绩而品级

---

[1]《大唐故使持节青州诸军事青州刺史上柱国赠司徒扬州大都督虢庄王(李凤)墓志铭并序》,《全唐文补遗》第1辑,页521下栏。

[2] 赵振华《谈武周苑嘉宾墓志与告身——以新建石刻材料为中心》,杜文玉主编《唐史论丛》第17辑,页186~2051。

[3] 从现有唐墓表示等级的情况来看,即便使用石质告身的墓主品级稍降,恐亦不得低于正三品。详沈睿文《阿史那忠墓辨正》,载朱玉麒主编《西域文史》第8辑,北京:科学出版社,2013年,页163~1771。

稍可下降;其他官员使用告身纸抄本、墓志;而庶民则仅使用墓志,甚而连墓志也不用。不过,开元二十五年令颁布之后,石质册文、告身的祔葬恐亦和石椁一同受到禁限。[1]

现在看来,唐代丧葬中随葬告身抄本的制度在宋代也得到延续。2005 年,武义南宋徐谓礼墓便出土有徐谓礼"告身""敕黄""印纸"录白文书凡 17 卷。[2] 这无疑提醒我们,在今后的考古发掘以及学术研究中需要更加审慎地检点唐宋墓葬中的遗迹现象。

(本文为王静与作者合撰,原载《北京大学学报[哲社版]》2013 年第 4 期,页 35~38。此次重刊略有修订。)

[1] 可参王静《唐墓石室规制及相关丧葬制度研究——复原唐〈丧葬令〉第 25 条令文释证》,载荣新江主编《唐研究》第 14 卷,页 439~4641。
[2] 包伟民、郑嘉励《武义南宋徐谓礼文书》,北京:中华书局,2012 年。

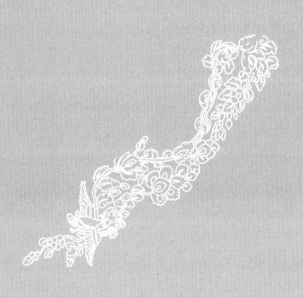

16

《大唐故临川长公主周驸马碑》历代著录考

　　"大唐故临川长公主周驸马碑"（下文简称"周道务碑"）早年残断，卧埋于唐昭陵陪葬墓临川公主墓茔园内。宋代金石著作对该碑鲜有著录；直到清末，才重新出土，始有拓本传世，但当时对原碑石的具体状况仍不清楚。1975 年，该碑移入昭陵博物馆，因磨灭过甚，被埋在馆内，[1] 随着时间渐去，具体位置已不清。2009 年，因为整理临川公主墓葬资料，便多方寻找，终于在昭陵博物馆东侧展厅建筑之东的地下，重新挖掘出来。碑座已佚（图 16-1）。为了准确刊布《周道务碑》的现状，本文将梳理它的历代著录情况，在此基础上进一步考察各拓本的流传、比较各拓本的异同，并尝试推算该碑原来的尺寸，讨论该碑归属等问题。

　　北宋田槩《京兆金石录》[2] 曾著录《唐驸马都尉营州都督周道务碑》（上元二年立）和《唐驸马都尉周道务加上柱国告》（上元二年立），南宋陈思《宝刻类编》卷九引用了田氏的记载。[3] 有趣的是，田氏所载之驸马碑均与《唐会要》昭陵陪葬名氏中的公主驸马一一对应，统一额题为"唐驸马都尉某某碑"，格式如此齐整，不禁令人怀疑，这是田氏实地考察的结果，抑或掺杂了个人的部分臆测。《周道务碑》是田氏唯一记有树立年份的驸马碑，其中"上元二年"从何而来，不得而知。对于田

---

[1] 张沛《昭陵碑石》，西安：三秦出版社，1993 年，页 247。

[2] 该书已佚失，原书共六卷，"《京兆金石录》六卷。北平田槩纂。元丰五年王钦臣为序，自为后序。皆记京兆府县古碑所在，览之使人慨然"。详〔宋〕陈振孙撰《直斋书录解题》卷八《目录类》，上海：上海古籍出版社，1987 年，页 231。

[3] "《宝刻丛编》二十卷。临安书肆陈思者，以诸家集古书录，用《九域志》京、府、州、县系其名物，而昔人辨证审定之语，具著其下，其不详所在，附末卷。"详〔宋〕陈振孙撰《直斋书录解题》卷八《目录类》，页 237；〔宋〕陈思编《宝刻类编》卷九，《石刻史料新编》第 1 辑，第 24 册，台北：新文丰出版股份有限公司，1982 年，第二版，页 18248 下栏。

1

2

3

图 16－1　周道务碑

1. 俯视图　2. 侧视图　3. 底视图

氏提到的另一件石刻"周道务加上柱国告"[1]（即告身）的存在，我们也有疑问，可能它是从周道务墓里盗出的，因为经过钻探，发现该墓墓道上有一个盗洞，这只能留待今后的考古发掘来证明。

自陈思《宝刻类编》之后，《周道务碑》遂淡出金石学家的视线，诸家再未著录，恐埋于地下。直至清末，中国传统金石学的发展达到了又一个高度，形成了亲自访碑、拓碑的风气，学者们跳出了拓本、图录的局限，大量地接触碑刻实物，对古器物的鉴定水平大大提高。[2]　与此同时，外国探险家和学者纷纷来到中国，他们的"寻宝"活动遍布各个地区，由此开启了新一轮的古物收藏浪潮，尤以敦煌吐鲁番文书的发现引人注目，并为国外"东方学"研究注入了新的活力。《周道务碑》就是在这样的大学术背景下，被重新挖掘出来的。

据笔者目前所调查到的资料得知，晚清以来较早获得《周道务碑》拓本的人分别为清人毛鸿宾、日本学者桑原骘藏和法国学者沙畹。

1943 年，柯昌泗《语石异同评》为《语石》作补正，其中"昭陵为唐碑渊薮"条有云：

> 昭陵后出五碑，为宇文士及、程知节、越国太妃燕氏、房仁裕、周道务。房仁裕先见陆氏《金石补正》。罗师《昭陵碑录》，始悉为著录。《石交录》又详记之，云：访得拓本，仅有四碑，而无宇文士及，《碑录》所据，乃日本大谷光瑞伯爵访古关中所拓一纸，后遂举以见赠。予亦只有四碑拓本。陕人但能言此四碑为光绪末出土，传拓一次，旋闻已逸，亦不知有宇文士及碑也。此四碑拓本，予从济南毛定直公鸿宾家所得者，杂诸昭陵全拓中。毛公宦陕，在同治间，知其时四碑已出。[3]

---

[1] 案，目前考古尚未见驸马告身。详王静、沈睿文《唐墓埋葬告身的等级问题》，《北京大学学报（哲社版）》2013 年第 4 期，页 35～38。

[2] 赵超《中国古代石刻概论》，北京：文物出版社，1997 年，页 126；刘心明《中国古代石刻文献研究概论》，山东大学博士学位论文，2003 年。

[3] 叶昌炽撰，柯昌泗评《语石·语石异同评》，北京：中华书局，1994 年，页 36。该书书评，详赵超《中国石刻学的奠基之作——介绍〈语石〉和〈语石异同评〉》，《书品》1996 年第 2 期，页 17～25。

据柯氏所言,可知晚清以来包括周道务碑在内新发现的五通碑铭的传拓、收藏以及著录梗概。除宇文士及碑情况不明外,其余四通先后于同治年间和光绪末被发现和捶拓,毛鸿宾和罗振玉等藏有这四通碑刻的拓本,及后罗氏以此编成《昭陵碑录补》一书,而毛氏所藏昭陵拓本则归柯昌泗,此即毛氏本、柯氏本。

毛鸿宾(? ~1868),为历城(今山东济南市)人。字寅庵,又字翊云、寄云,号菊隐。道光十八年(1838)进士,历任翰林院庶吉士、编修。道光二十七年,任江南道监察御史。太平天国起义时,奏请重宪典,明威刑。咸丰三年(1853),奉旨回乡办理团练。十年,任安徽按察使。同年十月,任江苏布政使。十一年,升署湖南巡抚。同治元年(1862)一月,石达开率军入川,道经湖南时,毛鸿宾出兵于黔阳一带阻击。次年,升两广总督,奏请粤闽浙会剿三省交界处之天平军余部。四年,因过革职回原籍。七年,病故。[1] 毛鸿宾在陕西任职,史载阙如,不知柯氏言及的“宦陕”一事从何而来。不过,在同治七年前,周道务碑曾被捶拓却是不争的事实。遗憾的是,柯昌泗收藏的昭陵拓本(毛氏本、柯氏本)目前去向已不明了。

继毛鸿宾之后,日本学者桑原骘藏亦得到《周道务碑》拓本(桑原氏本)。在京都大学人文科学研究所所藏的中国古代石刻资料中,我们发现桑原骘藏旧藏的昭陵碑刻拓本,包括《周道务碑》在内的清末出土的四通碑刻。《周道务碑》,桑原氏编号为“桑1‐28”,是现存残碑正面的全拓。这批桑原氏昭陵拓本何时入藏该所已不清楚,据有关文件所示,其最后的登录日期为1961年9月4日。[2] 20世纪初,桑原氏由当时的日本文部省选派到中国留学,时间为1907年4月至1909年4月。在这两年里,他有过四次比较大的考察旅行,分别是:洛阳长安之旅、山东河南之旅、内蒙古东部之旅和江南之旅,1907年10月2~3日,他参观了乾陵和昭

---

[1] 赵尔巽等撰《清史稿》卷四二四《毛鸿宾传》,北京:中华书局,1976年,页12217~12218;邹卫平主编《济南历史人物史传辑略》,济南:黄河出版社,2003年,页349。

[2] 井波陵一《京都大学人文科学研究所所藏石刻资料について》,《中国石刻文献研究国际ワークショップ报告书》,京都大学人文科学研究所,2007年,页53~69。

陵。[1] 桑原氏何时获得这批昭陵碑刻拓本？虽然他的考察日记《考史游记》没有提及，但我们估计是在此次留学期间。

及后，宣统元年(1909)秋天，伯希和携带部分敦煌古卷来到北京。不久罗振玉从董康处听到这一消息，为了一睹伯希和手上的"秘宝"，罗氏请求约见。八月十五日，二人首次见面，从那天起，罗氏等人奔波十余天对文书进行了抄写和拍照。[2]伯希和知道罗振玉前不久撰写了《昭陵碑录》，遂告诉他，近十余年(约1895~1909)昭陵新发现了数通碑铭，即：程知节碑、越国太妃燕氏碑、房仁裕碑和周道务碑。罗振玉写道：

> 岁戊中(1908)，〔罗振玉〕既写定昭陵诸碑为《昭陵碑录》。明年(1909)秋，晤法人伯希和学士，为言近十余年间，昭陵新出土数碑，且言其行箧中有拓本，惜束装待发，不及见示。(《昭陵碑录补》序目)[3]

> 宣统初元，〔罗振玉〕见法国友人伯希和教授，始知昭陵续出四碑，曰程知节，曰越国太妃燕氏，曰房仁裕，曰周道务。(《石交录》卷四)[4]

但由于伯希和已将这四碑拓本整理到行李中，罗氏没有来得及迻录碑文。

罗振玉曾言：

> 予闻而极询诸同好及碑贾，无知者。又函关中友人求之，亦不可得也。嗣邂逅蓝田阎君甘园^{增爱}，允为访求，久无以报，乃转而假诸海外。今年(1910)秋，伯希和氏乃将沙万(即沙畹)博士藏本邮寄见示，计程知节等凡四碑，日本京

［1］桑原骘藏《考史游记》，东京：弘文堂书房，1942年，页67~79；桑原骘藏撰，张明杰译《考史游记》，北京：中华书局，2007年，页67~77。

［2］孟宪实《伯希和、罗振玉与敦煌学之初始》，《敦煌吐鲁番研究》第7卷，北京：中华书局，2004年，页1~12。

［3］《石刻史料新编》第2辑，第15册，页10767下栏。

［4］罗振玉《罗雪堂先生全集》续编，第3册，台北：文华出版公司，1969年，页1039。

都大学教授内藤虎博士又赠以宇文士及碑复印件。更出于沙万博士四种以外，于是昭陵新出诸碑，得寓予目者凡五石。仲秋以来，病痔累旬，颇废人事，而阎君亦寄程知节等四碑至，为之顿忘疾苦，参校诸本，忍痛著录，以补曩录之缺。既成，爰记致之之难，并志东西诸博士及阎君将伯之助，为可感也。(《昭陵碑录补》序目)[1]

苦不得墨本，假之教授，据以补录，书成后，始从关中友人得墨本。嗣又从亡友内藤教授虎许见大谷伯爵光瑞访古我关中所拓宇文士及碑，又出前四种之外，乃又加入录补中。(《石交录》卷四)[2]

得知这一消息后，他马上求诸国内友人和金石商贾，然而并无所获，又拜托陕西著名收藏家阎甘园[3]继续查寻。最后实在难觅墨拓，因此罗氏向伯希和借来沙畹[4]所藏周道务等四碑拓本的照片(沙畹本)，据之续补《昭陵碑录》。书将成时，阎氏终寄来此四碑的拓本，罗氏以此为参照，对之前的录文重校了一遍，加上内藤湖南所赠之宇文士及碑墨本，合共五碑。后于宣统二年(1910)九月写定《昭陵碑录补》一书。需要补充的一点是，我们猜测阎甘园应该找到了周道务碑原石，至少捶拓了两份，一份入藏其书室晚照楼(阎氏本一)，一份邮寄给了罗氏(阎氏本二)。

罗氏在《昭陵碑录补》中对当时周道务碑的状况作了以下描述：

碑但存上截前半，又泐三之一，仅后二十行可录。碑额题"大唐故临川长公主周驸马碑"，三行行四字，并正书。在昭陵。[5]

[1]《石刻史料新编》第2辑，第15册，页10767下栏。

[2]《罗雪堂先生全集》续编，第3册，页1039。

[3]张广效《近代史上的收藏奇才阎甘园(上)》，《收藏》1999年第10期，页15~17；同作者《近代史上的收藏奇才阎甘园(下)》，《收藏》1999年第11期，页17~19。

[4]关于沙畹的汉学研究，详戴仁撰，周长青、施安昌译《沙畹和法国的中国碑铭学》，《法国汉学》第6辑，北京：中华书局，2002年，页587~601；张广达《沙畹——"第一位全才的汉学家"》，所撰《张广达文集·史家 史学与现代学术》，桂林：广西师范大学出版社，2008年，页134~175。

[5]《石刻史料新编》第2辑，第15册，页10773下栏。

就他的介绍所言,周道务碑只剩下碑额,以及碑额往下至碑身右上角的一小部分,但是实际情况并不如此。对此,我们可以推定沙畹本、阎氏本一和阎氏本二(即罗氏藏本)的拓本均不完整,引文说的"泐三之一",其实没有残缺,只是漫漶过甚,不能辨认出文字而已,这三个拓本只拓了残存文字的部分。

承上所述,清末以来桑原骘藏、沙畹、阎甘园和罗振玉诸金石收藏家都藏有周道务碑的拓本。此外,还有一份柳风堂旧藏的、传拓时间不明的拓本(柳风堂本)。

柳风堂本现藏北京大学图书馆,北大编号为08858,现折叠装在26.5×40厘米大小的牛皮纸口袋里。纸袋正面有几行简单的文字介绍,右上角书"唐",正中"临川长公主周驸马碑""年月泐""额有大唐字""次唐末""缪目无""罗叔蕴昭陵碑录补新出五种之一名周道务碑"。左下角分别盖上"柳风堂石墨"红印、"柳风堂金石旧藏"蓝印。笔者此前向北京大学图书馆拓本部的老师询问有关柳风堂藏拓的一些情况,获知:目前放置拓本的纸袋为入藏北大前柳风堂所用,其上之文字简介也是柳风堂所书,"柳风堂石墨"红印为原印,"柳风堂金石旧藏"蓝印是北大新盖的。又,凡是碑铭为唐代而具体年份不明的拓本,均写上"次唐末",而缪荃孙《艺风堂金石文字目》没有记录的,时书"缪目无"或"缪孙目均无"。[1]

柳风堂是张之洞第十三子张仁蠡(1900~1951)的室号,他早年曾在教育部工作,抗战时期先后担任武汉、天津伪市长。业余时,他爱好收集金石碑帖,故在其任职期间,许多名家藏拓(如陈介祺、张钫千唐志斋、于右任鸳鸯七志斋、林幼梅、海丰吴式芬等)都归到他的名下。到40年代初,柳风堂的藏拓实际上已超过艺风堂,其版本比艺风堂好。抗战结束后(1946),其家产被没收,拓本由中央信托局移交给北京大学文科研究所。1952年11月,这些拓本全部交给北京大学图书馆。[2]

---

[1]《越国太妃燕氏碑》的纸袋写有"缪孙目均无",柳风堂藏拓,北京大学图书馆藏编号07972。

[2]张玉范《北京大学图书馆藏古代书法作品概述》,《书法丛刊》1998第1期,页13~25;胡海帆《金石拓本特藏调查报告》,收入庄守经主编《纪念建馆九十周年北京大学图书馆馆藏文献调查评估报告集》,北京大学图书馆,1992年,页433~442。

综上所述，从目前刊布的资料来看，《周道务碑》至少有 6 份拓本（表 16-1）。

表 16-1 《周道务碑》拓本版本

拓　　本	目前收藏地点
毛氏本（柯氏本）	不明
桑原氏本	日本京都大学人文科学研究所
沙畹本	法国[1]
阎氏本一	应在西安
阎氏本二（罗氏本）	不明
柳风堂本	北京大学图书馆

叶昌炽在其所撰的《语石》中曾言"近时拓工惜纸，其磨泐处皆不拓。岁久尘埋，下半截深入土中，亦未尝举而出之。故精本整本，极为希觏"。[2]《周道务碑》拓本也有整与残之分，就捶拓面积而言，我们大致可以分出两个系列：[3]

① 桑原氏本，为整本，不仅存字部分，石花密布的部分也予以全拓；

② 沙畹本、阎氏本一、阎氏本二和柳风堂本，为残本，只墨拓了存字的部分。

其中，我们发现桑原氏本和柳风堂本无论在碑文的残存和磨灭状况，还是就石花剥蚀程度而言，都比较一致，估计二者的成拓时间比较相近，而且我们从这两本释读出来的碑文较其他三本为多。沙畹本、阎氏本一和阎氏本二的优劣，我们是通过罗振玉的校录推知的，他以沙畹本为底本，参校阎氏本二，所录之字数比桑原氏本和柳风堂本略少，且有数字误录，如：第 28 行"干"应作"轩"，第 29 行"恨"疑作"怀"，第 33 行"激"应作"敫"等。以罗氏金石学的造诣，他应该不会犯这些笔误，一个可能：他持有的墨拓不佳；另一个可能：他完成沙畹本的录文后，或因痔病由他的女婿刘大绅代为以阎氏本二进行重校，显然刘氏的校碑能力略欠火候。刘大绅（1887~1954），字季英（一作季缨）。他是刘鹗第四子。戊戌以前，罗振玉在刘家

---

[1] 沙畹收藏品分别藏在亚洲协会、吉美博物馆、法兰西国立图书馆和赛赫奴施博物馆，伯希和的拓本藏在国立图书馆和远东学院，详戴仁　同上揭文，页 595。

[2] 〔清〕叶昌炽撰，王其祎点校《语石》卷一，沈阳：辽宁教育出版社，1998 年，页 11。

[3] 注：毛氏本具体情况不明。

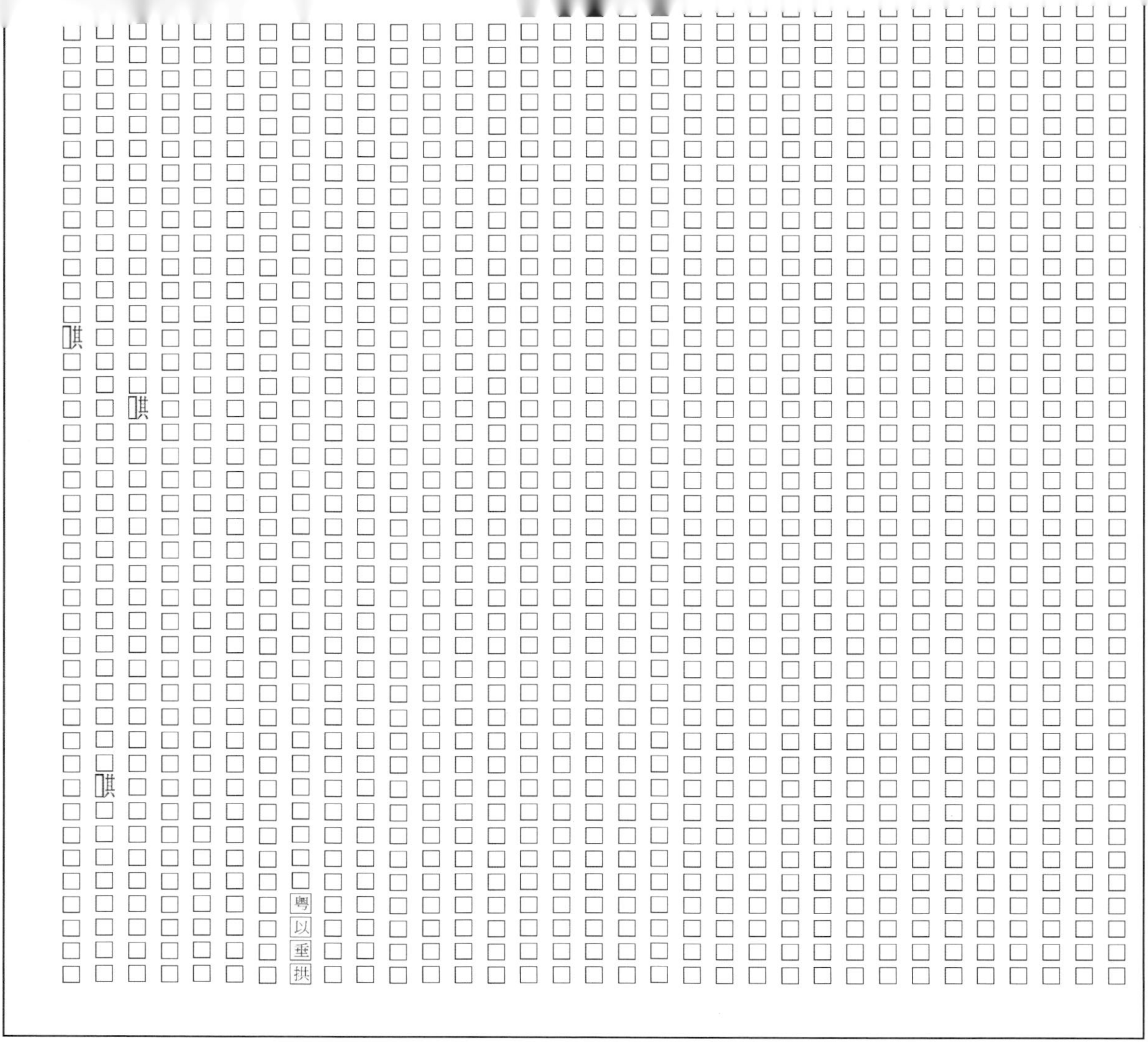

图 16-2 大唐故临川长公主周附马碑复原示意图

任塾师时,喜其聪慧,自择他做了长女的夫婿,并一直把他带在身边。所以,罗、王相偕在我国上海、苏州、北京,以至辛亥东渡日本,他均追随左右。[1] 多年以来,刘大绅一直协助罗振玉迻录金石文字,"宣统纪年,〔罗氏〕始手录碑文百余篇,并命胥移写志墓之文,亲为校雠"。[2]

合校《周道务碑》的桑原氏本、柳风堂本及罗振玉的录文,并且根据残碑身存22行(碑额下10行,碑额右侧存12行),每行约宽2.7厘米,基于行数对称的考虑,碑额左侧未拓部分的行数为12行,故该碑共34行,加上左右两边的留白,碑身宽98厘米。又,按韵语铭文四言十六句的原则,加上残存"其五""其十"等词,我们可以初步推算出满行约85字,每字格高2.6厘米,[3]加上上下留白,合算碑身高约230厘米,厚30厘米。第15~34行残存187字,补41字,复原图如图(图16-2)所示。碑首高92厘米,宽106.4厘米。

初唐时期,公主与驸马死后采用的合葬仪轨——同穴合葬或异穴同坟并葬、异穴异坟同茔、异茔而葬;不仅受夫妻双方政治等级之限制,而且也跟在当时政治态势下他们与皇权之亲疏远近有关。[4] 当时《天元房录葬法》规定"尊者先葬,卑者不合于后开入"。事见《旧唐书·严善思传》,[5]即所谓"以卑动尊,事既不经,恐非安稳"。故临川公主与驸马周道务并未同穴合葬,而是采用双墓室双墓道的形式异穴同坟并葬于同一墓茔内。周道务墓室与墓道位于临川公主之东,且规模要小许多。在该墓区不见临川公主神道碑的迹象,也不见相关文献记录。如所周知,在唐陵陪葬区内发现了一些陪葬公主神道碑,且直书该碑归属。如,昭陵陵区内的长乐公主墓前竖"大唐故长乐公主之碑",兰陵公主墓前竖"大唐故兰陵长公主碑",清河公主墓前竖"大唐故清河长公主碑",[6]以及桥陵之"凉国长公主神道碑""代

---

[1] 陈鸿祥《王国维与近代东西学人》,天津:天津古籍出版社,1990年,页353。

[2] 《丙寅稿·蒿里遗文目录序》,《罗雪堂先生全集》续编,第1册,页153。

[3] 如拓本所示,碑上残存打网格线的痕迹,每字格高2.6厘米,宽2.7厘米。

[4] 案,关于唐代夫妻合葬葬仪的研究,详沈睿文《阿史那忠墓辨正》,载朱玉麒主编《西域文史》第8辑,北京:科学出版社,2013年,页165~178。

[5] 参见本书页18。

[6] 张沛　同上揭书,页8、40、45。

国长公主碑""郇国长公主神道碑"等。《周道务碑》是目前唐昭陵乃至唐陵陵区发现的第一通碑额同时书写公主和驸马名号的碑铭。那么,它是临川公主与周道务两人共享的,抑或是仅归周道务墓所有?[1]

根据唐碑书写格式,可从周道务碑现存碑文内容找到一点线索。周道务碑内容可分为三部分,其中第一部分详细叙述周道务的籍贯、家世和生平事迹。第二部分简单交代其妻临川公主的一生事略,及二人薨与葬的时间地点。第三部分为歌功颂德和悼念的铭文,主要篇幅集中于周道务身上。如果认为该碑是两墓共享的话,按照尊者为先的礼仪原则,碑文内容先书临川公主,接着才是周道务;反之,则为一墓之碑。显然,周道务碑应竖立于周道务神道前,如此临川公主墓似乎也该有一通神道碑,名曰"大唐故临川长公主碑"。

不过,在唐睿宗桥陵陪葬墓区也有夫妇合葬墓,即李思训与魏国夫人窦氏合葬墓。李思训卒于开元六年八月,尽管他亦贵为李唐宗室,但此刻只是葬于某茔,并未得以直接陪葬桥陵。待其妻魏国夫人窦氏卒后,始与窦氏合祔陪葬桥陵,时在开元八年六月廿八日。即李思训与魏国夫人窦氏合葬墓当以窦氏为主。[3] 该墓仅见一通李思训神道碑,且其碑额题做"唐故云麾将军右武卫大将军赠秦州都督彭国公谥曰昭公李府君神道碑(并序)",并没有如同周道务碑一样直接题写"大唐故临川长公主周驸马碑"。由此视之,似乎亦难断定临川公主神道碑的存在。换言之,唐临川公主墓墓前很可能仅树立"周道务碑",一如桥陵陪葬墓李思训与魏国夫人窦氏合葬墓。

---

[1] 在献陵,近年来发掘了一座公主与驸马的合葬墓,[3]墓主是高祖之女淮南公主,她薨于载初元年(689)一月十八日,天授二年(691)正月十二日陪葬献陵;及后,驸马封言道薨于圣历二年(699)六月二十九日,同年十月二十八日祔葬于公主茔区内,"祔于献陵之北,富平县之东原,淮南大长公主之旧茔,礼也"。二人之墓志出土于同一墓内,故该墓同穴合葬墓。在该墓周围没有发现神道碑,难以据此对周道务碑的具体归属作出判断。

[2] 岳连建《富平县唐淮南大长公主与驸马封言道合葬墓》,中国考古学会编《中国考古学年鉴(2004)》,北京:文物出版社,2005年,页383~384;岳连建、柯卓英《唐淮南大长公主驸马封言道墓志考释》,《考古与文物》2004年第4期,页66~72;岳连建、柯卓英《唐淮南大长公主墓志所反映的唐代历史问题》,《华夏考古》2008年第2期,页130~136。

[3] 沈睿文《唐陵的布局:空间与秩序》,北京:文物出版社,2021年,页351~352。

　　总之,唐临川公主墓是否树立"大唐故临川长公主碑",还有待临川公主墓全面的田野工作,也有待更多相关墓葬资料的佐证。

　　(本文为作者与郭桂豪合撰,原载叶炜主编《唐研究》第23卷,北京:北京大学出版社,2019年,页561~572。本文在写作过程中,承昭陵博物馆李浪涛研究员提供照片,香港岭南大学徐刚教授和京都大学人文科学研究所所长田知之先生帮助核对京都大学人文科学研究所所藏拓本,谨致谢忱。)

书评与综述

《唐代皇帝陵の研究》

《唐睿宗桥陵》

《敦煌考古漫记》

《中国唐代镇墓石の研究：死者の再生と昆仑山への升仙》

《磁县湾漳北朝壁画墓》

《青铜器与宋代文化史》

拓跋—北魏考古概观

北朝隋唐圆形墓研究述评

17

《唐代皇帝陵の研究》

来村多加史著，

东京：东京学生社，2001 年，

482+5 页，

12 000 日圆

　　随着社会及思潮的变化,学术研究亦多随之倾斜。也许正因为唐代帝陵蕴含的丰富信息,从而成为历代学者共同关注的焦点之一。来村多加史的《唐代皇帝陵の研究》便是近年来对唐陵研究的又一新成果。

　　文章由上篇《唐陵研究》和下篇《〈大唐元陵仪注〉和唐代送终仪礼》组成,每篇又分成若干章节。其中上篇又分成"第一章唐代陵墓制度的形成与发展""第二章唐陵的构造和景观"等两章。在第一章中,作者以时间为序,各个陵墓为纲,逐一介绍,依次将唐代陵墓制度分成初唐时期的摸索、武后时期的发展、唐王朝复兴与陵墓兴废以及玄宗时期陵墓制度的确立等四个阶段。在本章的后半部分,作者又着重叙述了祖陵和太子陵以及陵寝与后妃。作者注意把每个主角的生平置于当时的社会背景之中,并注意结合礼制用溯源的方式阐释唐陵制度某一方面的形成,特别是一再强调汉代制度的影响。这种表达让我们真切地感受到个人生活跟政治生涯是如何地密不可分,尤使人觉得陵墓制度与政治、社会变革的共振。的确,当个人的生命与社会、政治融为一体时,作为个体,他／她在历史面前是无能为力的。发生在他／她的身上的一切都是他／她不能自己的,即便是位极人尊也无法、无力挣脱出来。在第二章,作者首先叙述唐代陵区的地理环境;其次将帝陵园邑分解成陵体、玄宫、陵园、神门·门阙·角阙、神道石刻、蕃酋君长立像、乳台·鹊台和柏城、寝殿·下宫、观·祠堂、陪葬墓区等 10 个方面进行总体介绍;再次按照乾县、醴泉、云阳、三原、富平、蒲城等 6 个地区逐一介绍关中唐十八陵;最后是对《唐会要》"陪葬名位"的补注。

　　下篇可能是同类作品中比较有特色的地方。作者分"第一章《大唐元陵仪注》成立的时局"和"第二章唐代皇帝送终仪礼"等两章进行介绍。从各章的子目大体可以知道其内容,兹罗列于后。第一章,第一节《通典》散见《大唐元陵仪注》的复原;第二节关于唐朝丧礼的考察;第三节围绕代宗遗诏的诸臣丧礼问题;第四节常衮、崔佑甫关于服丧的争论与结果;第五节围绕代宗谥册与哀册的问题。第二章,第一节从复到小敛诸礼仪;第二节从小敛到殡诸仪礼和卜兆;第三节从启攒到埋葬诸仪礼;第四节谒陵仪礼的成立与唐代的谒陵;第五节关于谒陵与寝宫的所见。

　　总之,文章在搜集资料方面着力大矣,有似百科全书。同时,作者也给我们做了很好的总结,并始终坚持在制度的层面上讨论问题。可是,文章缺乏一种总体驾驭文献、考古材料的综合研究,无法给读者以宏观的整体感。因此,在这里有必要讨论一下写作体例以及所谓陵墓制度的内容。

　　制度谱系学的写作如果缺乏一种一以贯之的内核,那很可能就是流于数据的罗列。上篇关于陵墓制度的阶段性划分应该是各方面综合的结果,而不仅只限于文献的梳理。我们知道有关唐代帝陵的考古数据相对比较多,在探讨其制度时应该成为一个重要的参考元素,特别是陵园制度更应重点考虑。可是,我们没能在文章中看到一种有机的组合和阐释,文献、考古材料被分开处理、进行铺陈的,二者被人为地、不合适地分割开了。这种处理方式使文章的论点和论据不能很好地君臣佐使。此其一。其二,这种写作体例的直接后果便是,第一章各节的内容似乎跟题目不大相称,即名实不符,尽管上篇的叙述是依照唐代陵墓制度发展的阶段展开的——暂且不讨论其阶段划分的合理性。因为,如前所言,作为一个制度,它包含的内容应该不仅仅是这些。

　　人的一生都是依照某种社会仪式、秩序、程序在流动着。已经制度化、世俗化的一整套机制在督促、引导他们/她们一步一步地完成各种各样必须完成的仪式、程序,通过这种仪式、程序的流程来表明、确认他们/她们的地位、权力。这似乎已经完全成为一种人生追求的共识了。可是,生命体的死亡并不等于其一生的终结,恰恰其死后的延续才是重要的,因为这个延续是仍然活着的人为了自己而要求他们/她们必须去做的。只有当他/她从人们的记忆中死亡时,才宣告其一生的真正结束。因此,帝陵制度应该包括丧礼和葬礼、祭礼、谒陵、守陵、堪舆、习俗等内容,其知识背景是古代中国的宗法等级制度和宇宙观。此下的几个方面可对文章进行补充。

首先,选择陵址于都城西北,陵墓与都城(城市)相对位置的确定是陵墓制度的一个重要组成。根据文献所提供的证据表明,古人把墓地安排在城市的西北方位,大概是源于自然界日月升落的启示。这个观念在后世仍得以延续,唐代堪舆家依然持该观点,吕才《阴阳书》葬篇:“今法皆据五姓为之,古之葬者并在国都之北。”如此安排葬地当跟古人建构、维护的天人秩序有莫大的关系。同样地,各陵墓相对位置的摆放也是陵墓制度的一个重要元素。[1]

其次,作为唐陵制度外在框架的布局,也是一个十分重要的议题。帝陵布局内容大体包括陵地(址)选择、陵园(邑)设计、陪葬墓地安排等方面。若由布局的层面切入,穷原竟委,查其流变,将更能厘清渊源,并发显、映照出唐陵的风貌及其深层涵意。借此更可推究唐陵的性质特征,确立其制度渊源。[2]

再次,作为同一语境下的产物,各种类型的帝陵是一个有机整体,在规划建筑时被置于同一系统里面综合考虑。换言之,唐陵园邑制度的演化有其自身内在逻辑序列,这需要综合考虑所谓帝陵、祖陵、太子陵以及后妃陵墓的园邑布局。只有这样,才有可能整理出一个合乎逻辑的序列出来。当然,任何研究结论都只是、也只能建立在严密的逻辑推理结构之上,它也只是给我们提供一种合理的可能性——即一种说法而已,至于真相究竟为何,谁也无甚把握遽下断语,[3]尽管真相原本就在那儿。

---

[1] 拙文《西汉帝陵陵地秩序》,《文博》2001 年第 3 期,页 19~22。
[2] 《唐研究》第 5 卷,页 421~452;《文博》2000 年第 5 期,页 63~70;《唐研究》第 6 卷,页 353~381。
[3] 《唐研究》第 6 卷,页 353~381。

最后,仪式不仅与制度有关,且本身就是制度。一个情景,并不能孤立地理解。只有将特定的一套仪式置于所要研究的整体文化结构中才有可能准确理解。它必须同社会秩序以及总体文化联系起来才可能获得恰当的解释。时常言及的帝陵制度以及墓(丧)葬制度,实际上都是在谈论汉民族的相关内容。也就是说,大汉族主义已经习以为常地取代了多民族主义,甚至后者的存在已被忽视。经历了多年的洗礼,这已成为一种集体无意识,乃至下意识。汉文化帝陵制度的定型与确立当在武则天之乾陵,是"斟酌汉魏,以为规矩",[1]并汲取异种文化的因素而铸就的。这应该也是唐代帝陵制度成熟的时期。[2] 实际上,该制度的主要方面,如昭穆制度更是肇始于《周礼》。《周礼》约成书于战国中期,其时便构建了万世楷模的理想模式。

此外,文章的"唐十八陵景观和外观"(页 219~222),只是地理形势(地貌)的叙述,如果在这一部分作者能分析堪舆术与唐陵建筑的互动,那不仅能为我们提供唐代陵墓建筑学的背景知识,而且对我们深入理解帝陵制度将不无裨益。

还有,散见于《通典》中有关《大唐元陵仪注》的记载,除了文章下篇收集的外,尚有《通典》卷五二"丧废祭议"条[3]可资参详。

另外,文章对研究成果的吸收与总结稍嫌不够,在某些讨论中,现有的研究成果亦未能出现在作者的视野当中。试列举数例:

比如,关于唐陵改葬墓的讨论(页 55)。目前在地面上可以确定的有 2 座"号墓为陵"者,即懿德太子李重润墓、永泰公主李仙蕙墓。明显地,它们是乾陵的陪葬墓,实际上是无法视为帝陵级别的墓葬的。《唐会要》卷二一"诸僭号陵"条称之为"僭号陵"。从这两座墓葬的形制、平面布局及石刻组合等方面看,也不够帝陵级别。关于李唐(包括武周)号墓为陵之制,陈成国认为:"储君(太子)不幸早夭而有皇帝之谥者,其墓皆称陵;陵之称谓,本属皇帝以及储君而有皇帝之谥者,此外号墓

---

[1]《唐大诏令集》卷一一"神尧遗诏"条,北京:商务印书馆,1959 年,页 67。

[2]《唐研究》第 6 卷,页 359~366。

[3] 北京:中华书局,1996 年,页 1439~1440。

为陵者很少,不过承恩特葬耳。"[1]宿白以为"文献中称永泰公主墓'号墓为陵'。但是'号墓为陵'并不即是陵,应比帝陵低一等"。[2]齐东方则认为这两座墓葬都是弧方形双室砖墓,是特定历史时期的特定墓葬。具体地说是中宗时期以私情为重,厚葬子女的改葬墓。[3]但是,如果将中宗的改葬举措置于当时的政治形势之下,或许这也正是向天下昭告李家王朝正朔的重新确定以及中宗帝位历经反复后的最终确立与巩固。

又如,关于乾陵外城垣的推定。可以说有关乾陵地面建筑的新发现是近年来唐陵考古最重要的成果。1995 年陕西省考古所对乾陵地面建筑进行维修,清理发掘出两组保存较好、结构清晰的三出阙。一在南司马门外东西两侧,一在司马道南端距南司马门 750 米处。这与唐代帝王居所及陵园以一组三出阙示其等级有异。故韩伟首先提出乾陵存在两个陵园的事实,此说虽尚待修订,但已属难得。[4]一般地,唐陵陵园的内城指的是陵垣部分,外城指的是石刻部分。实际上在考古调查中仅发现一层城垣,即唐陵的司马院,而不见所谓的外城。1999 年秋,乾陵发现外城垣。这是唐代帝陵中迄今为止唯一一座发现有内、外城的陵墓。[5]乾陵外城垣与内城垣相距 220 米左右,内外城垣北端的东西宽度分别为 1320 米和 1750 米。这个发现又为乾陵布局结构的解释增添旨趣,不仅第一次向我们呈现出外城垣的存在,也使我们了解到同一规制的两套陵园制度在乾陵的运用,更重要的是,让我们窥知了武后生前改造高宗乾陵的动机,使通过比对复原乾陵陵园制度的最终形成,进而探讨唐陵陵园制度的确立成为可能。[6]

假使作者能够注意到这些方面,其论述势必更加充分。目前,国内不乏唐陵的研究论著。但相比较而言,无疑地《唐代皇帝陵の研究》要来得充实。前者大多对

---

[1] 陈戍国《中国礼制史·隋唐五代卷》,长沙:湖南教育出版社,1998 年,页 164~166。

[2] 宿白《西安地区的唐墓形制》,《文物》1995 年第 12 期,页 42。

[3] 齐东方《略论西安地区发现的唐代双室砖墓》,《考古》1990 年第 9 期,页 861。

[4] 韩伟《维修乾陵地面建筑获重大发现》,《中国文物报》1995 年 12 月 24 日第 1 版。

[5] 秦建明、甄广全《唐代帝陵中第一次发现双重城垣——航拍显示乾陵外城　跨山越谷　气势恢宏》,《中国文物报》2000 年 4 月 5 日第 1 版。

[6]《唐研究》第 6 卷,页 360~366。

整个唐陵制度缺乏有效的讨论,或者根本不做涉及,从而使读者难以大快朵颐。总之,从文献学的角度,坚持在制度的层面上探讨唐陵的有关方面,可谓该书的最大特色,也是其胜人之处。

(本文原载荣新江主编《唐研究》第 8 卷,北京:北京大学出版社,2002 年,页534~538。)

18

《唐睿宗桥陵》

DAS QIAOLING

美茵兹罗马—日耳曼中央博物馆、陕西省考古研究所编(RÖMISCH-GERMANISCHES ZENTRALMUSEUM FORSCHUNGSINSTITUE FÜR VOR-UND FRÜHGESCHICHTE IN VERBINDUNG MITDEM ARCHÄOLOGISCHEN INSTITUT DER PROVINZ SHAANXI),

达姆斯塔特(Darmstadt),2002 年,

9+48+68+74+16+20+72+2 页

　　1993 年 9 月 29 日至 11 月 30 日,陕西省考古研究所和德国美茵兹罗马—日耳曼中央博物馆联合组成考古勘查队,对唐睿宗桥陵进行全面的勘查工作,前后历时 63 天。《唐睿宗桥陵》报告(下文简称《报告》)便是这个工作的总结,其副标题为《唐睿宗桥陵考古钻探测绘报告》,采取中文、德文双语对应出版的形式。《报告》中文部分由陕西省考古研究所巩启明先生撰写,德文部分由美茵兹罗马—日耳曼中央博物馆阿历克山大·考赫博士(Dr. Alexander Koch)撰写。

　　《报告》由中文和图版以及德文三大部分组成。其中中文文字部分又分成一前言、二桥陵概况、三陵园范围和建筑遗存、四陵园石刻、五结论等五部分;图版部分顺次由 79 张线图、72 幅图版、14 幅彩版、18 幅卫星航测照片目录(A-R)以及 2 张附图组成;德文部分的结构是依照中文部分顺次建构起来的,实际上是中文的德文翻译。总体来说,中、德文字并不多,《报告》的主体部分应该是大量的图版。下文便依照这个顺序逐次进行介绍。

　　在前言部分,巩启明先生对此次勘查工作的缘起、组成以及工作方式进行了简

明扼要的介绍。在桥陵概况部分,巩启明先生对桥陵的现状以及历史上桥陵的遭遇进行了叙述。在陵园范围和建筑遗存部分,《报告》依照陵园的建筑构成对桥陵的现状逐一进行了详尽地介绍,先后描述了陵园神墙、角阙、神门及门阙、鹊台及乳台、献殿及墓碑、下宫、墓道及玄宫等七个方面。在陵园石刻部分顺次描述了神道石刻、北神门外仗马以及四神门门狮等部位现存石刻状况。其中尤其值得一提的是对三尊与真人一般大小的小石人像的首次详尽报告。小石人像在刘庆柱、李毓芳《陕西唐陵调查报告》[1]里提到,但是没有详细地描述,《报告》是第一次全面地披露,结合它们的摆放位置在研究唐陵石刻制度中将极具研究价值。总之,《报告》在对桥陵现存遗存的描述方面可以说不遗余力,可谓穷尽想象之能事,这就使得《报告》的研究利用价值大大增加,读者几乎可以从中获取所需的各种信息以及大量的数据。正如前言部分所说的是一次"全面的勘查工作",如此详尽的考古发掘报告在国内当属首见。

在结论部分,巩启明先生又分成如下几个部分进行阐述:

1. 唐陵制度的渊源与形成。《报告》分析了唐关中十八陵"积土为冢"及"依山为陵"两种形制的渊源以及"山陵"与"山"的区别,并以此为依托阐述唐陵制度的渊源与形成。

2. 唐睿宗李旦与桥陵。《报告》用较大的笔墨论述了李旦的政治经历,为桥陵提供了一个进行政治解读的可能。

3. 唐陵陵园地面建筑的平面布局及其形制。在讨论陵墓的每一个组成部分时,《报告》都采取追源溯流的方式进行叙述,使我们对该制度的形成、变化有一个大体的了解。实际上,作者也正是借助这种方法,系统地阐述了他对唐陵制度的认识,条分缕析地介绍唐陵陵园地面建筑的各个组成部分,具体地对唐陵陵园制度进行历时性地阐释。《报告》有关唐陵地宫结构的讨论(页 36a9)能够注意到一个变化过程的存在,并以已经发掘的靖陵为证。这里需要补充说明的是,唐陵地宫在某一阶段极有可能是前中后三室,这一点从文献记载以及后世帝陵地宫可以证明。

---

[1]《考古学集刊》5,《考古》编辑部编,北京:中国社会科学出版社,1987 年,页 232、238、242。

同时已经发掘的北京史思明墓也可为补证,该墓大体可以看成一个前中后三个墓室的墓葬。

4. 唐陵石刻渊源、品类、组合及艺术成就。溯源追流的方式在这一部分同样可以看到,《报告》引用文献探讨了唐陵石刻的上述方面。我们知道,陵园石刻以及石刻所构成的组合关系的表征是一个难以把握的话题,《报告》对此也作了有益的尝试。最后,《报告》根据唐陵石刻的时代特征将其发展过程分为初唐、盛唐以及中晚唐三期。在分期中,《报告》能有机地将永康陵、兴宁陵以及恭陵、顺陵等非即位帝陵置于同一系统中进行考虑,这是很值得赞誉的。因为,实际上,上举的几座帝陵在唐陵制度的形成过程中起着举足轻重的作用,它们也是我们揭示唐陵制度形成过程的一个关键。其中,有一些讨论在这里很值得提出来。如,《报告》探讨了唐陵神道石刻仗马十、北门六马的缘由(页40~41),认为神道仗马可能与汉代仗马有关,是仪仗队伍中马匹的象征,其取数为十的原因可能与唐时"十骥"之说有关;而北门六马的设置则与当时长安城北门屯军的传统以及陵园内城可比拟为长安城宫城有关。同时与古时天子驾六的制度有关。这个说法有一定的道理,似可为一说。尽管陵园内城可比拟为长安城宫城(页41a13)的说法值得商榷,见后。

《报告》的主体部分便是线图以及图版、航测照片。无论是线图抑或图版都能从正面、侧面、背面等多个角度对桥陵的地面遗存进行不厌其烦地忠实记录,有些还增加了局部、细部的记录,从而为我们提供了大量的信息,可资相关研究的拓展。比如通过这些线图我们便能对当时仗马装饰、文武官员服饰等等问题进行深入的研究。图九桥陵南神道西侧华表上的线刻图拓本(页58)向我们展示了华表的线刻图案,有助于我们进一步理解陵墓神道的意义。同时,在安排上也注意到学术观点的表现。如,图七十五唐长安城平面图(页112)以及图七十六桥陵陵园地形图(页113)使桥陵陵园比拟长安城的意味昭然若揭。附图二有神道石刻的标识图,这样阅读起来极为便利,也更为直观。航测照片则发挥宏观把握帝陵布局的优势,不仅为我们提供了蒲城四陵的相对位置,更是为我们提供了不同角度的俯视照片,便于我们全方位地了解桥陵的布局。但是,如果能够做到随文附图,那就更是锦上添花之举了。总之,这一部分的妙处并非三言两语可以言尽,研究者使用这些资料自能甘之如饴。可以这么说,正是这一部分才使得《报告》具有恒久的学术价值。

随之出现在《报告》的是与前面中文部分对应的德文部分(页 117~188),最后尚有两张附图。这两张附加的线图分别为附图 1 桥陵陵园内城总体地形图及附图 2 桥陵陵园南神道及南城门地形图。

我们知道,任何学术观点都是难以一统的,更不是给什么做注脚,否则学术研究也就失去它存在的合理性。当然,《报告》也不例外。下面我们就《报告》中几个观点做一个学术表态吧。

一般地,从事物发展固有的惯性来讲,必要经过一个历程——萌生、认同、推行、退出。这个过程也同样出现在唐王朝对唐陵的营建中,遗憾的是,这个过程在以往的研究中遭到冷遇,由此导致了一系列问题的含混不清。长期以来,在帝陵课题研究中一个最为重要的话题便是陵园的象征意味。这一点在《报告》中也得到体现,多次出现同样的论断。如,《报告》认为"在整个陵区的北部,形成内城,犹如都城长安的皇城"(页 5b11~10)。后文陵区象征意义的讨论(页 30b9~1),后来又称"陵园内城可比拟为长安城宫城"(页 41a13)。此说值得商榷,通过出土墓志结合墓位我们已经论证了当时唐太宗昭陵陪葬墓地是长安城皇城的表征。[1] 实际上昭陵整个陵区(包括九嵕山陵园、陪葬墓地)是长安城宫城、皇城的象征。到了桥陵,从陵园(即所谓内城)与长安城平面的比照即可以得到这样一个肯定的回答,即陵园犹如当时的都城长安(即宫城、皇城及廓城),而陪葬墓地此时仅仅是作为王朝最高级别的家族墓地,失去了昭陵时作为皇城表征的功能了。换言之,桥陵的营建者,只是简单地通过陵园平面形状与长安城形状的相似性来实现为死者营造另一个长安城的愿望。这正好说明了陵园象征意义存在一个历时性的变化。但是,无论如何此时陵园北神门可以严格地比拟为长安城宫城北门是可以成立的。需要注意的是,某种东西一旦成为一种定制,即制度化以后,它就有可能演变成为仅仅是一个必需的符号、饰件而已,而忘却了其原初的严格意义。这一点我们不难找到力证。依照结构主义的说法,同一所指其能指未必相同,反之亦然。关于地面

---

[1]《唐研究》第 5 卷,页 421~452。

陵墙形状的讨论,《报告》强调了地形地势的影响(页31),而忽视了营建者以陵园为另一个长安城的企图。陵墙也存在一个变化的过程,这一点我们从《报告》提供的唐代蒲城诸陵的平面图便可有结论。这里需要说明的是,任何过渡都是渐进的,由此导致任何界限也是模糊的,所谓的"模式化"实际上也是对此过程勉为其难的处理方式。如果执着于此,反而容易陷入另一个困境。"求大同存小异"才是解决变化所谓阶段性的便宜方法,因为正如同前面所说的一样,前后大多存在着或多或少的异质。

与上面这个话题相关的,也是另一个让我们感到美中不足的,是《报告》正文对睿宗桥陵陪葬墓没有涉及,更无具体报道,只在图五桥陵平面图(页54)中标识出3座;尽管在航测照片A标识出墓位,但亦未标明墓主人为何。我们知道,帝陵陪葬墓历来便是帝陵布局规划中的一个有机组成部分,在完成帝陵地面建筑的布局及其表征功能方面不可或缺。事实上,这种表征的内涵在不同的时期存在一个变化,也正是这个变化的存在从而使得在帝陵制度研究中陪葬墓益发重要,而陪葬墓墓主人的身份及其相对墓位便是解读这个表征及其变化的关键。因此,对陪葬墓墓位的纪录也就显得十分重要了。睿宗桥陵陪葬墓正好处于唐陵陪葬墓发生变化的过程之中,这个变化不仅反映在陪葬墓主人身份的变化,也反映在陪葬墓墓位相对位置的排列规则的变更上。这种变更不仅仅是唐代帝陵制度的一个转折,更是当下社会重大政治变革的映射。[1] 桥陵陪葬墓多已发掘,遗憾的是,迄今为止大多未见报告或简报的出版。

尽管《报告》的出版是2002年,但是因为《报告》的整理及最后定形是在1995年,这几年来,《报告》中提到的某些问题已经有了新的进展。另外,对当时已有成果的关注也稍嫌不够,下面稍做罗举可资参考。比如:关于神墙的建筑方式(页5b11-1)可以参照周明《陕西关中唐十八陵陵寝建筑形制初探》;[2]讨论唐代关中十八陵的分布原则(页24)可以参照拙文《西汉帝陵陵地秩序》,[3]这方面我们

---

[1] 详拙文《桥陵陪葬墓地布局研究》,《文博》2000年第5期,页63~70。

[2] 《文博》1994年第1期,页64~77、63下。

[3] 《文博》2001年第3期,页19~22。

将另撰专文深入讨论。关于山陵含义的讨论(页25)可以参照拙文《唐陵陵园布局的分类及演变》注[13]。[1] 关于乾陵布局最后形成的讨论(页30~31)可以参照上引文。[2] 同样的情况也出现在图七十五唐长安城平面图(页112),该图中"光录"应为"善和","殖业"应为"通化"。这一点已有明确之考辨,此不赘言。

　　此上究其缘由,大概是因为在德国出版,《报告》中文部分的校勘工作又由德方完成,才使得近几年的相关讨论未能及时地得到反映,同时也使报告中文文字出现了比较多的错讹。此外,文章及注释中历史文献的引用格式也不统一、不规范,在排版上也出现若干技术性问题,如文字互相挤压等。比如:图版十四"1.……细音"应为"1.……细部";图版四十三第3的说明文字下面的一小部分被删去。凡此可谓小瑕而不掩瑜。

　　这里需要强调的是,虽然《报告》作者巩启明先生专攻中国新石器时代考古,但是近年来先生的兴趣转移到唐陵,更为可贵的是,作者能以一个考古学家的眼光对睿宗桥陵进行综合的调查测量,加之德国学术传统的糅合,于是《报告》就有了具体而微的功效。尽管《报告》的某些观点或可商,但是,如果仅就报告本身的功能——尽可能多地、如实地为研究者提供更多的数据和信息——这个角度看,这个报告无疑完成得极为出色。可以这么说,这是第一本真正意义上的唐陵报告,较之此前的帝陵报告要详尽、科学得多。同时,《报告》更是今后中国考古学田野工作报告的一个典范。

　　(本文原载荣新江主编《唐研究》第9卷,北京:北京大学出版社,2003年,页577~582。)

---

[1]《唐研究》第6卷,页367~368。
[2]《唐研究》第6卷,页351~381。

19

《敦煌考古漫记》

夏鼐著,王世民、林秀贞编,

天津:天津百花文艺出版社,2002年,

5+8+356页,

20.00元

　　早在19世纪后半叶西方学界便注意到塔里木盆地的古代遗址,随之而起的对中国西北地区的探险热潮,使得新疆和河西地区留下了国外考察队、考古队的足迹。这也就成为中国考古学的开端之一。其中的考古学家、汉学家用含量并不高的考古学手段进行工作,对当时学术影响巨大,特别是对中国知识界的心理冲击尤甚,今日仍旧。中国学者每每言及此段历史,内心大多都是很矛盾的。因为若分别从国家民族主义立场和学术的角度出发,无疑很可能会存在截然不同的两种判断。也许这是他们内心深处最不愿意触动的那根心弦,因此在书写中国考古学史的时候便把它从谱系上忽略,甚至忘却了,从而使得中国考古学史的发端成为一个长期以来受到误解的话题(另文详论)。也正是这个缘由,才使得安特生(Anderson)"彩陶文化西来说"成为一切的焦点。于是,中国近代考古学史的提起也便从1921年安特生仰韶村的发掘为起点。国外学者在我国西北的活动之后,随即该地区的调查便有中国学者的参与,其中要以二度西北科学考察团规模最大。此举实是当时国内学界对国外探险家在西北活动的反应。

　　西北科学考察团是考察中国西北地区的现代学术团体,一般指1927年中国学术团体协会与瑞典探险家斯文赫定联合组成的西北科学考察团。此名称实是"中瑞西北科学考察团"(The Sino-Swedish Scientific Expedition to the North-Western

Province of China）的简称,国外则简称为"中瑞考察团"（The Sino-Swedish Expediton）。考察团于 1927 年 5 月从北京出发,经包头、百灵庙至额尔济纳河流域,于 1928 年 2 月到达乌鲁木齐。实地考察持续至 1933 年,后分头撰写报告。从 1937 年起,以《斯文赫定博士领导的中国—瑞典考察团在中国西北各省科学考察的报告》为总标题,在斯德哥尔摩陆续出版。

另外,1944~1945 年,中央研究院历史语言研究所、中央博物院筹备处、中国地理研究所、北京大学文科研究所四个单位也曾合组西北科学考察团,在甘肃、新疆两地进行考察。其历史考古组的西北考察队沿河西走廊在兰州至敦煌这一地区进行调查,参加者有向达、夏鼐、阎文儒三人。调查发掘项目主要有：临洮寺洼山、广河阳洼湾的史前遗址和墓葬,汉代的玉门关和长城遗址、敦煌附近的六朝和唐代墓葬、武威附近的唐代吐谷浑墓葬。这是河西地区第一次真正意义上的考古发掘工作,三位学者都直接参与了中国考古学的这段历程。他们也都或多或少地记录了这个历程,此可参见荣新江教授《惊沙撼大漠——向达的敦煌考察及其学术意义》[1]、阎文儒《河西考古杂记》[2]等,而《敦煌考古漫记》（简称《漫记》）上编就是夏鼐先生（1910~1985）此行的记录。

《漫记》上编由明暗两条线索贯穿全文。明线是以夏鼐先生在西北的考察经过为次序,暗线则是 19 世纪末 20 世纪初西方学者在中国西北的调查活动,后者忽明忽暗。"我们想做点斯氏（指斯坦因）在敦煌所未曾做过的考古工作,我们想着重于古城古墓的发掘,以地下的材料来充实敦煌的历史。"（页 39）但是,限于人力和财力,考古工作只能集中于古墓方面。在上编中,夏鼐先生力图让我们了解到学术活动背后的诸多细节,直接渗透到考古学调查、生活等诸多方面的真相。对这些活动背景的了解,反过来更有助于对相关考古学研究的理解。正如夏鼐先生所说的"读了这册《漫记》（指上编）后,我想他们一定对于现代的考古学有一种新认识"（页 5）。

---

[1]　2002 年 8 月北京理工大学"国际敦煌学学术史研讨会"论文。
[2]　《社会科学战线》1986 年第 4 期及 1987 年第 1 期。

作为学科的特殊性,考古学的发掘简报、类型学、地层学等专门术语,不用说学科以外的研究者,单说学科以内的研究者——说实在地,我们平时也很难得有心情通读,除非万不得已。因为这是一件很头痛的事情,是要下很大决心的。我们不是说现今考古学的术语存在什么莫大的问题,当然现今的这一套术语是存在隔阂学科之间交流的问题的,是多学科研究的障碍。但是,我们不能不承认在没有更可行的术语推行之前,这一套术语还是当今最可行的。当然,我们不能把所有的问题都推给考古学学科本身。现今学科分支越来越多,学科的交叉研究也越来越厉害。作为要进行多学科研究的学者,了解交叉学科的基本知识应该是分内的事情。从这个角度讲,好像考古学又可以把如上的责难推得一干二净了。可是,从学科的普适化来讲,考古学是有责任使自己的研究变得更大众化,变得看起来更简单化,以便于更容易被大众所阅读的——至少是受过专门训练的其他学科的研究者。从这一点大家可以看出来,我们所说的普适化并不是要让考古学的专门化丧失,而是想寻求一种更易于交流考古学的方式——此与科普读物有着本质的区别。学术的科普化,很容易将学术流于庸俗化、世俗化。事实上,从事学术研究的毕竟只是少数人,而绝大多数人对学者的研究可以不了解,也可以不知道。他们只需了解常识——更多的是历史上日常经验的积累,而不是文本上的传承。对他们的宣传是要由另一部分人来承担的。这一部分人要么是政府部门,要么是我们平常所说的科普作家,而不是由学科的专门人员来承担。这个分工应该是泾渭分明的。我们现在缺乏的就是真正的科普作家。

"这次考察的时期,正是抗战最后的两年,也正是最艰苦的时期。经费支绌,设备不周,交通工具不够,做这些工作的困难,是可想而知的。"(页4)但在上编中我们罕见有关抗战带来的困难,更多的是作者在开展考古调查活动的过程中所遇到的或大或小的一系列琐事。很遗憾,这些琐事在目前的中国考古学活动中仍然存在。这是一个很值得我们深思的问题。此恰如作者所言"倒反是我们所留下来的这些充满人间味的工作情况的记载,称为较稀有的东西,或许更可珍贵呢!"(页4)至少我们可以这么说,夏鼐先生为我们留下了特定时期的一种工作记录,同时也让我们认识到这种特定时期的工作记录实际上是一种常态。从这个意义上讲,上编无疑是一份珍贵的社会学资料,而且并不仅仅是考古,而是当时社会的一个影像。正如作者所言,"考古工作的目的,是想复原古代人类的生活情况。但是我们自己的考古生涯,尤其是在这一种情况下的考古生涯,不也是后世所想知道的事么?"(页4)

《漫记》上编前四章是夏鼐先生根据日记整理而成的,第五、第六章都是编者根据夏鼐先生的日记摘录而成的,其中第二至四章此前已经发表。这些在《编者前言》中都作了详细说明。如果同前面四个章节进行比较,可以看出夏鼐先生是如何将日记整理成上编的。很明显地,上编中的文献以及对考古遗迹特征的描述是后来整理的时候重新查找数据而增加的部分。尽管夏鼐先生也随身携带了一些历史文献(页122~123),但这是远远不够的。相比较而言,上编后两章更能反映田野考古工作的原始状况,而前四章则反映夏鼐先生是如何处理这些原始记录,进行通俗化的努力的。

值得我们注意的是,上编两处提到作者父亲病逝的消息,编者并有意以此为上编的末语,其用意显而易见,国人素来好褒扬之。此举实乃灭人性、绝不可倡导,否则又是"悠悠苍天,此恨千古"(页128)。

《漫记》下编由22篇文章组成,其中多已发表,可以分成六组。因为很多事情夏鼐先生大多参加或者参与组织,因此对这些学术活动的幕前幕后都能娓娓道来。加之多年的留学经历,使其学术见识非凡,对问题的论述多能进行中外学界的对比,从而能益加凸显中国考古学的特点。为了介绍的便利,下面打乱原文的顺序进行介绍。

第一组有7篇文章,是关于考古学的理论与方法的。

《什么是考古学》反映了作者对考古学的认识,具体阐述了"考古学是根据古代人类活动遗留下来的实物研究人类古代情况的一门科学"(页133)的观点。这长期以来成为指导中国考古学研究的一个基调。后来王仲殊先生对此做了增补,以同样的题目发表在《中国大百科全书·考古学卷》。但是,正如夏鼐先生所说的那样,"考古学"的概念和研究范畴在各个时代中并不相同,便在一时代中,各人的理解也不完全相同(页131)。今天的考古学似乎需要更为广阔的胸襟,比如在研究的对象及其时间等范畴可以考虑适度地拓展。对考古材料的偏食正是中国考古学步入贫困的重要原因之一。其实,考古学的纯洁性并非建立在所谓考古学理论与方法的核心类型学与地层学之上,因二者的精神内核在其他科学研究中同样被运用自如,并非考古学所独有。可问题的症结恰恰就在于,这两个概念从生物学、地质学中借用过来那一刻起就注定了逐渐地被考古学占为己有,并被人为操作而独霸中国考古学全部的命运,而这种占有与独霸也正导致了今日中国考古学的贫困。实际上,过于强调所谓考古学的纯洁性,是现今中国考古学界存在的重要问题。这种表面的坚持实际上正是他们内心极其不自信的外化,更是学科既得利益集团对自己学术、利益的维护。考古学只有挣脱出现今的学科藩篱,才能重新焕发出夺目的光芒。今天的考古学应该更多地注重书斋中的发掘工作,不仅要低下头,更重要的是要抬起头,环顾上下左右以拓宽我们的学术视野,也许这样,我们的学科才有希望和活力。否则,便是这样两种结果:其一只能等待着重大考古发现的出现;其二是停留在不断重复发现的所谓"新"的遗存而沾沾自喜。中国考古学如何方能走出困境? 也许问题的答案才是考古学的纯洁性。

《文物与考古》对考古工作和文物研究的若干问题,介绍了考古研究所的沿革,指出考古发掘现场工作的重要性,考古工作要围绕保护文物来进行,特别是要搞清楚古代人的日常生活。这些意见在当前仍然具有指导意义。《考古调查的目标和方法》是夏鼐先生根据其在黄河水库工作队训练班上的报告整理而成的。在这篇长文里,作者系统地总结、表达了考古调查的诸多原则。《〈殷周金文集成〉前言》全面表达了夏鼐先生对金石学与考古学的关系,值得我们称许的是,作者对金石学的公允的评价,并非站在考古学的立场来贬抑金石学。由此益发显出夏鼐先生作为一位真正的考古学家的风范,此胸襟与见地非时下那些"某某家"所能比拟。《漫谈敦煌千佛洞和考古学》从考古学的角度谈论敦煌千佛洞,值得我们重视的是夏鼐先生关于千佛洞研究中所谓"分析的方法"的运用(页 237~238),实际上这是国内石窟寺考古学方法的第一次完整的论述。夏鼐先生还言及要注意石窟寺所代表的社会组织,并进行石窟寺之间的比较。这些真知灼见在后来的石窟寺研究中基本上得到体现。将唐墓随葬的陶俑、方砖与千佛洞者进行比较研究,并发现二者之间的共性,更可见夏鼐先生学术视野的开阔和不受不同研究对象所拘限。《西安唐墓中出土的几件三彩陶俑》就西安发现的鲜于庭海墓出土的 7 件标本,反映了盛唐时代三彩陶俑的艺术造诣。这一篇文章可以说是属于美术考古研究的范畴。遗憾的是,由于学科知识传授的偏颇,美术考古在中国考古学界多年来一直是比较薄弱的环节。夏鼐先生认为科技史属于社会科学中的历史科学,而不是自然科学。在《中国考古学和中国科技史》一文中他通过一些具体的事例——所谓“历史掌故”,深入浅出地论述了考古学与科技史之间的关系。

第二组是 2 篇讨论考古学与中国古代社会的论文。其中《新中国的考古学》结合考古工作,从经济、社会结构和社会关系、国家、精神文化、民族的族源和发展的历史面貌等方面,综述了新中国成立 10 多年来中国考古学的新进展,从中我们不难发现唯物主义指导下的考古学工作的烙印。中国文明的起源研究是长期以来中国考古学界不懈努力的一个目标,几乎可以说近一个世纪以来的考古学工作实际上就是为了证明安特森(Anderson)“彩陶文化西来说”为谬论。在很多中国人看来,这个学说便是意味着“中国文化西来说”。夏鼐先生在《中国文明的起源》中也提出了自己的看法,认为“根据考古学上的证据,中国虽然并不是完全同外界隔离,但是中国文明还是在中国土地上土生土长的”(页156)。这个观点仍然占据着当今中国考古学界的全部。

第三组为序言类,是夏鼐先生给一些“文集”所做的前言,共有 3 篇文章。夏鼐先生的序言与一味地吹捧不同,同样具有很高的学术性。《〈中国考古学研究〉日文版序言》是作者《考古学论文集》日文版的序言,其中梗要记录了作者自己从学习到从事考古学学术活动的过程。此文可以和《漫记》末尾《附录》二文及《我们的父亲》结合起来阅读。《〈安阳殷墟头骨研究〉序言》以我国体质人类学发展情况为背景,介绍了殷墟头骨研究的历史和现状。《有关安阳殷墟玉器的几个问题》是关于中国古玉的著录、质料、原料产地及采掘等方面的初步成果。

第四组有 2 文,是考古发掘和参观的记录。中央研究院曾经在辉县进行过考古发掘,但是资料并未发表。为了寻找殷代前后的文化遗迹,寻找安阳以外的遗迹进行比较研究,考古研究所成立后成立的第一个考古发掘团便赴辉县进行考古发掘工作。《辉县考古发掘纪略》便是对此次工作的简要性的介绍。《马其顿皇陵宝物重现人间——希腊访古记》记载的是夏鼐先生 1978 年 4 月间对希腊萨洛尼卡的访问。

第五组是有关中西交通的论文。中西交通考古学研究是夏鼐先生多年精深研究的重要领域之一,所收的 4 篇涉及古代中国与西亚、拜占廷和非洲的交往。服装可以说是古代社会的一个最重要的载体,因此,长期以来夏鼐先生对丝织品十分重视。《汉唐丝绸和丝绸之路》是 1983 年 3 月夏鼐先生应日本广播协会(NHK)的邀请在日本所做的三次公开讲演中的一篇,讲演稿汇编为《中国文明的起源》一书,中文版 1985 年由北京文物出版社出版。收入《漫记》的根据中文版进行了排印,而对日本考古学家撰写的提要和注释则酌情做了删减。该文详细讨论了中国丝绸的出现以及汉唐之际丝绸技术、纹样以及它与丝绸之路的关系。《元代安西王府故址出土的阿拉伯数码幻方》节录自夏鼐先生《元安西王府地和阿拉伯数码幻方》的第二部分《阿拉伯数码的幻方铁板》。该文认为数码幻方是安西王府奠基时埋藏的厌胜或辟邪的器物,并从考古学的角度推断数码幻方的年代为 13 世纪 50 年代到70 年代,认为该物不一定非由阿拉伯国家输入。《近年中国出土的萨珊朝文物》《中世纪中国和拜占廷的关系》综述了中国境内发现的与萨珊及拜占廷有关的文物。《作为古代中非交通关系证据的瓷器》则通过在非洲发现的中国瓷器来论述古代中国与非洲的往来。《一个古埃及短语在汉语中的对应例子》比较了《切斯特·贝蒂纸草》第 1 卷第 3 和第 8 节中与《汉书·高祖纪》内容和含义都很相似的句子。但是,这并不能说明后者受前者的影响,因此文章对此也没有明确推断。

第六组是 2 篇纪念性文章。《考古学家吴金鼎先生》《考古学家梁思永》二文为悼文。叙述了二位考古学家的学习、考古学术活动,以及作者与他们的交往,字里行间浸透着对亡者的高度评价和深切哀悼。

《漫记》的《附录》部分由《九山乡梦绕师门》和《陈请梅贻琦校长准予延长留学年限的信函》二文组成。二文都是关于夏鼐先生求学生涯的重要文献。前文是夏鼐先生对故乡和儿时学习生活的回忆,编者在这里有意给我们提供了一个了解夏鼐先生生长的环境。后者也让我们了解到夏鼐先生留学海外的学习和抱负,这就是"中国将来之考古学,必须以埃及考古学之规模为先范,故中国之考古学界,必须有一人熟悉埃及考古学,以其发掘技术及研究方法,多可借镜"(页343),更重要的是字里行间透露出来的"为祖国服务""但欲求有益于社会"(页344)的知识分子情怀。

最后是夏素琴等人所撰《我们的父亲夏鼐》一文,编者以之作为《漫记》的"代后记"。此文与附录部分可归为一组。

尽管《漫记》中的某些观点存在不同的看法,编辑方面也存在技术上的疏忽。如页66b1"乐傅"应为"乐傅",又如下编诸文内在联系的紧密性也被忽视。但是,这并无损于夏鼐先生书写"《漫记》"(即上编)的初衷是成功的。总之,《漫记》一书为我们充分展示了作为"人"与"学者"的夏鼐先生——一个从旧社会过来的高级知识分子矢志不渝的学术追求和不变的情怀,而这是仅仅阅读先生的学术论著所无法了解的。

(本文原载《敦煌吐鲁番研究》第7卷,北京:北京大学出版社,2004年,页474~480。)

20

《中国唐代镇墓石の研究：死者の再生と昆仑山への升仙》

加地有定，

大阪市：株式会社，2005年，

1+1+2+9+1+231+7+1 页

中国传统社会的丧葬活动可分成"虚""实"两大部分。"实"的复原主要仰仗考古发掘工作，但是，在实际工作中，墓地地面建筑或祭祀遗迹多被忽视，考古所及并非"实"之全部。"虚"的重构则更多地依赖于文献。在众多的随葬品中，也有若干种类为我们提供了一个极佳地穿梭于"虚""实"之间的桥梁。正是借助于此，我们可以看到所谓"虚"的"实"质。镇墓石便是其中极其重要的一个类目。

一般认为，镇墓石是始见于唐代墓葬的一种随葬物品。镇墓石共有五方，其颜色各对应一个五方色，在墓域（室）中依照方色对应的方位摆放。如何来理解它的出现以及在丧葬中所承担的功能？加地有定所撰《中国唐代镇墓石研究》便是一部试图对此进行解答的专著，其副标题"死者的再生和往昆仑山的升仙"，直接道出了作者对镇墓石的基本认识。

本书由序、正文和后记等三部分组成。

《序》由西北大学历史系韩养民教授所作，梗要介绍了作者数十年来专心收集、研究中国古代碑石史、道教史，并多次来访中国，亲历有关史迹现场的学术经历。

本书正文共分九章，依次为：第一章，镇墓石是什么——它的侧面；第二章，镇墓石的墓主人；第三章，刻在镇墓石上的东西；第四章，镇墓石读后的理解；第五章，各墓主实际镇墓石和镇墓文（集录）；第六章，被杀之人镇墓文的变形；第七章，镇墓石和黄箓斋关联性的探讨；第八章，镇墓石中隐藏的昆仑山的升仙信仰；第九章，镇墓石盖顶坟墓装饰的线刻画——意味、功能的理解。

在《后记》中，作者介绍了研究镇墓石的缘起，并提出若干遗留问题，诸如昆仑山思想、墓主和镇墓石方位的关系以及镇墓文中央的灵篆文字等。下面着重介绍本书的正文部分。

墓志、墓券（买地券）、镇墓瓶、镇墓石是中国古代墓葬所独有的随葬品，其中镇墓石出现于唐代前半期，流行至宋代。在第一章中，作者先后介绍了镇墓石的特征、16座唐宋墓葬中出土镇墓石的情况、墓主人身份等方面。通过对墓主人身份的分析，作者认为镇墓石的墓主人经历了一个从皇族、外戚（唐代）扩大到庶民（宋代）的过程。换言之，镇墓石的使用经历了一个从社会上层到下层的普及过程。同时，他认为唐代使用镇墓石跟墓主人的异常死亡密切相关，是道教仪式的残留物。但是，从目前的考古材料来看，在葬俗方面，我们不仅要认识到从社会上层到下层的普及过程，如镇墓石；同时也要注意到从社会下层向上层渗透的现象，如伏听俑便是其中一个事例。

结合11位镇墓石墓主人的生平、政治生命及其亡后不同政府处理丧事的方式，第二章向我们展示了镇墓石的不同功能，如用于冥婚的镇魂仪礼、祈愿死者再生仙界永生以及镇魂祈求冥福等等。其资料收集详备，且都能跟当时的政治和社会状况紧密联系，置于后者的背景之下阐述。其中墓主人生前从事的宗教活动，特别是跟道教有关的行为成为作者关注的焦点之一。如，对金仙公主生卒年、葬年、法号以及出家经过，乃至房山云居寺之金仙公主塔等等，都成为重点考察对象。这些墓主人或为道士，或为早夭、非正常死亡如毒杀，让我们对处于社会和政治动荡漩涡中心的李唐皇族、外戚的生存状态有了更深一步的了解。特别是武周革命和安史之乱对生命个体的冲击更为我们展示了在相同、不同的社会、政治背景下，不同生命个体的命运尽管是相同的，但其表现形式却不尽相同。在本章末尾，还全文迻录阿史那忠镇墓石内容，以论证该石的功能正是其24个方位的镇墓文末尾所言的"保佑存亡安稳"。

　　第三、四章是有关镇墓文的讨论。在第三章中，首先，作者介绍镇墓文跟道教经典《太上洞玄灵宝灭度五炼生尸妙经》(下简称《五炼经》)的关系；接着探讨了三十二天即东方八天、南方八天、西方八天、北方八天所对应的"大梵隐语"以及黄帝中元天文，认为目的都是为了救济亡魂、祈愿亡魂升仙。作者还具体列举、阐释《五炼经》中所载西方镇墓文。在将四方镇墓文跟天界重层构造相配置后，讨论黄帝中元天文时，作者将它跟墓室的穹窿顶以及天象图结合起来考察，让人耳目一新，亦颇具启发意义。在第四章中，作者将镇墓文分成前段·太阴和后段·天府，即地下冥府和天界再生(长生)两大部分。接着仍以西方镇墓石镇墓文为例，释读词语、文句。在此我们再补充一点，北周甄鸾《笑道论·五炼生尸》不仅记载了女青文的内容，而且还表明《五炼经》影响墓葬习俗至迟在北周时期便已出现，其中的五枚五色石应该便是五方镇墓石的前身。"通夜露埋，深三尺"的埋葬仪式，表明五色石的埋藏地点不应在墓室之中，很可能是在被考古发掘所忽视的茔域四维——这正是目前鲜有发现的原因。从茔域四维到墓室四方，我们可以发现北周以来该葬仪的变化。其实，西安、洛阳的东汉墓葬便流行以镇墓瓶随葬，瓶中放置五石——曾青、矾石、丹砂、磁石以及雄黄，并顺次在墓室中对应东、西、南、北以及中央的方位。若从长时段考察，唐代镇墓石恐与此风不无关系。

　　一如标题所言，第五章是对10座唐墓以及2座宋墓所出镇墓石镇墓文的集录。作者不仅订正了原始录文的讹误处，而且还对若干文字作了简要的注释。从作者辑录的唐墓镇墓文看，其格式基本一致，都在镇墓文中具体点明墓主人以及墓葬的所在地。但是，倘若比较一下唐宋镇墓文，辄不难发现二者的格式已经发生了变化。

　　实际上，因为墓主政治生命以及遭遇的不同，在唐代镇墓文内部也存在着些微的差别。正是措辞的这些微小差别，使得我们有可能解读措辞与墓主生命的密切关系。这正是第六章所要探讨的内容。作者通过表格(页177表4)详细比较了第五章列举的10座唐墓镇墓文与经典的不同点，这种不同点主要表现在先后两度处理墓主某甲的异同以及太阴托尸/托质/托灵表述的差异等方面。值得推崇的是，作者将这种不同点跟墓主人生命的终结方式结合起来。这种处理方式，使得作者的研究意图一目了然。其后,作者紧紧抓住墓主人的死状和最后埋葬时尸体的状态,探讨酆王妃崔氏、梁王武三思、昭成皇后窦氏以及韦湑和唐中宗等五座唐墓镇墓文与"太阴托尸"的经典表述不同的原因,深入发掘"太阴托质/托灵"与祈愿亡者朽骨再生复活、生前伤病痊愈的对应关系,认为由此也反映出送葬者的心情。

地狱观念是直接跟丧葬形式、墓葬建制,特别是随葬品的种类与摆放密切关联的。唐代文学作品中有不少描述地狱世界的,较宗教经典从更为世俗的角度为我们提供了当时构建的地狱世界。这两者共同为我们架构了一个活生生的情感现实。正是在这一背景之下,在第七章中,作者认为镇墓文与道教斋醮相似,其法力的核心便是前述"大梵隐语"。在道教众多的斋醮之中,五炼斋是为死亡的道士修设的,以期其魂神升天。金仙公主、李道士皆为道士,故知其墓葬所出镇墓石可能跟举行此类斋醮有关。黄箓斋是道教有关死者礼仪的代表,有着救济死者和保佑生者的双重作用。作者认为异常死亡的酆王妃崔氏、武三思、昭成皇后窦氏、韦湑、韦洞以及唐中宗等六人的镇墓石可从这个角度来理解。接着,又以西方镇墓文为例与黄箓斋的仪礼作进一步的比较。在表5(页193)中,镇墓文被分割成与黄箓斋仪相对应的三个部分。于此,作者再度引用北周甄鸾《笑道论·五炼生尸》所言葬仪之后,认为《五炼经》和黄箓斋的关系极其密切。在此基础上,作者总结镇墓文是一种救济死者和生者的"表里世界"相通的葬送仪礼。

第八章应该是本书的另一个主题,作者探讨的是镇墓石中隐藏的昆仑山的升仙信仰。他认为解救亡魂于地狱、升仙以及再生长生是镇墓文与黄箓斋祈愿的三个共同主题。昆仑山是古代中国人所描写的死后世界,作者认为昆仑山的形状、属性与道教三十六天说相符合。由于镇墓石赖以存在的《度人经》和《五炼经》所属道教灵宝经系的地域性与楚文化圈有着密切关系,长沙马王堆1号汉墓帛画"升仙图"便自然成为本书进一步考察的切入点。作者将帛画自下而上分成地下世界、人间世界和昆仑山仙界以及天上世界等四个部分,并以表格(页203表6)表现帛画"升仙图"与《度人经》以及镇墓文的关系,从帛画"升仙图"中剥离出十九个与后二者相关联的元素。接着,作者着重探讨昆仑山和道教天界说的相关性。通过对《淮南子》《水经注》和《十洲记》的引述,作者为我们描绘了昆仑山的属性和形态。实际上,呈现在我们面前的道教三十六天(参看页124图)与佛教三十六天有着诸多的相似,乃至共性,这个现象无疑寓示着释、道二教错综复杂的关系。遗憾的是,在随后梳理道教天界形成史时(页207),该现象没能得到足够的重视。接着,作者又以表格(页210~211表7、页213表8)比较了昆仑山与道教三十六天说的相似性以及与镇墓文内容的对应关系。在此基础上,帛画"升仙图"被自下而上分成三个三角地带,并直接与昆仑山对应起来,主题表现的正是救济死者、升仙与永生。作者认为三层构造贯穿着古代中国人死后的世界观,此在昆仑山和道教天界说中也不例外。昆仑山和《灵宝经》有着共通的宗教的世界观以及冥界观念,马王堆帛画"升仙图"则反映了遥远的有关昆仑的宗教萌芽。在本章的最后单元,作者还比较了佛教须弥山和昆仑山以及道教天界说。要之,作者在本章主要通过论述昆仑山与道教三十六天的相似性,并由此推论出镇墓石中隐藏昆仑山的升仙信仰。但是,如果从同一文化的整体性来讲,发生昆仑山与道教天界说的相似性更多地是因为文化传承关系使然,二者亦非唯一绝对重合的不同表达,遂由此得出上述推论似乎有些轻率,论述稍显薄弱。

长期以来,墓葬中装饰的动物、畏兽的名称和功能一直未能定案。在第九章中,作者对此做了有益的尝试。根据上文的思路,他试图命名昭成皇后窦氏和金仙公主墓的相关装饰,进而探讨镇墓石盖顶坟墓装饰的线刻画的功能。在论证过程中,能注意到汉、六朝帛画、壁画材料。

从上可见,作者于本书倾力对镇墓石的功能进行诠释,这是需要我们学习、汲取的。功能的探讨在考古学研究中极其重要。相信功能研究的介入,将有可能使目前考古学研究的范式发生某种变化,如所谓类型学研究定式将不得不面临重新思考。同时,对功能的探讨也将加深考古学研究的深度,使考古学研究真正有可能跟政治史、社会史有机地结合起来,这是等级制度研究罕能触及的领域。进言之,这将扩大考古学研究的视野,摆脱其自言自语的尴尬现状。

此外,本书行文言简意赅,注意便于读者阅读。如,在《目录》之后还特别附了《中国世代区分年表》,并对照以日本的历史分期。在论述时采取表格的方式,从而使得问题的论证更为简明扼要；更为难得的是，本书图文并茂，其中多幅插图为作者自家收藏品和摄影作品。另外，该书尚附有活页《误字订正表》，订正书中误字 8 处。此类处理方式值得借鉴。不过，本书也存在可探讨之处。如，镇墓石在唐代集中出土于皇室及其外戚的墓葬之中，除了作者所言具体原因之外，恐怕还跟唐王朝崇奉道教的大背景不无关系。本书最为遗憾的是对已有的相关研究关注不够。如，有关唐代文学作品中地狱观念的研究成果、马王堆汉墓帛画的研究成果、篆文书体在道教中的作用等等，特别是镇墓石的研究成果都没能被作者有机地吸纳。如，李子春《唐武三思之镇墓石》、[1]徐苹芳《唐宋墓葬中的"明器神煞"与"墓仪"制度》、[2]张勋燎《川西宋墓和陕西、河南唐墓出土镇墓文石刻之研究》[3]等等。这不能不说极大地削弱了本书论点的充分性。

另外，可能是囿于本书主题所致，本书不见引用唐以后有关文献，如北宋仁宗时期的《地理新书》。该书卷一四《镇墓法》对镇墓便有专门之叙述：

> 镇墓古法，有以竹为六尺弓度之者，亦有用尺量者。今但以五色石镇之，于冢堂内东北角安青石，东南角安赤石，西南角安白石，西北角安黑石，中央安黄石，皆须完净，大小等，不限轻重。置讫，当中央黄石南祝之，曰："五星入北，神精保佑。岁星居左，太白居右。荧惑在前，辰星立后。镇星守中，辟除殃咎。妖异灾变，五星摄授。亡人安宁，生者福寿。急急如律令！"〔僧〕泓师云："凡葬，墓中用豆黄完净者一斗，及钱纸五百张安于墓内，吉。更多此数，尤佳。"

迻录于兹，以备考察唐宋镇墓之变化。这里顺便说一下，唐墓中随葬的塔式罐，在墓葬中同样起着镇墓的作用，亦即其功能跟镇墓石别无二致，唯一不同的是它源自佛教因素。在唐墓中，塔式罐的随葬显然较镇墓石更为普遍。两种不同来源的随葬品却承担着相同的镇墓功能，发人深思。对此，我们另拟专文讨论。

---

[1]《人文杂志》1958 年第 2 期，页 109、87。

[2]《考古》1963 年第 2 期，页 95。

[3]《南方民族考古》[1992] 5 辑，页 119~148。

最后，我们还需要思考的一个话题是：如何认识、解读墓葬中出现的跟宗教有关的因素？这是事关认识、理解宗教与中国民间信仰之间关系的问题。马克斯·韦伯认为："许许多多无法估量的礼节上束缚，陪伴着中国人的一生：从胎儿阶段一直到死的祭祀。……一部分的礼仪显然起源于巫术，尤其是来源于消灾的巫术。另一部分则来自道教与民间佛教。这两种宗教在民众的日常生活中留下了非常深刻的痕迹。不过也还有大量纯粹民俗、礼仪性质的遗习保留下来。"[1]换言之，宗教、神话、巫术、民俗、礼制／制度等元素共同构成了中国传统社会的民间信仰，丧葬行为只是这个体系的物化之一而已。在这个信仰系统里面，原先的道教、佛教被以一种新的逻辑和前述其他元素重新组合在一起，遂与原本的宗教形态形成一种游离状态，即不可再以原先的道教或佛教视之，恐怕这才是认识中国传统社会民间信仰应有之立场。若以这个角度来看待墓葬数据中所谓道教、佛教因子，便可豁然开朗了。这种状况在唐皇室的丧葬中也不例外，如咸通十一年（870）八月同昌公主薨，出殡之日，礼仪甚盛，懿宗"敕紫尼（尼姑）及女道士为侍从，引翼焚升霄降灵之香，而击归天紫金之磬"。[2] 次年五月，懿宗幸安国寺，又赐讲经僧沉香高坐；[3]同昌公主除丧后，伶官李可及于安国寺作菩萨蛮舞，如佛降生。[4] 此上种种应该都是懿宗为同昌公主追冥福，正如同他以仙音烛赐安国寺的目的一样。[5] 从同昌公主的丧葬事宜我们可见传统社会的民间信仰糅合释道之一斑。由此推论，亦宜将镇墓石置于唐代社会民间信仰的系统之中来认识，而不应将它从中剥离出来，仅将它局限于道教的范畴——尽管它的确为后者的元素。因为我们相信镇墓石只是该系统中整个丧葬活动的一个单元而已。进言之，在丧葬行为中，它们有的更直接与堪舆术发生关系。如，上文所言镇墓石便是一个典型的事例。又如，高克从（大

［１］〔德〕马克斯·韦伯著，洪天富译《儒教与道教》，南京：江苏人民出版社，1997 年，页 263。

［２］〔宋〕李昉等编《太平广记》卷二三七"同昌公主"条引唐苏鹗《杜阳杂编》，北京：中华书局，1961年，页 1827。

［３］〔宋〕王溥撰《唐会要》卷二七"行幸"条，牛继清校证《唐会要校证》，西安：三秦出版社，2012 年，页 452。

［４］《旧唐书》卷一七七《曹确传》，北京：中华书局，1975 年，页 4608。

［５］〔宋〕陶谷《清异录》卷下"仙音烛"条。

中二年,848)等唐墓中发现的佛顶尊胜陀罗尼经幢,[1]依《大汉原陵秘葬经·庶人幢碣仪制条》所言便是为了使"亡者生天界,生者安吉大富贵"的阴阳术。[2] 可见,释道的某些元素确已被融汇成传统社会堪舆术的一个环节,实不宜再以原先之宗教形态视之。

目前,墓葬制度研究的是社会权力等秩,反映的是皇权在墓葬领域的整饬行为。倘要进一步理解丧葬行为,乃至社会各层的思想观念和生存状态,便与传统社会的民间信仰有着不可或分的关系。如何由"实"看到"虚"的实体? 如何发掘"虚"的实体? 这是一个已在考古学研究日程的课题。

(本文原载荣新江主编《唐研究》第 12 卷,北京:北京大学出版社,2006 年,页575~581。)

---

[1] 陕西省文物管理委员会《陕西所见的唐代经幢》,《文物》1959 年第 8 期,页 29~30。
[2] 前揭徐苹芳文,页 99~100。

21
《磁县湾漳北朝壁画墓》

中国社会科学院考古研究所、河北省文物研究所编著，

北京：科学出版社，2003年，

7+11+303+64+52页，

186.00元

　　若从更为广阔的视野来思考古代城邑、墓葬以及石窟寺等诸多元素的关系，将更全面地凸显都城在政权建设中所承载的政治意蕴和国家意志。东魏邺城的营建便是一个很好的个案。河北磁县是北朝时期一处重要的陵墓兆域。也许正是出于上述考虑，在对邺城开展考古工作的同时，自1986年起，邺城考古工作队在过去文物普查的基础上进行全面勘察，并成为多年来一个考古重心。

　　业已开展的田野工作使公元3~6世纪的帝陵制度日渐明晰。但是，这些工作却多以简报问世，对一座帝陵的全面研究来说是远远不够的。所幸的是，这个遗憾并没有出现在湾漳北朝壁画墓(M106)中。该墓是迄今发掘的北朝晚期规模最大的墓葬，其发掘不仅是一个显著的成果，而且《磁县湾漳北朝壁画墓》(简称《报告》)的出版无疑又是一极具意义的工作总结。

　　《报告》是第一部南北朝时期帝陵的发掘报告，共分五个章节，另有附表、附录两个部分以及127幅彩版和122幅图版，随文又附有线图125幅，主体结构与一般的考古报告没有什么差别。其主要章节包括前言、形制与结构、随葬品、壁画和地画、结束语等五个部分。附表部分则由随葬品、壁画人物和神兽等三个统计表组成，而附录则由壁画颜料的拉曼光谱分析、石料鉴定、木材鉴定和树轮分析、出土铜器分析、出土金属及填土的光谱测定等五个科技考古测

量报告组成。附表与附录部分无疑体现了《报告》编著者对学科发展趋势的清醒认识。

《报告》的主体部分全面科学地记录了墓葬形制和壁画以及出土遗物。不仅逐一编号详细介绍壁画的人物和神兽,最为典型的是对随葬品出土位置的记录。该墓随葬品极多,仅陶俑一项更达 1805 件。可是因为被盗年久扰乱的缘故,其位置已被破坏,发掘者便确立了平面坐标系,对每件遗物均标号并测绘出了出土位置。这对今后全面研究的开展,如复原随葬品摆放布局,以及借此进一步研究相关问题无疑提供了某种可能性,颇有裨益。可以说,这种记录、表达方式无疑也大大拓宽、延长了《报告》的学术生命。在相关的考古报告中,还是首见,值得倡导和推广。此外,《报告》对墓葬的营建手法、随葬品制作以及壁画绘制工艺都给予足够的重视,其观察入微可见一斑。

考古材料在学术研究中日益重要,亦备受青睐。只是在研究中,考古材料总是被人为地从出土的具体环境中剥离开,而对历史文献的简单连接甚或遗弃似乎也已司空见惯。《报告》能自觉地意识到这一点,正如徐苹芳先生在推荐意见所言:"(《报告》)全面科学地记录了墓葬形制和壁画以及出土遗物,并对该墓作了缜密的综合研究,对魏晋南北朝考古学做出了贡献。"《报告》能注意与历史文献的印证,并对相关遗物的功能和性质做出应有的判断,更试图进一步探讨相关问题,其中不乏真知灼见。比如,"地衣"(页 168)的提出等等。我们知道,墓葬呈现给我们的是一个整体性的存在,其各个部分在共同表达着营墓者的某种意愿。但在进行具体功能分析时,我们却多有意识、无意识地将对象逐一割裂开来单独考察,而且更将对象从环境、具体位置中抽离出来。实际上,在考古发掘时不仅要注意观察、记录墓葬内部的各种情况,而且更要注意墓葬地面周围共时性遗存的存在。文献已经表明后者存在的可能性,但考古工作中迄今难见。因此,从某种意义来说,后者的发现更为重要。为此,《报告》对坟丘及地面遗迹作了专门记录(页 11~15)。《报告》的这种事无巨细、精确的记录方式,将有助于这个研究方法的实践。

湾漳北朝壁画墓是近年来中国考古学的重大发现,对研究中国古代陵墓制度有重要意义。若较之以永固陵、静陵、景陵、长陵、和茹茹公主墓、娄叡墓以及此后的隋唐帝陵,无疑可以确定它是北齐时期的一座帝陵。《报告》将它拟定为北齐文宣帝高洋武宁陵,这是在综合梳理、比较北朝墓葬制度的基础上得出的结论。在封土、墓葬形制、壁画、随葬品以及神道石刻等方面,都体现了该墓在北朝陵墓制度史上的重要地位。夹处汉唐统一帝国之间使得3~6世纪的各种建设益发重要,它们徘徊于胡汉之间,其中的大部分典章制度便成为后来唐帝国"斟酌汉魏,以为规矩"的主要内容,陵墓制度也不例外。实际上,太和十四年诏书有关帝后陵墓制度的精神,自太和初年即已形成或基本形成。迁洛后,北魏的陵墓制度呈现出更多的汉文化制度的影响。北魏分裂后,东魏、北齐更多地承继北魏北邙的陵墓制度,并成为唐代陵墓汲取营养的重要对象。这在湾漳北朝壁画墓也得以体现。

　　影响中国古代丧葬的元素是多层面的,大体而言有儒释道、民俗、礼仪及制度等。这些因素都已完全被熔铸成民间信仰这一特殊文化现象的有机组成,不能再简单地以其源头如佛教、道教抑或其他来表达。这正是我国民间信仰深刻影响丧葬行为的表现,宜归入民间信仰。在湾漳北朝壁画墓中,有一现象值得注意。这便是所谓民俗,实即鲜卑习俗。《报告》称该墓甬道、墓室壁画遭受熏染(页11、145)。同样的现象也见于茹茹公主墓以及宣武帝景陵。综合分析这些迹象,除了盗墓和地下水的影响外,实际上皆是人为有意识地烟熏火燎的结果。这应该跟保留鲜卑埋葬时"生时车马器用皆烧之,以送亡者"神灵归乎赤山的习俗有关。《魏书》卷一三《皇后列传》云:"高宗崩,故事:国有大丧,三日之后,御服器物一以烧焚,百官及中宫皆号泣而临之。"我们不妨暂且称之为"烧物葬"。在湾漳北朝M106中仍可见鲜卑习俗的保留,从一个侧面引发我们对在胡汉文化交相碰撞的大时代下,鲜卑政权所谓"汉化"的思考。类似现象在近年发现的安伽、康业、李诞等北周别敕墓葬中都有发现,对此我们另有详论。总之,这一现象的揭示正是跟发掘者能忠实地记录分不开的。

　　考古报告也存在些许遗憾。如《报告》页121脚注②库狄回洛,误为"库狄回洛";页121脚注③河南省文物局文物工作队,当为河南省文化局文物工作队,如页 191 脚注③。此外,历史文献引文出处的书写规范不一,显得有些紊乱。但是,瑕不掩瑜。总的说来,《报告》是对北朝晚期规模最大的墓葬的严谨的田野考古报告,"论述清楚,附有准确的附图及高水平的摄影图版"(杨泓语)。其出版是中国考古学史的重大事件,今后定将在中国古代陵墓制度的研究中发挥重要的作用。

(本文原载《中国文物报》2007 年 1 月 31 日第 4 版。)

22

《青铜器与宋代文化史》

陈芳妹　著

台北：台大出版中心，2016 年

500.00 台币

　　本书作者陈芳妹为台湾大学艺术史研究所教授，先后获得台湾大学学士（1969）、硕士（1974）以及伦敦大学美术考古研究所博士学位（1997），多年从事艺术史的教学与研究，其学术专长为中国青铜器研究、北亚艺术史以及考古美术史。本书主体部分即由她在 2001~2015 年间相继发表的五篇论文组成。共分五章，依次是：

　　壹、宋代"金学"的兴起与宋仿古铜器；贰、"追三代于鼎彝之间"：宋人从"考古"到"玩古"的转变；叁、金学、石刻与法帖之间的交会：《历代钟鼎彝器款识法帖》宋拓石本残叶的文化史意义；肆、"与三代同风"：朱熹对"释奠仪式"的形成及影响；伍、13 世纪桂林府学释奠二图的新发现。另外，作者在全书之前加了一篇《导言》，对本书的内容和意旨，集中做了很好的总结和提升。

　　在《导言》中，作者开宗明义高度概括了本书的写作缘起、主旨以及简要的研究史。作者点明本书的焦点问题在于认为青铜时代青铜器形制或纹饰特征得以流传的转折点在宋代，缘于宋代使器物的复古成为运动。"宋代不只具备孕育复古的基本条件，更在诸多复古模式中，提供形成'运动'的诸多条件，这是其他阶段或模式所罕见的特质"，即"宋以前的器物复古，是零星的，点状的，其延续性并不够明显"。而宋代器物的复古"运动"，有其从"无意"到"有意"，从少数到多数，从中央到州县，从庙堂到居家陈设而形成"运动"的过程。其中关键在于新兴的饱读三代经典的士大夫,透过器物出土地点及铭文,证明是三代之器。这对于当时流行的集汉唐经典注疏大成的聂崇义《三礼图》所建构的三代器物认知具有矫正的作用(《导言》第 v 页)。该"运动"从点到面,由士大夫及皇室的参与而出现新的"收藏"阶层,相继出版的《考古图》《重修宣和博古图》等,用图录具体体现三代的真正样本。这些样本,不只成为制造仿品的典范,形成"礼局样",且被试图应用在《政和五礼新仪》等宋代礼仪中。

作者认为汉唐至宋之间,青铜器经历了一个复杂转变的历史过程。从汉唐"边缘"死而复生,而再被"推崇",并跨越材质,以"意象"说明铜器形象的再生。"北宋的礼器复古运动成功地改变汉唐以下到宋初集大成的三礼图示,而形成另一种新的三代意象,流传到近现代。所谓唐宋变革,在政治、社会、经济、文学与绘画之外,礼器复古也提供醒目的具体内涵"(《导言》第 viii 页),作者试图将本书的研究跟唐宋变革相联系。

《导言》总结了本书的研究方法为根据考古资料、现存文物和传世文献进行考察,具体言之,多注意文物与社会文化的图像,特别重视新出的考古材料,尤其是未经解读但却被忽视的面向,包括出土情景、器群关系、铭文及墓主身份等。结合文献记录,选取"三代铜器意象"再生的代表器群,重建人与物的可能关系。探讨宋代铜器背后观念的变迁,观念所来自的赞助阶层及其社会、经济、政治与宗教基础的扩大与变迁。总之,图像结合文献,解读其变迁及其动因,是作者努力的方向。在问题的处理上,体现出作者强烈的社会学方法论的取向,从而使研究更为深入,所得结论也更为扎实。

作者在《导言》部分对每篇文章的主要内容进行了高度概括。通过作者在《导言》的自我介绍,便可对全书有一宏观了解。根据各章的具体内容,又可以将本书内容分作三大单元。

第一单元为第壹章,讨论了"仿古宋器"及宋代"金学",认为此二者互为因果,共同反映宋代文化中的复古思潮。深入剖析了宋代从"解经"到"考古"的过程,旨在论述宋代器物的复古,不只兼具一般复古通见的"收藏"与"礼仪"脉络,更建立了随时检验收藏标本是否确实为三代标本的"考古"脉络。本章以吕大临《考古图》为焦点,讨论了北宋士大夫是如何建立了解三代铜器的方法与内容的。本章还用较大篇幅详细讨论了吕大临《考古图》的来源、结构、撰写原则及其影响。进而讨论了北宋朝廷,特别是徽宗朝的礼制建设。指出"宋仿古铜器在这种复古礼制中,应是代表'礼'中之'仪'。在这其中,皇权在寻求与三代礼制相关的过程中被强调,昭示着天子与诸侯之间理想化的尊卑井然有序,这些仿古铜器,仿佛成为代表三代理想之政治秩序的象征及向往"(第22页)。

在本章的结论部分,作者再次强调:"北宋一朝士大夫与宫廷的'再现三代',实反映出儒家地位在北宋再度受到重视,与宋代新儒学的产生相辅相成。这种'再现三代'是由士大夫与宫廷一起参与而产生的复古运动,在野与在朝相互激荡,具体落实在以士大夫为主,而朝廷也相继参与的'金学'建立,以及宫廷为隆礼作乐所铸的复古宋器。"(第51页)"考礼于夏商之器,正字于鼎彝之间。"其意在加强皇权的权威,以及政权正统的合法性,重建社会及政治秩序。考古之铜器,跟礼乐用器是紧密相连的,说明其用意在于重建礼乐制度。朝廷祭仪以及臣下家庙制度皆是如此。(乐器、容器方面的仿古)配合新仪及新出三代古器物,朝廷于是乎在政和年间特别铸造了不少宋器(第41页)。

第二单元为第贰、叁章,讨论宋代复古运动的扩散方式。其中第贰章论述宋代士大夫和皇室新价值观的形式,宋代器物复古运动参与阶层涵盖之广,以及复古载体的多样性、多元化。第叁章则具体以薛尚功《历代钟鼎彝器款识法帖》宋拓石本的流传为例,讨论"于古有据"的视觉图式上碑转拓的广泛流传,以及拓本如何随着雕版印刷术的"流传"脉络而做阶层的扩大与时空的转移。

作者认为,宋代士大夫和皇室新价值的出现,促使宋人从"考古"到"玩古"的转变。"由于五代战乱及社会失序,重建政治社会新秩序一直为宋代皇帝所关心。他们不只认为皇权的至高无上及法定地位在礼仪中应加以彰显,也期望社会及尊卑的政治秩序得以在代表儒家三代典范的仪节中,透过理想中的礼乐教化得以重建,并得到士大夫群的支持。这些礼节及所牵涉的各种器用,祖述三代、追三代之隆的宋代皇帝尤为重视。这种重视,尤其表现在北宋各朝的礼制修订及复杂的礼仪中"(第贰章,第101页),准确把握住宋代士大夫"考古"的根本目的在于重建礼乐教化与政治秩序。在论述中,作者还注意到道教对三代之器的渗透,以及三代之器对佛教、世俗的介入,从而较全面地揭示了三代之器在宋代的推广。

通过对薛尚功《历代钟鼎彝器款识法帖》及其拓本流传的考察,作者认为,"薛尚功对古物视觉形象如实记录的态度,经过现代科学考古发掘材料的对比,显示了宋代士大夫了解古物过程中,充分显露其学术性的研究态度,其实也是宋代金石学的基本态度,和近代'考古学'研究是契合的"(第叁章,第 173 页)。当然,从探究器物的目的和态度来看,二者确实相同,但事实上,二者所用的研究方法却有着根本的区别。

第三单元为第肆、伍章,讨论随着儒学的扩散,上古青铜器样本如何进入国家祭典以及州县释奠的礼制中。以广西桂林至今犹存的巨碑为例,进一步说明拓本的辗转传拓对三代意象流传的重要作用。从这个意义上来看,该单元又可视作第二单元的延伸。

第肆章讨论朱熹"释奠仪式"的行程和影响力,认为朱熹坚持放弃《三礼图》系统,改采于古有据的祭器,并且图绘一套以"考三代器物遗法"为名的图示,将"礼图""祭孔"及儒家"道学"系统相结合,虽其生前未完全成功,却使得"三代意象"与地方学校教育及孔庙的祭祀礼仪结合在一起,透过地方州县学、书院及孔庙系统,建立了成套标准的仿制样式(第 192 页)。此"三代意象"不只与孔子、朱子之学相始终、同样流布,而且在东亚文化意象的形塑上占有一席之地。

第伍章讨论了 13 世纪桂林府学释奠二图,认为二碑是 13 世纪初吴纯臣为地方释奠仪所立的,不只是各类仪物的图像化,更将仪物在仪式中与孔子及陪祀的部位关系皆加以图像化,形成明白易懂的地方释奠二图,利于执行而在帝国边陲的桂林确立(第 273 页)。本章具体讨论了祭孔释奠仪物图示的内容和侧重点,以及地方官员在释奠仪推行中的作用。以具体案例,深入讨论释奠仪的推行。

以三代青铜礼器为代表的"三代意象"在宋代是如何形成,又是如何、为何构建的? 它是如何衍生出影响后世深远的"金石学"的? 这是作者在本书要回答的主要问题和难点。陈芳妹教授"爬梳大量文献、文物资料,并拣选再生'三代铜器意象'的代表性器群,清楚呈现出宋代从考古、博古、仿古到玩古的变化过程,并以图像结合文献,探索此一变革背后的动力,及其对后世文化史、器物艺术史的影响"。虽然本书由作者前后发表的五篇论文组成,但是这些论文之间彼此联系、互有呼应。从所发表论著目录来看,多年来作者主要围绕着三代青铜器以及宋代、清代祭器的研究,这种学术积累使得她探讨宋代"复古"及"复古运动"时游刃有余,并屡有创获。通过上述五章,作者从宏观到微观、多层次分阶段地解析了宋代金石学的面貌及其政治文化意义。尽管本书成书前后历时16年,但显而易见它是作者学术规划中的沉潜吟咏。

在具体问题的阐释中,除了大量历史文献之外,作者还运用了大量的器物图示,其中既包括载于金石学、方志在内的历史文献著录,也有大量的馆藏文物和出土物以及作者自摄的器物照片。通过二者的互证,使得相关论点更为具象和结实。从本书的"致谢"部分(第279~280页)便可窥作者搜集材料之广、之勤。

在方法论上,本书与传统的艺术史方法有所不同,作者并非只是运用传统的艺术史研究方法和视角。她将对三代礼器的研究,与其背后相关的人物和蕴藏的社会背景相联系,似乎更重视探讨"之所以如此"的内因,由此使得其研究结论并不局限于艺术史的范畴,而是从中映射出社会历史与政治文化的大背景。值得注意的是,这一方法贯穿着全书五章的始终。这种研究方法对今天诸多学科的研究颇有启示意义,也许便是作者自谓的"社会艺术史研究"的路径吧。可以这么说,本书正因此路径,其学术意义才得以远远超越了艺术史以及对宋代"复古"的探讨。这可能也是作者冠书名以"青铜器与宋代文化史"的原因吧。

总之,本书堪称一部讨论宋代"复古"及"复古运动"的经典之作。

在受教之余,笔者拟对书中涉及的两个话题,谈一谈尚不成熟的想法。

第一,何谓"复古"? 难道"复古""复古运动"只是宋代仅有的政治文化现象吗?

"复古"话题曾经一度是考古学者和艺术史学者关注的共同话题。他们多把对三代,甚或前代器物的仿制称为"复古"。同样地,陈芳妹教授也将宋代以金石学来构建"三代意象"的行为称为"复古""复古运动"。宋代金石学家实地访求,重视器物本身,直接面对古器物。如同作者所言,宋代的金学者以士大夫为主,因此多具革新的面目,成功孕育出新学术,这是士大夫与大量新出材料,以及研究者间的互动,以因应新时代以及新风气需求。他们一方面要直接寻访三代古物,建立了解三代铜器的方法,以重现三代(第 4 页),实为礼制、礼学寻求理论的现实依据(第 16 页)。

作者认为,自以儒学立国之后,古代中国的礼制便跟儒学密不可分。儒学中的经学通过由之进阶的儒生、士大夫,而对国家政治发挥至关重要的作用。换言之,在很大程度上,经学的取向便代表王朝政治的走向,在根本上代表了皇权的权威,政权的正统合理性、合法性。因此,在此意义上,任何一个古代中国政权,都需要从历史形成的政治文化共识中去寻找自己政权正统的合理性和合法性。而该历史共识便是周代的礼制。

因为诸政权执掌者的背景不同,得以执掌政权的途径和方式亦不同,因此,也就造成他们对上述历史共识的阐释不同。总体说来,都是因势而作释,甚而不惜借助谶纬的力量混淆社会舆论。这就是"复古",以所谓"故事"来为自己政权的合法性做支撑,而这个"故事"则是由当权者因时而定,即根据形势来解释的。从这个意义来讲,"复古"及"复古运动"在任何改朝换代的过程中都会出现。历朝历代政权、王权统治者都属意于法统合理性的建设,即正朔、正统建设,无一例外。即便是在同一王朝内部的不同历史阶段,也会以不同的名号为当下政权的合法性正名。如,"汉魏故事""贞观故事"以及"唐承汉土德"在唐朝的出现便有这个内涵。

可以说,礼器"仿古"("复古")是历史时期的共同特点,或因古物之珍贵,或因其代表权贵,或因代表法统的继承,其选择的内容和表现方式或有不同,多为"当以时定"之物。如,战国铜器的复古实践表现为古老器形、纹饰的仿制和传统礼器制度的恪守两方面,意在守旧、尊古。[1] 唐代出现了一些早期风格的铜镜,既有早期流传下来的,也有以模仿汉代铜镜风格为主的汉式唐镜,主要出土于两京地区,并且这一过程从隋至初唐起至晚唐从未中断。而唐代铜镜的复古风气对宋代以后大

---

[1] 可参:张闻捷《战国时代的铜器复古》,《考古》2017 年第 4 期,页 91~102。

量仿制前代铜镜产生了一定的影响。[1] 唐朝的帝陵制度便是"斟酌汉魏,以为规矩",到了唐玄宗时期,更是上承汉制,在陵地秩序上照搬西汉陵地的布列原则。而该原则又在巩县北宋八陵陵地以及"承唐仿宋"的西夏王陵陵地秩序上得以忠实再现。[2] 这无一不是统治者出于政权正统性建设的需要。

同时,需要注意的是,礼制复古是国家政权统筹规划的一系列行为,而非只在器物方面而已。比如,唐朝有着浓厚的汉朝情结,除了在铜镜方面有所体现之外,在墓葬布局形式、壁画内容和表现手法等方面也都有体现。这是否便是所谓的"复古运动"? 又如,唐宋王朝政权更迭,首先面临的是都城位置的迁移,为此,同样依照帝王居天下之中的法理,北宋统治者沿用了始于五代的"天下之中"的东迁,使得开封位于天下之中,终成"天子之居"。[3] 与之配套的便是历法的相应改变。在地理官书的采用上,赵宋一反李唐吕才《阴阳书》,而制定颁行《地理新书》,其中最为重要的便是五音兴利和昭穆制度的重新提倡。因此,我们更愿意将"复古"视作北宋政权正统整体建设中的一环。这也是宋代复古呈现自上而下态势的根本原因。

2006 年 12 月至 2011 年 1 月,陕西省考古研究院等发掘的吕氏家族蓝田太尉塬墓园是迄今为止清理得最完整的北宋家族墓园,揭示了北宋士大夫阶层的日常生活及墓葬制度。该墓园共发掘出家族墓葬 29 座,其中成人墓葬 20 座,未成年人 9 座,共出土随葬器物 665 件(组),包括金、银、铜、铁、锡、陶、瓷、石、骨、漆及珠贝类等。[4] 蓝田吕氏家族墓地的发现,不仅"为宋代复古议题提供珍贵的史料,乃政和年间除皇室之外,士大夫也参与铸仿古铜器的考古证据"(《导言》第 vii 页);而且根据蓝田吕氏家族墓园的考古发现,可以探讨宋代士大夫如何通过收藏三代之物、考订三代之物,进行礼学实践。从墓地的选址和布局来看,蓝田吕氏放弃了此

---

[1] 相关研究详悉:范淑英《隋唐墓出土的"古镜"——兼论隋唐铜镜图文的复古问题》,《故宫博物院院刊》2010 年第 6 期,页 104~125;范淑英《〈古镜记〉与中晚唐道教的"古镜"再造》,载荣新江主编《唐研究》第 18 卷,北京:北京大学出版社,2012 年,页 173~200;等等。

[2] 沈睿文《唐陵的布局:空间与秩序》,北京:文物出版社,2021 年。

[3] 王静《中古都城建城传说与政治文化》,北京:社会科学文献出版社,2013 年。

[4] 陕西省考古研究院等编《蓝田吕氏家族墓园》,北京:文物出版社,2018 年。

前的宫姓葬式,而采用了每个宗枝以大宗左昭右穆的葬式。显然,此与王朝制定、颁行倡导五音兴利的《地理新书》的大背景相悖,[1]由此而益发衬托出蓝田吕氏所谓"考古""复古"的真实用意,而这也正是宋代士大夫"复古"的真实缩影。

到这里,或者可以试着给"复古"下一个定义。即,统治者采纳经学家或礼官对所谓"三代制度"及器用的辨析结论,将它付诸国家典章制度的建设,其中大则都城、政权的建设,小则器用的制作与使用程式,乃至衣食住行,甚而无所不包。它与国家政权合法性的建设息息相关。换言之,这是王朝为了表明自己政权的正朔,在关乎典章制度的规则上,有意地仿照、照搬所谓的"三代制度",或者前朝制度的行为。

第二,作者认为"《三礼图》依经绘图"(第18页),即《三礼图》的成书只凭纸上材料,缺乏参照真正出土的三代器物而产生误解(第7页)。这恐失之偏颇。

首先,聂崇义《三礼图》礼器样式也是参照实物而成的,并非如作者所言,只是依靠文献考辨而得(第3~4页)。典型的事例便是如作者指出的:"唐恭陵哀皇后墓出土的陶器所呈现的,特别是爵作雀形等,与聂崇义系统相近。"其实,这恰说明聂崇义制定《三礼图》时,也是参照斟酌实物。礼器图与礼一样,也存在不同学术流派,而不同政权的取舍也会有不同。这从同名礼器存在不同样式的实物便可证明。

其次,有些礼器样式原本即存在不同认识,而且器型也是各自沿着不同的认识路线演变的,并不能以最终的结果来判断原初的孰是孰非,而在于取舍为何的问题。最为典型者便是唐哀皇后墓所见之雀形爵。该爵形实际上是从北朝的斗形爵发展演变而来的,而后者的雏形更可上溯至西周时期。这至少可以说明某些器物在更早时期便存在分歧。甚而在夏商周三代时,对同名器物便存在对器型不同理解的现象。换言之,对不同形态的器物可能存在同名的认识。所以,后世,如李唐、赵宋对礼器样式不同取舍的背后便有不同动机之催动。

再次,从考古发掘情况来看,洛渭流域蒙元墓葬多仿唐制,并随葬一套仿古礼

---

[1] 沈睿文《〈地理新书〉的成书及版本流传》,北京大学中国考古学研究中心编《古代文明》第8卷,北京:文物出版社,2010年,页313~336。

器,在墓葬结构和随葬品类别上皆与唐代墓葬十分接近。如,元朝刘黑马家族墓葬所出陶礼器样式便与唐哀皇后墓所出者类同。[1] 由此可知,聂崇义《三礼图》礼器样式实为关中地区样式,承继唐代者,在赵宋"复古"之后并非便已消亡。同时,亦可明晰宋代《宣和博古图》礼器样式此前并不见于河北山东地区,[2]实乃意在颠覆此前唐政权者,为赵宋新树之礼器样式。元代时关中地区仍存在李唐礼器样式,更加说明赵宋重塑礼器新样之政治意图。正好,此前李唐礼器样式与三代者的差别也成为赵宋重塑的绝好借口。

（本文原载包伟民、刘后滨主编《唐宋历史评论》第 6 辑,北京：社会科学文献出版社,2019 年,页 215~223。）

---

［1］陕西省考古研究院编著《元代刘黑马家族墓发掘报告》,北京：文物出版社,2018 年。
［2］详悉谢明良《记唐恭陵哀皇后墓出土的陶器》,《故宫文物月刊》第 279 期（2006 年）,页 68~83;增删后收入所撰《中国陶瓷史论集》,台北：允晨文化实业有限公司,2007 年,页 172~189。袁泉《洛渭地区蒙元墓随葬明器之政治与文化考》,《中国国家博物馆馆刊》2013 年第 10 期,页 61~77;袁泉《略论"洛—渭"流域蒙元墓葬的区域与时代特征》,《华夏考古》2013 年第 3 期,页 107~111;袁泉《复古维新：洛—渭地区蒙元墓葬"复古化"的再思》,载齐东方、沈睿文主编《两个世界的徘徊：中古时期丧葬观念风俗与礼仪制度学术研讨会论文集》,北京：科学出版社,2016 年,页 343~366。

23

拓跋—北魏考古概观

　　拓跋—北魏的考古学研究,是以拓跋鲜卑一脉为主线展开的。它集中表现在对拓跋鲜卑族源的探索及其迁徙、入主中原后整个汉化进程的考察。

　　相近、相同的生存环境和生存方式,使得北方游牧民族同样有其共同的政治文化认同,更重要的是该政治文化亦具有延续性。同一地域、不同历史时期的北方游牧民族传诵着结构雷同的族源神话便是一个核心体现。这种文化的一体性使得他们在考古学物质遗存方面的表现也大体相同。但是,我们仍必须承认它们又具有不同特点。这些特点一旦与具体时空相结合,它们又被对应为史载中的某族群或政治集团。同时,这种特点又成为追寻、考察该族群或政治集团演变的重要线索。

　　显然,在民族考古中,若仅依历史文献来判断特定时空物质文化遗存的归属会存在一定风险,所幸鲜卑考古研究建立的假设经受了多年考古发现的反复验证。在此基础上,根据东北和内蒙古等地发现的一系列墓地,考古学构拟了早期鲜卑的迁徙路线,进而对其起源地展开推论。相比较而言,关于迁徙路线意见相对统一,而其起源地则存在较多的分歧。1979、1980 年嘎仙洞及其题记的先后发现和试掘,使得其族源地指向了大兴安岭。遗憾的是,此后全面的嘎仙洞遗址考古工作并未展开,导致遗址的年代及其跟周边相关遗迹的关系迄今难以论定,嘎仙洞遗址的性质仍聚讼不已。

　　此后拓跋鲜卑的考古基本依次对应于所谓"盛乐时代"(258~398)、"平城时代"(398~494)以及"洛阳时代"(494~534)。与其他时段的考古学研究一样,探讨上述各"时代"的城市建制、墓葬制度及其元素(如壁画、随葬品等)与源流成为此一时期考古学研究的主要内容。多年的考古工作积累了大量的实物资料,现已逐渐建立起墓葬形制的演变谱系,掌握了墓葬文化的区域性特点。在结合文献资料进行等级制度研究的基础上,又开始深入研究丧葬制度和习俗。城市的本体范围、道路河道系统、墓葬区以及宗教区构成城市布局的综合规划,这已日渐成为考古工作的共识和考古研究的新思路。

北魏盛乐城(今和林格尔土城子)主要沿袭了东汉成乐城。1960、1997～2005年曾两度进行考古发掘,遗址平面呈不规则长方形,分北城、南城和中城三部分。中城为宫城所在地,城内中部有高台建筑基址。北魏的器物主要见于中城与南城,其周围魏晋墓葬总体并不多,主要以洞室墓、土坑侧穴墓和带阶梯的土坑墓为主。史载,云中金陵在盛乐城西北,为拓跋都盛乐、平城时之帝陵区,惜相关考古工作尚未有实质进展。

从盛乐到平城(今大同),拓跋鲜卑的考古学文化发生了重大转变。

在都城建制方面,“营宫室,建宗庙,立社稷”,注意吸纳汉文化都城规划中的礼制元素,并有新创。“宫南置市”,内城规划里坊,便是新出现的重要内容。后北魏洛阳城、唐长安城一仍其旧。平城宫城四至,或认为在南起今大同市城区的大北门,北抵玄东门或东西马路交叉口,东起操场城东墙,西至食品厂附近,以南北大街为中轴,南北约900～1000米,东西约1000米。但目前对平城宫的考古还仅限于单体建筑,如大同操场城北魏建筑一号、二号、三号遗址。其中一号为宫殿建筑遗址,台基东西长44.4米,南北宽31.5米,残高0.1～0.85米,有四条踏道。出土有磨光黑色板瓦和筒瓦以及文字瓦当,如“万岁富贵”“大代万岁”“皇魏万岁”瓦当。三号建筑基址南距一号建筑基址仅10余米,两者并列,遗物特征相似,说明此处为平城宫宫殿群。二号遗址规模与一号遗址相当,保存遗迹较多,其中有5个地下粮窖,内有粟粒。发掘者判定为北魏太官粮储遗址。

1995年,平城明堂遗址的发掘是平城考古的重大发现之一,它是《水经注》所记诸多平城建筑中首座能够明确地理坐标的建筑。该遗址平面呈圆形,中央方形夯土台基为主体建筑所在,圜水沟四至临水处各置一门。该遗址的发现有助于平城位置的认定,以及对郭城南其他建筑的推定。

同时,平城及其北部的方山(今梁山)被统治者有意识地构建成汉制的南北郊礼模式,试图替换此前拓跋鲜卑东西郊的方式。尽管其间颇有反复,但这是平城时代拓跋统治者推行汉化政策的重要一环。作为其中的一个措施，北魏统治者亦将方山作为该时期的帝陵区，其中影响至巨的便是文明太后冯氏永固陵及孝文帝虚宫"万年堂"。二者建制相同，仅规模有异，后者位于前者东北约 800 米处。永固陵以一座充满汉文化元素的陵墓昭示了以汉文化为国策的决心，而具体而微者的万年堂紧跟其后则寓示着该国策的亘古不变。孝文帝更是通过"太和十四年诏书"，进一步确定以"永固陵式"的建制为此后北魏帝陵的范式，并在洛阳瀍西北魏诸帝陵得以切实执行。由此北魏政府执政的政治文化取向与决心可见一斑。

大同地区所见北魏墓葬也贯穿了这样的过程。司马金龙夫妇墓（484）、电焊器材厂北魏墓群、智家堡北魏石椁壁画墓、智家堡北魏棺板画墓、雁北师院北魏墓群、七里村北魏墓群、迎宾大道北魏墓群、大同县国营粮食原种场北魏墓群以及怀仁县七里寨村北魏丹阳王墓等墓葬，共同反映了平城时代墓葬的特点。就目前的墓葬资料来看，平城统治者的这种政治文化取向聚焦于太延元年（435）沙岭壁画墓。该墓不仅提供了非拓跋鲜卑族的墓葬资料，更为重要的是所反映的胡汉礼制元素的糅合，正是此刻北魏政府在政教领域改革的如实反映。

平城时代墓葬中出现了石质葬具，即石椁（石堂／石室）和石棺床。前者如智家堡北魏石椁壁画墓、阳高北魏尉迟定州墓石室（457）以及雁北师院宋绍祖墓（477）等。后者如宋绍祖墓石棺床（自铭"柩"）、司马金龙墓石棺床、大同南郊北魏墓群 M112 石棺床、大同南郊智家堡村北砂场石棺床以及北魏石椁壁画墓石棺床等。其中有些墓葬中的石棺床复置于石室之内，如宋绍祖墓和智家堡北魏石椁壁画墓便是。这些石葬具的拥有者既有帝王贵族，又有品级较低的官员；既有汉人，又有鲜卑人和入华侨民。其中大部分使用者都曾受过鲜卑文化和西域文化的影响。北魏墓葬所见石质葬具应是鲜卑石室传统与汉地石葬具传统相结合的产物，后者为源自《周礼》之制，而石室墓、石质葬具及随葬品因与胡人的种族文化相契，便也渐沉淀为中古中国部分胡裔墓葬的重要特点。

迁都平城以后，北魏在平城北、西两面设立六处军镇，唯镇城地望今尚存有歧义者。六镇一线今已发现 20 余座北魏城址，但仍有待进一步甄辨。

太和十九年（495），北魏正式自平城迁都洛阳。北魏洛阳城"法天象地，祖述周官",其规划可谓代表了北魏政府对汉文化都城礼制的想象。洛阳城由宫城、内城、外郭城三重城垣组成。宫城、内城基本在魏晋洛阳城旧址上重建。20 世纪 60 年代以降,陆续发掘了洛阳城宫城内的太极殿、阊阖门、金镛城,内城的永宁寺与城南的官府建筑遗址,以及郭城的西市等,对北魏洛阳城的建制有了更为直观的了解。此外,考古工作还勘探了与北魏洛阳城有关的水道,如谷水、阳渠、长分沟的流向及方位,北魏时洛阳的确切位置等都取得了显著的成果。近年来东魏北齐邺南城考古工作的进展,也为北魏洛阳城的研究提供了参照。

迁都洛邑之后,北方政局较为稳定,经济恢复。孝文帝的汉化政策使得鲜卑文化面貌变化甚厉。孝文帝诏以瀍西为山园之所,瀍河以西成为北魏帝陵之域,而其他北魏墓葬皆在瀍河以东,异姓贵族墓地则偏居元姓贵族墓地之外。帝陵与陪葬墓呈现出与南朝截然不同的分布规则,这种规则影响了唐朝时玄宗之前诸陵的选址。孝文帝长陵、宣武帝景陵、孝明帝定陵、孝庄帝静陵以及节闵帝元恭墓等 5 座北魏帝陵都已明确,诸陵建制见证了"太和十四年诏书"的践行,也披露了鲜卑特有之烧物葬葬俗在景陵中的照旧履行。在矢意汉化的进程中,宣武帝朝仍着力保留自身之种族文化,鲜卑统治者的烧物葬举措让人深思。

此刻洛阳地区墓葬制度统一。官员贵族皆使用弧方形墓。墓葬有扩大之势,且在神道树立石刻的做法得到恢复。在洛阳地区发现了一批北魏皇族或宗室的墓葬,如江阳王元义(道武帝拓跋珪玄孙)、常山王元邵(孝文帝孙)、南平王元　(道武皇帝六世孙)、洛阳刺史元睿(昭成皇帝之后)等墓葬。

北魏亲王墓的墓室结构与宣武帝景陵基本一样。其代表者为孝昌二年(526)江阳王元义墓。墓冢夯筑,平面呈圆形,高约 20 米,底径 35 米。墓室为穿窿顶,平面呈弧方形,南北长 7.5、东西宽 7、高约 9.5 米。墓室东西各有一假耳室,南部为拱形砖券甬道,长 7、宽 2.5、高约 3.5 米。其斜坡墓道,长 30、宽 3 米。甬道顶部与壁上彩绘已模糊不清(被盗时破坏)。墓室四壁隐约可辨四神图,下部绘人物和马匹(出行图),顶部保留一完好的天象图,其边缘残存一连鼓雷公,长期为学者所忽视,它实透露了元义墓室壁画原该有如北齐娄叡墓壁画内容的存在,而墓顶天象图亦不可以实际星象究之。

元邵墓为竖井式墓道的方形土洞墓,墓室长 4、宽 3.9 米,所出主要为 100 多件陶俑。与平城时代相比,该墓骑兵俑减少,而增加了大批文武吏和侍从俑。它们依照一定的阵容摆放,以牛车居中偕以空乘之彩绘鞍马以为墓主骑乘,其前为骑俑和鼓吹俑,后为驮物之驴和骆驼,两旁为文武俑,靠墓壁则为一排站立的半模俑。

洛阳时代的陶俑受南朝的影响,皆为秀骨清相。明器生产已经批量化,一般用模压而成,先分部压制,再组合进窑烧制。

北魏亲王墓主要以石棺为葬具,洛阳地区先后出土过近 10 具石棺。其外壁皆有浮雕或线刻壁画,内容为孝子故事、龟甲方相(兽面人身)、升仙等等。

同平城时代一样,洛阳时代也发现了一些石室,著名者如现藏美国波士顿美术馆的宁懋石室(孝昌三年,527)。宁懋,为北魏横野将军、甄官主簿。其石室以数块石板及石质屋顶拼装而成,高 1.38、宽 2、进深 0.97 米。石室仿木结构,为单檐悬山顶、进深二架椽、面阔三间的房屋。无门,下有基石。每间刻出人字拱二朵及檐柱等,山面刻蜀柱、叉手。在内外壁画上以阴线刻满绘画,依一定规制,将不同内容的画幅安排在特定的位置。正面门外两侧各刻一金甲武将,执戟、剑、扬盾,着武将装束,怒目扬眉。门两边各刻有"孝子宁万寿""孝子宁双寿造"的字样。两山面分上下栏刻丁兰、舜、董永及董晏 4 组孝行、历史故事,画面均以独幅形式表现主要的情节内容。后壁外侧是 3 位贵族以及侍女像。内壁左右山面各刻鞍马和犊车出行,后壁内侧左右刻绘在庭院间以屏帐围隔的庖厨图。关于石室的主人宁懋,或以为应为宁想。而石室的功能也未能统一认识,或以为是墓上祀宗祖的石室,或以为葬入墓内以为祭奠之用。不过,若参校以相关石室资料,并不能排除其直接为葬具的可能。

世家大族作为该历史时期引人瞩目的社会现象,自也是考古工作的一项重要内容。目前,已在冀中、鲁北发现了一批世家大族墓地,如景县、吴桥渤海封氏墓群,景县渤海高氏墓群,河间邢氏墓地,赞皇、临城赵郡李氏墓地以及无极甄氏墓群和临淄崔氏墓地等。这批世家大族墓地的发现不仅为研究此时期的家族埋葬习俗提供了重要的考古学证据,而且也为探讨该时期世家大族与国家政权之间的关系提供了更为直观的物证,其中又以临淄崔氏墓地极具研究旨趣。但是,这一点长期以来在考古学研究中并没有得到应有的重视。考古资料表明,这些世家大族的墓葬及墓地各有其特点,无视国家对丧葬制度的统一规定,体现了其作为世家大族的影响力和特立独行的作风。同样的现象也出现在南朝世家大族墓地。这种情况最终引发了后来唐太宗诏令吕才重新整顿地理官书,颁行《阴阳书》以整饬丧葬领域。世家大族墓葬的这种特质,提醒宜重新考量它在已建构的南、北朝墓葬等级制度中的等秩。

佛教石窟寺是北魏政权跟佛教关系之一面,长期以来成为宗教考古之重点。随着都城的迁徙,云冈石窟、巩县石窟、龙门石窟等石窟寺得以开凿,它们或成为都城规划之一部,或置于重要的交通路程之中,甚而融入国家政治。此上三处可为北魏佛教石窟寺之代表。云冈石窟在北魏的开凿从文成帝和平初(460)起,至孝明帝正光五年(524)止,历时 60 多年。所形成的云冈模式影响波及平城周围地区石窟,乃至河西敦煌。而且,迁都后的龙门样式或中原样式也孕育形成于此。龙门石窟北魏窟龛约占 1/3,其中以古阳洞、宾阳洞和莲花洞为代表。巩县石窟创建于北魏晚期,其石窟及造像又出现新变化,现存 5 个大窟,或为皇室亲贵所开,其中的帝后礼佛图精美之至。

20 世纪 80 年代以后,随着考古工作的积累,道教研究的深入,道教相关器物、碑刻、石窟造像及其传播等内容渐引起考古工作者和道教学者的重视,墓葬中的相关因素也得以重视。实际上,在平城时代和洛阳时代的北魏墓葬中,包括在佛教石窟寺中,却仍存与道教有关联的一脉,它们以神煞、畏兽的形象藏身于出行仪阵之中。在北魏初期,这些形象和组合缘于崔浩与寇谦之联手在政教领域进行改革重新厘定的结果,因已进入国家礼制,故而出现在不同的场合之中,并随时代而衍化。

不得不承认,拓跋鲜卑极其善于学习。可以说,至迟从走出森林开始,拓跋鲜卑就是在跟外部不断的交流和学习中成长壮大起来的。在鲜卑墓葬中,便不仅可以看到来自匈奴对其文化的影响渗透,也不乏来自汉朝的元素,如丝织品、漆器等,同时还可见从拜占廷经由草原之路辗转而至的玻璃器。跟中古时期的其他王朝一样,北魏中国发现的外来器物主要来自中亚、西亚和拜占廷,器类主要为金属币、玻璃器和金银器等。它们保存在丝绸之路沿线的墓葬、窖藏和遗址中,多分布在新疆、内蒙古、山西、河北等地,基本呈现出从西北地区向内地扩展的态势,反映了北魏与域外直接或间接的交通贸易以及与境外沿线诸族群或政治集团的密切联系。

拓跋—北魏考古的进展,不仅深化了对鲜卑及其历史的认识,而且也充实了美术史、宗教史、科技史和建筑史等相关领域的视野。随着考古工作的持续推进,相信拓跋—北魏时期更多的族群、政治集团及其关系能日渐清晰。同时,随着研究方法和视角的转变,如今考古学碎片式、剥离式的研究也将能联缀、还原出更为宏大的历史图景。

(本文原载《上海书评》2017 年 3 月 9 日。)

24

北朝隋唐圆形墓研究述评

　　河北、山东地区人文的特殊性，[1]历来史家亦多有发明，其中要以陈寅恪的论断最为深刻而著名。[2] 这些人能征善战、一呼百应，又不易管理、约束。这种人文特性在考古材料上，得到淋漓尽致地表现。比如，在墓葬制度和丧葬习俗上都表现出与唐代两京地区不同的状况。在中古中国，河北、山东构成了一个既不同于两京文化的传统，也不属于民族文化的新的文化区域。该地区长时间的人文背景和独特的文化面貌，都深刻地揭示了其墓葬在当时政治格局中的政治意蕴。

　　在中国考古学各时段传统社会所制定的墓葬等差次序已经建立的今天，有必要加强对考古材料差异性的研究。显然，共性的研究是必须的。但是，共性的研究又往往掩盖了客观存在的差异和细节。而历史的真相却往往就在细节之中，且差异性也往往是进一步解读区域历史与政治的关键。现实的历史丰富多彩，而非整齐划一。这就提醒我们要尽快将对差异性的研究提上日程。

　　如上所言，河北、山东地区便给我们呈现出这种差异性。显然，在河北、山东地

---

[1] 正如李孝聪对区域历史地理研究现状的反思一样——"区域的界定是最复杂、最困难的，它本来应当是自然形成的，不是人为地事先划定的。可是，在人文地理研究中（无论历史的或现代的），'区域'往往是由研究者来划定。其界线的划分，既有按综合自然作出的区划，也有按现代行政作出的区划，或者按现代经济作出的区划。例如：以现代省区界线来描述古代的农业地理或文化地理，不能说这样的区域界定没有道理，因为现代省区界线的形成有着历史演进的规律性与传承性，与历史上的经济区或文化区有相当密切的关系，无论农业区界线、文化区界线与行政区界线吻合与否，都值得研究。但是，按现代省区来研究专题性历史地理问题，容易人为地割裂长期自然形成的区划。或者说不是从事物的本源出发，使读者不易体察在发展与流动中是否逐渐形成了某种区划，是否体现出地理学家强调的区域间的差异。"（详李孝聪《中国区域历史地理》，北京：北京大学出版社，2004 年，页 3）在考古学的区域研究中也存在这样的问题。这是我们在考古学的相关研究中需要注意的一个内容。

[2] 陈寅恪《论隋末唐初所谓"山东豪杰"》，载《陈寅恪集·金明馆丛稿初编》，北京：生活·读书·新知三联书店，2001 年，页 243~265。

区的考古学材料中,最为特殊而引人瞩目的便是圆形墓的出现和延续使用。从传统社会墓葬的发展谱系看,无疑圆形墓并非传统社会墓葬形式的主流,其出现是极其突然,且让人费解的。而且从后世的沿用来看,也呈现出一种特殊的形态。由此,圆形墓也具备了承担某种特殊意义的符号的可能。

目前所见圆形墓首先出现于山东淄博[1]崔氏家族墓地。该墓地位于山东淄博市临淄区大武镇窝托村南约 400 米。1973 年冬,辛店电厂施工过程中发现。同年,山东省文物考古研究所发掘了其中的 14 座墓葬。[2] 1983 年,淄博市博物馆等又在该处清理了 5 座。[3] 两次共发掘墓葬 19 座,时代跨越北魏、东魏、北齐三个时期,该墓地也是山东地区目前已发掘的北朝墓葬中规模最大的一处。

迄今考古未发现崔氏以外的北朝圆形墓葬。崔氏为当时一门阀世家大族,[4]圆形墓是跟这个家族紧密联系的墓葬形制,且在此后北朝崔氏的墓葬中多采用。这一现象使得圆形墓从一开始便成为北朝崔氏一族的墓葬符号。门阀是两晋南北朝乃至唐代政治的一个重要内容和时代特点,我们认为圆形墓与门阀崔氏的紧密相关,使得该墓葬有可能成为探讨门阀士族与政治的一个切入点。

同时,圆形墓是该地区所有墓葬类型中经历时间最长的,在空间分布上呈现明显的扩散现象。在时间上,从北魏到辽代,前后历时约 600 年;在空间上呈现出从山东向河北、北京、辽宁朝阳地区扩散的状态,由东往西、折向北。这样的地理空间有可能衍生出相应的社会空间。这使得我们探讨圆形墓与社会变迁的关系成为可能。

因此从这个意义上讲,可以说圆形墓是反映河北、山东地区人文特殊性的一个焦点符号。它是在特殊的历史阶段应运而生的特殊产物,颇具研究旨趣。

但是,正如我们知道的,由于某种历史形成的原因,在已有的考古学墓葬研究中,多倾向于不同墓制等级制度的研究,尚未对某一墓制尝试专门深入的探讨。圆

---

[1] 北朝时淄博属青州。详悉《魏书》卷一〇六中《地形志中》,页 2522。

[2] 山东省文物考古研究所《临淄北朝崔氏墓》,《考古学报》1984 年第 2 期,页 221~224。

[3] 淄博市博物馆、临淄区文管所《临淄北朝崔氏墓地第二次清理简报》,《考古》1985 年第 3 期,页 216~221。

[4] 对崔氏的研究可参夏炎《中古世家大族清河崔氏研究》,天津:天津古籍出版社,2004 年。

形墓的研究也不例外。在以往的研究中，鲜有专门对圆形墓进行研究的论述。[1]
它们大多是将圆形墓置于该地区所见的墓葬类型中进行研究，显然这种方式影响
了对圆形墓的深入认识。我们亟需一种更为细致而深入的探讨。

辽宁朝阳市黄河路唐墓的发掘似乎弥补了这一遗憾。该墓的特殊性使得它一
面世就为学界所重视。该墓是迄今在朝阳地区发现的规模最大的一座唐墓，根据
墓葬形制和随葬遗物，发掘者推断该墓主人为武则天时期的营州官员。[2] 在墓葬
的甬道壁龛内发现 2 件辫发石俑，唐墓中石俑极为罕见，而辫发石俑更是首见。这
些特殊性使得该墓脱颖而出，成为个案研究的对象。姜思念在墓主人身份和年代
上支持了发掘者的观点，并以辫发石俑作为研究的突破口，认为这两件石俑应是古
代粟末靺鞨族人的石像，这是有关靺鞨徙居营州历史的一次重要发现。唐代营州
官员墓葬中随葬粟末靺鞨石俑就是大量靺鞨人内附的反映。此外，文章还探讨了
内迁靺鞨人的汉化问题。[3]

显然，关于圆形墓的出现本身就是一个颇具意味的课题。于是，对该墓葬形制
的出现原因便成为一个相对集中讨论的焦点问题。但对此说法不一，限于目力所
及，大概有如下几种。

第一种观点，认为圆形墓是北方草原地区少数民族的毡帐制度与中原地区墓
葬形制相结合的产物。见诸文本首倡此说的是黄河舟。[4] 此观点最为不利的反
证是：目前所见鲜卑墓葬多为长方形或梯形的土坑墓，不见模仿圆形毡帐的圆形
墓葬。入主中原以后，鲜卑墓葬的情况也是如此。更为重要的是，帐篷陶明器中属
于鲜卑系统的是方形帐篷模型，[5]而非圆形者。但此说仍颇有影响。

[1] 如，吕学明、吴炎亮《辽宁朝阳隋唐时期砖构墓葬形制及演变》，《北方文物》2007 年第 4 期，页 32～
　　39；辛岩《辽西朝阳唐墓的初步研究》，《辽海文物学刊》1994 年第 2 期，页 126～131；张洪波《试述
　　朝阳唐墓形制及其相关问题》，《辽海文物学刊》1996 年第 1 期，页 98～103、97。等等。
[2] 辽宁省文物考古研究所、朝阳市博物馆《辽宁朝阳市黄河路唐墓的清理》，《考古》2001 年第 8 期，
　　页 59～70。
[3] 姜思念《辽宁朝阳市黄河路唐墓出土靺鞨石俑考》，《考古》2005 年第 10 期，页 68～72。
[4] 黄河舟《浅析北朝墓葬形制》，《文博》1985 年第 3 期，页 44～45、56。
[5] 程嘉芬《北朝时期的方形帐篷与族群互动》，《中原文物》2014 年第 4 期，页 40～65。

张洪波便延续了这种说法。在对朝阳地区唐墓形制的研究中,他认为:唐朝圆形墓在营州大量发现,追其源,"当时北方少数民族居住的圆形毡帐环车是其模仿对象"。并认为:"仿造出现这种圆形墓要有一个过程,并不是一步到位,从考古发掘材料证实,朝阳北魏半月形石椁墓,处于萌芽时期,隋至唐初弧方形砖室墓是其过渡时期,唐贞观年间是圆形墓走向成熟时期,发展在辽代。"他又对圆形墓的墓主人身份提出了自己的判断。认为:"圆形墓墓主,多为东征北伐军人之墓。即使是女士墓也多为参战军人妻眷。"[1]显然,张洪波的这个说法忽视了圆形墓在北魏便已出现的事实,更没有注意到圆形墓在路线上的北移及其墓主人身份的多样性。

针对河北定县南关唐墓,信立祥认为该墓的圆形单室结构,"与北方地区的方形砖室墓迥然不同,可能为迁徙内地的北方游牧民族模拟穹庐牧帐而来"。[2] 换言之,信立祥认为此类墓葬有可能是南下的北方游牧民族模拟其居所而建造的。但是,圆形墓墓主有一部分为东征北伐军人之墓,正如张洪波所指出的那样。因此,信说恐亦难以成立。

第二种观点,方殿春《论北方圆形墓葬的起源》[3]一文是最早的专论圆形墓的论文。方文认为圆形墓葬的渊源是弧方形墓葬。此二者之间是一种吸收和发展的关系,但绝不是代替关系。并将其总的纵向发展层次概括如下:

方殿春从两个方面反驳了圆形墓是模仿北方游牧民族的圆形毡帐的说法。其一,河北、山西南部是圆形墓葬的起源地域,而赤峰、朝阳等地是圆形墓葬分布范围的北缘,圆形墓由南而北传播无可非议。其二,从时间验之,圆形墓起码出现于北魏时期,而毡帐传入中原地区当属唐初前后。所以,圆形墓与毡帐之间没有必然联系。它们的平面形制虽然皆为圆形,但由于出现、存在的原因和条件迥然不同,这

[1] 张洪波《试述朝阳唐墓形制及其相关问题》,《辽海文物学刊》1996 年第 1 期,页 98~103、97。
[2] 信立祥《定县南关唐墓发掘简报》,《文物资料丛刊》第 6 辑,页 116。
[3] 方殿春《论北方圆形墓葬的起源》,《北方文物》1988 年第 3 期,页 39~41。

就决定了两者具有自身演变、发展的基本规律。方文进一步提出圆形墓的出现、发展是社会各种基本因素交织的结果。如当时门阀士族的厚葬之风使得此时的墓葬规模趋于增拓，主室逐渐加大，开始大量出现一些方形、弧方形大墓。文章进一步从建筑力学的角度对此加以分析，认为"若要修筑大墓，墓壁须加长，空间跨度也须增大。因此采取以外弧线壁代替直线壁的结构，以增强墓室的坚实性，是符合力学原理的"，加之当时河北、山西南部佛教石窟的建造技术表明上述两地具备得天独厚的技术条件，于是，方文认为圆形墓出现于此二地区是情理中事。

方殿春的专论，从圆形墓的起源与传播以及与毡帐传入中原的时间，先后有力地反驳了将圆形墓的出现归结于北方游牧民族毡帐影响的观点。但是，其中有几点尚需我们注意。

第一，至于圆形墓的建筑方式在力学上可使墓葬结构更为坚固，究竟是否有道理，其详不得而知。但是，一个明显的反证便是，此后圆形墓的建筑构造在宋代以前并没有被汉文化的帝王陵寝所采纳，并得以广泛地推广。

第二，方文误将一些弧方形墓葬，如山西祁县韩裔墓[1]等，视为圆形墓，从而导致了一些错误的判断。如，误将山西视为圆形墓的起源地之一，进而影响了对圆形墓传播路线的认识，等等。

将弧方形墓视为圆形墓前身，有以辽宁朝阳大街唐墓 M2 为例的。该墓为椭圆形单室砖墓，其墓室立壁用平砖横砌，由五部分围合而成，每两部分接合处不压缝，为直缝。上部逐渐内收起券。李新全便认为该墓形制、结构较特殊，同以往发现的朝阳唐墓有不同之处，即其墓壁系由五部分围合而成，接合处不压缝，而采用直缝形式，这种做法表明它可能处于隋以前的弧方形墓向唐代的圆形墓演变的中间环节，也就是说，它是弧方形墓向圆形墓演变的过渡形式。[2] 但是，我们知道圆形墓的出现早在隋代以前。所以，上述推导的理据实际上并不存在。

第三种观点，谢宝富对黄河舟、方殿春两位的观点提出质疑。在对北朝两百余

---

[1] 陶正刚《山西祁县白圭北齐韩裔墓》，《文物》1975 年第 4 期，页 64~73。案，简报（页 65）称该墓"墓室平面成方形，四壁砌成向外凸出的弧线，近似圆弧形"。
[2] 李新全《朝阳市朝阳大街唐墓清理报告》，《辽海文物学刊》1997 年第 1 期，页 19~20、94。

年墓葬形制的区域特色及其上承魏晋、下启隋唐的历史地位进行研究的基础上,他认为圆形墓的出现与后二者无关。他的论证较为深入全面,现迻录于后。他说:"从北朝圆形墓分布地点来看,这些推测恐难成立。其一,如果圆形墓与毡帐有关,那么它的出现时间上当以北朝早期为多,地点上应以辽宁、北京、内蒙古、山西、河南等鲜卑族聚居处为多。实际上,圆形墓主要出现于北魏晚期以后,地点上辽宁、内蒙古、山西等地并未发现圆形墓。完工、扎赉诺尔鲜卑古墓群未见圆形墓,拓跋氏定都平城后,也未见圆形墓。相反,受北方少数民族习俗影响较小的山东地区有较多的圆形墓发现,可知毡帐与圆形墓并无内在联系。其二,如果圆形墓的出现与佛教建筑风格的影响有关,那么北朝圆形墓的流传当不仅限于山东、河北地区。佛教寺塔林立的北魏首都洛阳、与西域邻近的宁夏、陕西当有较多的圆形墓。但考古成果表明,宁夏、陕西并没有圆形墓,洛阳也仅 1 座。在我看来,圆形墓的出现是中原地区弧方形墓演进的自然结果,因为方形墓→四壁微外弧的弧方形墓→四壁较外弧的弧方形墓→圆形墓之间有着逻辑演进关系,北朝圆形墓的较多出现当是魏晋以来弧方形墓流行、演进的自然结果。"尽管其论据充分,但是,接着他又谨慎地说"当然,这也只是一种推测"。[1]

第四种观点是李梅田提出的。他认为 469 年北魏慕容白曜平青齐前,青齐崔氏与南朝的联系十分紧密,加上地域邻近、士族固有的华夏正朔心理等因素,推测青齐崔氏墓葬有可能采用长江下游东晋南朝高等级墓葬中的平面呈椭圆形的墓制。[2] 但是,李文并没有就此进一步深入探讨。

第五种观点将圆形墓的出现跟宗教相关联起来。2009 年,崔世平撰文认为圆形石室墓是乌水房崔氏"吉凶仪范"的一种表现,大概是受到山东地区画像石墓影响而使用石室,圆形的形制绝非受到鲜卑的影响。[3] 但是,崔文没有就墓葬形

---

[1] 谢宝富《北朝墓葬的地下形制研究》,《湖北大学学报(哲社版)》1997 年第 6 期,页 61~66。

[2] 李梅田《论南北朝交接地区的墓葬——以陕南、豫南鄂北、山东地区为中心》,《东南文化》2004 年第 1 期,页 29~30。

[3] 崔世平《临淄北朝崔氏墓与清河崔氏乌水房》,原载《蒋赞初先生八秩华诞颂寿纪念论文集》,北京:学苑出版社,2009 年;此据所撰《中古丧葬艺术、礼俗与历史研究》,北京:中国社会科学出版社,2018 年,页 173~182。

制为何呈圆形进行解释。2010年,倪润安有针对性地探讨北朝圆形石质墓的渊源与形成,认为它主要集中出现于清河崔氏"乌水房",并对上述第四种观点提出驳正。他认为青齐豪族与刘宋朝廷之间的关系实际上有着更为复杂的内容。乌水房崔氏"同刘宋的关系,压抑和利用是主要的表现形式。因此,即便崔旷父子从刘宋统治中心区域学习了一些墓葬建构的做法,也是屈从于形势需要;等到北魏平青齐、崔灵延等家族主要成员皆北迁平城地区后,那些施行时间并不长、也没有根深蒂固的南朝做法就失去了继续遵从的必要,也没有条件继续维持。太和中期,孝文帝恢复了青齐豪族的士族身份,允许他们返回青齐,并开通了选用他们入仕的途径。对于'例得还乡'的乌水房崔氏来说,他们更不需去追承南朝统治时期的旧事了"。因此,他主张乌水房崔氏圆形石质墓的渊源,应当立足于从北朝的时空框架中去探寻。认为是崔光创制了圆形石质墓。他从北魏在云冈修建的椭圆形石窟寺入手,推断崔光鉴于石窟建造在当时政治环境中的特殊作用,而将其圆形、石质特征移植到家族墓葬的设计上。这种墓葬形制既因仿椭圆形石窟,迎合了试图维护旧俗的众多的鲜卑贵族,又因建于地下、不事张扬,而不与积极汉化的孝文帝、巩固汉化的宣武帝相忤逆。这一结果实际上反映出崔光面对变幻莫测的政局,欲有所作为又想两不得罪的"骑墙"心态。[1] 倪文的探讨另辟蹊径,为我们展示了理解该问题的崭新思路和角度。他试图紧密结合墓主人的身份和他们在北魏政治中的政治生命重新审视墓葬形制,并将圆形墓与乌水房崔氏联系起来。但是,临淄崔氏墓葬所出墓志文中并不乏直言对北魏政府的不忠不敬,甚而是反政府的政变记录。其放肆可见一斑。这种叙述方式也见于北魏江阳王元乂墓志,可见他们对此并不需要隐瞒。故可知崔氏存有"骑墙"心态的可能性几无。而且,圆形墓墓制的使用并非只在崔氏乌水房支中,如博陵崔氏的崔昂也使用该墓制。[2]这说明圆形墓应是整个崔氏一族的独特葬制,而不能以其中的一支来论证并替代该族的总体情况。

---

[1] 倪润安《试论北朝圆形石质墓的渊源与形成》,《北京大学学报(哲社版)》2010年第3期,页57~63。

[2] 河北省博物馆文物管理处《河北平山北齐崔昂墓调查报告》,《文物》1973年第11期,页27~38。

王佳月则认为北朝崔氏圆形墓的出现跟崔氏家族深厚的佛学义理背景有关。[1] 但是,这实际上是对崔氏门阀宗教信仰出现根本性的认识错误所致。韦正认为崔氏墓群是更充分的"象天地"思想和堪舆术结合的产物,他认为崔氏首倡的将墓室建成圆形之举有可能是浑天思想的产物,崔氏圆形墓正像浑天仪的上半部,并推测在新型的圆形墓室中天地已经融为一体,墓主不言而喻已经升天或升仙,"墓室"就是"天堂",这是一个形式和理念都甚为圆满的墓葬形式,与此前流行的非圆形墓葬相比是一个很重要的转变。他认为崔氏圆形墓的规划跟道教、佛教无关。[2] 不过,将圆形墓比拟为浑天说之模型的外化,实际上也是出于对传统浑天说模型的误解。"浑天如鸡子。天体圆如弹丸,地如鸡子中黄,孤居于内,天大而地小。天表里有水,天之包地,犹壳之裹黄。天地各乘气而立,载水而浮。"浑天说认为天不是一个半球形,而是一整个圆球,地球在其中,就如鸡蛋黄在鸡蛋内部一样。可见从浑天说里并不能推论出天、地之圆形。换言之,传统之浑天说的模型并非圆形墓规划之来源。

可见,除了上面提到的方殿春、倪润安、王佳月和韦正等四篇文章之外,已有的研究多把圆形墓置于王朝墓葬等级序列中的一个类型。这些论述都没能把握南北朝门阀士族政治的时代背景和门阀士族的特点,进一步揭示它跟门阀士族政治的关系。此外,没有从长时段的角度来系统梳理圆形墓的变迁。而且由于同样过于强调考古学的学科特点,忽视学科的历史学性质,从而严重影响了理解考古材料的深度和广度。这也是造成误解的一个原因。

---

[1] 王佳月《北朝崔氏墓研究》,北京大学硕士学位论文,2013 年,页 74~77。后将相关部分题作《北朝清河崔氏乌水房家族墓研究》,刊《东方考古》,北京:科学出版社,2015 年,页 72~97。

[2] 韦正《试谈北朝崔氏墓的象征性》,载《庆贺徐光冀八十华诞论文集》,北京:科学出版社,2015 年,页 427~439。案,韦文在文前对此前北朝崔氏圆形墓的研究做了简单分类,其中对笔者的观点归纳完全错误。包括北朝崔氏圆形墓在内的系列研究,笔者虽在研究生课程《葬俗研究》上讲述多年,但论稿一直没有发表,如,此文仅在拙文《唐宋墓葬神煞考源》的注释中指出撰有此文(见荣新江主编《唐研究》第 18 卷,北京大学出版社,2012 年,页 213 脚注[42])。有听课者未能明晰其中大义而断章取义;或有道听途说者,更是不得要领。遗憾的是,笔者一再发现,在一些课题上,笔者所论方向及所用资料的复现。

　　总之,圆形墓可以称得上是南北朝时期政治的浓缩,在某种程度上甚而可以说是时代特性的集中体现,而且也较好地反映了中古社会的变迁,它给我们提供了一个观察中古社会的绝好视角。对该问题的探讨,我们还有必要、也需要从更为广阔的视野加以思考。

　　(本文原载于中国社会科学院历史研究所编《理论与史学》第 2 辑,北京:中国社会科学出版社,2016 年,页 119~126。此次重刊略有增订。)

附 录

唐朝超级胖子安禄山如何跳胡旋舞？

沈睿文谈隋唐考古与古代墓葬研究

25
唐朝超级胖子安禄山如何跳胡旋舞?

采访 | 饶佳荣

一般认为,安禄山的父亲是粟特人,母亲是突厥人,这个身份对安禄山发动叛乱有什么作用?

安禄山身兼范阳、卢龙、河东三节度使,控制了河北与河东地区。这些地区在唐代是以粟特人为主体的胡人聚居区,也是胡化较为厉害的地方。安禄山的军队便是以这些人为主体的,这些胡人大都信奉祆教。作为上述地区的军政首脑,安禄山是"营州杂种胡"。在唐代文献中,带有"胡"字的名词,绝大多数是指粟特胡人。安禄山出身寒门,不知生父是谁,只知道是康姓粟特人。母亲阿史德氏,是个女巫,后来嫁给了安延偃将军。这样安禄山就改姓"安"了。

安禄山童年是跟随母亲在突厥部落度过的,所以有人直接称他为"牧羊小丑"。据我分析,安禄山后来将生父定为康姓,而康姓是昭武九姓中的首姓、望族,恐怕也有提高自身血统的嫌疑;他自称常乐郡望,应该是粟特移民彰显门第的一种手段;他将母亲冠以阿史德氏,这是突厥的第二大姓,可能也有争取突厥民众的意图。

安禄山不仅提拔了许多胡族将领,而且从这些蛛丝马迹看,安禄山还充分利用了他的身世和种族文化,制造了各种神话、符瑞,大肆渲染,自称是祆教"斗战神",以此加强所辖地区民众的凝聚力和战斗力。

尊著往往从细节入手,专门用了一章细致地考察了信奉祆教的安禄山服散的情况。服用寒石散是一种贵族作风,从魏晋直到隋唐都有,安禄山是赶时髦,还是别有动机?

服散、炼丹是当时的社会风尚，尤其在唐朝贵族、高官中风行，有的大臣甚至提前退休，专心炼丹去了。安禄山"先患眼疾"，目昏不见物，身子长疮，性情暴躁，"事不如意，即加棰挞，左右给侍微过，便行斧钺"。这是安禄山长期服散造成的病征。甚至他的死跟服散也有脱不开的关系。安禄山的命运跟唐宪宗相似。宪宗也是因为服丹导致性情暴躁，对宦官稍则加罪，动辄处死，弄得宦官人人自危，反过来将他杀死。

有意思的是，安禄山服散并不是个例。唐代不少官员因服食发背而死。德宗之后不少藩镇节将也都有这个癖好。李肇《唐国史补》里面说："长安风俗，自贞元侈于游宴，其后或侈于书法图画，或侈于博弈，或侈于卜祝，或侈于服食，各有所蔽也。"

应该说，出身寒门的安禄山服用寒食散，一方面跟当时的社会风尚有关，另一方面恐怕也有借此亲近唐玄宗的用意。可是，安禄山好像不太了解解散的方法，饱受其苦，最终还为此丢了性命。

值得注意的是，在唐代服散的藩镇节将中，还有其他一些蕃将，如高丽人李正己、武威李抱玉等。这里面恐怕应该还有蕃将汉化的问题。这在考古材料上也有所体现。最为典型的便是圆形墓的墓葬形制在河北、山东地区的风行。这种墓葬形制是北朝第一门阀崔氏独创的墓葬形式，因为崔氏而成为该地区民众心目中汉文化的墓葬符号。晚唐魏博节度使何弘敬是一位粟特裔，他的陵墓便使用了圆形墓的墓葬形式。

温泉之浴有助于解散。对于安禄山的野心和机谋，唐玄宗有所防范，为什么还要给予安禄山赐浴华清池的高规格待遇？

确实，起初唐玄宗对安禄山是存有防范之心的。据《安禄山事迹》记载，安史之乱前，节度使在京城的宅第，最引人注目的就是安禄山的了。它原先位于道政坊，离唐玄宗听政和活动的兴庆宫很近。安禄山势力强大时，经常派心腹打探消息。我想，玄宗肯定会有所觉察，于是弄了一个名义，说安禄山在道政坊的宅第太小，在亲仁坊为他另造了一处豪华宽敞的宅子，"穷极华丽，不限财物"。可以看出，玄宗为安禄山另建新第，一方面是表示恩宠，另一方面借此防范安禄山对他的窥伺。

再说赐浴华清池。实际上，沐浴也是道教的一种炼养方法。赐浴华清池，一方面可以说是"高规格待遇"，表示一种无上的殊荣，另一方面也未尝不是一种警示和监管。其实安禄山发家，跟唐政府对边境民族政策的转变有关。唐玄宗一改唐太宗任用胡族部落酋长的做法，多用胡族寒人为蕃将，并统率其种落。安禄山就是在这个大的时代背景下发迹的。华清池沐浴原本就有长生疗疾的意思，考虑到安禄山服散，唐玄宗赐浴华清池就不是简单的恩宠和拉拢，可能还含有为安禄山解散的用意。这样，华清池就成了唐玄宗与安禄山博弈的重要舞台。遗憾的是，更多具体的、微妙的细节已不得而知，难以探究了。

安禄山是个胖子，"晚年益肥，腹垂过膝，自秤得三百五十斤"。那他怎么可能跳舞（胡旋舞）跳得"其疾如风"？胡旋舞究竟是什么舞？

这个问题可能要把身高一并放进去考虑。文献里没有提到安禄山身高的数据，我们只能做一些推测。安禄山是粟特人，属于欧罗巴人种，身材一般会比较高大。如果训练得当，身材尽管高大，跳胡旋舞应该也可以旋转起来。在现实中我们也能看到这样的人。不过，是否真的有350斤重，这里面也许有所夸大。

从安史之乱后唐朝知识界反思初唐胡风、胡化的作品来看，胡旋舞成为其中的一个代表性符号。这在考古工作中也有发现。比如，北周粟特裔安伽墓石棺床屏风正面屏风6的下部、史君墓石堂N2和虞弘墓石椁壁画第5幅，以及宁夏盐池县西窨子梁6号墓石门上就有胡旋舞的图像。

我们可以注意到跳胡旋舞的场合一般有以下几个元素：1.跳胡旋舞的舞者；2.有伎乐的伴奏；3.有酒器；4.有灯烛。当然，还有观舞者，这一般就是指墓主人了。胡旋舞多是在晚上观看的，这与唐诗里的记载可相印证。比如，李端《胡腾儿》云："醉却东倾又西倒，双靴柔弱满灯前。"刘言史《王中丞宅夜观舞胡腾》："乱腾新毯雪朱毛，傍拂轻花下红烛。酒阑舞罢丝管绝，木槿花西见残月。"该诗的题目即点明夜观胡腾舞，诗中又有"红烛""残月"，可证当时胡腾舞表演多在夜晚。

上述几个元素共同构成夜宴的场景，这个场景也成为胡裔墓葬彰显自己种族文化的重要选择。更有甚者，天水石马坪隋墓更是用墓室地面的随葬品和石棺床前档壸门的伎乐图像共同构成夜宴观舞的场景。

唐朝崇尚相术,在这种社会风尚下,善于逢迎的安禄山会不会夸大自己形貌的特别之处?

张广达先生曾指出,占据、主宰唐代社会上至帝王、下至普通百姓的头脑和行动的是各式各样的奇奇怪怪的信念和信仰。相术就是其中之一。翻开唐人的著作,就可注意到当时人对人物相貌往往有很细致的描绘,而且是极尽夸张之能事。

说到安禄山的相貌,在体形上最明显的就是胖,《新唐书》《旧唐书》和《安禄山事迹》都提到安禄山晚年肥胖得要命,肚皮都要贴近地皮了,得依靠两只肩膀抬起腰腹的赘肉才能行动。这显然有点夸张,但胖是毋庸置疑的了。

另外,在唐玄宗看来,安禄山这个胡人"骨状怪异"。

不过,安禄山更有名的可能是他两只脚底下的黑痣。据说,安禄山还在张仁愿将军手下的时候,有一次在给张洗脚的时候,发现张仁愿有一只脚脚底有"黑子"——唐以前对"痣"的叫法,唐宋以后多称痣或黑痣——被认为是贵相。安禄山则说他两只脚都有一颗黑痣,比张将军的痣黑且大。从事后张跟安的关系以及安禄山的发迹来看,这则故事应该还是有一定可信度的。

在您看来,唐玄宗不但是一位道士皇帝,而且是一位虔诚的修行者。随着他对道术的迷恋日深,导致他在晚年只在道术的逻辑里防范安禄山?

我们都知道,唐朝以道教为国教,高祖李渊一即位就跟道教教主老子攀亲,老子被尊为唐朝宗室的"圣祖"。此后,高宗追封老子为"太上玄元皇帝"。在唐代诸位皇帝中,要以玄宗的相关举措最多。他进一步把道教教主皇帝化,把神权皇权化。

而唐玄宗"善骑射,洞晓音律及阴阳、象纬、推步"。在他的宣扬和推动下,道教在开元天宝年间达到一个高峰。居住在兴庆宫期间,玄宗还每日每夜都会到大同殿焚香顶礼老君像。在华清宫也修建了老君殿堂。到了晚年,玄宗越来越热衷于寻找长生的方法,成了道术方士的信徒。确实,他对待道教和道术的态度转变影响了帝国的大政方针,自然也影响了他对安禄山的措施。

上面讲过,唐玄宗曾经通过赐宅邸的方式将安禄山从兴庆宫南的道政坊搬走。但是,如果一个人对某种东西过度痴迷,就容易陷于偏听、偏信、偏执的境地,这种迂执的情志也很容易在当事人做决策时起着某种不易觉察的作用。比如，隋文帝因梦洪水没都城和方士安伽陁"李氏当为天子"的谶语，便把将作监李敏杀死。而其中的理由很荒谬，只是因为李敏姓李，小名"洪儿"，这一切跟安伽陁的谶语相合。从隋文帝的这件事我们也就不难理解唐玄宗类似行为的出现。

昭武九姓胡人在唐朝起着沟通东西文明的作用，放在更长的时段来看，安史之乱对胡人也是一次沉重的打击？

这个问题恐怕还要对"胡人"进一步具体区分。比如说，粟特胡和波斯胡的命运就不一样。一方面，安史之乱的主体是粟特胡，根据荣新江先生的研究，安史乱后，在唐朝的粟特人有的改姓，如武威安氏；有的改籍贯为会稽、常乐；有的跑到对他们较为宽松的河北地区。实际上，这些现象跟他们对唐帝国的国家认同和汉化的总体趋势也是相吻合的。另一方面，从考古材料看，长安地区的波斯胡似乎并没有受到什么影响。因此，这里面是否还存在一个问题，即安史之乱以后，来自不同地区的胡人之间是否存在此消彼长的情况。这今后还可以进一步考察。

尊著撇开了大的政治事件，而将一些碎屑琐事置于观察的重心，这是否意味着唐史研究趋向上的一种转变？

生活本身是多元的，丰富多彩的。这里要说明的是，我这本书只是讨论安禄山及唐玄宗生活和政治中的另一面向，并非否定大的政治事件的作用，更不是以偏概全。历史的因果是多元的，其原因同样是错综复杂的，而非单一的。我只是想看看是否能从一些琐碎的边角料里发掘出某种有意思的元素，而这些元素提醒我们注意认识和理解历史的人和事。

我的专业是汉唐考古，关于这个时段考古材料的时空框架已经基本建立。在考古学研究中，如何跟历史文献相结合深入研究？怎么更好地将考古学的研究对象（物）跟具体的人、事相关联？以求更好地理解考古材料的使用与形成，同时也能让我们所研究的人、事更为具象、生动。这是我尝试利用考古材料研究安禄山的一个初衷。

（本文原载《澎湃新闻》2015 年 3 月 25 日。）

26
沈睿文谈隋唐考古与古代墓葬研究

采访｜李丹婕

身为一位考古学研究者,特别是隋唐考古学的研究者,您最初是以考察唐代帝陵入手的,所以首先想请您谈谈关于这方面的研究因缘和收获。

关于三国至隋唐考古的基础知识,我最初受教于苏哲、齐东方两位教授的本科课堂,后来又跟随齐老师继续攻读硕士、博士学位。

齐老师当时向我建议了两个硕士学位论文选题:一是唐代帝陵,一是考古学理论。很显然,这两个题目是他深思熟虑的结果。在当时,除了几篇考古调查简报之外,对唐代帝陵尚谈不上有什么系统研究。而关于长安、洛阳地区隋唐墓葬的分期研究则已有了扎实的考古学论文。齐老师强调,就当时的情形,要对唐陵的研究有所推进,需要倚重历史文献。而研究考古学理论的提议则反映了他对考古学科现状的思考。

这两个选题对我影响至深。唐陵不仅成为我硕士学位论文的选题,而且成为我硕士毕业后10年内学术摸索的主要实验场。考古学理论尽管没有成为我研究的话题,但是为避免思维的模式化与单一化,却成为我自觉不自觉的一种自我训练。尤其是今日,互联网,特别是大数据的出现,使得检索、分析材料的范围更为广阔,不仅研究者思维的深度和广度益发重要,而且对研究者思维的精微与缜密也提出了更高的要求。

确定唐陵为硕士学位论文选题之后,我便着手收集、熟悉唐陵的考古资料与论文,并开始较为系统地梳理历史文献。1998年暑期,在陕西省考古研究所(今陕西省考古研究院)原所长巩启明先生的帮助下,我又针对性地对唐陵进行了实地踏查,现场核对资料,检验判断。

研究唐陵,我是将唐陵布局跟帝国的统治秩序相联系的,以政治史、制度史为背景,在动态过程中对唐陵制度进行整体性研究,并将它置于汉唐宋王朝中进行长时段考察与检验,其实质是紧扣中国传统社会政治文化传统之一脉相承。我以为汉魏至赵宋帝陵制度延续性和多样性的统一体现着共同的政治伦理,是传统社会共同的历史文化精神影响的产物。其实,其他制度又何尝不是如此。这是传统社会礼治文化的固有特性。

唐帝陵,作为唐墓等级中最高的一个层级,有四类。即,追改坟墓为"陵"、即位皇帝陵,以及生前没有即位,但死后有皇帝称号且称为"陵"的;此外,还有"号墓为陵"。其中追改坟墓为"陵"包括唐建国初年追改祖先四世的坟墓和杨氏顺陵。除"号墓为陵"并非"陵"之外,其他三类唐陵的建制都是唐王朝作为一个整体统一规划的。因此,若在研究中综合上述陵墓加以考虑,便不难发现初唐追改的四世祖的陵墓是同一种建制,而即位皇帝陵则与之不同,呈现出与前者趋同的趋势。这表明初唐帝陵是以追改的四世祖的陵墓为第一等级,而即位皇帝陵的建制在献陵、昭陵则处于一个动态的摸索过程,偃师李弘恭陵以四世祖的陵墓建制为基准而增减为高宗时期帝陵的"天子之礼"。后来在此基础上增益而成的乾陵,便成为唐帝陵建制的基本模式。杨氏顺陵地面建制的变化同步反映了这个过程。

陵区的选择和陵址的分布是帝陵研究的重要问题,帝陵陵址布列原则跟王朝的政治文化取向密切相关。当然,这两个问题我也回避不了。关于陵址的分布,学者首先考虑到的是昭穆与否的问题。关于昭穆制度,多年来对昭穆制度,以及宗庙与陵地昭穆礼异同的误解,导致在这个问题上无法形成一个正确的认识,其解释的内在逻辑甚而是相互矛盾、相互抵牾的。为了检验自己的结论,我又把它置于汉、宋两代进行观察,发现其内核在汉宋之间一仍其旧。如何于看似无疑处起疑,又如何将常识性的知识问题化,我以为这是我研究这个课题的最大收获。

硕士毕业后,考虑到唐陵资料是我最为熟稔,且有所心得的,于是,我又用了近10年的时间玩味这些资料,想在写作中能综合当时所学、所思,摸索出一种更适合自己的语言。现在回想起来,这十年的沉思对我来说很值得。

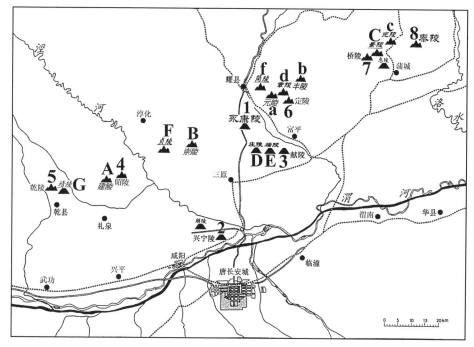

图 26-1　关中唐陵陵地秩序图

　　您在研究唐代帝陵和贵族官僚墓葬的相关问题时,注意到了时段的上溯下延,就您看来,隋唐的丧葬文化,有什么比较突出的特点? 在具体研究中您觉得哪些因素值得尤其注意?

　　中国考古学关于墓葬的断代考古或专题研究,主要集中在分区分期,分别或综合墓葬形态、规模、壁画以及随葬器物等方面来构建其等级制度。唐代墓葬考古也不例外。只不过,相比较而言,唐墓的等级制度更为清晰,也更为整齐。这是唐帝国的社会特性决定的。

　　中古墓葬分区分期的基本框架,前辈学者早已构建。在新出了大批考古资料之后,这个框架虽试图被重构,但经受了检验,证明是立得住的,如今它早已成为考古学科的基础知识。因此,现在如果再重复撰写相同主题的论文,学术意义显然不大。这是目前历史时期考古学论文选题的一个困局,恐怕也是其他人文社会学科共同面对的一个问题吧。

墓葬研究,首先关乎"礼",要特别注意"礼"的传统的延续和断裂。中古时期墓葬中的重要现象皆非一蹴而就,都有其来源可溯,亦有其去踪可追,这是古代社会一脉相承的政治文化传统所决定的。把个案研究的结论置于长时段中检验,是防止结论出现偏差的重要方法。但是,学科日益专门化、专题化,现在的研究者多是守着"自留地"深耕熟耨,无暇旁顾其外。但是,内与外的彼此联系和呼应,互有启发之功,可以避免、纠正认识问题的片面和偏执。不过,研究者自然还要多一份对这内外关联、转化的敏锐。实际上,这讲的是学术研究中"狐狸"与"刺猬"的关系。

如何利用已有结论进一步开展研究,是摆在考古学者面前的挑战。已有研究是探讨等级形态在时间、空间上的嬗变。今后可以考虑在长时段视野之下,进行个案(微观)考古学研究,开展深度考察,从而更好地解析、重构长时段的形成。通过个案研究的积累,使得共性的内容更丰厚,脉络更清晰。

关于墓葬等级制度,其形成过程以及具体的施行情况,将成为一个值得关注的问题。比如,如何解释同一墓葬在规模、随葬品、壁画等方面呈现出不同政治等级指向的现象,即如何看待墓葬自身的矛盾之处? 太原金胜村唐墓就是这样一批墓葬,其墓葬规模在 4 米见方以下,应为五品以下官员墓葬,这也得到其中 5 号墓所出墓志的证明。但是,这批墓葬的随葬品、壁画内容中却可见驼马/犊车出行或木明器等丧葬元素,这是唐朝三品以上官员才能使用的。这个矛盾的统一体是如何形成的? 唐代康文通、赫连山、赫连简等墓葬也是如此。事实上,中古时期此类墓葬并不在少数。

关于墓葬区域性特点,即区域性研究成果的运用至少可以注意以下两个方面。

其一,墓葬区域性的政治指代并没有引起足够重视。如,河北、山东地区以圆形墓构建起一套墓葬等级,此与两京地区以方形墓葬构建起来的墓葬等级制度迥异,是上述地区人群与两京地区不同政治文化的反映。又如,唐墓屏风画高士(孝子)与烈女(仕女)内容的分野,与墓主性别、身份等级及政治指向的关系,等等。

其二,墓葬区域性的异地出现跟移民的关联,亦即因为人口移动,造成墓葬形制、葬俗或(随葬)器物异地出现的现象。这是中古中国墓葬的一个典型现象。此类唐墓,如 20 世纪 80 年代河北鸡泽县北关发现的 5 座唐墓(编号 BM1~5)。这五座唐墓皆为弧方形单室砖室结构,坐北朝南,由墓道、甬道和墓室三部分组成。墓室为 2.5 米左右见方,墓道多竖穴土坑式;甬道为砖券结构。这批墓葬采用无棺葬,即不见棺椁等葬具。发掘者认为北关墓群五座墓葬所在墓地为武周时期的郭进、郭行家族墓地。根据郭进(BM1)、郭行(BM4)墓志所载,知郭家祖籍太原,因第十三代祖凯公任县侯,子孙因官而成为广平县(即今鸡泽县)人。郭氏家族自到广平县以来,世代为官,家族兴旺,仅曾祖郭曹之后,祖孙四代历齐、隋、唐、周四朝而不绝于仕。郭家祖籍太原,应是该墓地葬制与葬俗呈现出跟太原地区唐墓相同的原因,也是郭氏家族的地域认同和族群记忆使然。又如,四川成都后蜀孟知祥和陵为左中右三室并列的圆形砖室墓,这并非巴蜀地区的地方性实践。前中后三室是中古中国帝陵的规制,和陵是将前中后三室的样式转换成左中右并列的形式,亦是帝陵的规制。孟知祥字保胤,邢州龙冈(今河北邢台西南)人。和陵采用圆形的墓葬建制正是孟知祥的籍贯使然。同样地,邺都高唐人(今山东高唐)冯晖,在显德五年(958)修建于陕西彬县的陵寝中也采用了非当地传统的仿木构砖室墓。

当然,墓葬区域性特点出现他地的原因还存在另一种情况,即跟墓主人的政治取向有关。比如,隋废太子杨勇及其女丰宁公主杨静徽便以墓葬形制及随葬品来彰显其政治取向。

陕西潼关税村壁画墓为长斜坡墓道、多天井、带壁龛的单室砖墓。墓室平面呈“甲”字形,坐北朝南,由墓道、六个过洞、六个天井、四个壁龛、砖券甬道、墓室构成,墓葬水平全长 63.8 米。墓室平面近圆形,南北长 5.72、东西宽 5.94 米,为圆形单室墓,墓顶为双层砖券穹窿顶。地面发现有石柱方座。该墓是目前发现的最大的一座隋墓,发掘者判断墓主身份不低于太子级别。在土洞墓传统的关中地区,该墓建制的诸多元素体现出北齐的墓葬制度。在山东地区,圆形墓成为北朝第一门阀崔氏的丧葬符号在前,成为该地区墓葬文化的典型代表于后,采取该墓葬形制成为墓主取法北齐典章制度的集中表现。此外,该墓石棺图像以及随葬品也是北齐样式。这显然跟隋文帝关中本位的政策取向相悖。综合这些因素,该墓只能是废太子杨勇的陵寝。取法山东、北齐,正是杨勇被废的根本原因。

图 26-2　陕西潼关税村隋废太子勇墓石棺复原透视图

北齐的墓葬形制以及随葬品样式同样在丰宁公主杨静徽的墓葬中得以体现，显示了杨勇一族对北齐一朝礼法的秉持。葬于大业年间的丰宁公主墓葬也采用单室砖墓的墓葬形制，同样使用北齐风格的随葬品，一如其父杨勇的政治取向。这两座墓葬都葬于土洞墓传统的关中地区，幸赖隋炀帝治国方略向山东以及江南的转移而得以该样式下葬。废太子勇及其女儿的墓葬情况恰是墓葬建制代表墓主政治取向的绝佳案例。借此视角，我们或可重新审视那些与地域传统不同的墓葬建制的政治意义。

就此而言，对归纳总结的考古现象进行历史阐释是摆在考古学者面前的另一个任务。阐释现象的原因和机制成为必需。因为只有阐释清楚、透彻了，归纳总结出来的现象也才真正站得住。比如，对隋唐墓葬及墓葬壁画的分期结论不下 10 种，但是它们之间的差别实际上并不大。那么，为何会出现这种状况？又该如何判断哪个分期方案更准确、更合理？这就要求对此作进一步的历史阐释。当然，对考古现象的解释，我们之前也一直在做，但滞于简单化、断面化，甚而只是把相关文献记载跟考古现象简单堆砌、粘在一起，生搬硬套，以简单、单一的处理方式对待古代社会；而非对考古资料和历史文献一视同仁、毫无偏袒，在具体历史情境中，分析文献记载的形成及文献所载的时效性和实效性，进而更为准确地把握考古资料的历史内涵。

图26-3　法国吉美博物馆所藏石棺床背屏第六石上部之金鸡帐局部

您参与过不少中古时代相关考古项目的发掘和整理工作，比如何家村金银器窖藏、都兰吐蕃墓等，近年又在东北草原和东南沿海地区负责一些考古项目，这些工作对您的研究和思考有什么影响？

20多年前，一位年长的朋友曾半开玩笑地对我说："你们又没'富'过，又没'贵'过，不知道贵族是怎样生活的，怎么研究？读着你们的论文就想笑。"时至今日，言犹在耳。有知识没常识，学术研究不能犯生活常识的错误。因此，要想方设法通过不同方式深入研究对象的生活、世界中去，尽力了解、理解他们的生活方式，以求更好地把握研究。否则，很容易成为纸上谈兵、隔靴搔痒，甚至是不得要领的自以为是。

图 26 - 4 何家村窖藏中的盛大粒光明砂与"白玛瑙铰具"璞玉之素面银药盒

　　不盲从,不重复。给自己以改变,给来者以启示,而非只是论文数量的简单累计,将学术研究沦为一种极为机械的流水线作业。研究方向和思想方法的转变需要眼光和悟性。当然,学术机缘也很重要。工作以后,我很幸运先后参加过一些中古时期考古项目的发掘或资料整理工作,虽然为数不多,但于我而言却极为重要。这些工作不仅使我对具体材料有更直观的了解,更重要的是让我得以及时践行一些思考。都兰热水血渭草场的考古发掘,让我在阅读、理解西藏及其与中原、中亚的关系上多了一份天然的亲近感。参与何家村窖藏的整理工作,提醒我从器物的组合、功能及其埋藏形式考虑窖藏的性质,这成为此后我观察考古资料的基本出发点;同时,多年来对中医典籍的阅读也因此派上了用场。虽早已面目全非,但在很长一段时间里,我去西安必到"村"里穿越时空神游冥思。对呼伦贝尔大草原持续多年的深入考察,让我对草原文化的特殊性有了更深刻的体察,我还因此结交了不少草原上的朋友,感受着他们的喜怒哀乐。这让我在把握相关考古资料时,多了一层不同的感触。这是教科书上学不到而研究中不可或缺的常识。我在这方面能有点儿体会,便受益于此。

　　您提到有多年中医典籍的阅读经历,我也注意到,您在理解和解释考古材料的意义时,特别注意宗教的因素,比如关于天王俑和毗沙门信仰的关系、何家村出土物和道教炼丹术之间的关系等,能谈谈您在这方面的体会吗?

　　每次与新朋友见面,被问最多的一句话便是:"你们干考古的,都应该会看风水吧?"然后,接下来,照例是一阵尴尬的沉默。但这其实说明,包括堪舆在内的葬俗应该成为墓葬考古研究的一项内容。

　　等级制度是墓葬研究的重要成果,属于政治权力等秩的领域。这是此前墓葬研究的重点内容,可以说已经相当成熟了。通过墓葬资料来研究丧葬习俗,相对而言是一个新话题。显然,宗教因素与地域信仰因素,以及堪舆术,是观察丧葬习俗的重要切入点,也可扭转考古学跟社会史、思想史相脱节的研究状况。

　　在我看来,这个话题在今天要比等级制度的研究更重要。考古学者最有责任也最有条件去探讨上述因素是如何交织在墓葬之中,如何对传统社会产生影响的。渴望探知世界的玄奥应该是每个人的本能。不同的宗教思想、阴阳五行学说对中古中国有着深刻的影响。因为喜好中医,爱屋及乌,涉猎了这方面的相关知识。犹记老家中山路小摊,戴着墨镜、身怀"绝学"的"先生"讲述轶事掌故,独好逡巡于此。读硕士期间,齐老师特地从台湾为我买来影印出版的北宋地理官书《地理新

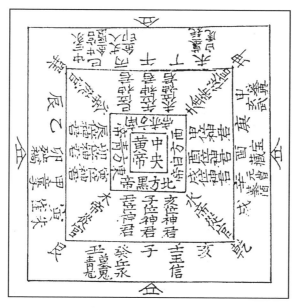

图 26-5　《地理新书》所载商姓壬穴明堂祭坛法

书》，自此我也正式开始了对它的整理和研究。有了这些知识，理解中古墓葬资料就多了一个维度。有了这个维度，自然而然也就关注起丧葬习俗与思想观念。从这个视角可以重新审视中古中国的墓葬，此前许多未能辨明甚或未能发现的问题因此可以清晰。历史时期考古学在这方面的研究滥觞于宿白《白沙宋墓》（1957）和徐苹芳《唐宋墓葬中的"明器神煞"与"墓仪"制度——读〈大汉原陵秘葬经〉札记》（1963），时隔半个多世纪，现在有一些考古学者也开始关注这方面的研究了。但是，还有很长的路要走。

接下来自然想到您近些年关于祆教和入华粟特人葬俗的研究，自1999年山西虞弘墓发现以来，国内又陆续发现了多座粟特人的相关墓葬，加上国内外收藏机构的藏品，这批形制近似、图像互有关联的墓葬受到广泛关注，您也在持续考察和讨论这批考古材料，您是怎么看待这些发现的？

自虞弘、安伽等粟特裔贵族墓葬发现以来，曾一度引起国内外学界粟特研究的热潮。2006年8月，我发表了相关的第一篇文章，这就是对安伽墓埋葬形式的讨论。当时，学界关于这批墓葬的研究可以说已经"门前冷落车马稀"了。"我写的文字无论如何不好，总是我真正心里想说的话。我决不为追逐时代潮流，迎合世人口味，而歪曲了我创作的良心。我有我的主见，我有我的骄傲。"多年来，苏雪林的这段话一直是我的自我要求。学术研究不能趋俗猎奇。我关注这批墓葬是因为计划对中古中国的丧葬习俗有个总体研究。在这个研究计划里，是无法避开这批粟特裔贵族或胡族贵族墓葬的。我必须先对这批墓葬给出自己的解答，才能更好地处理总的丧葬形式。当时根据对中古中国墓葬的理解，我认为这批胡裔贵族墓葬还有比较大的研究空间。处理这批资料时，可以明显感觉到有些学者时有意气，这会影响他的学术判断和写作。国外学者在把握外来文化因素方面有着天生的优势，但是，其论文有时也会缺失基本的论证环节，过于想当然。同时，因为对中古中国考古资料普遍缺乏一个应有的基本的总体认识，在他们的论文中常有我们觉得不应该出现的失误。不过他们多能根据自己对材料的新认识修订自己此前的判断，即敢于以今日之"是"面对自己昨日之"非"。更重要的是，他们彼此共同营造了良好的学术讨论和学术批评的氛围。这些确实是值得我们好好学习的。对于这

批资料,国内考古学者发言的并不
多,屈指可数。但在我着手开展研究
时,也基本都不发声了。总之,这些
学者的研究奠定了我很好的基础,必
须向他们致敬。

　　并非只要在研究中使用了考古
资料,就是"××考古"。那么,如何才
是考古的研究? 具体到这批胡裔贵
族墓葬材料,首要便是用南北朝隋唐
考古学已经建立起来的一套制度、知
识来考量它。南北朝隋唐考古学的
制度、知识是通过对已有考古资料的
系统研究建构起来的。这就是在前

图 26-6　北周安伽墓墓志及骨架出土位置

面提到的已经成为学科基础知识的研究。"只见树木,不见森林",就会忽视、甚而
对研究对象在时空中的分布与嬗变(即分区分期)茫然不清。在此基础上的研究
不仅易于夸大其词,也缺乏一定的系统性。

　　因此,还是需要把这批胡裔贵族墓葬资料还原到中古中国的墓葬系统之中,辨
析它们跟其他墓葬的异同。我认为这是考察这批胡裔贵族墓葬的一个应然的出发
点。另一个考察的出发点则是琐罗亚斯德教(祆教)教义和内亚习俗。将二者交织
于中古中国的政治文化之下,这批墓葬的意义才能呈现出来。

　　这批墓葬资料彼此之间有关联,表明它们的年代及文化指向也互有关联,它们
之间存在逻辑关系。因此,对其中任一资料作出的学术判断,应该放在这些互有关
联的资料中再次检验,而不是在某一资料上作这般解释,可在相关联的其他资料却
作另一种解释,过于率性随意。换言之,必须运用内证的方法检验所得结论,而所
得结论必须是经得起关联资料的反复验证的。

　　通过这些视角,我重新考察了这批胡裔墓葬,得出了跟既有观点不同的一些看
法,也试图对中古中国祆教徒的信仰与丧葬进行构建。这集中见于拙著《中古中国祆

教信仰与丧葬》[1]的《导论》部分,此不赘言。希望能得到专家学者的批评指教。

您的研究注重对器物、图像和文献等各类材料的综合分析,在一些个案研究实例中表现得特别明显,比如您对章怀太子墓、阿史那忠墓等的再考察,将分析重点放在墓主、墓葬(或丧礼)的参与者身上,和过去以形制和出土品的分型分式、归纳总结研究有所不同,请您谈谈这些个案整体研究的心得和难点何在?

在很长一段时间里,研究墓葬形制、器物、图像或某个题材等是考古学研究的主要内容。考古学在构建上述内容的分区、分期时,这是必经之路。但是,如果要进一步研究整座墓葬,那便不难发现将上述元素单独剥离出来是有风险的。墓葬中的同一题材可以在不同载体上出现。比如,唐墓所见十二生肖的题材,既可以壁画的形式出现,也可以墓志或石椁线刻的形式出现,也可以陶俑、石俑的形式出现。同时,既可以出现在墓室中,也可以出现在墓园兆沟里。由此可见,墓葬中不同载体的随葬品之间是交融、互动的关系。这里面较为典型的情况是墓葬壁画与随葬品之间的互动。因此,对墓葬不宜对单个题材进行抽离式研究,而是要考察:哪些元素是同一组合? 其摆放位置如何? 置于哪个系统之中? 这个组合、系统在墓葬体系中充当何角色? 其功能为何? 进而以此研究“礼”与“俗”。唐高宗上元二年十月十五日(675 年 11 月 18 日)阿史那忠与已先行下葬多年的夫人定襄县主合葬时,便需重点处理“礼”与“俗”的关系。我通过对定襄县主与阿史那忠合葬墓的研究,有两个收获。第一,对这座墓葬,乃至所有夫妻合葬墓的准确命名原则有了辨正,即夫妻合葬墓应该是以政治身份高的一方来命名,而非清一色地以男性死者为名。后者是因男尊女卑的观念形成的一种集体无意识或潜意识。根据这个原则,我们可以重新考察中古中国的夫妻合葬墓,比如,通过墓葬中夫妻对坐图像尊卑位置的性别安排可判断该合墓以孰为尊。山西太原隋虞弘墓很可能便是这样的墓例,在其石椁(石堂)雕绘的夫妇对坐图像中,虞弘夫人便处于尊位。第二,对唐代夫妻合葬的礼仪与仪轨有了更明确的认识,它让我们得以勾勒出夫妻合葬时“以卑动尊”所必需的仪轨。

----

[1] 上海古籍出版社,2019 年。

图 26-7　唐阿史那忠"商姓壬穴明堂祭坛石"拓本

　　跟其他断代考古一样,隋唐墓葬考古的基础研究是在分区、分期研究之上的等级制度研究,虽然它以阶段性变化的形式呈现出等级制度,但这是以对大多数情况的归纳,掩盖了制度的具体运行及过程。"读其书,不知其人,可乎?"多年来,考古学者一直在讲"透物见人",即考古学研究的是物质背后的人。要研究丧葬制度的具体运行,便需跟具体的人、事联系起来。把墓主及墓葬的营建者置于具体的政治生态中考量,这样才能更好地理解墓葬为何要修建成这样。近年来对唐代毁墓现象的研究便是典型的案例。"世事洞明皆学问,人情练达即文章。"用生命体验去感

图 26－8　隋虞弘石椁椁壁浮雕第五幅及摹本线图

受其中的"人"性,进而理解考古现象之所以"然"。而只有丰富的心灵和内心世界,才有可能去感受历史事件中人物的情感,进而深入地理解历史事件及其在历史进程中的位置。中古时期的墓葬因为有墓志,对墓主及其政治生平能有个大概了解。如果这座墓葬的建制与墓主身份有差互,而墓主又见载于文献典籍,这样就可以考虑是否选择它,结合墓主及营建者的政治生态,跟政治史、制度史、社会史相联系,进行同情之理解,理性之分析。我对唐章怀太子李贤墓葬建制的理解就是对此认识深化的过程。因其建制的特殊蕴含,李贤墓壁画的若干元素曾一度沉淀为李

图26-9 唐章怀太子墓墓道东壁"客使图"

图26-10 唐章怀太子墓墓道东壁狩猎出行图局部(红衣者为墓主人)

唐亲王墓葬壁画的底色。其结论或可商,于我却有完全不同的切身体验,也成为此后研究的一个基本视角。实际上,这也是研究制度的具体运行与形成过程。当然,其前提同样是必须对已有的考古学研究成果成竹在胸。

如上所言,墓葬诸元素在不同载体之间是交融的,所以要进行全面综合的研究。不同学者对同一事物认识的角度不一定相同,得出的判断、结论也未必一致,何况学者之间的知识结构还有差别。因此某种意义上来说,学术研究都是盲人摸象。所以,我们要将研究对象作为一个整体进行考察。在这个研究范式里,研究对象作为知识是一个整体,是特定时空下,与行为主体(人)相关的产物,需要从不同角度来阐发它的不同面向、维度,从而展示出它作为知识的整体,即恢复到它的整体性知识。说到底,这就要求研究者于原本完整的知识结构中还原问题,进行探讨,诸端并举,尽力缩小,甚至弥合现有学科分野所致之知识割裂与遮蔽,尽可能多层面、多立面地阐释、呈现研究对象,从而使得论证与立论益加细密、整体。整体的分析、社会的整合,必须动用研究者的历史感和想象力。而这要求具备足够的史学意识。这也说明今后由不同学科方向、专业背景的学者组成学术团队的研究方式会越来越重要。

最后再请教一个稍微宽泛的问题,在您看来,隋唐考古研究的主体性和特点何在? 和隋唐史研究应该形成怎样的关系?

面对这个问题,一些考古学者往往会说,我们不仅发掘了王侯将相的考古资料,还发掘了普罗大众的考古资料。我们可以通过考古资料研究普罗大众,这是历史学无法做到的。这多少反映了部分考古学家不甘考古成为历史学附庸的心声。但是,正如徐苹芳所言,"目前考古发现的遗迹、遗物所反映的历史文化,大部分是历史上统治者的文化,这是历史事实"。[1] 时至今日,中国考古学对普通民众的研究还远不足以形成风气,更多的还是关注王侯将相的考古资料。当然,中国考古学早已远远超出"证经补史"的范畴了。

一切研究都是历史的。1984 年,夏鼐发表了《什么是考古学》一文。他指出,

---

[1]《考古》2000 年第 7 期。

历史时期考古和传统文献史学(文中称之为"狭义历史学")是历史科学(文中称之为"广义历史学")的两个主要的组成部分,"犹如车子的两轮,飞鸟的两翼,不可偏废"。[1] 通过有规划、系统地考古调查和发掘,继续提供更多的历史时期的物质遗存,包括遗迹和遗物的信息;同时,进一步提升考古作业的科学性,更充分地利用科技手段,提升考古资料信息提取和记录的科学性和系统性,以及数字化和公开化,准确把握这种"科学性"的局限,积极拓展考古学的研究领域,为今后的可持续研究奠定更加坚实可靠的基础。这是历史时期考古学的一项主要工作内容和任务。但是,中国考古学有历史学取向,隋唐考古也不例外。当然,隋唐史研究也应该充分了解和正确运用考古学的成果。近年来,越来越多的隋唐史学者日渐重视考古资料。现在历史时期考古学的研究除了有规划地纵深推进常规工作之外,我以为至少还可以关注以下两方面内容。

其一,从考古资料出发,回应传统文献史学提出的重大学术问题。比如,在唐宋变革(转型)期,唐、宋的考古学面貌有何不同? 这个不同又是如何发生的? 其二,从考古资料出发,提出自己的学术问题,独立探讨重大学术问题,从考古学文化自身的发展变化探讨古代社会。比如,我们常说的"断代考古"的说法就不是很准确。因为从考古资料来看,新王朝的建立往往并非新的考古学文化的开始。又如,历代王朝是如何通过物质遗存构建其政权合法性的? 墓葬神煞(明器神煞)在中古中国丧葬体系中的作用与转变为何,它是如何体现中古中国的精神世界的? 又如,如何通过手工业遗存探讨其工艺、技术传播以及具体的生产、组织和贸易等经济形式? 等等。希望历史时期考古学能深化这两方面的探讨,立足考古资料,理解其背后的"人性",尝试用历史学的分析、叙述方式阐释考古资料,将它纳入历史叙事之中,而非单一化、模式化的处理。当然,除了接受扎实的考古学训练,考古学者还应提高史学意识和理论素养,如此才有可能将考古资料勾联、缀合成宏大的历史图景。

(本文原载《上海书评》2020 年 3 月 15 日。)

---

[1]《考古》1984 年第 10 期。

图表索引

后　记

不想重复,可能是人类的一个天性。我也如此。不知从何时起,便开始不安份起来,总想讨论不一样的话题,要有自己不同的表达。30 年来,读书、写作、发表也都比较随心所欲,编成一册,希望能得到大家的批评指正。

本书为教育部人文社会科学重点研究基地重大项目"中古时期丧葬的观念风俗与礼仪制度"(批准号:13JJD780001)以及"中古时期墓葬神煞研究"(批准号:17JJD780001)成果之一。

本书的出版,缪丹女史付出了很多心血,也得到吴长青先生及上海古籍出版社的鼎力相助,在此一并感谢。

2022 年 4 月 16 日

北京大学考古学丛书

❀ 旧石器时代考古研究
王幼平 著

❀ 史前文化与社会的探索
赵辉 著

❀ 史前区域经济与文化
张弛 著

❀ 多维视野的考古求索
李水城 著

❀ 夏商周文化与田野考古
刘绪 著

❀ 礼与礼器
中国古代礼器研究论集
张辛 著

❀ 行走在汉唐之间
齐东方 著

❀ 汉唐陶瓷考古初学集
杨哲峰 著

❀ 墓葬中的礼与俗
沈睿文 著

❀ 科技考古与文物保护
原思训自选集
原思训 著

❀ 文物保护技术：理论、教学与实践
周双林 著

上海古籍出版社

图书在版编目(CIP)数据

墓葬中的礼与俗 / 沈睿文著. —上海：上海古籍
出版社，2022.8（2023.9 重印）
（北京大学考古学丛书）
ISBN 978-7-5732-0305-2

Ⅰ.①墓… Ⅱ.①沈… Ⅲ.①葬礼—中国—隋唐时代
—文集 Ⅳ.①K892.22-53

中国版本图书馆 CIP 数据核字（2022）第 107525 号

北京大学考古学丛书
墓葬中的礼与俗
沈睿文　著

上海古籍出版社出版发行

（上海市闵行区号景路 159 弄 1-5 号 A 座 5F　邮政编码 201101）
（1）网址：www.guji.com.cn
（2）E-mail：guji1@guji.com.cn
（3）易文网网址：www.ewen.co

苏州市越洋印刷有限公司印刷

开本 710×1000　1/16　印张 25　插页 3　字数 378,000
2022 年 8 月第 1 版　2023 年 9 月第 2 次印刷

ISBN 978-7-5732-0305-2

K·3170　定价：118.00 元

如有质量问题,请与承印公司联系